思政殿訓義
譯註 資治通鑑綱目 9

漢 順帝 漢安 원년~漢 靈帝 中平 6년

編著 朱熹
책임번역 成百曉
공동번역 尹銀淑

전통문화연구회

思政殿訓義 資治通鑑綱目을 발간하며

본회가 東洋古典의 飜譯과 教育, 情報化 등 古典現代化 사업을 시작한 지 어느덧 25년이 지났다. 그간 많은 어려움이 있었으나 1988년 본회가 발족한 뒤 동양고전 번역사업에 착수하여 四書三經을 註까지 懸吐完譯함으로써 東洋學과 韓國學 전공자들의 필독서가 되어 教育界와 文化界까지 많은 영향을 주었다.

본회에서는 四書三經, 十三經 등 儒家의 핵심 경전을 번역하는 동시에 동양고전의 한 축인 歷史 고전에도 눈을 돌려 ≪通鑑節要≫, ≪國語≫, ≪戰國策≫뿐만 아니라, 동양 역사 철학의 진수가 담긴 ≪春秋左氏傳≫을 완역함으로써 東洋學과 韓國學 연구에 礎石과 架橋를 마련하였다. 이러한 성과를 바탕으로 經史一體의 모범인 ≪資治通鑑綱目≫ 완역을 기획하여 번역에 착수하였다.

'經史一體'란 經典과 歷史가 하나라는 동양의 독특한 관념인데, 이는 기록을 통해 인물과 사건을 도덕적으로 평가하는 풍토를 낳았다. 이러한 기록문화의 중시는 다른 문화권에서는 엄두도 못 낼 막대한 역사 기록을 남기게 하는 배경이 되었다. 굳이 중국 역사서를 언급할 것 없이 ≪朝鮮王朝實錄≫, ≪承政院日記≫, ≪日省錄≫ 같은 방대한 우리의 역사문헌은 이를 잘 보여준다. 이러한 우리 선조들의 역사 서술에 큰 영향을 미친 책이 바로 朱熹의 ≪資治通鑑綱目≫이다.

≪資治通鑑綱目≫은 조선시대 經筵에서 가장 많이 읽은 역사서이자 우리나라 역사 서술에 가장 큰 영향을 미쳤다는 점에서 현재 韓國學 硏究에 필수적인 동양 역사 고전이라 할 수 있다. 비록 중국의 역사서이지만, 우리 先學들이 중국의 性理學을 독자적으로 계승 발전시킨 것처럼 ≪資治通鑑綱目≫ 역시 우리의 입장에서 보다 정밀하고 종합적으로 읽고자 하였다. 그 결실이 바로 世宗朝 때 간행된 思政殿訓義本 ≪資治通鑑綱目≫이다.

동양의 대표적 역사서는 紀傳體의 ≪史記≫, 編年體의 ≪資治通鑑≫, 綱目體의 ≪資治通鑑綱目≫으로 대변된다. 北宋 때의 司馬光은 帝王이 여가에 친람하여 정치에 도움이 되게 할 목적으로 ≪資治通鑑≫을 편찬하였고, 朱熹는 ≪資治通鑑≫을 바탕으로 이를 압축적으로 정리하여 보다 읽기 쉽게 하면서 유교적 褒貶을 엄정히 내렸다는 점에서, 이 책들은 제왕의 정치교과서 역할을 하였다. 이런 ≪資治通鑑≫과 ≪資治通鑑綱目≫에 대해 조선조 문화군주였던 세종의 주도하에 연구가 진행되었으며, 그 결과물이 바로 思政殿訓義本 ≪資治通鑑≫과 ≪資治通鑑綱目≫이다.

思政殿은 景福宮의 便殿으로, 세종이 이곳에서 당대 뛰어난 문신들을 참여시켜 ≪資治通鑑≫과 ≪資治通鑑綱目≫에 대한 訓義의 편찬을 주도하였다. 訓義는 의미를 해석한다는 뜻으로, 思政殿訓義는 기존 중국에서 이루어진 ≪資治通鑑≫과 ≪資治通鑑綱目≫의 주석을 集大成하고 군주와 신하들이 읽기 쉽도록 우리만의 주석서를 만든 것이다. 중국 이외 나라에서 ≪資治通鑑≫과 ≪資治通鑑綱目≫ 전체에 주석을 단 것은 조선이 처음일 것이다.

현재까지도 ≪資治通鑑≫과 ≪資治通鑑綱目≫을 원전으로 읽기 위해서는 중국의 연구 성과에 의지하여야 했다. 비록 ≪資治通鑑≫은 중국, 일본, 한국에서 번역되었으나 주석까지 완역되지 못하였고, ≪資治通鑑綱目≫도 중국에서 본문만 번역된 상황이다. 이번 우리나라의 독자적인 주석서인 思政殿訓義本 ≪資治通鑑綱目≫의 완역을 통해 기존에 잊혔던 세종 시기의 ≪資治通鑑綱目≫에 대한 연구 성과를 알리는 동시에, 이를 동양학과 한국학 연구에 활용할 수 있는 기반을 마련하고자 한다. 아울러 이를 통해 古典現代化의 水準을 높이고 融合的이고 自生的인 학문연구가 이루어질 수 있기를 바라는 바이다.

끝으로 이번 思政殿訓義本 ≪資治通鑑綱目≫의 번역에 참여하여 헌신하시는 모든 분들께 무한한 감사를 드린다. 또한 고전현대화에 대한 政府의 지대한 關心과 支援에 감사를 드리며, 그간 직간접으로 지도편달하여 주신 학계와 교육계 및 문화계 인사 여러분께 심심한 謝意를 표하며, 앞으로도 따뜻한 관심과 엄정한 叱正을 부탁드리며 내내 평강과 행복을 기원한다.

社團法人 傳統文化硏究會 會長 李啓晃

凡 例

1. 본서는 南宋 때 朱熹가 編著하고, 朝鮮 世宗 때 思政殿에서 訓義한 ≪資治通鑑綱目≫을 번역한 것으로 ≪譯註 思政殿訓義 資治通鑑綱目≫ 제9책이다.
2. 본서의 底本은 서울대학교 규장각 소장본(奎7500, 藍書 口訣)이며, 규장각(奎7512, 朱書 口訣)과 국립중앙도서관(한古朝50-5, 墨書 口訣) 소장본을 참조하였다. 이들은 모두 木版本으로, 大字(綱)는 晉陽大君(世祖)이 써서 鑄造한 丙辰字, 中小字(目, 訓義 등)는 甲寅字로 되어 있다.

   이 밖에도 嚴文儒와 顧宏義가 校點한 ≪資治通鑑綱目≫(≪朱子全書≫ 8~11, 上海古籍出版社·安徽教育出版社, 2002), 文淵閣四庫全書 ≪御批資治通鑑綱目≫, 朝鮮 世宗 때 간행된 思政殿訓義 ≪資治通鑑≫(국립중앙도서관 일산古221-43), 標點資治通鑑小組에서 標點한 ≪資治通鑑≫(中華書局, 1992(제5판)) 등을 참고하였다.
3. 綱과 目의 원문에는 규장각(奎7500, 奎7512)과 국립중앙도서관(한古朝50-5)의 口訣本을 참조하여 懸吐하였고, 訓義는 한국에서 재래로 사용해오던 표점방식을 보완하여 文理의 이해를 돕는 수준에서 간략히 標點하였다.
4. '綱'과 '目'을 구분하기 위해 각각 번역문 앞에 【綱】과 【目】을 표기하였다. 目은 단락이 길 경우 의미 단락별로 分節하였다. 訓義는 저본의 해당 위치에 ①, ②, ③ 등으로 표기하고 綱이나 目 아래에 번역문과 원문을 배치하였다.

예	
【綱】 여름 4월에……烏桓이 모두 항복하였다. 夏四月에……烏桓이 悉降①하다	綱
① 左部는 바로 吾斯의 黨이다. 左部, 卽吾斯之黨.	訓義
【目】 劉蒜, 劉纘은 모두 章帝의 曾孫이다. 蒜, 纘이 皆章帝曾孫①이라	目
① 劉蒜은 淸河恭王 劉延平의 아들이고, 蒜, 淸河恭王延平之子.	訓義

5. 번역문은 한글과 한자를 혼용하였으며, 맞춤법과 띄어쓰기는 한글 맞춤법과 표준어 규정을 따랐다.
6. 원문이나 번역문의 한자 중에 僻字나 讀音이 특수한 글자는 한글로 音을 달아주었다.
7. 譯註는 校勘, 人物, 制度, 官職, 역사적 사건, 인용문의 出典, 異說, 故事, 전문용어, 難解語 등에 관한 사항을 밝혔다.
8. 校勘은 원문의 誤字, 脫字, 衍文, 倒文 등을 대상으로 하였다.
9. 附錄에 실린 年表는 綱을 중심으로 ① 君王의 즉위와 사망, 年號, 改元 ② 정치, 경제, 사회, 문화의 주요 사건 ③ 주요 인물의 행적과 사망 등을 서술하되, 東洋史 학술 연표들을 참고하였다(參考書目 年表 관련 자료 참조).
10. 본서의 校勘에 사용된 符號는 다음과 같다.
    ( )〔 〕: (저본의 誤字)〔교감한 正字〕
    〔 〕: 저본의 脫字 보충
    ( ): 저본의 衍字 표시
11. 본서에 사용한 주요 부호는 다음과 같다.
    " ": 인용
    ' ': " " 안의 재인용
    「 」: ' ' 안의 재인용
    『 』: 「 」 안의 재인용
    ( ): 원문의 讀音 및 번역문의 間註
    〔 〕: 번역문에서 뜻은 같으나 音이 다른 漢字, 원문의 漢字나 句節 표기
    譯註에서 인용한 원문표기
    ≪ ≫: 書名
    〈 〉: 篇章名, 作品名, 補充譯
    【 】: 綱과 目의 표시
    ◑, ○ : 저본에 사용된 부호 遵用
12. 본서 訓義에 사용한 標點은 다음과 같다.
    . : 문장의 종결
    , : 한 문장 안에서 句나 節의 구분이 필요한 곳
    · : 대등한 명사나 구절의 병렬
    " ": 인용
    ' ': " " 안의 재인용
    「 」: ' ' 안의 재인용
    『 』: 「 」 안의 재인용

參考書目

◇ 底本

- ≪資治通鑑綱目≫, 朱熹(宋) 撰, 思政殿 訓義, 규장각 소장본.(奎7500)

◇ 底本 관련자료

- ≪資治通鑑綱目≫, 朱熹(宋) 撰, 思政殿 訓義, 규장각 소장본.(奎7512)
- ≪資治通鑑綱目≫, 朱熹(宋) 撰, 思政殿 訓義, 국립중앙도서관 소장본.(한古朝50-5)
- ≪資治通鑑綱目≫(≪朱子全書≫ 8~11), 朱熹(宋) 撰, 嚴文儒・顧宏義 校點, 上海古籍出版社・安徽教育出版社, 2002.
- ≪御批資治通鑑綱目≫, 朱熹(宋) 撰, 聖祖(淸) 批, 文淵閣四庫全書, 제689~692책 史部447~450, 臺灣商務印書館, 1983~1986.
- ≪資治通鑑≫, 司馬光(北宋) 撰, 思政殿 訓義, 국립중앙도서관 소장본.(일산古221-43)
- ≪資治通鑑≫, 司馬光(北宋) 撰, 胡三省(元) 音註, 中華書局, 1992.(제5판)

◇ 經 部

- ≪論語集註大全≫, 朱熹(宋) 集註, 胡廣(明) 等 編, 朝鮮 內閣本, 影印本, 學民文化社.
- ≪孟子集註大全≫, 朱熹(宋) 集註, 胡廣(明) 等 編, 朝鮮 內閣本, 影印本, 學民文化社.
- ≪書傳大全≫, 蔡沈(宋) 集傳, 胡廣(明) 等 編, 朝鮮 內閣本, 影印本, 學民文化社.
- ≪詩傳大全≫, 朱熹(宋) 集傳, 胡廣(明) 等 編, 朝鮮 內閣本, 影印本, 學民文化社.
- ≪禮記正義≫, 十三經注疏整理委員會 整理, 北京大學出版社, 2000.
- ≪周易傳義大全≫, 程頤(宋) 傳, 朱熹(宋) 本義, 胡廣(明) 等 編, 朝鮮 內閣本, 影印本, 學民文化社.
- ≪春秋經傳集解≫, 左丘明(周) 傳, 杜預(晉) 註, 林堯叟(宋)・朱申(宋・元) 附註, 朝鮮 金屬活字本(戊申字), 影印本, 保景文化社.

• ≪廣韻≫, 陳彭年(宋) 撰, 文淵閣四庫全書 제236책 經部230, 臺灣商務印書館, 1983~1986.

◇ 史 部

• ≪綱目訂誤≫, 陳景雲(淸) 撰, 文淵閣四庫全書, 제323책 史部81, 臺灣商務印書館, 1983~1986.
• ≪東觀漢記≫, 班固(後漢) 等 撰, 文淵閣四庫全書, 제370책 史部128, 臺灣商務印書館, 1983~1986.
• ≪史記≫, 司馬遷(漢) 撰, 中華書局, 1999.
• ≪史記索隱≫, 司馬貞(唐) 編, 文淵閣四庫全書 제246책 史部4, 臺灣商務印書館, 1983~1986.
• ≪史記正義≫, 張守節(唐) 編, 文淵閣四庫全書 제247~248책 史部5~6, 臺灣商務印書館, 1983~1986.
• ≪史記集解≫, 裴駰(南朝 宋) 編, 文淵閣四庫全書 제245~246책 史部3~4, 臺灣商務印書館, 1983~1986.
• ≪御批歷代通鑑輯覽≫, 傅恒(淸) 等 奉勅撰, 文淵閣四庫全書 제335~338책 史部93~96, 臺灣商務印書館, 1983~1986.
• ≪資治通鑑釋文≫, 史炤(宋) 撰, 臺灣商務印書館, 1980.
• ≪晉書≫, 房玄齡(唐) 等 奉勅撰, 中華書局, 1987.
• ≪通鑑釋文辯誤≫, 胡三省(元) 撰, 文淵閣四庫全書 제312책 史部70, 臺灣商務印書館, 1983~1986.
• ≪通鑑五十卷詳節要解≫, 九淵禪師(朝鮮) 著, 국립중앙도서관 소장본.
• ≪通鑑地理通釋≫, 王應麟(宋) 撰, 文淵閣四庫全書 제312책 史部70, 臺灣商務印書館, 1983~1986.
• ≪通典≫, 杜佑(唐) 撰, 文淵閣四庫全書 제603~605책 史部361~363, 臺灣商務印書館, 1983~1986.
• ≪漢書≫, 班固(後漢) 撰, 中華書局, 2002.
• ≪漢書補註≫, 王先謙(淸) 補注, 王雲五 主編, 臺灣商務印書館, 1968.
• ≪後漢書≫, 范曄(南朝 宋) 撰, 中華書局, 1996.
• ≪後漢書集解≫, 王先謙(淸) 集解, 臺灣商務印書館, 1968.

◇ 子 部

- ≪孔子家語≫, 王肅(魏) 注, 文淵閣四庫全書 제695책 子部1, 臺灣商務印書館, 1983~1986.
- ≪司馬法≫, 司馬穰苴(周) 撰, 文淵閣四庫全書 제726책 子部32, 臺灣商務印書館, 1983~1986.
- ≪孫子≫, 孫武(周) 撰, 文淵閣四庫全書 제726책 子部32, 臺灣商務印書館, 1983~1986.

◇ 研究論著 및 飜譯書

- 加藤繁・公田連太, ≪國譯 資治通鑑≫, 景仁文化社, 1996.
- 權重達, ≪資治通鑑≫ 1~32, 삼화, 2007~2010.
- 김유철・하원수, ≪史記 外國傳 譯註≫, 동북아역사재단, 2009.
- ―――――――, ≪漢書 外國傳 譯註≫ 上・下, 동북아역사재단, 2009.
- ―――――――, ≪後漢書 外國傳 譯註≫ 上・下, 동북아역사재단, 2009.
- 馬建石 主編, ≪文白對照 資治通鑑輯覽≫ 1~36, 國際文化出版公司, 2002.
- 大庭脩, ≪秦漢法制史の研究≫, 倉文社, 1982.
- 渡邊義浩 等, ≪全譯後漢書≫ 1~19, 汲古書院, 2001~2016.
- 成百曉 譯註, ≪譯註 通鑑節要≫ 1~9, 傳統文化研究會, 2005~2011.
- 孫通海・李巨泰 主編, ≪文白對照 資治通鑑綱目≫ 1~5, 長征出版社, 1996.
- 安作璋・熊鐵器, ≪秦漢官制史稿≫, 齊魯書社, 1984.
- 柏楊 編譯, ≪柏楊白話版 資治通鑑≫, 北岳文藝出版社, 2006.
- 李國祥 等, ≪資治通鑑全譯≫, 貴州人民出版社, 1994.
- 李宗侗・夏德儀 等 校註, ≪資治通鑑今註≫ 1~15, 臺灣商務印書館, 1985.
- 資治通鑒新注編纂委員會 編, ≪資治通鑒新注≫ 1~10, 陝西人民出版社, 1998.
- 池松旭, ≪詳密註釋 通鑑諺解≫, 學民文化社, 1992.
- 張宏儒・沈志華 主編, ≪文白對照全譯 資治通鑑≫ 1~3, 改革出版社, 1991.
- 許嘉璐 主編, ≪後漢書全譯≫(二十四史全譯) 1~3, 漢語大詞典出版社, 2004.

◇ 사전 및 공구서

- 施丁・沈志華 共譯, ≪資治通鑑大辭典≫ 上・下, 吉林人民出版社, 1994.
- 梁玉繩 撰, ≪漢書人表考≫, 臺灣商務印書館, 1968.

• 呂宗力 主編, ≪中國歷代官制大辭典≫, 北京出版社, 1994.
• 魏連科 編, ≪漢書人名索引≫, 中華書局, 1979.
• 李波・趙惜微・李曉光 主編, ≪後漢書索引≫, 中國廣播電視出版社, 2006.
• 李曉光・李波 主編, ≪史記索引≫, 中國廣播電視出版社, 1989.
• 中國大百科全書總編輯委員會 編, ≪中國大百科全書≫, 中國大百科全書出版社, 2009.
• 中國歷史大辭典編纂委員會 編, ≪中國歷史大辭典≫, 上海辭書出版社, 2000.
• 鍾華 編, ≪史記人名索引≫, 中華書局, 1977.
• 倉修良 主編, ≪史記辭典≫, 山東教育出版社, 1991.
• ―――――, ≪漢書辭典≫, 山東教育出版社, 1996.
• 貝塚茂樹 等 編, ≪アジア歷史事典≫, 平凡社, 1952~1962.
• 洪業 等 編, ≪漢書及補注綜合引得≫, 上海古籍出版社, 1988.

◇ 데이터베이스(DB) 자료

• 한국고전종합DB(http://db.itkc.or.kr)
• 동양고전종합DB(http://db.cyberseodang.or.kr)
• 電子版 文淵閣四庫全書, 上海古籍出版社.
• 상우천고(http://www.s-sangwoo.kr)

◇ 年表 관련 자료

• 松丸道雄 等 編, ≪中國史 1≫, 山川出版社, 2003.
• 沈起煒, ≪中國歷史大事年表≫, 上海辭書出版社, 2001.
• 柏楊, ≪中國歷史年表 上・下≫, 南海出版社, 2006.
• 鶴間和幸, ≪中國の歷史 3-ファーストインペラーの遺産≫, 講談社, 2005.

目 次

思政殿訓義 資治通鑑綱目 제11권 중

漢 順帝 漢安 원년(142)~漢 桓帝 延熹 원년(158)

壬午年(142)

【綱】 漢나라 孝順皇帝 漢安 원년이다. 가을 8월에 〈南匈奴〉 吾斯 등이 다시 배반하였다.

漢安元年이라 秋八月에 吾斯等이 復反하다

【綱】 여덟 명의 사자를 보내 州郡을 나누어 순행하게 하였다.

◑遣八使하여 分行州郡하다

【目】 杜喬, 周擧, 周栩(주후), 馮羨(풍연), 欒巴, 張綱, 郭遵과 劉班을 보내 州郡을 나누어 순행하여 덕행과 재능이 있는 자를 표창하고 충성스럽고 부지런한 자를 顯揚하며, 탐욕스러워 罪를 지은 자들 중에 刺史와 二千石은 驛馬로 올려 보고하고 墨綬인 〈縣令과 縣長[1]〉 이하는 곧바로 체포하여 탄핵하라 하였다.

두교 등이 명령을 받고 部에 갈 적에 장강은 홀로 자기의 수레바퀴를 雒陽의 都亭에 묻으면서[2] 말하기를 "豺狼이 길을 막고 있으니, 어찌 여우와 살쾡이를 묻겠는가." 하고는, 마침내 大將軍 梁冀와 河南尹 梁不疑가 마음속으로 군주를 무시하는 열다섯 가지의 일을 탄핵하여 아뢰니, 京師가 진동하고 두려워하였다. 황제는 비록 장강의 말이 정직하다는 것을 알았으나 쓰지 못하였고, 다른 사자들이 탄핵한 바도 양기와 환관들의 親

---

1) 縣令과 縣長 : 모두 縣의 행정장관을 이르는 말로, 인구 萬戶 이상에서는 縣令, 萬戶 이하에서는 縣長이라고 하였다.

2) 수레바퀴를……묻으면서 : 都亭은 여행하는 자들이 유숙하는 客舍이다. 수레바퀴를 묻는다는 것은 수레를 움직이지 못하게 하여 이동하지 않겠다는 뜻이다. ≪孫子≫ 〈九地〉의 '埋輪'에 대한 曹操의 註에 "움직이지 않겠다는 뜻을 보이는 것이다.〔示不動也〕"라고 하였다. 여기서는 낙양을 떠나 州郡으로 가지 않고 낙양에서 權貴들을 조사하여 탄핵하겠다는 것이다. 都京은 도회지에 있는 傳舍이다.

黨이 많았다. 그리하여 일이 모두 중지되거나 사전에 막히자, 侍御史 种暠(충고)가 이를 미워하여 다시 문제를 들어 탄핵하니, 마침내 그 죄를 재조사하여 바로잡았다.

遣杜喬, 周擧, 周栩, 馮羨, 欒巴, 張綱, 郭遵, 劉班하여 分行州郡①하여 表賢良하고 顯忠勤하며 其貪汙有罪者에 刺史, 二千石은 驛馬上之하고 墨綬以下는 便輒收擧②하라하다 喬等이 受命之部할새 張綱이 獨埋其車輪於雒陽都亭하고 曰 豺狼이 當道하니 安問狐狸③리오하고 遂劾奏大將軍冀, 河南尹不疑無君之心十五事하니 京師震悚하니라 帝雖知綱言直이나 不能用也하고 他使所劾이 亦多冀及宦者親黨이라 事皆寢遏④하니 侍御史种暠 疾之하여 復行案擧⑤하니 乃更考正其罪⑥하다

① 行(순행하다)은 去聲이다.
行, 去聲.

② 刺史와 二千石은 큰 관리이니, 驛馬로 그 죄를 上奏하여 황제의 뜻에 따라 내치거나 면직하게 한 것이다. 驛馬는 속히 京闕에 도달하고자 한 것이다. 墨綬는 縣令과 縣長이니, 현령과 현장 이하는 곧바로 체포하고 조사하여 그 죄를 들어 탄핵하게 한 것이다.
刺史・二千石, 大吏, 驛馬上奏其罪, 取旨黜免. 驛馬, 欲速達京闕也. 墨綬, 縣令長也, 令長以下, 便收案擧劾其罪.

③ 漢나라는 郡・國과 縣・道[3]에 모두 都亭이 있었다.
漢, 郡・國・縣・道皆有都亭.

④ 寢은 이미 황제에게 奏章을 올렸으나 중지하고 행하지 않는 것이고, 遏은 상주한 것이 도달하기 전에 막고 올리지 않은 것이다.
寢者, 已御其奏, 寢而不行. 遏者, 其奏未達, 遏而不上.

⑤ 种은 音이 沖이다. 暠는 古老의 切[4]이다.
种, 音沖. 暠, 古(者)〔老〕[5]切.

⑥ ≪資治通鑑≫에는 "황제가 마침내 다시 여덟 명의 사자의 奏章을 회부하여 그 죄를 조사하여 바로잡게 했다." 하였다.
通鑑 "帝乃更下八使奏章, 令考正其罪."

【綱】 李固를 將作大匠으로 삼았다.

以李固爲將作大匠하다

---

3) 道 : 蠻夷를 주관하는 縣을 道라 한다.(≪後漢書≫ 〈百官志〉)

4) 切 : 反切音을 표시한 것이다. '反(번)'은 뒤집는다(되치다)는 뜻으로 번역을 의미하고, '切'은 자른다는 의미이다. 앞 글자의 初聲을 따고 뒷글자의 中聲과 終聲을 따서 읽는다.

5) (者)〔老〕: 저본에는 '者'로 되어 있으나, ≪資治通鑑≫ 註에 의거하여 '老'로 바로잡았다.

【目】 杜喬가 李固의 정사가 天下의 제일이라고 아뢰었으므로 이러한 命이 있었다.

杜喬奏李固政爲天下第一이라 故로 有是命하다

【綱】 張綱을 廣陵太守로 삼았다.

以張綱爲廣陵太守하다

【目】 梁冀는 張綱이 〈자신을 탄핵한 것에〉 원한을 품고서 그를 中傷할 것을 생각하고 있었다. 이때 廣陵의 도적인 張嬰이 揚州와 徐州 사이를 도둑질하며 어지럽힌 지가 10여 년이 되니, 이에 장강을 廣陵太守로 삼았다.

장강이 한 대의 수레로 곧바로 장영의 軍門에 이르자, 장영이 크게 놀라서 달아나며 군문을 닫았다. 장강이 문밖에서 관리와 병사를 해산하여 보내고 10여 명을 남겨둔 다음, 편지로 장영을 타일러서 만나볼 것을 청하니, 장영이 마침내 나와 배알하였다.

장강은 그를 맞이하여 上坐에 앉히고는 다음과 같이 타일렀다.

"前後의 二千石이 대부분 탐욕스럽고 포악한 짓을 자행하였으므로 公 등이 분노하는 마음을 품고 서로 모이게 되었으니, 참으로 二千石에게 죄가 있다. 그러나 공이 한 행위도 의로운 것이 아니다. 主上께서 인자하고 성스러우셔서 배반한 자들을 文德으로 복종시키고자 하셨으므로 이 太守를 보내셨으니, 지금이야말로 轉禍爲福의 기회이다. 만약 의로운 말을 듣고도 복종하지 않으면 天子께서 진노하셔서 荊州와 揚州, 兗州와 豫州의 큰 병력이 구름처럼 모여 와서 몸과 머리가 나뉘고 血嗣가 모두 끊길 것이니, 두 가지의 利害得失을 公은 부디 깊이 헤아리라."

장영이 이 말을 듣고는 눈물을 흘리며 말하기를 "먼 변방의 어리석은 백성이 침탈을 당하는 억울함을 견디지 못하여 서로 모여 근근이 목숨을 부지하고 있으니, 마치 물고기가 가마솥 안에 노는 것과 같습니다. 오래갈 수 없음을 알지만 우선 잠시 동안이라도 숨을 붙일 뿐입니다. 지금 밝으신 太守의 말씀을 들으니, 바로 저 장영 등이 다시 살 수 있는 기회입니다." 하고는 마침내 인사하고 군영으로 돌아갔다.

梁冀恨張綱하여 思有以中傷之러니 時에 廣陵賊張嬰이 寇亂揚, 徐間하여 積十餘年이라 乃以綱爲廣陵太守하다 綱이 單車로 徑詣嬰壘門한대 嬰이 大驚하여 走閉壘어늘 綱이 於門外에 罷遣吏兵하고 留十餘人하고 以書喻嬰하여 請與相見하니 嬰이 乃出拜謁이라 綱이 延置上坐하고 譬之曰 前後二千石이 多肆貪暴라 故로 致公等懷憤相聚하니 二千石이 信有罪矣라 然이나 公所爲者 又非義也라 主

上이 仁聖하사 欲以文德服叛이라 故로 遣太守來하시니 今誠轉禍爲福之時也라 若聞義不服이면 天子震怒하사 荊, 揚, 兗, 豫大兵이 雲合하여 身首橫分하고 血嗣俱絶하리니 二者利害를 公其深計之①하라 嬰이 聞하고 泣下曰 荒裔愚民이 不堪侵枉하여 相聚偸生하니 若魚遊釜中이라 知其不可久나 且以喘息須臾間耳②라 今聞明府之言하니 乃嬰等更生之辰也라하고 乃辭還營하다

① 후사가 끊어지면 血食하는 제사가 없게 된다. 혹자가 말하기를 "父子는 氣血이 서로 전하므로, 血嗣라고 한다." 하였다.
嗣絶則無血食之祀矣. 或曰 "父子氣血相傳, 故曰血嗣."

② 喘은 숨을 빨리 쉼이고, "須臾"는 오래지 않은 모양이다. 〈"喘息須臾間"은〉 구차히 남은 목숨을 연장하는 것과 같으니, 겨우 버티고 있는 숨을 조금 연장한다는 뜻이다.
喘, 疾息也. 須臾, 不久貌. 猶苟延殘喘, 少延視息之義.

【目】 다음 날 張嬰은 자기 휘하의 만여 명을 거느리고 처자식과 함께 손을 뒤로 묶고 얼굴을 든 채 귀순하여 항복하였다.

張綱은 한 대의 수레로 장영의 군영에 들어가서 술자리를 베풀어 즐기고, 장영 휘하의 무리들을 흩어 보내면서 가고 싶은 대로 가게 하고, 그들을 위해 친히 거주할 집을 마련해주고 田地를 살펴주었으며, 子弟 중에 관리가 되고자 하는 자들을 모두 불러들이니, 人情이 기뻐하고 복종하여 남쪽 고을이 편안하였다.

조정에서 功을 논하여 막 봉하려 하였는데, 梁冀가 저지하였다. 장강은 郡에 재직한 지 1년 만에 卒하였는데, 장영 등 500여 명이 그를 위하여 상복을 입고, 상여를 운반할 적에 犍爲郡까지 따라와 전송하고서 흙을 져다가 무덤을 만들었다.

明日에 將所部萬餘人하고 與妻子面縛歸降①이어늘 綱이 單車入壘하여 置酒爲樂②하고 散遣部衆하여 任從所之하고 親爲卜居宅, 相田疇③하고 子弟欲爲吏者를 皆引召之하니 人情悅服하여 南州晏然이라 論功當封이러니 梁冀遏之하다 在郡一歲에 卒하니 嬰等五百餘人이 爲之制服하고 行喪에 送到犍爲하여 負土成墳④하다

① "面縛"은 손은 등 뒤로 묶고 얼굴은 앞을 향한 것이다.
面縛, 縛手於背而面向前也.

② 樂(즐기다)은 音이 洛이다.
樂, 音洛.

③ 爲(위하다)는 去聲이니, 아래 "爲之"와 "乃爲"의 爲도 모두 같다. 相은 살펴봄이다. 밭에 밭두둑을 함께한 것을 疇라 한다.
爲, 去聲, 下爲之・乃爲幷同. 相, 視也. 田幷畔曰疇.

④ 張綱은 본래 犍爲郡 武陽 사람이다.
綱, 本犍爲武陽人.

【目】 이때에 二千石과 長吏 중에 정사에 능한 자로는 雒陽令 任峻과 冀州刺史 蘇章과 膠東相 吳祐가 있었다. 雒陽은 王渙의 〈善政이 있은〉 뒤로부터 모두 직책을 제대로 수행하지 못하였는데, 임준이 능히 文武官을 선발하여 등용해서 각각 그 쓰임을 다하였고, 발꿈치를 되돌릴 틈이 없이 즉시 간악한 관리를 적발하니, 백성들이 관리를 두려워하지 않았다. 그 위엄과 禁令은 왕환보다 더하였으나, 文으로 다스리고 政事로 가르침은 왕환만 못하였다.

時에 二千石長吏有能政者 有雒陽令任峻과 冀州刺史蘇章과 膠東相吳祐하니 雒陽이 自王渙之後로 皆不稱職이로되 峻이 能選用文武하여 各盡其用하고 發姦不旋踵하니 民間이 不畏吏라 其威禁이 猛於渙이나 而文理政敎는 不如也러라

【目】 蘇章에게는 淸河太守로 있는 친구가 있었는데, 소장이 部를 순행하여 친구의 부정한 장물죄를 조사하고자 할 적에 그를 위해 술자리를 베풀고서 매우 즐거워하였다. 太守가 기뻐하며 말하기를 "사람들은 모두 한 하늘이 있는데 나만 홀로 두 하늘이 있다." 하자, 소장이 말하기를 "오늘 저녁 나 蘇孺文이 옛 친구와 함께 술을 마시는 것은 사사로운 은혜요, 내일 冀州刺史가 일을 조사하는 것은 公法이다." 하고는 마침내 그의 죄를 들어 바로잡으니, 州의 경내가 肅然하였다.

뒤에 소장이 권세가 있는 豪强들을 공격한 일에 연루되어 파면되었는데, 이때 천하가 날로 피폐하여 백성들이 시름과 고통이 많아서 논하는 자가 밤낮으로 소장을 칭찬하였으나, 조정은 그를 다시 등용하지 못하였다.

章이 有故人爲淸河太守러니 章이 行部하여 欲案其姦臧할새 乃爲設酒甚歡하니 太守喜曰 人皆有一天이어늘 我獨有二天①이로다 章曰 今夕에 蘇孺文이 與故人飮者는 私恩也요 明日에 冀州刺史案事者는 公法也②라하고 遂擧正其罪하니 州境이 肅然이러라 後以摧折權豪로 坐免하니 時에 天下日敝하여 民多愁苦라 論者日夜稱章호되 朝廷이 不能復用也러라

① 〈"我獨有二天"은〉 蘇章이 반드시 자신의 죄악을 덮어줄 것임을 말한 것이다.
謂章必能覆蓋其惡也.
② 孺文은 蘇章의 字이다.
孺文, 章字.

【目】 吳祐는 인자하고 소탈한 정사를 숭상하니, 백성들이 차마 속이지 못하였다.

嗇夫인 孫性이 은밀히 백성들에게 돈을 거두어 옷을 사서 아버지에게 올렸는데, 아버지가 옷을 받고 노하여 말하기를 “이와 같이 훌륭한 君(상사)이 있는데, 어찌 차마 속이겠는가.” 하고는 빨리 돌아가 죄를 자백하게 하였다. 손성이 부끄럽고 두려워하여 자수하고는 오우에게 아버지의 말을 자세히 이야기하였다.

오우가 말하기를 “아전이 어버이 때문에 汚辱의 이름을 얻었으니, 이른바 허물을 보면 仁을 안다는 것이다.”[6] 하고 손성으로 하여금 돌아가 아버지에게 사죄하게 하고, 다시 옷을 보내주었다.

祐는 政崇仁簡하니 民不忍欺라 嗇夫孫性이 私賦民錢하여 市衣以進其父①한대 父得而怒曰 有君如是어늘 何忍欺之오하고 促歸伏罪하니 性이 慙懼自首하고 具談父言②이라 祐曰 掾以親故로 受汙穢之名하니 所謂觀過知仁矣로다하고 使歸謝其父하고 還以衣遺之하다

① 縣에는 嗇夫 한 사람을 두어 세금을 거두게 하였다.
縣置嗇夫一人, 賦斂也.
② ≪資治通鑑≫에 “옷을 가지고 自首했다.” 하였다.
通鑑“持衣自首.”

【綱】 겨울에 罕羌이 항복하자, 張喬의 駐屯軍을 파하였다.[7]

冬에 罕羌이 降이어늘 罷張喬軍屯하다

癸未年(143)

【綱】 漢나라 孝順皇帝 漢安 2년이다. 여름 4월에 趙沖을 護羌校尉로 삼아 燒何羌을 격파하였다.

二年이라 夏四月에 以趙沖爲護羌校尉하여 擊燒當羌하여 破之①하다

---

6) 허물을……것이다 : 그 사람이 잘못을 저지른 이유를 자세히 살펴보면 그 사람의 마음이 仁한지 不仁한지를 안다는 뜻으로, ≪論語≫ 〈里仁〉에 보이는 孔子의 말씀이다. 孫性이 백성들에게 불법으로 돈을 거두어 부친에게 옷을 마련해 드렸는바, 불법으로 돈을 거둔 것은 잘못이지만 孝心이 있었으므로 마음이 仁함을 안다 한 것이다.

7) 겨울에……파하였다 : 漢 順帝 永和 5년(140) 隴西의 羌族이 반란을 일으켜 三輔 지방까지 침략하자 永和 6년(141)에 車騎將軍 張喬를 三輔 지방에 주둔시켰다.

① 當은 마땅히 何가 되어야 한다. 지난해 겨울에 罕羌의 부락에 있는 5,000여 戶가 趙沖에게 와서 항복하였는데, 오직 燒何의 종족이 參巒을 점거하고서 항복하지 않았다.
當, 當作何. 上年冬, 罕羌邑落五千餘戶, 詣趙沖降, 唯燒何種, 據參巒, 未下.

【綱】 겨울 11월에 使匈奴中郎將 馬寔이 사람을 보내 吾斯를 찔러 죽였다.

◑ **冬十一月**에 **使匈奴中郎將馬寔**이 **遣人刺吾斯**하여 **殺之**하다

【綱】 지진이 있었다.

◑ **地震**[8)]하다

【目】 涼州는 9월 이래로 180번의 지진이 나서 산골짜기가 갈라지고 城寺(성의 관사)가 무너지니, 백성들 중에 壓死한 자가 매우 많았다.

涼州自九月以來로 地百八十震하여 山谷折裂하고 壞敗城寺하니 民壓死者 甚衆이러라

【綱】 孝廉을 더하여 네 科로 만들었다.

增孝廉하여 **爲四科**[9)]하다

---

8) 地震 : "이때 涼州에는 9월부터 11월에 이르기까지 180번의 지진이 나서 백성 중에 죽은 자가 매우 많았으니, ≪資治通鑑綱目≫에서 지진을 쓴 것이 이때보다 잦은 적이 있지 않았다.〔於是 涼州自九月至十一月 地一百八十震 民死甚衆 綱目書地震 未有數於此者矣〕" ≪書法≫
書法은 '筆法'이란 말과 같다. 朱子는 ≪資治通鑑綱目≫을 편찬할 적에 孔子의 ≪春秋≫ 筆法을 따라 綱과 目으로 나누었는바, 綱은 ≪春秋≫의 經文을, 目은 ≪春秋左氏傳≫의 傳文을 따랐다. ≪資治通鑑綱目≫의 筆法을 밝힌 것으로는 劉友益(宋)의 ≪綱目書法≫, 尹起莘(宋)의 ≪綱目發明≫이 그 대표작이라 할 수 있는데, 이 두 책은 현재 淸나라 聖祖(康熙帝)가 엮은 ≪御批資治通鑑綱目≫에 모두 수록되어 있다. 이 필법은 綱에 주안점이 맞춰져 있는데, 우리나라 학자들이 특별히 이 ≪자치통감강목≫을 愛讀한 이유는 바로 이 필법에 있다. ≪어비자치통감강목≫에는 이외에도 汪克寬(元)의 ≪綱目凡例考異≫ 등 많은 내용이 수록되어 있으나, 본서에서 다 소개하지 못하고 ≪강목서법≫과 ≪강목발명≫의 중요한 것만을 발췌하여 수록하였다. 또한 陳濟(明)의 ≪資治通鑑綱目集覽正誤≫를 인용하여 오류를 바로잡기도 하였다. 본고에서는 각각 ≪書法≫, ≪發明≫, ≪正誤≫로 요약하여 표기하였다.

9) 增孝廉 爲四科 : "'더하여 네 科로 만들었다.'라고 쓴 것은 어째서인가. 비난한 것이다. 예전에 家法으로 시험하고 牋奏(表文과 奏章)로 시험하는 두 科가 있었는데, 지금 다시 孝悌와 從政을 더하여 네 科로 만들었다. 孝悌가 네 科의 하나가 되면 孝廉 두 글자는 모두 헛된 이름이니, 이를 쓴 것은 매우 비난한 것이다.〔書增爲四科 何 譏也 前有試家法課牋奏二科矣 今復增孝悌從政爲四 孝悌居四科之一 則孝廉二字皆虛名也 書甚譏之〕" ≪書法≫

【目】尙書令 黃瓊은, 左雄이 올린 孝廉의 선거[10]가 오로지 儒學과 법조문을 익힌 관리를 등용하므로 선비를 선발하는 뜻에 오히려 부족한 바가 있다 하여, 마침내 孝悌와 從政을 잘하는 자를 더 보태어서 네 科로 만들 것을 上奏하니, 황제가 그의 말을 따랐다.

尙書令黃瓊이 以左雄所上孝廉之選이 專用儒學文吏하니 於取士之義에 猶有所遺라하여 乃奏增孝悌及能從政者하여 爲四科하니 帝從之하다

甲申年(144)

【綱】漢나라 孝順皇帝 建康 元年이다. 봄에 趙沖이 羌族을 토벌하다가 戰沒하였다.

建康元年이라 春에 趙沖이 討羌이라가 戰沒하다

【目】趙沖이 배반한 羌族을 추격하다가 복병을 만나 戰死하였으나 前後에 참수하고 생포한 자가 많았다. 강족도 이로 말미암아 쇠약해졌다.

沖이 追叛羌이라가 遇伏戰死나 而前後多所斬獲이라 羌이 由是亦衰耗하다

【綱】여름 4월에 馬寔이 南匈奴의 左部를 격파하니, 胡族과 羌族, 烏桓이 모두 항복하였다.

夏四月에 馬寔이 擊南匈奴左部破之하니 胡, 羌, 烏桓이 悉降①하다

① 左部는 바로 吾斯의 黨이다.
左部, 卽吾斯之黨.

【綱】皇子 劉炳을 세워 太子로 삼았다.

◑ 立皇子炳하여 爲太子[11]하다

10) 左雄이……선거 : 漢 順帝 陽嘉 원년(132)에 左雄의 주청으로 孝廉科에 나이 40 이상이 된 자만 천거하고, 諸生은 家法을 文吏는 牋奏로 시험하게 하였다.

11) 爲太子 : "漢나라는 이로부터 5代 동안 '太子를 세웠다.'라고 쓴 경우가 없으니, 태자가 없는 경우가 아니면 일찍 세우지 않은 것이다.〔漢自是五世無書立太子者 非無子 則不早建者也〕" ≪書法≫

【目】 太子가 承光宮에 거처하니, 황제가 侍御史 种暠(충고)로 하여금 그 집을 監護하게 하였다.

中常侍 高梵이 궁중에서 한 대의 수레로 나가 태자를 맞이하였는데, 이때 太傅 杜喬 등은 의심하여 따르려 하지 않으면서도 이러지도 저러지도 못하고 있었다. 충고는 손에 검을 들고 수레를 가로막으며 말하기를 "태자는 나라의 儲副(다음 대를 이을 임금)로, 백성들의 목숨이 달려 있는 분이다. 지금 常侍가 옴에 詔書와 符信이 없으니, 간악한 자가 아니라는 것을 어찌 알겠는가. 〈이를 따르지 않을 것이니〉 오늘 나에게는 죽음이 있을 뿐이다." 하였다.

고범이 말이 궁하여 감히 대답하지 못하고 급히 달려 돌아가 아뢰자 詔令을 내려서 태자에게 알리니, 태자가 그제야 떠날 수 있었다.

두교는 물러가 탄식하면서 충고는 일에 임하여 의혹하지 않는데 〈자기는 그렇지 못함을〉 부끄러워하였고, 황제 또한 충고의 신중함을 가상히 여겨서 오랫동안 잘했다고 칭찬하였다.

太子居承光宮하니 帝使侍御史种暠로 監其家①라 中常侍高梵이 從中單駕出迎太子②러니 時에 太傅杜喬等이 疑不欲從而未決이러니 暠乃手劍當車曰 太子는 國之儲副요 人命所係라 今常侍來에 無詔信하니 何以知非姦邪아 今日에 有死而已니라 梵이 辭屈하여 不敢對하고 馳還奏之한대 詔報太子하니 乃得去라 喬退而歎息하여 愧暠臨事不惑③하고 帝亦嘉其持重하여 稱善者良久러라

① 〈"監其家"는〉 太子의 집안을 監護함을 이른다.
謂監護太子之家也
② "從中"은 궁중으로부터 나감을 이른다.
從中, 謂從宮中也.
③ 愧는 자기는 그렇지 못함을 부끄러워한 것이다.
愧者, 愧己之不能然也.

【綱】 가을 8월에 揚州와 徐州의 도적 떼인 范容 등이 亂을 일으키자, 御史中丞 馮緄을 보내 州의 군대를 감독해서 토벌하게 하였다.

秋八月에 揚, 徐群盜范容等이 作亂이어늘 遣御史中丞馮緄하여 督州兵討之하다

【綱】 황제가 崩하니, 太子 劉炳이 卽位하였다.

◑ 帝崩①[12]하니 太子炳이 卽位하다

① 향년이 30세였다.
壽, 三十.

【目】 황제(沖帝)의 나이가 2세였다.

年二歲라

【綱】 皇后(梁后)를 높여 皇太后라 하고, 皇太后가 臨朝하였다.

尊皇后曰皇太后라하고 太后臨朝하다

【綱】 李固를 太尉 錄尙書事[13]로 삼았다.

◑ 以李固爲太尉, 錄尙書事하다

【綱】 9월에 順帝를 憲陵에 장례하였다.

◑ 九月에 葬憲陵①하다

① 憲陵은 雒陽의 서쪽 15리 지점에 있다.
陵, 在雒陽西十五里.

【綱】 지진이 나자, 詔令을 내려 賢良하고 方正한 선비를 천거하여 策問하게 하

---

12) 帝崩 : "賀善의 贊에 말하였다. '順帝의 篇에 첫 번째로는 楊震을 改葬한 일을 썼고, 뒤이어 太后를 알현한 일을 썼고, 또 虞詡와 左雄을 사면한 일을 썼고, 바친 진주를 퇴각한 일을 썼고, 太學을 일으킨 일을 썼고, 張逵를 주살한 일을 썼고, 周擧를 발탁한 일을 썼으니, 모두 기록할 만한 내용이다. 그렇다면 順帝 또한 후대의 어진 군주일 것이다.'〔賀善贊曰 順帝之篇 首書改葬楊震 繼書朝太后 又書赦虞詡左雄 書卻貢珠 書起太學 書誅張逵 書擢周擧 皆可紀者也 帝亦後來之賢主歟〕" ≪書法≫

13) 錄尙書事 : 尙書는 문서의 출납을 관장한 직책으로 정책을 입안할 수 있는 권한을 가졌다. 특히 漢 武帝가 황권을 강화하고 자신의 측근을 통한 정치를 펼치면서 三公九卿(外朝)에 상대되는 內朝가 형성되는데, 상서는 내조 정치의 핵심이었다. 霍光과 같은 황제의 측근이 將軍의 직책을 받고 동시에 상서의 직책을 겸하여 군권과 정책입안의 권한을 장악하였다. 前漢 때까지 상서는 겸직으로 領尙書事의 형태로 임명하였다. 後漢 때에는 상서가 정식 관직이 되어 尙書令을 두고 속관을 두면서 尙書臺가 형성이 되는데, 이들이 정책의 입안을 장악하였다. 또한 太傅나 三公에게 尙書의 직을 겸임시켜 주요 정책 결정에 참여하게 하였는데, 錄尙書事의 형태로 임명하였다.

였다.

◑ 地震하니 詔擧賢良方正之士하여 策問之하다

【目】 皇甫規가 다음과 같이 策問에 대답하였다.

"陛下께서 攝政하시던 초기에 충성스럽고 정직한 인물을 발탁하여 등용하시니, 遠近이 모두 화합하여 太平盛世를 바랐습니다. 그런데 災異가 그치지 않고 도적들이 橫行하니, 이는 아마도 姦臣의 권세가 중하기 때문인 듯합니다. 常侍 중에 특히 형편없는 자를 마땅히 빨리 내쳐 궁에서 내보내서 하늘의 경계에 답해야 합니다. 大將軍 梁冀와 河南尹 梁不疑 또한 마땅히 겸손한 예절을 더 닦고 유학으로 보필하여, 놀며 즐기는 등의 급하지 않은 일을 줄이고 집안의 無益한 꾸밈을 줄여야 할 것입니다. 비유하면 군주는 배이고 백성은 물이고 여러 신하들은 배를 탄 자이며 將軍의 兄弟는 노를 잡은 자이니, 만약 노를 잡은 자가 마음을 화평하게 하여 힘을 다해서 元元(백성)을 구제하면 이른바 福이라는 것이지만, 만일 태만하고 해이하면 장차 파도에 빠질 것이니, 삼가지 않을 수 있겠습니까. 德이 祿에 걸맞지 못하면 담 밑을 파서 그 높이를 더하는 것과 같으니, 어찌 편안하고 견고한 방도이겠습니까. 간악한 자와 술꾼과 희롱하는 자들을 다 배척하여 不軌(不法)를 징계해야 합니다."

皇甫規

양기가 이에 忿을 내어 황보규를 下第(최하위)로 삼고 郎中에 제수하니, 황보규는 병을 칭탁하여 면직하고 돌아갔다.

皇甫規對曰 陛下攝政之初에 拔用忠貞하시니 遠近翕然하여 望見太平이러니 而災異不息하고 寇

賊縱橫하니 殆以姦臣權重之所致也라 其常侍尤無狀者를 宜亟黜遣하여 以答天誡니이다 大將軍冀와 河南尹不疑 亦宜增修謙節하고 輔以儒術하여 省(생)去遊娛不急之務하고 割減廬第無益之飾이니이다 夫君者는 舟也요 民者는 水也요 群臣은 乘舟者也요 將軍兄弟는 操檝者也①니 若其平志畢力하여 以度元元이면 所謂福也②어니와 如其怠弛면 將淪波濤리니 可不愼乎잇가 夫德不稱祿이면 猶鑿墉之趾하여 以益其高니 豈安固之道哉리오 凡諸宿猾, 酒徒, 戲客을 皆宜貶斥하여 以懲不軌니이다 冀忿之하여 以規爲下第하고 拜郎中하니 託疾免歸하다

① 檝(노)은 楫과 같다.
檝, 與楫同.

② 度(건너다)는 渡와 통한다.
度, 通作渡.

【綱】 揚州刺史 尹耀가 范容을 토벌하다가 敗沒하였다.

揚州刺史尹耀 討范容이라가 敗沒하다

【綱】 겨울 10월에 交阯의 蠻夷가 다시 배반하자, 刺史 夏方이 이들을 항복시켰다.

◑ 冬十月에 交阯蠻夷復反이어늘 刺史夏方이 降之하다

【綱】 九江의 도적 馬勉이 當塗에서 황제를 칭하였다.

◑ 九江盜馬勉이 稱帝於當塗①하다

① 當塗縣은 九江郡에 속하였다.
當塗縣, 屬九江郡.

【綱】 도적 떼가 憲陵을 도굴하였다.

◑ 群盜發憲陵[14]하다

---

14) 群盜發憲陵 : “이때 장례한 지 얼마 되지 않았다. ≪資治通鑑綱目≫에서 陵寢의 변고를 쓴 것이 7번인데 이보다 더 빠른 적이 없었다.〔於是 葬無幾時耳 綱目書陵寢之變七 未有亟於此者矣〕” ≪書法≫

“東漢이 멸망할 적에 사람들은 모두 桓帝와 靈帝가 임금답지 못한 것만을 허물하고, 멸망할 조짐이 이미 安帝와 順帝 때에 나타난 것은 알지 못하였다. 지금 ≪資治通鑑綱目≫에서 쓴 것을 보면, 환관들을 총애하여 믿고 소인들을 임용하고 外戚을 높이고 장려하여 漢나라를 亡하게 한 禍를 자아낸

乙酉年(145)

【綱】漢나라 孝沖皇帝 永嘉 元年이다. 봄 정월에 황제가 崩하였다.

孝沖皇帝永嘉元年이라 春正月에 帝崩①하다

① 향년이 3세였다.
壽, 三歲.

李固

【目】梁太后는 揚州와 徐州의 도적이 한창 熾盛한다 하여, 불러들인 여러 王侯들이 도착하기를 기다려서 國喪을 발표하고자 하였는데, 太尉 李固가 말하기를 "황제가 비록 나이가 어리시지만 天下의 國父입니다. 오늘 崩함에 선조의 神靈이 놀라고 슬퍼하고 있는데, 어찌 臣子가 도리어 이것을 함께 가리고

것이 실로 여기에 있었다. 그러므로 日食과 地震이 일어나고 山이 무너지고 우박이 내리며 도적과 災異가 발생한 것이 史冊에 끊이지 않고 쓰여 있는데도, 두 군주는 이것을 깨닫지 못하였다. 이에 安帝는 남쪽으로 놀러갔다가 죽었는데 ≪자치통감강목≫에서는 '황제가 葉縣에서 崩했다.'라고 썼고, 順帝는 겨우 葬禮를 마치자마자 ≪자치통감강목≫에서 '도적 떼가 憲陵을 도굴했다.'라고 썼다. 두 군주의 不善이 쌓였는데도 즉시 멸망하지 않은 것은, 祖宗의 德澤이 인민에게 남아 없어지지 않아서 하늘의 뜻이 대번에 끊지 않았기 때문일 뿐이다. 그러나 나쁜 징조가 나타나는 것 또한 엄폐할 수 없으므로 그 장례한 일에 이것을 나타낸 것이다. ≪자치통감강목≫은 사실에 근거하여 곧바로 써서 天理가 절로 분명하니, 이는 후세 人君이 하늘과 사람에게 罪를 얻어서는 안 됨을 경계하기 위한 것이다. 그 드러난 응험이 이와 같으니, 어찌 간절하고도 분명하지 않은가.〔東漢之亡 人皆咎桓靈之不君 而不知滅亡之兆已著於安順之時 今觀綱目所書 如寵信宦者 任用群小 崇奬外戚 所以稔亡漢之禍者 實在於此 故夫日食地震山崩雨雹寇盜災異 史不絶書 二君旣不之悟 於是安帝終於南遊 而綱目書帝崩于葉矣 順帝甫成葬禮 而綱目書盜發憲陵矣 夫以二君不善之積 而未卽滅亡者 祖宗德澤 在人未泯 天意未遽絶之爾 然咎證之形 亦不可掩 故於其終事見之 綱目據事直書 而天理自明 所以戒後世人君不可得罪於天人 其顯然之應若此 豈不深切著明也哉〕" ≪發明≫

숨긴단 말입니까. 秦나라 始皇帝가 沙丘에서 죽었을 때의 음모[15]와 近日의 北鄕侯의 일[16]은 모두 天下 사람들이 크게 꺼리는 것이니, 매우 不可합니다." 하였다. 太后가 그의 말을 따라 즉시 그날 저녁에 國喪을 발표하였다.

梁太后以揚, 徐盜賊이 **方盛**이라하여 **欲須所徵諸王侯到**하여 **乃發喪**이어늘 **太尉李固曰 帝雖幼少**나 **猶天下之父**라 **今日崩亡**에 **人神感動**하니 **豈有人子反共掩匿乎**①잇가 **秦皇沙丘之謀**와 **近日北鄕之事 皆天下大忌**니 **不可之甚者也**②니이다 **太后從之**하여 **卽暮發喪**하다

① 人子는 마땅히 臣子가 되어야 한다.
人子, 當作臣子.
② 鄕은 본음대로 읽으니, 北鄕은 바로 北鄕侯이다.
鄕, 如字,[17] 北鄕, 卽北鄕侯也.

【綱】 淸河王 劉蒜(유산)과 渤海孝王의 아들 劉纘을 京師로 불러들이니, 大將軍 梁冀가 太后에게 아뢰어 유찬을 맞아들여 卽位하게 하고, 유산을 돌려보내어 封國으로 돌아가게 하였다.

徵淸河王蒜及渤海孝王子纘하여 **至京師**하니 **大將軍冀白太后**하여 **迎纘入卽位**하고 **罷蒜歸國**[18]하다

---

15) 秦나라……음모 : 秦나라 始皇帝 37년(B.C. 37)에 시황제가 동쪽을 순행하다가 沙丘의 平臺에서 죽었는데, 趙高는 長子 扶蘇를 불러오라는 시황제의 유언을 감추고, 승상 李斯를 설득하여 부소를 죽이고 시황제의 작은아들인 胡亥를 세우기로 음모를 꾸며 시황제의 죽음을 비밀에 붙인 채, 轀輬車에 시체를 안치하고 썩는 냄새를 감추기 위하여 소금에 절인 어물을 함께 실어서 도성인 咸陽으로 운구하였다. 이후 맏아들 부소와 장군 蒙恬을 함께 賜死하고, 호해를 세워 二世皇帝로 옹립한 일을 이른다.

16) 北鄕侯의 일 : 北鄕侯 劉懿는 後漢의 7대 임금으로, 125년 3월에 등극하여 10월에 죽었다. 安帝의 후비인 閻后는 투기가 많아서, 안제가 李氏를 총애하여 保를 낳자 아우 閻顯과 모의하여 이씨를 독살하고 태자 보를 참소하여 濟陰王으로 폐하였다. 안제가 죽자 북향후를 세웠으나 얼마 안 있어 북향후도 죽었다. 이에 환관 孫程 등이 염현을 죽이고 염후를 별궁으로 옮기고서 폐위된 태자를 다시 불러와 세우니, 바로 順帝이다.

17) 如字 : 한 글자에 여러 독음이 있는 경우 본음대로 읽으라는 것이다.

18) 徵淸河王蒜及渤海孝王子纘……罷蒜歸國 : "劉纘과 劉蒜을 함께 불렀으니, 한 사람은 迎立하고 한 사람은 돌려보내는 것이 당연하다. 그러므로 史書에서는 '유산이 돌려보내져 봉국으로 돌아갔다.'고 하였는데, 여기에서 '유산을 돌려보냈다.'라고 쓴 것은 어째서인가. 주벌하는 뜻이다. 이때 梁冀가 유산의 嚴重함을 꺼려서 여러 사람들의 뜻을 어기고 돌려보냈으니, '유산을 돌려보냈다.'라고 쓴 것은 그 영립하고 돌려보낸 것이, 모두 양기의 뜻이라고 말한 것과 같다. 漢代에 영립했다고 쓴 것이 10명의 군주인데, 昌邑王은 '霍光이 皇后의 詔令을 받들었다.'라고 썼고, 宣帝는 '곽광이 太后에게 아뢰었다.'라고 썼으니, 이는 공적인 것이다. 그러나 여기에서는 양기가 사사롭게 한 것인데 또한 '太

【目】劉蒜, 劉纘은 모두 章帝의 曾孫이다. 유산은 사람됨이 嚴重하고 행동거지에 法度가 있으니 公卿들이 모두 그에게 마음을 두었고, 유찬은 나이가 8세였다. 李固가 梁冀에게 다음과 같이 당부하였다.

"황제를 세울 적에는 마땅히 나이가 많고 德이 있어서 직접 政事를 맡아 처리할 수 있는 자를 선택해야 하니, 원컨대 將軍은 큰 계책을 자세히 살펴서 周勃과 霍光이 文帝와 宣帝를 세운 것을 살피고, 鄧騭(등즐)과 閻顯이 幼弱한 군주를 세우는 것을 이롭게 여긴 것을 경계하라."

그러나 양기는 그의 말을 따르지 않고 太后와 함께 궁중에서 은밀히 황제를 정하여〔定策〕 유찬을 南宮으로 맞아들여 皇帝에 즉위하게 하고, 유산은 돌려보내져 封國으로 돌아갔다.

蒜, 纘이 皆章帝曾孫①이라 蒜은 爲人嚴重하고 動止有法度하니 公卿이 皆歸心焉이요 而纘年八歲라 李固謂梁冀曰 立帝는 宜擇長年有德하여 任親政事者②니 願將軍은 審詳大計하여 察周, 霍之立文, 宣하고 戒鄧, 閻之利幼弱③하라 冀不從하고 與太后로 定策禁中하여 迎纘入南宮하여 卽皇帝位하고 蒜罷歸國하다

① 蒜은 蘇貫의 切이다. 劉蒜은 淸河恭王 劉延平의 아들이고, 劉纘은 渤海孝王 劉鴻의 아들이다. 유연평과 유홍은 모두 樂安夷王 劉寵의 아들이고 千乘貞王 劉伉의 손자이다. 유항은 章帝의 아들이다.
蒜, 蘇貫切. 蒜, 淸河恭王延平之子. 纘, 渤海孝王鴻之子. 延平及鴻, 皆樂安夷王寵之子, 千

后에게 아뢰었다.'라고 썼으니, 이는 어째서인가. 太后는 梁氏의 딸이니, 太后에게 아뢰었다고 쓴 것은 太后와 양기를 모두 책망한 것이다. 좋은 일과 나쁜 일에 똑같은 글을 혐의하지 않으니, 아래에 '太后에게 아뢰어 太尉 李固를 策免하고, 蠡吾侯 劉志를 맞아들여 卽位하게 했다.'라고 쓴 것도 뜻이 같다.〔纘蒜幷徵 一迎一罷宜矣 故史稱蒜罷歸國 此其書罷蒜 何 誅意也 於是梁冀憚蒜嚴重 違衆罷之 書曰罷蒜 若曰其迎其罷 冀皆有意云耳 漢世書迎立者十君 昌邑書霍光承皇后詔 宣帝書光奏太后 公也 此冀 私也 亦書白太后 何 太后梁氏女 書白太后 交責之也 美惡不嫌同辭 下書白太后策免固 迎蠡吾侯志入卽位義同〕"《書法》

"군주를 세우는 것은 큰일이니, 반드시 널리 상의하여 여러 사람의 의견을 따른 뒤에야 皇極과 神器가 의탁할 곳을 얻게 된다. 지금 淸河王과 渤海王의 아들이 함께 京師에 왔는데, 公卿들이 모두 劉蒜에게 마음을 두었으나 양기가 마침내 어린 군주를 세우고자 하여 여러 사람의 의견을 어기고 독단적으로 행하였으니, 이는 九五 大寶(황제의 지위)가 마침내 사사로운 가문의 물건일 뿐인 것이다. '大將軍 양기가 太后에게 아뢰어 劉纘을 맞아들여 즉위하게 하고 유산을 돌려보내어 封國으로 돌아가게 했다.'라고 썼으니, 그렇다면 양기의 당시 두려워할 만한 권세의 氣焰이 이와 같은 것이다. 사납고 고집스레 자신의 의견을 내세워 제 마음대로 곧장 행한 뜻이 은연중 書法의 사이에 나타나니, 漢나라 조정의 公卿들이 그와 더불어 어깨를 나란히 하고 조정에 함께 설 수 있었겠는가.〔置君 大事也 必廣謀從衆 然後皇極神器得所付託 今淸河渤海同至京師 公卿旣皆歸心於蒜 而冀乃貪立幼稺 違衆獨行 是九五大寶 乃私門之物爾 書大將軍冀白太后迎纘入卽位 罷蒜歸國 則冀一時勢焰可畏 若此 其狠愎自用直情徑行之意 隱然見於書法之間 漢朝公卿 尙可與之比肩幷列乎〕"《發明》

乘貞王伉之孫也. 伉, 章帝之子.

② 長(나이가 많다)은 知兩의 切이다. 任(맡다)은 音이 壬이다.
長, 知兩切. 任, 音壬.

③ 周勃은 文帝를 세웠고 霍光은 宣帝를 세웠으며, 鄧騭은 殤帝를 세웠고 閻顯은 北鄕侯를 세웠다.
周勃立文帝, 霍光立宣帝, 鄧騭立殤帝, 閻顯立北鄕侯.

【綱】 沖帝를 懷陵에 장례하였다.

葬懷陵하다

【目】 장차 山陵을 정할 적에 李固가 말하기를 "지금 곳곳마다 도적이 있어서 군대가 일어나 비용이 많이 들고 새로 憲陵(順帝)을 만들어 부세를 거두고 인력을 징발한 것이 한두 번이 아닙니다. 황제(沖帝)의 나이가 아직 어리니, 憲陵의 능역 안에 황제의 陵을 일으켜서 康陵의 제도와 같게 해야 합니다." 하니, 太后가 그의 말을 따랐다.

태후가 이고에게 정권을 맡기니, 이고는 宦官 중에 악행을 하는 자들을 한결같이 모두 배척하여 쫓아냈다. 이에 梁冀는 더욱 이고를 미워하였다.

將卜山陵할새 李固曰 今處處寇賊이라 軍興費廣하고 新創憲陵하여 賦發非一[①]이라 帝尙幼小하니 可起陵於憲陵塋內하여 如康陵制度니이다 太后從之[②]하다 太后委政李固하니 宦官爲惡者를 一皆斥遣한대 而梁冀尤疾之하다

① "賦發"은 부세를 거두고 인력을 징발하는 것이다.
賦發, 賦斂徵發也.

② 康陵은 殤帝의 陵이니, 또한 愼陵(和帝)의 능역 안에 있었다.
康陵, 殤帝陵也, 亦在愼陵塋內.

【目】 처음에 順帝 때에는 관직을 차례에 따라 제수하지 않는 경우가 많았다. 李固가 아뢰어 100여 명을 면직시키니, 이들이 마침내 익명의 글을 만들어서, 이고가 황제의 가까운 친척을 이간하고 스스로 자기 支黨을 높인다고 말하였다. 梁冀가 이 사실을 太后에게 아뢰었으나 태후는 따르지 않았다.

初에 順帝時除官을 多不以次러니 固奏免百餘人하니 此等이 遂作飛章하여 言固離間近戚하고 自隆支黨이라하여늘 冀以白太后한대 太后不聽하다

【綱】 廣陵 사람 張嬰이 郡을 점거하고 배반하였다.

廣陵張嬰이 據郡反하다

【目】 張嬰이 예전에 항복했었는데,[19] 이때 다시 배반하였다.

嬰이 旣降이러니 至是하여 復反하다

【綱】 2월에 배반한 羌族들이 모두 항복하니, 隴右가 다시 평정되었다.

二月에 叛羌이 皆降하니 隴右復平하다

【目】 西羌들이 반란을 일으킨 지 여러 해에 사용한 비용이 80여억 錢이었다. 여러 장수들이 대부분 국고의 양식을 도둑질하여 군주의 左右 측근들에게 뇌물을 주고 軍事를 돌보지 않으니, 白骨이 서로 이어졌다.

左馮翊 梁幷이 은혜와 신의로써 배반한 羌族들을 불러 달래니, 離湳(이남)과 狐奴 등 5만여 戶가 모두 양병에게 와서 항복하여 隴右가 다시 평정되었다.

西羌이 叛亂積年에 費用이 八十餘億이라 諸將이 多盜牢稟(뇌름)하여 貨賂左右하고 不恤軍事하니 白骨이 相望①이러니 左馮翊梁幷이 以恩信招誘叛羌하니 離湳, 狐奴等五萬餘戶 皆詣幷降하여 隴右復平②하다

① 牢는 창고의 식량이니, 옛날 廩을 牢라고 하였다. 一說에 "牢는 값이요, 稟은 공급함이다." 하였다.
牢, 廩食也. 古者名廩爲牢. 一說 "牢, 價直(치)也. 稟, 給也."
② 離湳과 狐奴는 羌族 중의 種族 이름이다. 湳은 乃感의 切이다.
離湳・狐奴, 羌種名. 湳, 乃感切.

【綱】 3월에 九江都尉 滕撫가 馬勉과 范容 등을 공격하여 참수하였다.

三月에 九江都尉滕撫 擊馬勉, 范容等하여 斬之하다

【目】 太后는 徐州와 揚州의 도적이 더욱 치성하다 하여 장수가 될 만한 人才를 널리 구

---

19) 張嬰이……항복했었는데 : 본서 15쪽에 보인다.

하니, 三公이 滕撫가 文武의 재주가 있다고 천거하였다. 詔令을 내려 등무를 九江都尉로 제수하여 馮緄을 도와 토벌하게 하고, 현상금을 걸어 널리 모집하되 하사하는 돈과 봉하는 邑에 차등을 두게 하였다. 등무 등이 馬勉과 范容 등을 격파하여 참수하자 이에 등무를 中郎將으로 제수하여 揚州와 徐州의 일을 감독하게 하였다.

太后 以徐, 揚盜賊이 益熾라하여 博求將帥하니 三公이 擧撫有文武才어늘 詔拜九江都尉하여 助馮緄討之하고 廣開賞募호되 錢邑有差①하니 撫等이 破斬馬勉, 范容等이어늘 拜撫中郎將하여 督揚, 徐二州事하다

① 〈"廣開賞募 錢邑有差"는〉 현상금을 내걸되, 하사하는 錢과 봉하는 邑을 功의 높고 낮음으로써 차등함을 말한 것이다. 錢은 하사하는 돈이고, 邑은 봉하는 邑이다.
謂立賞格, 錢邑以功之高下爲差. 錢, 賜錢也. 邑, 封邑也.

【綱】 詔令을 내려 康陵을 恭陵의 위에 있게 하였다.

詔康陵在恭陵上하다

【目】 다음과 같이 詔令을 내렸다.

"殤帝는 즉위하여 해를 넘겼고, 安帝가 大統을 이었는데, 前代에 恭陵(안제의 릉)을 康陵(상제의 릉)의 위에 있게 하였으니, 올바른 次序를 잃었다. 지금 이것을 바로잡노라."

詔曰 殤帝卽位踰年이요 安帝承襲統業①이어늘 而前世令恭陵在康陵之上하니 失其次序라 今其正之하노라

① ≪資治通鑑≫에는 '踰年' 아래에 '君臣禮成(군신간의 禮가 이루어졌다.)'의 네 글자가 있다.
通鑑, 踰年下, 有君臣禮成四字.

【綱】 겨울 11월에 歷陽의 도적인 華孟이 황제를 칭하자 滕撫가 나아가 張嬰과 華孟을 공격하여 모두 궤멸시키고 참수하니, 동남 지방이 모두 평정되었다.

冬十一月에 歷陽盜華孟이 稱帝어늘 滕撫進擊張嬰及孟하여 皆破斬之하니 東南이 悉平하다

【目】 滕撫는 성품이 방정하고 정직하여 권세 있는 자와 사귀지 않으니, 宦官들에게 미움

을 받았다. 뒤에 功을 논할 적에 마땅히 封邑을 받아야 했는데, 太尉 胡廣이 〈梁冀의〉 뜻을 받들어 아뢰어서 내치니, 마침내 집에서 卒하였다.

撫性方直하여 不交權勢하니 爲宦官所惡(오)라 後에 論功當封이러니 太尉胡廣이 承旨奏黜之하니 遂卒於家하다

丙戌年(146)

【綱】 漢나라 孝質皇帝 本初 元年이다. 여름 4월에 郡國에 詔令을 내려 경학에 밝은 자를 천거해서 太學에 나오게 하고, 受業한 자를 해가 차면 시험하여 관직에 제수하되 차등이 있게 하였다.

孝質皇帝本初元年이라 夏四月에 詔郡國하여 擧明經하여 詣太學하고 受業者를 歲滿課試하여 拜官有差하다

【目】 이로부터 公卿들이 모두 아들을 太學에 보내어 受業하게 하니, 遊學하는 자가 더욱 많아져서 3만여 생도에 이르렀다.

自是로 公卿이 皆遣子受業하니 遊學增盛하여 至三萬餘生하다

【綱】 바닷물이 넘쳤다.

海水溢[20]하다

【綱】 윤6월에 大將軍 梁冀가 毒을 올려 황제를 시해하고 太后에게 아뢰어서 太尉 李固를 策免하게 하였다. 蠡吾侯(여오후) 劉志를 맞아들여 즉위하게 하였는데, 태후가 여전히 臨朝하였다.

◑ 閏六月에 大將軍冀 進毒弑帝①하고 白太后하여 策免太尉固하고 迎蠡(려)吾侯志하여 入卽位하니 太后猶臨朝[21]하다

20) 海水溢 : "海溢을 쓴 것이 이때 처음 시작되었으니, ≪資治通鑑綱目≫이 끝날 때까지 해일을 쓴 것이 여섯 번이다.〔海溢始此 終綱目書海溢六〕" ≪書法≫

21) 迎蠡吾侯志……太后猶臨朝 : "迎立하는 것은 국가의 큰 계책이니, 황제가 시해되었다고 썼으면 바

로 蠡吾侯 劉志가 들어와 卽位했다고 쓰는 것이 옳고, 책서로 大臣을 파면한 것은 늘 있는 일인데 반드시 먼저 李固를 쓴 것은 어째서인가. 이는 특별히 쓴 것이니, ≪資治通鑑綱目≫이 끝날 때까지 한 번뿐이다. 이고가 제거되지 않으면 여오후를 세우는 일이 끝내 이뤄지지 못했을 것이며, 더구나 이고가 막 황제를 모시던 의원을 推擧하여 탄핵하였다. 이는 罪人(梁冀)이 매우 두려워하는 것이니, 이고를 급급히 제거하는 것은 너무나 당연한 일이다. 그러므로 安漢公(王莽)이 황제를 시해하였을 때에는 '進毒'이라고 쓰지 않았는데 여기에서 썼으니, 이는 이고를 면직시킨 이유를 드러낸 것이다. 이 때문에 質帝의 세대에 먼저 '策書로 太尉 李固를 면직시켰다.'고 썼으니 그런 뒤에 여오후가 설 수 있었으며, 陳 文帝가 죽었을 적에 먼저 '始興王이 伏誅되었다.'고 썼으니 그런 뒤에 太子 叔寶가 설 수 있었다. 이처럼 한 가지 일을 앞에 두고 한 가지 일을 뒤에 두었으니, ≪資治通鑑綱目≫의 뜻이 은미하다. ≪자치통감강목≫이 끝날 때까지 시해에 '進毒'이라고 쓴 것이 네 번이다.(梁冀, 胡太后, 大丞相 宇文泰, 冢宰 宇文護)

沖帝가 섰을 적에 太后가 臨朝했다고 썼으니, 質帝가 섰을 때에도 태후가 여전히 임조하였음을 알 수 있으므로 쓰지 않았다가, 이때에 이르러 임조를 쓰면서 '猶(여전히)'라고 한 것은 어째서인가. 질제는 즉위했을 때에 나이가 8세이니 태후가 임조하는 것이 굳이 비난할 것이 못 되지만, 여오후는 이때 15세였으므로 태후가 임조를 그만둘 수 있는데도 그만두지 않았다고 여겨 '猶'라고 써서 비난한 것이다. 이 때문에 安帝가 즉위했을 때에 나이가 13세였는데도 태후가 여전히 임조하였으므로 '猶'라고 썼고(殤帝 延平 元年(106)), 桓帝가 즉위했을 때에 나이가 15세였는데도 태후가 여전히 임조하였으므로 '猶'라고 썼으니(이해), 모두 임조를 그만둘 수 있는데도 그만두지 않은 경우이다. ≪자치통감강목≫이 끝날 때까지 '猶臨朝'라고 쓴 것이 두 번뿐이다.〔迎立 大策也 書帝弑矣 卽書蠡吾侯志入卽位 可也 策免大臣 常事耳 其必先書固 何 此特筆也 終綱目 一而已矣 固不去 則蠡吾之立 特未定也 況固方推擧侍醫 此罪人所甚懼者 宜其汲汲於去之 故安漢公之弑帝也 不書進毒 而此則書之 所以著免固之由也 是故質帝之世 先書策免太尉固 而後蠡吾侯可以立 陳文之殂 先書始興王伏誅 而後太子叔寶可以立 一先一後 綱目之意微矣 終綱目 弑書進毒四(梁冀 胡太后 大丞相泰 冢宰護) 沖帝之立 書太后臨朝矣 質帝旣立 太后猶臨朝可知也 不書 至是則書之而稱猶 何也 質帝立年八歲 太后臨朝 無足議也 蠡吾於是年十五矣 以爲可已而不已也 故書猶以議之 是故安帝立 年十三 而太后猶臨朝 則書猶(殤帝延平元年) 桓帝立 年十五 而太后猶臨朝 則書猶(是年) 皆可已而不已者也 終綱目 書猶臨朝二而已〕" ≪書法≫

"元后(元帝의 后인 王氏)가 없었으면 王莽이 漢나라를 찬탈하지 못했을 것이고, 章德皇后(竇皇后)가 없었으면 竇憲이 조정을 어지럽힐 수 없었을 것이다. 梁冀의 죄악은 진실로 하늘과 땅이 용납하지 않는 것이나, 太后가 안에서 주장하지 않았다면 또한 반드시 이처럼 지극한 지경에는 이르지 않았을 것이다. 이때를 당하여 質帝는 나이가 비록 어렸으나 급히 大臣을 불러서 자신이 먹은 음식물을 말했으니, 이는 그 心中이 총명하여 〈자신의 고통이〉 進毒의 禍라는 것을 분명히 알았던 것이다. 그런데도 漢나라 조정의 여러 사람들은 음식을 올린 사람을 推求하고 병을 이룬 이유를 살펴 조사해서 기필코 賊을 찾아내지 못하였고, 바야흐로 聯名으로 써서 경계를 보였다가 賊(梁冀)에게 명령을 들었으니, 과연 무슨 짓인가. ≪春秋≫의 法에, 군주가 시해되었는데도 역적을 토벌하지 않으면 나라에 사람이 없다고 하였다. 흉하고 패악한 양기를 진실로 쉽게 토벌하여 죽일 수는 없지만, 만일 힘이 이기지 못하면 그의 죄를 천하에 성토하다가 죽는 것도 괜찮고 떠나가는 것도 괜찮으니, 어찌 大行皇帝가 서거하였는데 鴆毒으로 禍를 입은 것을 분명히 알면서도 不問에 부칠 수 있단 말인가. 李固와 杜喬 등 여러 사람은 충성은 有餘하였으나 지식이 부족하여 ≪춘추≫의 의리를 밝히지 못해서 죽어서도 보탬이 되는 바가 없었다. 태후는 비록 반드시 시해에 간여하지는 않았으나 자신이 罪人의 주인이 되었으니, 어떻게 스스로 해명하겠는가. ≪資治通鑑綱目≫에서 양기의 일에 대하여 첫 번째도 '태후에게 아뢰었다.' 하였고, 두 번째도 '태후에게 아뢰었다.' 하였고, 또 蠡吾侯가 이미 즉위한 뒤에는 '태후가 여전히 臨朝했다.'라고 썼으니, 태후가 비록 스스로 죄를 면하고자 하나 어찌 가능하겠는가.〔無元后 則王莽不得以簒國 無章德 則竇憲不得以亂朝 梁冀之惡 固天地之所不容 然非太后主之於內 則亦未必能至此極 方是之時 質帝年雖幼穉 乃能促召大臣 言其所食之物 是其心中了了 明知進毒之禍 而漢朝諸人 不能推求進膳之人 考核致疾之由 必期得賊而後已 方且聯書示戒 聽命于賊 果何爲者 春秋之法 君弑而賊

① 향년이 9세였다.
壽, 九歲.

【目】황제는 나이가 어려도 총명하고 지혜로웠다. 일찍이 朝會를 하다가 梁冀를 지목하며 말하기를 "이 사람은 跋扈將軍이다." 하였다. 梁冀가 매우 미워하여 左右로 하여금 煮餠(떡국)에 毒을 넣어 올리게 하니, 황제가 이것을 먹고 몹시 괴로워하면서 李固를 불렀다. 이고가 들어가 앞에서 물으니, 황제가 말하기를 "煮餠을 먹었는데 배가 더부룩하다. 물을 마시면 그나마 살 수 있겠다." 하였다. 양기가 말하기를 "토할까 염려되니, 물을 마셔서는 안 됩니다." 하였는데, 그 말이 채 끝나기도 전에 황제가 崩하였다. 이고가 그 앞에 엎드려서 흐느껴 哭하고는 侍醫를 탄핵하여 조사하였다.

帝少而聰慧러니 嘗因朝會하여 目梁冀曰 此跋扈將軍也[①]라하니 冀深惡(오)之하여 使左右로 置毒於煮餠以進[②]하니 帝苦煩甚하여 召李固어늘 固入前問한대 帝曰 食煮餠이러니 腹悶이라 得水면 尙可活이로다 冀曰 恐吐하니 不可飮水라하더니 語未絶而崩커늘 固伏尸號哭하고 推擧侍醫[③]하다

① "跋扈"는 彊梁(고집스럽고 난독함)이란 말과 같다. ≪爾雅≫에 "山이 낮고 크면, 扈跋하는 자는 길을 따르지 않고 뛰어 넘어간다." 하였으니, 彊梁한 사람은 길을 감에 바른길을 따르지 않음을 말한 것이다. 산이 낮고 크면 장차 뛰어 넘어가고자 하므로 跋扈라 한 것이다.
跋扈, 猶彊梁也. 爾雅 "山卑而大, 扈跋者, 不由蹊隧而行." 言彊梁之人, 行不由正路, 山卑而大, 且欲跋而踰之, 故曰跋扈.
② 煮餠은 湯餠(떡국)이다.
煮餠, 湯餠也.
③ "伏尸號哭"은 땅에 엎드려 흐느끼고 哭함을 말한 것이니, 그 모양이 시신과 같다. "推擧"는 侍醫가 황제의 병환을 치료함에 형편이 없음을 탄핵하여 그 간악한 죄를 조사하는 것이다.
伏尸號哭, 言伏地而號哭, 其狀如尸也. 推擧者, 劾擧其侍疾無狀, 而推究其姦也.

【目】후사를 세울 것을 의논할 적에, 李固가 司徒 胡廣과 司空 趙戒와 함께 먼저 梁冀에게 편지를 보내 다음과 같이 말하였다.

"先代에 황제를 폐하고 세울 적에 일찍이 公卿들에게 자문하지 않은 적이 없어서, 여러 사람의 의논을 널리 구하여 위로는 天心에 應하고 아래로는 衆望에 합하게 하였습니

不討 則以國爲無人 以冀之凶悖 固未易以討殺 然使力不能勝 則聲其罪於天下 死之可也 去之可也 烏有大行晏駕 明知鴆毒致禍 而可付之不問者乎 李固杜喬諸人 忠有餘而識不足 不明春秋之義 死而無補 太后雖未必與聞乎弑 然身爲罪人之主 何以自解 綱目於梁冀之事 一則曰白太后 二則曰白太后 至於蠡吾旣立之後 又書太后猶臨朝 太后雖欲自免 其可得乎〕" ≪發明≫

다. 傳에 이르기를 '천하를 남에게 주기는 쉽고, 천하를 위하여 사람을 얻기는 어렵다.'[22] 하였습니다. 〈後嗣를 정하는 것은〉 지극히 근심스럽고 지극히 소중하니 심사숙고하지 않을 수 있겠습니까. 悠悠한 萬事 중에 오직 이것이 큰일입니다. 나라의 흥망성쇠가 이 한 번의 조처에 달려 있습니다."

양기가 이에 百官을 불러 들여 회의하게 하였는데, 이고와 호광, 조계와 大鴻臚인 杜喬는 모두 淸河王 劉蒜이 밝은 德이 드러나 알려졌고 또 親屬 중에 가장 높고 친하니 마땅히 그를 세워 후사로 삼아야 한다고 하였다. 그러나 中常侍 曹騰은 일찍이 유산을 뵌 적이 있었는데 당시에 유산이 자신을 예우하지 않았다는 이유로 유산을 미워하였다.

議立嗣할새 固與司徒胡廣, 司空趙戒로 先與冀書曰 先世廢立에 未嘗不詢訪公卿하여 廣求群議하여 令上應天心하고 下合衆望이라 傳曰 以天下與人은 易하고 爲天下得人은 難이라하니 至憂至重이니 可不熟慮리오 悠悠萬事에 唯此爲大라 國之興衰 在此一擧①니라 冀乃召百官入議하니 固, 廣, 戒及大鴻臚杜喬 皆以爲淸河王蒜이 明德著聞하고 又屬最尊親하니 宜立爲嗣②라호되 而中常侍曹騰이 嘗謁蒜하니 蒜이 不爲禮라 由此惡(오)之러라

① 梁冀의 입장에서 말하면 萬事를 모두 悠悠(한가로움)에 부칠 수 있지만, 후사를 세우는 일에 이르러서는 天下와 國家의 대사에 관계된다.
就冀而言, 萬事皆可付之悠悠, 至於立嗣, 關天下國家之大.

② 劉蒜은 質帝에게 兄이 되니 높고, 똑같이 樂安王 劉寵에게서 나왔으니 친한 것이다.
蒜於質帝爲兄, 尊也, 同出樂安王寵, 親也.

【目】 처음에, 平原王 劉翼이 貶黜되고 나서 河間으로 돌아가자, 그의 아버지가 蠡吾縣을 나눠 侯로 봉해줄 것을 청하였다. 劉翼이 卒하자 아들 劉志가 뒤를 이으니, 太后가 자기의 여동생을 유지에게 시집보내고자 하여 夏門의 밖에 있는 萬壽亭으로 불렀는데, 마침 황제가 崩하였다. 梁冀는 그를 세우고자 하였는데, 또 曹騰이 밤에 양기를 찾아가서 다음과 같이 설득하였다.

"將軍은 여러 대에 걸친 椒房(皇后)의 친척으로 政事의 萬機를 잡고 있어서 賓客들이 從橫(방종하다)하여 잘못을 많이 저질렀습니다. 淸河王은 성품이 엄격하고 분명하니, 만약 그가 과연 즉위한다면 將軍이 禍를 입을 것입니다. 蠡吾侯를 세우는 것만 못하니, 이렇게 하면 富貴를 장구히 보전할 수 있을 것입니다."

양기는 그의 말을 옳게 여겨서 다음 날 다시 公卿들과 회의하였는데, 양기의 뜻과 기

22) 傳에……어렵다 : ≪孟子≫ 〈滕文公 上〉에 보이는 말이다.

운이 凶凶하니, 胡廣과 趙戒가 두려워하고 꺼려서 모두 말하기를 "오직 大將軍의 명령을 따르겠습니다." 하였다. 李固와 杜喬만 본래의 의논을 지키니, 양기가 큰 소리로 회의를 罷하고 태후를 설득하여 책서를 내려 李固를 면직시켰다.

蠡吾侯 劉志를 맞이하여 南宮에 들어와 卽位하게 하니, 이때 나이가 15세였는데, 태후가 여전히 臨朝하였다.

初에 平原王翼이 旣貶歸河間에 其父請分蠡吾縣以侯之①하다 翼이 卒커늘 子志嗣하니 太后欲以女弟妻志하여 徵到夏門亭②이러니 會에 帝崩이라 冀欲立之하다 騰이 又夜往說(세)冀曰 將軍이 累世椒房之親으로 秉攝萬機하여 賓客從橫하여 多有過差③하니 淸河는 嚴明이라 若果立이면 則將軍受禍矣라 不如立蠡吾侯니 富貴를 可長保也리이다 冀然其言하여 明日에 重會公卿호되 冀意氣凶凶④하니 廣, 戒懾憚하여 皆曰 惟大將軍令이니이다 獨固, 喬守本議한대 冀厲聲罷會하고 說(세)太后하여 策免固하고 迎蠡吾侯志하여 入南宮卽位하니 時年이 十五라 太后猶臨朝政하다

① 劉翼의 아버지는 河間孝王 劉開이다. 蠡는 音이 禮이니 蠡吾縣은 前漢에는 涿郡에 속하였는데 이때에는 河間國에 속하였다.
翼父, 河間孝王開也. 蠡, 音禮. 蠡吾縣, 前漢屬涿郡, 時屬河間國.
② 妻(시집보내다)는 去聲이다. 夏門은 바로 夏城門[23]이니, 문밖에 萬壽亭이 있다.
妻, 去聲. 夏門, 卽夏城門, 門外有萬壽亭.
③ "累世椒房"은 恭懷皇后(和帝의 생모인 梁貴人)와 太后를 이른다. 從(방종하다)은 子用의 切이고, 橫(멋대로 하다)은 胡孟의 切이다.
累世椒房, 謂恭懷后及太后也. 從, 子用切. 橫, 胡孟切.
④ 重은 直用의 切이니 거듭이다. "凶凶"은 意氣가 포악함을 말한 것이다.
重, 直用切, 再也. 凶凶, 言意氣惡暴也.

【目】大將軍의 掾인 朱穆이 梁冀에게 경계하기를 "원컨대 將軍은 오로지 公朝에 마음을 두어 私欲을 제거하고 어진 자와 유능한 자를 널리 구하며 아첨하고 간악한 자들을 배척하여 멀리해야 합니다. 또 皇帝를 위하여 師傅를 두되 마땅히 조심하고 충성스럽고 돈독한 선비를 얻어서 그와 더불어 講論하고 傳授하는 것을 함께 권면해야 합니다." 하였고, 또 种暠와 欒巴 등을 천거하였으나, 양기는 그의 말을 받아들이지 못하였다.

大將軍掾朱穆이 戒梁冀曰① 願將軍은 專心公朝하여 割除私欲하고 廣求賢能하며 斥遠佞惡하고 爲皇帝置師傅호되 宜得小心忠篤之士하여 與之參勸講授니이다 又薦种暠欒巴等호되 冀不能

---

23) 夏城門 : 洛陽城 南門의 이름이다.(≪御批歷代通鑑輯覽≫ 권25) 夏는 四時에 있어서는 여름이 되고 方位에 있어서는 南方이 되므로 남문을 夏城門 또는 夏門이라고 칭한 것으로 보인다.

用하니라

① 朱穆은 朱暉의 손자이다.
穆, 暉之孫也.

【綱】 가을 7월에 〈質帝를〉 靜陵에 장례하였다.

秋七月에 葬靜陵①하다

① 靜陵은 雒陽의 동남쪽 30리 지점에 있다.
陵, 在雒陽東南三十里.

【綱】 9월에 河間孝王(劉開, 桓帝의 祖)을 追尊하여 孝穆皇이라 하고, 蠡吾先侯(劉翼, 桓帝의 考)를 孝崇皇이라 하고, 겨울 10월에 황제의 어머니 匽氏(언씨)를 높여 博園貴人이라 하였다.

◑九月에 追尊河間孝王하여 爲孝穆皇이라하고 蠡吾先侯曰 孝崇皇이라하고 冬十月에 尊母匽氏하여 爲博園貴人①이라하다

① 匽은 音이 偃이니, 匽氏는 蠡吾侯의 媵妾이다. 博園은 博陵의 寢園이니, 博陵은 孝崇皇의 陵이다.
匽, 音偃. 匽氏, 蠡吾侯之媵妾也. 博園, 博陵寢園也. 博陵, 孝崇皇之陵也.

丁亥年(147)

【綱】 漢나라 孝桓皇帝 建和 元年이다. 봄 정월 초하루에 일식이 있었다.

孝桓皇帝建和元年이라 春正月朔에 日食[24)]하다

---

24) 日食 : "≪春秋≫의 法에, 뒤를 이은 군주가 옛 군주를 弑害한 자에 의해 옹립되었는데 이것을 받고 역적을 토벌하지 않으면, 이를 일러 시해에 관여했다고 한다. 이때에 桓帝가 역적인 梁冀의 손에서 나라를 받고서 토벌하지 못하였다. 그러므로 하늘의 변고가 나타나서 帝位를 이어 개원한 초기의 정월 초하루에 일식이 있었으니, 이는 人君이 즉위함에 그 시초가 바르지 못한 것이다. ≪資治通鑑綱目≫에서 이것을 쓸 적에 비록 그 이치를 말하지 않았으나 이치가 진실로 이 가운데에 들어 있으니, 天命이 어긋나지 않음이 어찌 깊고 간절하고 밝게 드러나지 않겠는가.〔春秋之法 嗣君爲弑君者所立 受之而不討賊 則謂之與聞乎弑 是時桓帝受國賊冀之手 不能致討 故天變見焉 日食正旦於嗣服紀元之初 是人君卽位 其始已不正矣 綱目書此 雖不言其理 而理固在其中 天命不僭 豈不深切著明也哉〕" ≪發明≫

【綱】 3월에 黃龍이 譙縣(초현)에 나타났다.

◑ 三月에 黃龍이 見(현)譙[①]하다

① 譙縣은 沛國에 속하였다.
譙縣, 屬沛國.

【綱】 여름 4월에 지진이 있었다.

◑ 夏四月에 地震하다

【綱】 6월에 杜喬를 太尉로 삼았다.

◑ 六月에 以杜喬爲太尉하다

【目】 李固가 策免된 뒤로부터 內外가 기운을 잃어서 신하들이 감히 똑바로 서지 못하였으나, 오직 杜喬가 얼굴빛을 바로 하여 굽히고 흔들리는 바가 없으니, 이로 말미암아 朝野가 모두 그를 의지하고 공경하였다.

杜喬

自李固之廢로 內外喪氣하여 群臣側足而立[①]호되 唯喬正色하여 無所回橈하니 由是로 朝野皆倚望焉하니라

① "側足而立"은 두려워하여 비스듬하게 서서 편안하지 못한 것이다.
恐懼而傾側立, 不安也.

【綱】 가을에 定策한 功을 論하여 梁冀에게 13,000戶를 더 封하고, 또 그 子弟와 환관인 劉廣 등을 봉하여 모두 列侯로 삼았다.

秋에 論定策功하여 益封梁冀萬三千戶하고 又封其子弟及宦者劉廣等하여 皆爲列

侯[25)]하다

【目】 杜喬가 다음과 같이 諫하였다.

"陛下께서 즉위하셔서, 충성스럽고 어진 자를 예우하는 것은 급하게 여기지 않고 먼저 左右를 封하시어, 梁氏의 一門과 환관과 미천한 庶孽(서얼)들이 모두 功이 없이 인끈을 차고 공로가 있는 신하들의 땅을 나누어 가지니, 도리에 어긋나고 참람한 일을 어찌 이루 말할 수 있겠습니까. 만약 이 方道를 이루면, 어찌 政事를 해치고 亂을 일으킬 뿐이겠습니까. 몸을 잃고 나라를 망칠 것이니, 삼가지 않을 수 있겠습니까."

글을 아뢰어도 황제는 살피지 않았다.

杜喬諫曰 陛下卽位에 不急忠賢之禮하고 而先左右之封①하사 梁氏一門과 宦者微孽이 幷帶無功之紱하고 裂勞臣之土하니 其爲乖濫을 胡可勝言이리오 苟遂斯道면 豈伊傷政爲亂而已리오 喪身亡國이니 可不愼哉잇가 書奏에 不省②하다

① 先(앞서다)은 悉薦의 切이다.
先, 悉薦切.

② "豈伊"는 豈但, 豈止라는 말과 같다.
豈伊, 猶言豈但, 豈止.

【綱】 8월에 皇后 梁氏를 세웠다.

八月에 立皇后梁氏①[26)]하다

---

25) 論定策功……皆爲列侯 : "군주를 迎立했다고 쓴 것은 많으나 定策한 功을 논했다고 쓴 것은 없었는데, 定策한 功을 쓴 것은 어째서인가. 비난한 것이다. 桓帝가 역적을 토벌하지 않고 역적인 梁冀를 功이라고 하였으니, 이는 자신도 함께 황제의 시해에 관여한 것이니, 이를 쓴 것은 〈환제와 양기를〉 모두 비난한 것이다. 양기의 자제를 환관과 함께 쓴 것은 매우 천하게 여긴 것이다. 이 때문에 만일 천하게 여길 만하면 宋楊의 네 아들을 江京과 함께 썼고 양기의 子弟를 劉廣과 함께 쓴 것이다. ≪資治通鑑綱目≫에 封戶를 더했다고 쓴 것이 5번인데, 양기보다 많은 자는 있지 않다.〔書迎立君多矣 未有書論定策功者 書定策功 何 譏也 桓不討賊而以爲之功 是與聞乎弑矣 書 交譏之 梁冀子弟與宦者幷書 賤之甚矣 是故苟可賤也 宋楊四子與江京幷書 梁冀子弟與劉廣幷書 綱目書益封戶五 未有多於梁冀者也〕" ≪書法≫

26) 立皇后梁氏 : "東漢의 策書에 '貴人 某氏를 세워 황후를 삼았다.'고 쓴 것은 늘 쓰는 말인데, 여기서 '皇后 梁氏를 세웠다.'라고 쓴 것은 어째서인가. 황후는 太后의 여동생이니, 친족 간의 순서가 다소 어긋났다. 그러므로 그 글을 달리한 것은 그 일을 괴이하게 여긴 것이다. 前漢과 後漢에서 황후를 세웠을 적에 그 글을 달리한 것이 다섯 번이니, 모두 연고가 있는 경우이다.〔東漢之策 書立貴人某氏爲皇后 恒辭也 此書立皇后梁氏 何 后 太后女弟也 倫序亦少乖矣 故異其文 異其文者 所以異其事也 兩漢立后異其文者五 皆有故者也〕" ≪書法≫

① 梁氏는 바로 順烈皇后(梁太后)의 여동생이다.
梁氏, 卽順烈皇后之女弟也.

【目】 처음에 永昌太守 劉君世가 黃金을 주조하여 무늬가 있는 뱀을 만들어서 梁冀에게 바치자, 益州刺史 种暠(충고)가 그 간악함을 적발하니, 양기가 충고를 원망하여 다른 일로 모함하였다.

李固가 上疏하여 曲直을 분변하여 밝히니, 太后가 충고를 사면하되 면직시키고, 금으로 만든 뱀을 관청(司農)으로 들여보냈다. 양기가 大司農 杜喬에게 빌려보려 하였으나 두교가 주지 않았고, 또 양기의 작은딸이 죽자 公卿들을 喪에 모이게 하였으나 두교만 홀로 가지 않았다.

이때 皇后를 세울 적에 양기는 후한 禮로 맞이하고자 하였으나 두교가 또 옛 법을 들어 따르지 않았으며, 양기가 두교에게 氾宮을 尙書로 천거해달라고 부탁하였으나 두교는 범궁이 장물죄를 지었다 하여 그의 말을 따르지 않았다. 이고는 이로 말미암아 날로 양기와 어긋나게 되었다.

初에 永昌太守劉君世 鑄黃金하여 爲文蛇하여 以獻梁冀어늘 益州刺史种暠 糾發其姦한대 冀恨暠하여 因以他事陷之라 李固上疏伸理하니 太后赦暠免官하고 以金蛇輸官①하다 冀從大司農杜喬하여 借觀이어늘 喬不與하고 冀小女死어늘 令公卿會喪호되 喬獨不往하고 至是立后할새 冀欲以厚禮迎之어늘 喬又據舊典不聽②하고 冀屬(촉)喬하여 擧氾宮爲尙書③어늘 喬以宮爲贓罪라하여 不用하니 由是로 日忤冀④하다

① 官은 司農을 이른다.
官, 謂司農也.

② 이때 孝惠帝가 后를 들인 故事[27]를 따라 黃金 2만 斤을 聘禮로 하고, 納采로 기러기와 璧玉과 乘馬와 束帛을 한결같이 옛 법을 따른 것이다.
時依孝惠納后故事, 聘黃金二萬斤, 納采鴈·璧·乘馬·束帛一依舊典.

③ 屬(부탁하다)은 之欲의 切이다. 氾은 符咸의 切이니 姓이다.

27) 孝惠帝……故事 : 惠帝 4년(B.C. 191) 겨울 10월 혜제가 張后를 맞이할 때의 일을 이른다. 장후는 개국공신인 張耳의 아들 張敖의 딸이다. ≪通典≫ 권58 天子納妃后 조에 "漢 惠帝가 魯元公主의 딸에게 장가들 적에 黃金 2만 근과 말 12필을 聘禮로 하였다." 하였는데, 그 註에 "呂太后가 혜제를 위해 노원공주의 딸에게 장가들게 하였으므로 특별히 그 禮를 우대한 것이다." 하였다. 노원공주는 혜제의 친누이로 呂后의 所生이다. 前漢 平帝 元始 3년(3) "王莽이 자기 딸을 평제에게 시집보낼 때에도 "有司가 아뢰어 皇后를 맞이하되 이 故事를 따라 황금 2만 근을 빙례로 하게 하였다."라고 보인다. (≪資治通鑑≫ 권28)

屬, 之欲切. 氾, 符咸切, 姓也.

④ 漢安 元年(142)에 杜喬가 兗州를 순찰하고서 濟陰太守 氾宮의 장물죄가 천만 錢 이상이라고 아뢰었다.

漢安元年, 喬徇察兗州, 奏濟陰太守氾宮贓罪千萬以上.

【綱】 9월에 지진이 나니, 太尉 杜喬를 策免하였다.

九月에 地震하니 策免太尉喬하다

【綱】 겨울 11월에 淸河王 劉蒜을 尉氏侯(울지후)로 강등하여 桂陽으로 귀양 보내니, 유산이 자살하였다. 李固와 杜喬를 下獄하여 죽였다.

◑ 冬十一月에 貶淸河王蒜하여 爲尉氏侯하여 徙桂陽하니 蒜이 自殺하고 下李固, 杜喬獄하여 殺之[28)]하다

【目】 환관인 唐衡과 左悺(좌관) 등이 함께 杜喬를 참소하니, 황제 또한 두교를 원망하였다. 마침 劉文 등이 함께 淸河王 劉蒜을 옹립할 것을 모의하고 그의 國相인 謝暠를 위협하여 죽였는데, 유산은 이 죄에 걸려 작위가 尉氏侯로 강등되어 桂陽으로 귀양 가자 자살하였다.

梁冀는 이로 인하여 李固와 杜喬를 무함하여 이르기를 "유문과 서로 內通했다." 하면서, 이고를 체포하여 下獄하니, 門生 王調는 형틀을 차고 가서 글을 올렸으며, 趙承 등 수십 명은 鈇鑕(허리를 자르는 형구)을 허리에 차고서 대궐에 나와 함께 호소하였다. 이에 太后가 詔令을 내려 이고를 사면하였다.

---

28) 貶淸河王蒜……殺之 : "이때에 劉文이 劉蒜을 세울 것을 모의하였는데, 어찌하여 쓰지 않았는가. 유산은 마땅히 즉위해야 할 자이니, 이를 쓰면 燕王 劉旦에 비견될 것이고, 또 이 일이 없었다 하더라도 유산이 죽음을 면할 수 있었겠는가. '尉氏侯로 강등하여 桂陽으로 귀양 보내니, 劉蒜이 自殺하였다.'라고 썼으니, 이는 太后를 죄책한 것이다.〔於是劉文謀立蒜 則曷爲不書 蒜宜立者也 書之則疑於燕王旦 且微此擧 蒜其得免乎 書曰貶爲尉氏侯 徙桂陽 蒜自殺 罪太后也〕" ≪書法≫

"李固와 杜喬가 죽었을 적에 사람들이 모두 원통해하였으니, 두 분은 진실로 漢나라에 충성한 자들이다. 그러나 양기가 弑逆의 죄를 지고 있었는데도 두 분이 양기의 죄를 천하에 성토하지 못하고 속으로 참고 죽었다. 그러므로 ≪資治通鑑綱目≫에 이들 두 분에 대하여 모두 그 옛 관직을 쓰지 않았으니, 이들이 大臣의 의리를 통달하지 못해서 그 직책을 잃었음을 애처롭게 여긴 것이다.〔李固杜喬之死 人皆寃之 二君誠忠於漢者 然冀負弑逆之誅 二君不能聲其罪於天下 隱忍而死 故綱目於此皆不書其故官者 哀其不達大臣之義 失其職也〕" ≪發明≫

宦者唐衡, 左悺等이 共譖杜喬하니 帝亦怨之①러니 會에 劉文等이 謀共立淸河王蒜하고 劫其相謝暠하여 殺之②하니 蒜이 坐貶爵爲尉氏侯하여 徙桂陽하니 自殺③하다 梁冀因誣李固, 杜喬하여 云與文交通이라하여 收固下獄하니 門生王調 貫械上書하고 趙承等數十人이 要鈇鑕하여 詣闕通訴어늘 太后詔赦之④하다

① 悺은 工喚의 切이고 또 音이 綰이다. ≪資治通鑑≫에는 "〈唐衡과 左悺이〉 함께 황제에게 杜喬를 참소하기를 '陛下께서 전에 즉위하실 적에, 두교가 李固와 함께 폐하가 漢나라의 宗祀를 받들 만하지 못하다고 항의했습니다.' 했다." 하였다.
悺, 工喚切, 又音綰. 通鑑 "共譖杜喬於帝曰 '陛下前當卽位, 喬與李固抗議, 以爲不堪奉漢宗祀.'"
② ≪資治通鑑≫에는 "함께 劉蒜을 세우고자 하다가 일이 발각되자, 劉文 등이 마침내 淸河王의 相인 謝暠를 위협하기를 '마땅히 청하왕을 세워 天子로 삼아야 하니, 그렇게 되면 사고를 公으로 삼겠다.' 하였다. 사고가 꾸짖자 유문이 사고를 찔러 죽였다." 하였다.
通鑑 "欲共立蒜, 事覺. 文等, 遂劫淸河相謝暠曰 '當立王爲天子, 以暠爲公.' 暠罵之, 文刺(척)殺暠."
③ 尉氏縣은 陳留郡에 속하였다.
尉氏縣, 屬陳留郡.
④ 貫은 꿺이요, 械는 桎梏(형틀)이니, 王調가 먼저 스스로 三木[29]을 가지고 자신의 목과 손과 발을 꿰어 罪가 내려지기를 기다린 것이다. 要(허리)는 腰로 읽으니, 허리에 鈇鑕을 진 것은 반드시 죽을죄가 있음을 보인 것이다. 通은 함께이다.
貫, 穿也. 械, 桎梏也. 調先自以三木, 貫其項及手足而待罪. 要, 讀曰腰, 以腰負鈇鑕, 示有必死之罪. 通, 同也.

【目】李固가 출옥하자, 京師의 시장과 마을에서 모두 만세를 불렀다. 梁冀는 이 말을 듣고 크게 놀라서 이고가 끝내 자기의 해로움이 될까 두려워한 나머지 마침내 다시 앞의 일을 아뢰었는데, 長史 吳祐가 간쟁하였으나 따르지 않았다.

從事中郞 馬融이 양기를 위하여 이고를 탄핵하는 章表를 짓자, 오우가 이르기를 "李公의 罪가 卿의 손에서 이루어졌으니, 李公이 만약 주살을 당하면 卿이 무슨 面目으로 천하 사람들을 보겠는가." 하였다. 양기는 노하여 일어나 방으로 들어가고 오우 또한 곧바로 가니, 이고는 마침내 獄中에서 죽었다.

及出獄에 京師市里 皆稱萬歲하니 冀聞之하고 大驚하여 畏其終爲己害하여 乃更奏前事어늘 長史吳祐 爭之호되 不從①하다 從事中郞馬融이 爲作章表②어늘 祐謂曰 李公之罪 成於卿手하니 李公이

29) 三木 : 나무로 만든 형틀로 목에 차는 項鎖와 손발에 채우는 차꼬이다.

若誅면 卿何面目으로 視天下人[③]이리오 冀怒하여 起入室하고 祐亦徑去하니 固遂死獄中하다

① 앞의 일은 바로 劉文 등의 일이다.
前事, 卽文等事也.
② 爲(위하다)는 去聲이다.
爲, 去聲.
③ 〈"卿何面目 視天下人"은〉 梁冀를 위하여 충성하고 현량한 사람을 모함하였으니, 장차 다른 사람을 볼 면목이 없게 될 것임을 말한 것이다.
言爲冀誣陷忠良, 將無顏以見人也.

【目】 李固는 臨終에 앞서서 胡廣과 趙戒에게 다음과 같은 내용의 편지를 보냈다.

"梁氏가 미혹되어 잘못하는데 公 등이 뜻을 굽혀 따르니, 漢나라의 衰微함이 이로부터 시작될 것이다. 公 등이 군주의 후한 녹봉을 받고서, 나라가 전복되려 하는데도 붙들지 않으니, 뒤의 훌륭한 사관이 어찌 사사로이 비호해줄 수 있겠는가. 내 몸은 이미 끝났으나 의리에는 맞으니, 다시 무슨 말을 하겠는가."

호광과 조계는 슬프고 부끄러워서 길게 탄식하며 눈물을 흘렸다.

양기가 사람을 시켜 杜喬를 위협해서 스스로 引決(자결)하게 하였는데, 두교가 듣지 않자 체포하여 구속하니, 그 또한 獄中에서 죽었다.

臨命에 與胡廣, 趙戒書曰[①] 梁氏迷謬어늘 公等이 曲從하니 漢家衰微 從此始矣리라 公等이 受主厚祿하여 顚而不扶하니 後之良史 豈有所私리오 固身은 已矣나 於義에 得矣니 復何言哉리오 廣, 戒悲慙하여 長歎流涕러라 冀使人脅杜喬하여 使自引決이어늘 喬不聽한대 收繫之하니 亦死獄中하다

① "臨命"은 막 命이 끝나려 할 때를 맞은 것이다.
臨命, 臨將命終也.

【目】 梁冀는 李固와 杜喬의 시신을 드러내놓고 명령하기를 "감히 臨哭하는 자가 있으면 이에 합당한 罪를 加하겠다." 하였다. 이고의 제자인 郭亮이 아직 관례하지 않았었는데, 왼손에는 나라에 올릴 글과 도끼를 잡고 오른손에는 鈇鑕을 잡고서 대궐에 나아가 글을 올려서 이고의 시신을 거둘 것을 청하였다. 그러나 답이 내려오지 않자, 董班과 함께 가서 臨哭하고 떠나가지 않았다.

두교의 옛 아전인 陳留 사람 楊匡이 〈두교가 죽었다는 말을 듣고는〉 울부짖고 눈물을 흘리며 샛별을 보고 길을 떠나 洛陽에 도착하여 옛날 착용하던 붉은 幘(관)을 쓰고 夏

門 밖 萬壽亭의 관리라고 칭탁하고서 屍身을 지켰다. 12일이 되자, 대궐에 나와 글을 올려서 두 公의 骸骨을 함께 청하였는데, 太后가 이를 허락하였다. 양광은 두교의 喪(시신)을 本家로 보내고서 장례를 마친 다음 상복을 입었으며, 마침내 곽량, 동반과 함께 모두 숨어서 종신토록 벼슬하지 않았다. 吳祐 또한 스스로 벼슬을 그만두고 돌아가서 집에서 죽었다.

冀暴固, 喬尸하고 令有敢臨者면 加其罪①호리라 固의 弟子郭亮이 未冠이러니 左提章鉞하고 右秉鈇鑕②하여 詣闕上書하여 乞收固尸호되 不報어늘 與董班으로 俱往臨哭하여 不去하다 喬의 故掾陳留楊匡이 號泣星行하여 至洛하여 著故赤幘하고 託爲夏門亭吏하여 守護尸喪하여 積十二日③에 詣闕上書하여 竝乞二公骸骨이어늘 太后許之④하니 匡이 送喬喪還家⑤하여 葬訖에 行服하고 遂與亮, 班으로 皆隱匿하여 終身不仕하고 吳祐亦自免歸하여 卒於家하다

① 令(명령하다)과 臨(죽은 자를 곡하고 조문하다)은 모두 去聲이다.
令, 臨, 幷去聲.
② 章은 나라에 올릴 글을 이른다. 鉞은 도끼이다.
章, 謂所上章也. 鉞, 斧也.
③ "星行"은 별을 보고 가고 별을 보고 머무는 것이다. 或者는 "星行은 별을 머리에 이고 가서 밤에도 쉴 겨를이 없음을 말한 것이다." 하였다. 著(입다)은 陟略의 切이다. "故赤幘"이란 옛날에 입었던 복식이니, 관리는 붉은 幘을 착용하였다.
星行者, 見星而行, 見星而舍. 或曰 "星行者, 言戴星而行, 夜不遑息也." 著, 陟略切. 故赤幘者, 舊所被服也, 吏著赤幘.
④ 竝은 ≪資治通鑑≫에 幷으로 되어 있다.
竝, 通鑑, 作幷.
⑤ 杜喬의 집이 河內에 있었다.
喬家河內.

戊子年(148)

【綱】 漢나라 孝桓皇帝 建和 2년이다. 봄 정월에 황제가 冠禮를 하였다.

二年이라 春正月에 帝冠하다

【綱】 3월에 白馬의 羌族이 廣漢을 침략하였다.

◑ 三月에 白馬羌이 寇廣漢하다

【綱】 여름 5월에 北宮이 불타니, 황제가 南宮으로 옮겨 거처하였다.

◑ 夏五月에 北宮이 火하니 帝徙居南宮하다

【綱】 淸河를 고쳐 甘陵이라 하였다.[30)]

◑ 改淸河爲甘陵①하다

① 孝德皇(安帝의 생부인 劉慶)의 陵의 이름을 가지고 나라 이름으로 삼은 것이다. 以孝德皇陵爲國名.

【目】 梁冀가 淸河라는 이름을 싫어하여 마침내 고쳤다.

梁冀惡(오)淸河名하여 乃改焉하다

【綱】 가을에 홍수가 졌다.

秋에 大水하다

己丑年(149)

【綱】 漢나라 孝桓皇帝 建和 3년이다. 여름 4월 그믐에 일식이 있었다.

三年이라 夏四月晦에 日食하다

【綱】 가을 8월에 孛星이 天市에 나타났다.

◑ 秋八月에 有星孛于天市하다

【綱】 홍수가 졌다.

◑ 大水하다

---

30) 淸河를……하였다 : 梁冀가 淸河王 劉蒜을 꺼려서 淸河의 명칭을 바꾼 것이다.

【綱】 9월에 두 번 지진이 발생하고 산이 무너졌다.

◑ **九月**에 **地再震**하고 **山崩**[31)]하다

【綱】 前 朗陵侯의 相인 荀淑이 卒하였다.

◑ **前朗陵侯相荀淑**이 **卒**[32)]하다

【目】 荀淑이 젊어서 博學하고 높은 행실이 있으니, 李固와 李膺 등이 모두 스승으로 높였다. 일찍이 賢良에 천거되어 對策할 적에 신분이 귀하고 총애받는 자들을 비난하자, 梁冀가 꺼려서 朗陵侯의 相으로 내보냈는데, 부임하여 정사를 처리하기를 분명하게 하고 잘 다스려서 神君이라고 칭해졌다.

아들 여덟 명을 두었는데, 儉, 緄, 靖, 燾(도), 汪, 爽, 肅, 專이 모두 명성이 있어서 당시 사람들이 이들을 8龍이라 불렀고, 潁陰令 苑康은 그 마을 이름을 고쳐 高陽里라 하였다

淑이 **少博學**하고 **有高行**하니 **李固, 李膺等**이 **皆師宗之**①러라 **嘗擧賢良**하여 **對策**에 **譏刺貴幸**한대 **梁冀忌之**하여 **出爲朗陵相**하니 **(位)〔涖〕**[33)]**事明治**하여 **稱爲神君**②이러라 **有子八人**하니 **儉, 緄, 靖, 燾, 汪, 爽, 肅, 專 幷有名稱**이라 **時人**이 **謂之八龍**③이라하고 **潁陰令苑康**이 **更命其里曰 高陽里**④라하다

① 荀淑은 荀卿의 11世孫이다.
淑, 荀卿十一世孫.
② 朗陵侯의 나라는 汝南郡에 속하였다.
朗陵侯國, 屬汝南郡.
③ 專은 다른 본에는 혹 旉로도 되어 있으니, 〈旉는〉 音이 敷이다.
專, 本或作旉, 音敷.

---

31) 地再震山崩 : "元帝의 篇에 정월에 지진이 발생하고 7월에 다시 지진이 있었다고 썼는데, 여기서는 합쳐서 두 번 지진이 발생했다고 쓴 것은 어째서인가. 같은 달이기 때문이다. 한 해에 두 번 지진이 있는 것은 異變이요, 한 달에 두 번 지진이 있는 것은 매우 큰 이변이다. ≪資治通鑑綱目≫이 끝날 때까지 지진을 쓴 것이 110번인데, 한 해에 두 번 지진이 있었던 것은 12번이고, 한 달에 두 번 지진이 있었던 것은 2번뿐이다.〔元帝之篇 書正月地震 七月復震矣 此其幷書再震 何 同月也 一歲再震 異矣 一月再震甚大異也 終綱目書地震一百一十 歲再震十二 而一月再震 則二而已〕" ≪書法≫

32) 卒 : "卒에 이전의 관직을 쓴 것은 어짊을 기록한 것이니, ≪資治通鑑綱目≫에 卒할 적에 이전의 관직을 쓴 것이 6번이다.〔卒前官 錄賢也 綱目卒前官六〕" ≪書法≫

33) (位)〔涖〕 : 저본에는 '位'로 되어 있으나, ≪資治通鑑≫에 의거하여 '涖'로 바로잡았다.

④ 苑은 姓이다. 荀淑이 거주하는 마을은 옛 이름이 西豪였는데, 옛날 高陽氏에게 재주 있는 아들 여덟 명이 있어서 이들을 八凱라 하였으므로, 그의 마을 이름을 고쳐 高陽이라 해서 旌表한 것이다. 杜佑가 말하기를 "潁川郡의 城 서남쪽에 순숙의 故宅이 있다." 하였다.
苑, 姓也. 淑所居里舊名西豪, 以昔者高陽氏有才子八人, 謂之八凱, 故更名其里曰高陽, 以旌表之. 杜佑曰 "潁川郡城西南, 有荀淑故宅."

【目】李膺은 성품이 淸高하여 오직 荀淑을 스승으로 삼았고 同郡의 陳寔(진식)을 친구로 삼았다. 荀爽이 일찍이 이응을 뵙고는 그 수레를 몰고 돌아온 다음 기뻐하며 말하기를 "오늘에야 비로소 이군의 수레를 몰게 되었다." 하였다.

李膺

진식은 외롭고 미천한 신분에서 나왔는데 同郡의 鍾皓는 篤行으로 알려지고 公府에서 아홉 번 辟召를 받았으며, 年輩가 진식보다 크게 앞섰으나 진식을 초치하여 친구로 삼았다. 종호가 郡의 功曹[34]로 있었는데, 司徒府의 辟召를 받았다. 太守 高倫이 "누가 卿을 대신할 만한가?"라고 묻자, 종호가 대답하기를 "밝으신 太守께서 반드시 적임자를 얻고자 하신다면, 西門亭長인 진식이 좋습니다." 하니, 고륜이 그의 말을 따랐다.

膺이 性簡亢하여 惟以淑爲師하고 以同郡陳寔爲友①하다 爽이 嘗謁膺이라가 因爲其御하고 既還에 喜曰 今日에 乃得御李君矣라하니라 寔이 出單微②러니 同郡鍾皓 以篤行稱하고 九辟公府하며 年輩

34) 功曹 : 漢代 지방 屬吏로 郡과 縣에 모두 존재하였다. 이는 太守와 縣令이 辟召를 통해 직접 임명한다. 특히 군현에는 役職에 따라 曹를 두었는데, 戶曹, 田曹, 倉曹, 法曹, 兵曹 등 諸曹를 가리킨다. 이 諸曹 이외에 특별한 직책이 있었는데, 그중 하나가 바로 功曹이다. 공조는 여러 屬吏를 관장하는 직책으로 속리 중 지위가 가장 높으며 군현의 내외를 관장하고 속리에 대한 인사권을 가졌다. 특히 後漢 후기에는 太守나 縣令이 공조에게 주요 정무를 맡기는 경향이 많았다.(安作璋・熊鐵基, ≪秦漢官制史稿≫, 齊魯書社, 1984)

遠在寔前이로되 引與爲友라 皓爲郡功曹러니 辟司徒府어늘 太守高倫이 問誰可代卿者오 皓曰 明府欲必得其人인댄 西門亭長陳寔이 可라하니 倫이 從之하다

① 亢은 높음이다.
亢, 高也.
② 單은 홀로요, 외로움이요, 미천함이다.
單, 獨也, 孤也, 薄也.

【目】中常侍 侯覽이 高倫에게 〈어떤 사람을〉 관리로 등용해줄 것을 부탁하자, 陳寔이 檄(太守의 敎命)을 품고 고륜을 만나보기를 청하여 이르기를 "이 사람을 등용해서는 안 되나, 후람의 부탁을 어겨서도 안 됩니다. 제가 밖에서 그 사람을 임명하여 太守의 밝은 德에 누를 끼치지 않도록 하겠습니다." 하였다.

이에 鄕里의 의논이 올바른 사람을 천거하지 않았다고 괴이하게 여겼으나, 진식은 끝내 아무 말도 하지 않았다. 고륜이 뒤에 徵召를 받고 도성으로 가게 되자 마침내 사람들에게 이르기를 "내 예전에 侯常侍를 위하여 관리를 등용했었는데, 陳君이 은밀히 내가 쓴 敎를 가지고 돌아가서는 밖(外地)에서 '자신이 그를 임명하였다.'고 아뢰었으니, 陳君은 善은 君(상관)에게 돌리고 허물은 자기에게 돌리는 자라고 이를 만하다." 하였다. 그러나 진식이 굳이 자신의 책임으로 돌리니, 이로 말미암아 천하 사람들이 그의 덕에 탄복하였다.

中常侍侯覽이 託倫用吏①어늘 寔이 懷檄請見하여 曰 此人이 不宜用이나 而覽을 不可違라 寔이 乞從外署하여 不足以塵明德②이니이다 於是에 鄕論이 怪其非擧호되 寔이 終無所言이러라 倫이 後被徵에 乃謂人曰 吾前爲侯常侍用吏③러니 陳君이 密持敎還하고 而於外白署④[35]하니 陳君은 可謂善則稱君이요 過則稱己者也로다 寔이 固自引愆하니 由是로 天下服其德하니라

① ≪資治通鑑≫에는 이 아래에 "高倫이 敎를 내려 文學掾으로 임명했다." 하였다.
通鑑, 此下云 "倫敎署爲文學掾."
② 檄은 敎板에 쓴 것이니, 高倫의 敎를 쓴 檄을 품은 것은 일이 누설될까 염려한 것이다. 功曹는 사람을 선발하여 임명하는 일을 주관하니, 陳寔이 밖에서 자신이 임명함으로써 임명이 고륜에게서 나오지 않은 것처럼 하기를 청한 것은, 고륜을 請託에 빠뜨리지 않게 하고

35) 而於外白署 : 陳寔은 太守에게 환관의 청탁을 들어주었다는 비난을 받지 않도록 하기 위해 밖에서 "자신이 그를 임명하였다."고 아뢴 것으로 보인다. 그러나 訓義에서는 '白'을 '自'로 바꾸었는바 '아뢰었다.'고 하면 太守에게 누를 끼치게 되므로 바꾼 것으로 보인다. 郡의 功曹는 사람을 등용하는 것을 맡았으므로 자기 마음대로 임명한 것이다.

자 해서이다.

檄, 板書, 以倫之敎, 書之於檄而懷之者, 懼洩事也. 功曹, 主選署, 寔乞從外自署用, 若不出於倫者, 不欲陷倫於請託也.

③ 爲(위하다)는 去聲이다.

爲, 去聲.

④ 郡守가 내는 命을 敎라 한다.

郡守所出命曰敎.

【目】 陳寔이 뒤에 太丘縣長이 되어서 德을 닦아 깨끗하고 고요하니 百姓들이 이 때문에 편안하였고, 이웃 縣의 백성들 중에 귀의하여 따르는 자를 진식은 번번이 訓導하여(타일러서) 本縣으로 돌려보냈다.

沛國의 관원이 部를 순행할 적에 한 아전이 백성 중에 송사하는 자가 있을까 염려하여 아뢰어 금지하고자 하였는데, 진식이 말하기를 "송사는 자기가 옳다는 것을 밝히고자 하는 것인데, 이를 금하면 자신의 논리를 장차 어디에다 펴겠는가." 하였는데, 또한 끝내 송사를 제기하는 자가 없었다.

沛國의 相이 세금을 지나치게 거두어 法을 위반한 일로 인해 진식이 印綬를 풀고 떠나가니, 관리와 백성들이 그를 그리워하였다.

後爲太丘長①하여 修德淸靜하니 百姓이 以安하고 隣縣民歸附者를 寔이 輒訓導하여 令還本하며 司官行部할새 吏慮民有訟者하여 白欲禁之②어늘 寔曰 訟以求直이니 禁之면 理將何申이리오하더니 亦竟無訟者러라 以沛相賦斂違法으로 解印綬去하니 吏民이 追思之③하니라

① 太丘는 縣의 이름이니, 沛國에 속하였다.

太丘, 縣名, 屬沛國.

② 司官은 주관하는 관원을 이른다. 行은 去聲으로 巡視함이니, 자기가 거느리고 있는 縣에 가서 조사하고 살피는 바가 있는 것이다.

司官, 謂主司之官也. 行, 去聲, 巡(親)〔視〕[36]也, 至所部之縣, 有所按察也.

③ 沛相은 沛國의 相이다.

沛相, 沛國之相也.

【目】 鍾皓가 평소 荀淑과 명망이 대등하니, 李膺이 항상 탄식하기를 "荀君은 맑은 식견이 그보다 더할 수 없고, 鍾君은 지극한 덕이 스승 삼을 만하다." 하였다.

---

36) (親)〔視〕: 저본에는 '親'으로 되어 있으나, ≪御批資治通鑑綱目≫에 의거하여 '視'로 바로잡았다.

종호의 형의 아들인 鍾瑾은 학문을 좋아하고 옛것을 사모하여 겸양하는 풍모가 있었는데, 이응과 동갑으로 두 사람 모두 명성이 있었다. 종근의 어머니는 이응의 고모인데, 이응의 할아버지인 太尉 李脩가 항상 말하기를 "종근은 우리 집안의 성품과 유사하니, 나라에 道가 있을 때에는 버려지지 않고 나라에 도가 없을 때에는 형벌과 죽음을 면할 것이다."[37] 하고는, 다시 이응의 여동생을 그에게 시집보냈다.

이응이 종근에게 이르기를 "아우는 어찌 皁白(조백)이 없는가?" 하자, 종근이 이것을 종호에게 아뢰니, 종호가 말하기를 "國武子가 남의 허물을 들추어내기 좋아하여 원망과 미움을 받았으니, 지금이 아마도 그런 때가 아니겠는가. 반드시 몸을 보전하고 집안을 온전히 하고자 한다면, 너의 방도를 귀하게 여겨야 할 것이다." 하였다

皓素與淑齊名하니 膺이 常歎曰 荀君은 淸識難尙이요 鍾君은 至德可師라하니라 皓兄子瑾이 好學慕古하여 有退讓風하니 與膺同年이요 俱有聲名이라 其母는 膺之姑也①니 膺祖太尉脩常言호되 瑾이 似我家性②하니 邦有道에 不廢하고 邦無道에 免於刑戮이라하고 復以膺妹妻之하니라 膺이 謂瑾曰 弟何太無皁白耶③오 瑾이 以白皓한대 皓曰 國武子好招(교)人過하여 以致怨惡(오)하니 今豈其時耶④아 必欲保身全家인댄 爾道爲貴⑤라하니라

① 瑾은 渠遴의 切이다.
瑾, 渠遴切.

② 瑾은 李氏의 외손이면서 謙讓하므로 李脩가 이렇게 말한 것이다.
瑾, 李氏之出, 而退讓, 故脩云然.

③ "皁白(검은 것과 흰 것)"은 구분하기가 쉬우니, 皁白이 없다는 것은 옳고 그름을 구별하지 않음을 이른다.
皁白, 易分, 無皁白, 謂不區別是非也.

④ 國은 姓이고 武子는 字이고 이름은 佐이니, 春秋時代 齊나라의 大夫이다. 招는 音이 翹이니, 들추어냄이다. ≪國語≫ 〈周語〉에 "齊나라 國佐가 單襄公(선양공)을 보고 할 말을 다하자, 單子가 말하기를 '淫亂한 나라에서 벼슬하면서 말을 다하여 남의 허물을 들추어내기를 좋아하니, 원망의 근본이 된다.' 하였는데, 그 뒤에 齊나라가 國武子를 죽였다." 하였다.
國姓也, 武子字, 名佐, 春秋齊大夫. 招, 音翹, 擧也. 國語 "齊國佐見單襄公, 其語盡, 單子曰 '立於淫亂之國, 而好盡言以招人過, 怨之本也.' 其後, 齊殺國武子."

⑤ 爾(너)는 汝와 같다.
爾, 猶汝也.

---

37) 나라에……것이다 : ≪論語≫ 〈公冶長〉에서 孔子가 제자 南容을 두고 칭찬한 말씀이며, 공자는 이 말씀을 하면서 형의 딸을 남용에게 시집보냈다.

庚寅年(150)

【綱】漢나라 孝桓皇帝 和平 元年이다. 봄 정월에 太后가 정사를 돌려주었는데, 2월에 崩하였다.

和平元年이라 **春正月**에 **太后歸政**이러니 **二月**에 **崩**[38)]하다

【綱】3월에 황제가 北宮으로 돌아왔다

◑**三月**에 **帝還北宮**하다

【綱】順烈皇后(梁太后)를 장례하였다.

◑**葬順烈皇后**하다

【綱】大將軍 梁冀의 아내 孫壽를 봉하여 襄城君으로 삼았다.

◑**封大將軍冀妻孫壽**하여 **爲襄城君**[①39)]하다

① 襄城縣은 潁川郡에 속하였다.
襄城縣, 屬潁川郡.

【目】孫壽가 妖邪한 작태를 잘하니, 梁冀가 그녀를 총애하고 두려워하였다. 양기가 監奴인 秦宮을 총애하여 손수의 거처에 出入하게 하니, 刺史와 二千石이 모두 진궁에게

---

38) 太后歸政二月崩 : "예전에 '여전히 臨朝했다.'라고 쓴 것은 비난한 것이니, 여기서 '政事를 돌려주었다.'라고 쓴 것은 그러면 찬미한 것인가. 이 또한 비난한 것이다. 비난한 것은 어째서인가. 太后가 이때 3번 임조하였는데, 정월에 정사를 돌려주고 2월에 崩하였으니, 그렇다면 精神과 血氣를 스스로 알았을 것이 분명하니, 종신토록 임조한 것과 별로 다르지 않다. 이 때문에 위에서 정사를 돌려줬다고 쓰고 뒤에서 崩하였다고 썼으니, 깊이 비난한 것이다. ≪資治通鑑綱目≫이 끝날 때까지 태후가 臨朝하여 어전에서 稱詔했다고 쓴 것이 22번인데, 정사를 돌려줬다고 쓴 것은 4번이니 모두 오랫동안 임조한 경우이다. 오직 晉나라의 褚氏에 대해서는 비난하는 뜻이 없다.〔前書猶臨朝 譏也 此書歸政 其美之歟 亦譏也 其譏 何 太后於是三臨朝矣 正月歸政 二月而崩 蓋精神血氣 其自知也 審矣 其與終其身者幾希 是故上書歸政 繼書崩 所以深譏之也 終綱目 書太后臨朝御殿稱詔者二十二 書歸政者四 皆久臨朝者也 惟晉褚氏無譏焉〕" ≪書法≫

39) 襄城君 : "무릇 부인의 관작을 쓴 것은 다 비난한 것이다. ≪資治通鑑綱目≫이 끝날 때까지 부인을 封爵으로 드러낸 경우가 12번인데, 오직 冼氏에 대해서는 비난하는 뜻이 없다.〔凡書婦爵 皆譏也 終綱目 婦人以封爵見者 十有二 惟冼氏無譏焉〕" ≪書法≫

배알하고 하직 인사를 하였다. 양기와 손수는 길을 마주하여 집을 지으면서 土木工事를 크게 일으켜서 서로 다투어 아름다움을 과시하였으며, 兔苑을 조성하였는데 둘레가 수십 리에 이르렀다. 또 檄(告知文)을 돌려 살아 있는 토끼를 징발해서 토끼의 털을 깎아 표시하고는 혹 이 토끼를 해치는 자가 있으면 죄를 물었는데, 심하게는 죽음에 이르렀다.

양기는 손수의 말을 따라 여러 梁氏 중에 지위에 있는 자들을 많이 배척하여 재물을 빼앗아서 겉으로는 謙讓의 뜻을 보였다. 그러나 孫氏의 宗親 중에 侍中과 卿, 校尉, 郡守가 된 자가 10여 명이었는데, 이들은 모두 탐욕스럽고 흉악하고 음탕하여 부임해 있는 곳마다 원망과 고통을 끼쳤다.

壽善爲妖態하니 **冀寵憚之**①러라 **冀愛監奴秦宮**하여 **出入壽所**하니 **刺史, 二千石**이 **皆謁辭之**②하다 **冀, 壽對街爲宅**하여 **殫極土木**하여 **互相誇競**하고 **起兔苑**하니 **亘數十里**요 **移檄調生兔**하여 **刻毛爲識**(지)하여 **人有犯者**면 **罪至死**③하니라 **冀用壽言**하여 **多斥奪諸梁在位者**하여 **外以示謙讓**이로되 **而孫氏宗親爲侍中, 卿, 校, 郡守者 十餘人**이라 **皆貪饕凶淫**하여 **所在怨毒**④하니라

① 孫壽는 愁眉(시름에 차서 미간을 찌푸리는 모습), 啼粧(눈 밑에 분을 얇게 발라 눈물 자국처럼 만드는 화장법), 墮馬髻(머리를 묶어 한쪽으로 넘겨 흘러내릴 듯하게 꾸민 머리 장식), 折腰步(허리를 꺾으며 걷는 걸음걸이), 齲齒笑(충치를 앓으며 웃는 모습)를 잘하였다. 齲(치통)는 丘禹의 切이다.
壽, 作愁眉, 啼粧, 墮馬髻(계), 折腰步, 齲(우)齒笑. 齲, 丘禹切.

② ≪後漢書≫ 〈梁冀列傳〉에 "孫壽가 秦宮을 만날 적에 번번이 모시는 자를 물리치고는 일을 말한다고 칭탁하고서 그와 私通하였다. 진궁이 안팎으로 총애를 얻어 위엄과 권세가 크게 떨치니, 〈부임하기에 앞서〉 刺史와 二千石이 모두 그에게 배알하고 하직 인사를 했다." 하였다.
冀傳 "壽見宮, 輒屛御者, 託以言事, 因與私焉. 宮內外兼寵, 威權大震. 刺史・二千石, 皆謁辭之."

③ 調(징발하다)는 徒弔의 切이다. 識(표지)는 職吏의 切이다.
調, 徒弔切. 識, 職吏切.

④ 毒은 고통이다.
毒, 痛也.

【目】侍御史 朱穆이 다음과 같이 梁冀에게 奏記하였다.

"장수와 정승의 大臣은 元首(황제)와 한 몸입니다. 수레를 함께하여 길을 달리고 배를

함께하여 물을 건너서, 수레가 기울고 배가 뒤집어지면 환란을 실제로 함께하는 것이니, 어찌 밝음을 버리고 어두움으로 나가며 위태로움을 밟고 스스로 편안히 여겨서, 군주가 외롭고 때가 곤궁한데도 돌아보지 않을 수 있겠습니까. 마땅히 때에 따라 宰守 중에 적임자가 아닌 자를 바꾸고, 第宅과 동산과 못의 비용을 줄이며 郡國에서 올려 보내는 여러 물건을 거절해야 합니다. 안으로는 스스로 분명히 하고 밖으로는 남의 의혹을 풀어주어서 간악한 마음을 품은 아전들로 하여금 依託할 곳이 없게 하고 司察하는 신하로 하여금 귀로 듣고 눈으로 보는 것을 다하게 하여, 국가의 법도가 펼쳐지고 먼 곳과 가까운 곳이 깨끗하고 한결같아지면, 장군은 몸이 높아지고 일이 드러나서 德이 빛나 무궁할 것입니다."

양기는 그의 말을 받아들이지 않았다.

侍御史朱穆이 奏記曰 將相大臣이 均體元首라 共輿而馳하고 同舟而濟하여 輿傾舟覆이면 患實共之하나니 豈可以去明卽昧하며 履危自安하여 主孤時困而莫之卹乎[①]리오 宜時易宰守非其人者하고 減省(생)第宅園池之費하며 拒絶郡國諸所奏送하여 內以自明하고 外解人惑하여 使挾奸之吏로 無所依託하고 司察之臣으로 得盡耳目하여 憲度旣張하고 遠邇淸一이면 則將軍이 身尊事顯하여 德耀無窮矣리이다 冀不納하다

① 卽은 나아감이다.
卽, 就也.

【目】梁冀는 조정의 정권을 專斷하고 있었지만, 宦官들과 사귀고 결탁해서 환관들의 子弟를 임용하여 要職에 두어서 자신의 지위를 견고히 하고자 하였다.

朱穆이 또다시 奏記하여 지극히 諫하자, 양기가 답서에 이르기를 "그대의 말과 같다면 나는 한 가지도 잘하는 것이 없는가?" 하였다.

양기가 인편에 편지를 보내 樂安太守 陳蕃에게 찾아가게 하였는데, 청탁하는 편지를 전달할 수 없자, 使者가 다른 사람의 문객이라고 사칭하였다. 이에 진번이 그를 볼기쳐 죽였다가, 죄에 걸려 修武令으로 좌천되었다.

冀雖專朝나 而猶交結宦官하여 任其子弟하여 以爲要職하여 欲以自固러니 穆이 又奏記極諫한대 冀報書云 如此면 僕亦無一可邪(야)아 冀遣書하여 詣樂安太守陳蕃[①]한대 請託이 不得通하니 使者詐稱他客이어늘 蕃이 笞殺之라가 坐左轉修武令[②]하다

① 樂安郡은 본래 千乘郡이니, 和帝 永元 7년(95)에 樂安國으로 고쳤는바, 靑州에 속하였다.

樂安郡, 本千乘郡, 和帝永元七年, 改爲樂安國, 屬青州.

② 修武縣은 河內郡에 속하였다.
修武縣, 屬河內郡.

【綱】 여름 5월에 博園貴人 匽氏를 높여서 孝崇后라 하였다.

夏五月에 **尊博園匽貴人**하여 **曰孝崇后**라하다

【綱】 가을 7월에 梓潼의 山이 무너졌다.

◑ **秋七月**에 **梓潼山崩**①하다

① 梓潼縣은 廣漢郡에 속하였다.
梓潼縣, 屬廣漢郡.

辛卯年(151)

【綱】 漢나라 孝桓皇帝 元嘉 元年이다. 봄 정월 초하루에 尙書 張陵이 大將軍 梁冀의 罪를 탄핵하자, 詔令을 내려 양기에게 俸祿으로 속죄하게 하였다.

元嘉元年이라 **春正月朔**에 **尙書張陵**이 **劾大將軍冀罪**어늘 **詔以俸贖**[40]하다

---

40) 春正月朔……詔以俸贖 : "日食이 아니면 그믐과 초하루를 쓰지 않는데 여기에서 초하루를 쓴 것은 어째서인가. 梁冀를 죄책한 것이다. 어찌하여 죄책하였는가. 봄 王의 正朔에는 萬國이 會同하는데, 양기가 劍을 차고 곧바로 들어가서 신하의 禮가 없었으니, 죄가 무엇이 이보다 더 크겠는가. 그러므로 죄를 적을 때에 탄핵한 자를 쓴 적이 있지 않았는데 특별히 尙書 張陵을 든 것은, 그가 직책을 제대로 수행했음을 가상히 여긴 것이다. 그런데 詔令을 내려 양기에게 봉록으로 속죄하게 하였으니, 형벌을 제대로 집행하지 못한 것이 심하므로 곧바로 써서 비난한 것이다. 그러므로 12월 그믐을 쓴 것은 武帝가 竇嬰을 죽인 잔인함을 나타낸 것이요, 정월 초하루를 쓴 것은 桓帝가 梁冀를 처벌함이 너그러움을 나타낸 것이니, 한 글자를 쓰고 삭제함이 엄격하다.〔非日食 不書晦朔 此其書朔 何罪冀也 曷爲罪之 春王正朔 萬國會同 而冀帶劍徑入 無人臣禮 罪孰大焉 故罪未有書所劾者 特擧尙書張陵 嘉擧職也 而詔以俸贖 失刑甚矣 直書譏之 是故書十二月晦 所以見武帝殺竇嬰之忍 書正月朔 所以見桓帝罰梁冀之寬 一字之筆削 嚴矣〕" ≪書法≫

"梁冀는 몸에 大逆罪를 지고 있었는데, 張陵이 劍을 찼다고 탄핵해서 그 언덕과 산처럼 큰 죄악을 버려두고 털끝만 한 죄를 논하였으니, 漢나라 조정의 여러 신하들이 일찍 분변해내지 못하였기 때문에 이런 지극한 지경에까지 이른 것이다. 詔令을 내려 양기에게 봉록으로 속죄하게 한 것을 책에 특별히 썼으니, 세 사람을 모두 비판한 것이다.〔冀身負大逆 而張陵以帶劍劾之 捨其丘山之惡 而論其毫芒之罪 惟漢朝諸人 不能早致其辨 是以至此極耳 詔以俸贖 特書于冊 參譏之也〕" ≪發明≫

【目】 여러 신하들이 조회에서 하례할 적에 大將軍 梁冀가 검을 차고 궁중으로 들어오자, 尙書 張陵이 꾸짖어 내보내고 羽林과 虎賁[41]에게 명하여 검을 빼앗게 하였다. 양기가 무릎을 꿇고 사죄하였으나, 장릉은 응하지 않고 즉시 양기를 탄핵하여 아뢰어서 廷尉에게 論罪할 것을 청하였다. 이에 황제는 詔令을 내려서 양기에게 1년의 봉록으로 속죄하게 하니, 백관들이 肅然하였다.

河南尹 梁不疑가 일찍이 장릉을 孝廉으로 천거하였는데, 이때에 장릉에게 이르기를 "내가 君을 천거한 것은 다만 나 스스로를 벌주는 꼴이 되었다." 하였다. 장릉이 말하기를 "밝으신 府尹께서 이 장릉을 不肖하다고 여기지 않고 잘못 발탁하여 敍用해주셨으니, 지금 공적인 법을 펴는 것은 公에게 사사로운 은혜를 갚기 위한 것입니다." 하니, 양불의가 부끄러운 낯빛을 띠었다.

群臣이 朝賀할새 大將軍冀 帶劍入省①이어늘 尙書張陵이 叱出하고 勅羽林, 虎賁하여 奪劍하다 冀跪謝호되 陵이 不應하고 卽劾奏冀하여 請廷尉論罪어늘 有詔以一歲俸贖하니 百僚肅然하니라 河南尹不疑 嘗擧陵孝廉이러니 謂曰 擧君은 適所以自罰也로다 陵曰 明府不以陵不肖하여 誤見擢序하시니 今申公憲은 以報私恩이라하니 不疑有愧色이러라

① 省은 바로 禁中이다.
省, 卽禁中也.

【目】 梁不疑는 經書를 읽기 좋아하고 선비들과 교제하기를 좋아하였다. 梁冀는 그를 미워하여 光祿勳으로 轉職시키고 자기 아들 梁胤을 河南尹으로 삼았는데, 양윤은 이때 나이가 16세이고 용모가 매우 누추하여 冠과 띠가 걸맞지 않았다.

양불의는 형제간에 틈이 있음을 스스로 부끄러워해서 마침내 지위를 사양하고 집으로 돌아가서 아우 梁蒙과 함께 문을 닫고 스스로의 몸가짐을 지켰다.

양기는 양불의가 賓客과 서로 교통하지 못하게 하려고 해서 은밀히 사람을 시켜 변장을 하고 양불의의 집에 가서 往來하는 자를 기록하게 하였다. 이때 南郡太守 馬融이 처음 관직에 제수되었는데, 지나는 길에 양불의를 찾아뵈었다. 양기는 有司에게 넌지시 지시하여 마융이 탐욕스럽고 혼탁하다고 아뢰어서, 마융의 머리를 깎고 볼기를 쳐서 朔方으로 귀양 보냈다.

---

41) 羽林과 虎賁 : 모두 宮中 호위병이다. 漢 武帝 때에 隴西・天水・安定・北地・上郡・西河 중 6郡의 良家子弟들을 뽑아 建章宮을 宿衛하게 하였는데, 뒤에 羽林으로 개칭하였다. 虎賁 역시 호위병으로 범처럼 용맹하다는 뜻을 취한 것이다.

不疑好經書하고 喜待士하니 冀疾之하여 轉爲光祿勳하고 以其子胤으로 爲河南尹하니 胤이 年十六이요 容貌甚陋하여 不勝冠帶러라 不疑自恥兄弟有隙하여 遂讓位歸第하여 與弟蒙으로 閉門自守하다 冀不欲令與賓客交通하여 陰使人變服至門하여 記往來者러니 南郡太守馬融이 初除에 過謁不疑①어늘 冀諷有司하여 奏融貪濁이라하여 髠笞徙朔方하다

① 〈"過謁"은〉 그 집 앞을 지나는 길에 뵌 것이니, 禮가 專一하지 않음을 말한 것이다.
言過其門, 因而謁之, 禮不專也.

【綱】 여름 4월에 황제가 微行하여 河南尹 梁胤의 府舍에 이르렀는데, 이날 바람이 크게 불어 나무가 뽑히고 낮에도 캄캄하였다.

夏四月에 帝微行하여 至河南尹梁胤府舍하니 是日에 大風拔樹하고 晝昏[42]하다

【目】 尙書 楊秉이 다음과 같이 上疏하였다.

"臣이 듣건대 '祥瑞는 德으로 말미암아 이르고 災殃은 일에 응하여 생긴다.' 하였으니, 하늘은 말씀을 하지 아니하여 災異를 가지고 견책하고 경고합니다. 王者는 지극히 높은 분이라서 출입에 일정한 법도가 있어 警蹕(경계하고 辟除함)하여 행차하고 방을 조용히 치우게 하고서 앉으며, 만일 郊祭와 宗廟의 제사가 아니면 鑾旗車를 멍에하지 않습니다. 그러므로 諸侯가 신하들의 집에 들어가는 경우에도 오히려 ≪春秋≫에 그 경계를 나열하였는데, 하물며 先王의 法服을 입고서 사사로이 나가 즐겁게 놀면서 尊卑를 어지럽혀 신분에 걸맞은 威儀에 차례가 없게 하며, 侍衛하는 자들은 빈 궁궐을 지키고 옥새

42) 是日……晝昏 : "'이날(是日)'을 쓴 것은 어째서인가. 하늘의 변고가 應驗함이 빠름을 드러낸 것이다. 이 때문에 哀帝가 丁傅를 등용하자 바로 이날 일식이 있었고, 桓帝가 微行을 하자 바로 이날 큰 바람이 불어 나무가 뽑히고 낮에도 캄캄하였으며, 隋 文帝가 晉王 楊廣을 세우자 바로 이날 천하에 지진이 있었다. ≪資治通鑑綱目≫에 모두 이를 게시하여 쓴 것은 하늘이 변고를 보여서 세상의 경계로 삼은 뜻을 드러낸 것이다. ≪자치통감강목≫이 끝날 때까지 變異 중에 '이날'이라고 게시하여 쓴 것은 3번뿐이다.〔是日者 何 著天應之捷也 是故哀帝用丁傅 而是日日食 桓帝爲微行 而是日大風拔樹 晝昏 隋文立晉王廣 而是日天下地震 綱目皆揭而書之 所以著天顯爲世戒也 終綱目 變異揭書是日者 三而已〕" ≪書法≫
"桓帝가 微行한 것은 孝武帝, 孝成帝와 다를 것이 없다. 그러나 하늘의 변고가 어찌하여 저 효무제와 효성제에서는 나타나지 않고 桓帝에게서는 나타났는가. 梁氏가 弑逆하였는데도 桓帝가 토벌하지 못하고 그와 더불어 사사로이 친하였기 때문이 아니겠는가. 이 때문에 하늘의 노여움이 이와 같았으니, 逆黨은 진실로 천벌이 용서할 수 없는 바임을 나타낸 것이다. 큰 바람이 불고 낮이 캄캄한데 특별히 '이날'이라고 썼으니, 하늘의 뜻을 밝게 보여서 난신적자를 주벌하고 토벌하는 뜻이 어찌 분명하지 않겠는가. 아, 슬프다.〔桓帝微行 無異於孝武孝成也 然天變何爲不見於彼 而見於此 得非梁氏弑逆 帝不能討 而與之爲私 是以天怒若此 用見逆黨固天誅所不赦也 大風晝昏 特書是日 其所以昭示天意 誅討亂賊 豈不明哉 噫〕" ≪發明≫

와 인끈을 女妾들에게 맡기시니, 만일 非常한 변고와 任章과 같은 모반이 있으면, 위로는 先帝를 저버리고 아래로는 후회막급일 것입니다."

황제는 그의 말을 받아들이지 않았다. 楊秉은 楊震의 아들이다.

尚書楊秉이 上疏曰 臣聞瑞由德至요 災應事生이라하니 天不言語하여 以災異譴告하니이다 王者는 至尊이라 出入有常하여 警蹕而行하고 靜室而止하며 自非郊廟之事면 則鑾旗不駕①라 故로 諸侯入諸臣之家라도 春秋에 尚列其誡②하니 況於以先王法服而私出槃遊하여 降亂尊卑하여 等威無序하며 侍衛守空宮하고 璽紱委女妾③하니 設有非常之變, 任章之謀하면 上負先帝하고 下悔靡及④하리이다 帝不納하다 秉은 震之子也라

① "靜室"은 먼저 집을 깨끗이 치우게 함을 이른다. ≪漢官儀≫에 "前驅에 雲罕과 皮軒, 鑾旗車가 있다."[43] 하였다.
靜室, 謂先使淸宮也. 漢官儀"前驅, 有雲罕・皮軒・鑾旗車."

② ≪春秋左氏傳≫에 의하면, 陳 靈公이 夏徵舒의 집에 갔다가 하징서에게 시해를 당하였고, 齊 莊公도 崔杼의 집에 갔다가 또한 최저에게 시해를 당하였다.
左傳, 陳靈公如夏徵舒之家, 爲徵舒所弑, 齊莊公如崔杼之家, 亦爲杼所弑.[44]

③ "法服"은 天子의 12章(문양)의 복식을 이른다. 槃(즐기다)은 盤과 통한다. "等威"는 위엄에 차등이 있음을 이른다.
法服, 謂天子十二章服也. 槃, 通作盤. 等威, 謂威儀有等差也.

④ 宣帝 때에 霍氏의 外孫인 任宣이 모반죄에 걸려 죽으니, 아들 任章이 도망하여 渭城의 경계에 있었는데, 한밤중에 검은 옷을 입고 사당에 들어가 행랑 사이에 숨어 창을 잡고 사당 문에 서서 황제가 오기를 기다려 반역을 하려다가 발각되어 伏誅를 당하였다.[45]
宣帝時, 霍氏外孫任宣, 坐謀反誅. 子章, 亡在渭城界, 中夜玄服入廟, 居廊間, 執戟立於廟門, 待上至, 欲爲逆, 發覺伏誅.

【綱】 京師에 가뭄이 들고 任城과 梁國에 기근이 들어서 백성들이 서로 잡아먹었다.

---

43) 前驅에……있다 : 前驅는 황제가 출행할 때 앞에서 인도하는 호위대이며, 雲罕은 旌旗의 별칭이고 皮軒은 虎皮로 꾸민 수레이며 鑾旗車는 鸞旗車로도 표기하는바 鑾旗가 꽂혀 있는 수레이다. 鑾旗는 새의 깃털을 쪼개어 만든 旗이다.

44) 陳靈公……亦爲杼所弑 : 陳 靈公은 이름이 平國이고 齊 莊公은 이름이 光이다. 陳 靈公은 夏徵舒의 어미인 夏氏와 간통하러 자주 갔다가 하징서에게 시해당하였고, 齊 莊公은 崔杼의 아비인 棠姜과 간통하러 자주 갔다가 최저에게 시해당하였는바, 이 내용이 ≪春秋左氏傳≫ 宣公 10년조와 襄公 25년조에 각각 보인다.

45) 宣帝……당하였다 : ≪漢書≫ 〈儒林傳〉에 보인다.

京師旱하고 任城, 梁國이 饑하여 民相食하다

【綱】 北匈奴가 伊吾를 침략하였다.

◑ 北匈奴寇伊吾하다

【綱】 겨울 11월에 지진이 나자, 詔令을 내려 獨行이 있는 사람을 천거하게 하였다.

◑ 冬十一月에 地震이어늘 詔擧獨行之士[46)]하다

【目】 涿郡 사람 崔寔이 獨行으로 천거되었는데 公車[47)]에 나와 병을 칭탁하고 對策을 하지 않고는 물러나 세상일을 논하여 〈政論〉이라 하니, 그 내용은 다음과 같다.

"무릇 天下가 다스려지지 않는 이유는, 항상 군주가 태평한 날이 오래되어서 풍속이 점점 피폐되어도 깨닫지 못하고 정사가 점점 쇠퇴하여도 고치지 못하여, 亂을 익숙하게 생각하고 위태로움을 편안히 여겨서 소홀히 하여 스스로 보지 못하기 때문이다. 혹은 嗜欲에 지나치게 탐닉하여 萬機의 政事를 돌아보지 않으며, 혹은 경계하는 말과 가르치는 말을 귀담아 듣지 못해서 거짓된 말에 익숙하여 진실을 소홀히 하며, 혹은 岐路에서 주저하면서 무엇을 따라야 할지를 알지 못하며, 혹은 신임하는 보좌가 주머니의 주둥이를 묶듯이 입을 닫고 침묵하여 녹봉만을 지키며, 혹은 疎遠한 신하가 직언을 해도 지위가 낮다는 이유로 폐기한다. 이 때문에 왕의 기강이 위에서 해이해지고 지혜로운 선비가 아래에서 억눌려 답답해하니, 슬프도다.

涿郡崔寔이 以獨行擧①러니 詣公車하여 稱病不對策하고 退而論世事하여 名曰政論이라하니 其辭曰 凡天下所以不治者는 常由人主承平日久하여 俗漸敝而不悟하고 政寖衰而不改하여 習亂安危하여 怢(돌)不自覩②일새라 或荒耽耆欲하여 不恤萬機③하며 或耳蔽箴誨하여 厭僞忽眞④하며 或猶豫岐路하여 莫適所從⑤하며 或見信之佐 括囊守祿⑥하며 或疎遠之臣이 言以賤廢라 是以로 王綱이 縱弛於上하고 智士 鬱伊於下하나니 悲夫⑦라

---

46) 詔擧獨行之士 : "'獨行이 있는 사람을 천거하게 하였다.'라고 쓴 것은 ≪資治通鑑綱目≫이 끝날 때까지 1번뿐이다.〔書擧獨行 終綱目一而已〕" ≪書法≫

47) 公車 : 漢代 관서의 이름으로 衛尉의 부속 기구였는데 여기서 公車令을 설치하여 司馬門의 경비와 천하에서 올리는 글들을 맡아 올렸다.

① 行(행실)은 去聲이니, "獨行"은 正道를 지켜서 남에게 뜻을 굽혀 아첨하지 않음을 말한 것이다.
行, 去聲. 獨行, 言守正而不依阿於人也.
② 怢은 陀骨의 切이니, 태만하고 소홀히 하는 뜻이다.
怢, 陀骨切, 怠忽之義.
③ 耽은 즐거워함이다. 耆(좋아하다)는 嗜로 읽는다.
耽, 樂也. 耆, 讀曰嗜.
④ 箴은 朱深의 切이니, 경계함이다. "厭僞忽眞"은 간사하고 거짓된 말에 익숙하여 지극히 참된 것을 가벼이 하고 소홀히 함을 말한 것이다.
箴, 朱深切, 誡也. 厭僞忽眞, 謂厭飫姦僞, 輕忽至眞也.
⑤ "猶豫"는 결단하지 못함이다. 길이 두 곳으로 통하는 것을 歧라 한다. "猶豫歧路 莫適所從"은 군주가 道를 밝게 알지 못해서 사람의 간사하고 바름과 일의 옳고 그름에 대해서 주장하여 따를 바를 알지 못함을 말한 것이다.
猶豫, 不決也. 路二達, 謂之歧. 此言人主見道不明, 於人之邪正・事之是非, 莫知所適從也.
⑥ 〈"括囊守祿"은〉 입을 닫고 신중하여 말하지 않기를 주머니의 주둥이를 묶는 것과 같이 하여, 오직 녹봉과 지위를 지키기에 힘쓸 뿐임을 말한 것이다.
謂閉愼不言, 如囊口之括結, 惟務持守祿位而已.
⑦ "鬱伊"는 펴지 못하는 모양이다.
鬱伊, 不舒貌.

【目】 漢나라가 일어난 이래로 350여 년이 되었다. 政令이 오염되어 관습에 젖고 上下가 해이해져서 백성들이 시끄럽게 떠들면서 모두 다시 中興의 구원을 생각한다. 또 세상을 구제하는 방법이, 터지고 무너진 것을 기워 메꾸며 기운 것을 지탱하여 형체에 따라 제재해서 이 세상을 잠시 安寧한 지경에 두려고 하는 데 달려 있을 뿐이다. 그러므로 聖人이 저울추(권력)를 잡으면 때에 따라 제도를 정하는데, 俗人들은 법조문에 구애되고 옛것에 얽매여서 權制(임시변통의 방도)를 통달하지 못하여 전해 들은 말을 훌륭하게 여기면서 직접 본 것을 소홀히 하니, 어찌 이들과 함께 國家의 大事를 논할 수 있겠는가.

自漢興以來로 三百五十餘歲矣라 政令垢玩하고 上下怠懈하여 百姓囂(효)然하여 咸復思中興之救矣①라 且濟時拯世之術이 在於補綻決壞하며 枝拄邪傾하여 隨形裁割하여 要措斯世於安寧之域而已②라 故로 聖人執權이면 遭時定制어늘 俗人은 拘文牽古하여 不達權制하여 奇偉所聞하고 簡忽所見하나니 烏可與論國家之大事哉③리오

① 垢는 더럽고(오염되고) 파괴됨이다. 玩은 翫과 通하니, 익숙함이다.

垢, 汚壞也. 玩, 與翫通, 狃狎也.

② 綻은 直莧의 切이니, 메꿈이다.
綻, 直莧(현)切, 補縫也.

③ 權은 저울의 추이다. 저울추를 잡은 자는 물건의 무게에 따라 저울추를 앞뒤로 옮겨서 平衡을 취한다. "遭時定制"는 때를 만나 法制를 정하고 옛것을 따르지 않음을 이른다.
權, 秤錘也. 執權者隨物之輕重, 爲權之進退, 以取平也. 遭時定制, 謂遭遇其時而定法制, 不循於舊也.

【目】 무릇 天下를 다스리는 자는 만일 최상의 德이 아니면, 엄하게 하면 다스려지고 너그럽게 하면 혼란하니, 이러한 이치를 어떻게 알 수 있는가. 근래 孝宣皇帝는 人君의 道에 밝고 정사하는 이치를 잘 살폈다. 그러므로 형벌을 엄하게 하고 법을 준엄하게 시행해서 姦軌(法을 어기고 亂을 일으킴)한 무리의 肝膽을 깨뜨려서 海內가 깨끗하고 엄숙하여 天下가 엄밀하여 방종하지 않았으니, 나타난 효험을 계산해보면 孝文帝보다 나았다. 그런데 元帝가 즉위하자 너그러운 정사를 많이 행하였으나 끝내 훼손되어 권세와 위엄이 실추되기 시작해서 마침내 漢나라의 禍를 만든 군주가 되었으니, 정치하는 道의 잘잘못을 여기에서 볼 수 있다.

그러므로 聖人은 능히 세상에 따라 보조를 맞추는데, 세속의 선비들은 전혀 변통할 줄을 알지 못하여 '노끈을 묶어 맺은 약속이 어지러운 秦나라의 실마리를 풀 수 있고, 방패와 도끼의 춤이 平城의 포위를 풀 수 있다.'라고 한다.

凡爲天下者는 自非上德이면 嚴之則治하고 寬之則亂하나니 何以明其然也오 近孝宣皇帝 明於君人之道하고 審於爲政之理라 故로 嚴刑峻法하여 破姦軌之膽하여 海內淸肅하여 天下密如하니 筭計見(현)效하면 優於孝文[①]이러니 及元帝卽位에 多行寬政이나 卒以墮(휴)損하여 威權始奪하여 遂爲漢室基禍之主[②]하니 政道得失을 於斯可監이라 故로 聖人은 能與世推移어늘 而俗士는 苦不知變하여 以爲結繩之約이 可復治亂秦之緖하고 干戚之舞 足以解平城之圍[③]라하나니라

① "密如"는 嚴密하여 흩어지고 방종하지 않음을 말한 것이다. 見(나타나다)은 賢遍의 切이다.
密如, 言其嚴密不散縱也. 見, 賢遍切.

② 墮(훼손하다)는 隳로 읽는다.
墮, 讀曰隳.

③ 上古時代 〈글자가 생기기 전에는〉 노끈을 묶어서 다스렸는데 後世에 聖人이 書契(문자)로 바꾸었다. 秦나라의 어지러운 정사 이후로는 풍속이 더욱 나빠졌으니, 노끈을 묶어 맺은 약속으로 능히 다스릴 수 있는 바가 아니다. 干은 방패이고, 戚은 도끼이다. ≪書經≫ 〈虞

書 大禹謨〉에 "방패와 깃털을 잡고 두 계단에서 춤을 추었는데, 70일 만에 有苗가 귀순하였다." 하였으나, 漢 高帝가 平城에서 匈奴에게 포위되었을 적에는 陳平의 은밀한 계책을 써서 탈출하였으니, 방패와 도끼를 잡고 춤을 춰서 풀 수 있는 바가 아니다.
上古結繩而治, 後世聖人, 易之以書契. 亂秦之後, 俗益澆薄, 非結繩之約所能理也. 干, 盾也. 戚, 斧也. 書"舞干羽于兩階, 七旬, 有苗格." 高帝爲匈奴圍於平城, 用陳平祕計, 得出, 非舞干戚所能解也.

【目】 나라를 다스리는 法은 몸을 다스리는 법과 유사하니, 평안하면 養生을 지극히 하고 병이 있으면 병을 다스려야 한다. 형벌은 난을 다스리는 藥石이요, 德敎는 화평함을 일으키는 찰기장과 고기이다. 德敎를 가지고 殘虐함을 제거하는 것은 찰기장과 고기로 병을 다스리는 것이고, 형벌을 가지고 평안한 세상을 다스리는 것은 藥石을 가지고 몸을 供養하는 것이다.

여러 代 이래로 정사가 대부분 은혜롭고 관대하여서, 마치 마부가 수레를 어거함에 고삐를 버려두고 말의 재갈이 벗겨져 四牡(네 필의 말)가 제멋대로 치달리며 큰길이 험하고 기운 것과 같으니, 장차 재갈을 물리고 굴레를 씌우고 수레의 끌채를 묶어 바로잡아야 할 것인데 어느 겨를에 和鸞(수레에 달린 방울)을 울리고 節奏(리듬)를 맞추겠는가.

옛날 文帝가 비록 肉刑을 제거하였으나 오른발을 베는 형에 해당하는 자가 棄市되기도 하였고 태형을 맞은 자가 往往 죽음에 이르기도 하였으니, 이는 文帝가 嚴함으로써 태평을 이룬 것이요, 너그러움으로써 태평을 이룬 것이 아니다."

최식은 崔瑗의 아들이다. 山陽 사람 仲長統이 일찍이 이 글을 보고 탄식하기를 "무릇 人君이 된 자는 마땅히 이 글 한 通을 베껴 써서 자리 곁에 두고 보아야 한다." 하였다.

蓋爲國之法이 有似治身하니 平則致養하고 疾則攻焉이라 夫刑罰者는 治亂之藥石也요 德教者는 興平之粱肉也라 夫以德教除殘은 是는 以粱肉治疾也요 以刑罰治平은 是는 以藥石供養也라 自數世以來로 政多恩貸하여 馭委其轡하고 馬駘(태)其銜하여 四牡橫犇하고 皇路險傾[①]하니 方將拑勒鞬輈(겸륵건주)以救之라 豈暇鳴和鸞, 淸節奏哉[②]리오 昔에 文帝雖除肉刑이나 當斬右趾者棄市하고 笞者往往至死하니 是는 文帝以嚴致平이요 非以寬致平也니라 寔은 瑗之子也라 山陽仲長統이 嘗見其書하고 嘆曰 凡爲人主 宜寫一通하여 置之坐側[③]이라하니라

① 재갈을 벗기는 것을 駘라 한다. ≪孔子家語≫ 〈執轡〉에 "옛날 天子는 德과 法을 재갈과 굴레로 삼고 百官을 고삐와 채찍으로 삼았다. 말을 잘 모는 자는 재갈과 굴레를 바로잡고 고삐와 채찍을 가지런히 하여 말의 힘을 고르게 하고 말의 마음을 和하게 한다. 그러므로 입으로 꾸짖는 소리가 없어도 천 리를 간다. 사람을 잘 어거하는 자는 그 덕과 법을 한결같

이 하고 百官을 바로잡아서 사람과 물건을 고르게 하고 사람의 마음을 화하고 편안하게 한다. 그러므로 형벌을 쓰지 않아도 天下가 교화된다." 하였다. 皇路는 天路(황제의 政事)이다.
銜脫曰駘. 家語"古者天子以德法爲銜勒, 以百官爲轡策. 善御馬者, 正銜勒, 齊轡策, 鈞馬力, 和馬心, 故口無聲而極千里. 善御人者, 一其德法, 正其百官, 均齊人物, 和安人心, 故刑不用而天下化." 皇路, 天路也.

② 拑은 巨炎의 切이니 나무로 말의 입에 재갈을 물리는 것이다. 勒은 말의 고삐이다. 鞬(묶다)은 居言의 切이니, 束과 같다. 輈는 音이 舟이니, 수레의 멍에이다. 和와 鸞은 모두 방울인데, 和는 겉의 입 모양의 통은 金으로, 안의 혀 모양의 물건은 나무로 되어 있고, 鸞은 겉의 입 모양의 통도 金으로, 안의 혀 모양의 물건도 金으로 되어 있으니, 이로써 수레가 달리는 것을 절제한다. 和는 軾(수레 앞의 가름대)에 설치하고 鸞은 鑣(재갈)에 설치한다. 사람이 수레에 오르면 말이 달리고 말이 달리면 鸞이 울리고 鸞이 울리면 和가 應하여, 자연히 節奏가 생기게 된다. 만약 수레가 너무 빨리 달리면 서로 응하지 못하고 너무 느리게 달리면 방울이 울리지 않으며, 만약 뒤섞여서 다 울리면 모두 節奏에 맞지 않는다.
拑, 巨炎切, 以木銜其口也. 勒, 馬轡也. 鞬, 居言切, 猶束也. 輈, 音舟, 車轅也. 和・鸞, 皆鈴也. 和, 金口木舌. 鸞, 金口金舌. 所以節車之行. 和, 設於軾. 鸞, 設於鑣(표). 升車則馬動, 馬動則鸞鳴, 鸞鳴則和應, 自然有箇節奏. 若車行太速則不相應, 太遲則不響, 若雜然都響, 皆不合節奏也.

③ 글의 앞과 끝이 온전한 것을 通이라 한다.
書首末全曰通.

【目】 司馬公(司馬光)이 다음과 같이 평하였다.

"漢나라의 법이 이미 엄하였는데 崔寔이 오히려 법의 너그러움을 병통으로 여긴 것은 어째서인가. 쇠망하는 세상의 군주는 대부분 유순하고 나약하며, 용렬하고 어리석은 보좌는 오직 姑息만을 안다. 이 때문에 권세가 있고 총애를 받는 신하는 죄가 있어도 형벌에 걸리지 않고, 호걸스럽고 교활한 백성들은 법을 범해도 처벌을 받지 않으니, 仁愛와 恩德의 베푸는 바가 目前에 그치고 간사한 자들이 뜻을 얻어서 紀綱이 서지 못하였다. 그러므로 최식의 의논은 한때의 잘못을 바로잡으려는 것이요, 百代에 통하는 義는 아니다.

孔子께서 말씀하시기를 '政事가 관대하면 백성이 태만해지니 태만해지면 엄격함으로 바로잡고, 정사가 엄격하면 백성들이 피폐해지니 피폐해지면 관대함을 베풀어야 한다. 관대함으로 엄격함을 구제하고, 엄격함으로 관대함을 구제해야 하니, 정사가 이 때문에 조화를 이룬다.'[48] 하셨으니, 이것이 바꿀 수 없는 떳떳한 道이다."

司馬公曰 漢家之法이 已嚴矣어늘 而寔이 猶病其寬은 何哉오 蓋衰世之君이 率多柔懦하고 凡愚之佐 惟知姑息①이라 是以로 權幸之臣이 有罪不坐하고 豪猾之民이 犯法不誅하니 仁恩所施 止於目前이요 姦宄得志하여 紀綱不立이라 故로 崔寔之論은 以矯一時之枉이요 非百世之通義也라 孔子曰 政寬則民慢이니 慢則糾之以猛이요 猛則民殘이니 殘則施之以寬이라 寬以濟猛하고 猛以濟寬이라 政是以和라하시니 斯不易之常道矣니라

① 姑는 우선이고 息은 편안함이니, 〈"姑息"은〉 우선 눈앞의 편안함만을 찾는 것이다.
姑, 且也. 息, 安也. 且苟目前之安也.

【綱】 詔令을 내려 大將軍 梁冀에게 殊禮(특별한 예)를 加하고, 네 縣을 더 封하고 甲第(최고의 집)를 하사하였다.

詔加大將軍冀殊禮[49]하고 增封四縣하고 賜以甲第하다

【目】 황제가 梁冀를 표창하고 높이고자 하여 그에 걸맞는 禮를 의논하게 하자, 胡廣 등이 모두 양기의 공훈과 덕이 마땅히 周公에게 견줄 만하니 山川과 土田과 附庸(토지에 딸린 백성)을 하사해야 한다고 말하였으나, 司空 黃瓊만이 홀로 말하기를 "鄧禹에게 견줄 만하니, 마땅히 네 縣을 식읍으로 해야 합니다." 하였다.

이에 有司가 아뢰어, 양기가 조정에 들어올 적에 종종걸음으로 걷지 않고, 검을 차고 궁전에 오르고, 황제를 배알할 적에 贊이 이름을 부르지 않게 하여 禮儀를 蕭何와 견주

48) 孔子께서……이룬다 : ≪春秋左氏傳≫ 昭公 20년에 나오는 말이다.

49) 詔加大將軍冀殊禮 : "殊禮가 세 가지 있으니, 조정에 들어올 때에 종종걸음으로 걷지 않고, 검을 차고 궁전에 오르고, 황제를 배알할 적에 贊이 그 이름을 부르지 않는 것이 그 하나요(梁冀, 會稽王 司馬昱, 蕭道成, 唐나라 군주 李淵), 六佾(제후가 사용하는 樂舞)과 軒縣(제후가 동·서·북 3면에 악기를 걸어두는 격식)과 黃鉞(천자가 정벌할 때 사용하던 황금장식의 긴 자루가 달린 도끼)과 朝車(朝會나 宴會 때 궁중에 출입하던 수레)가 그 두 번째요(齊王 司馬攸), 지위가 諸侯王 위에 있는 것이 하나이니(大司馬 桓溫), 여기서 '殊禮'라고 한 것은 무엇인가. 조정에 들어올 적에 종종걸음으로 걷지 않고, 검을 차고, 궁전에 오르고 황제를 배알할 적에 贊이 이름을 부르지 않는 것이다. 蕭何의 경우에는 '賜'를 쓰고서 하사한 내용을 자세히 기록하였는데, 양기의 경우에는 '加'를 쓰고 다만 '殊禮'라고 하였으니, 그 내용을 생략한 것이다. 조정에 들어와 종종걸음으로 걷지 않는 것을 생략하여 殊禮라고 칭한 것을 ≪資治通鑑綱目≫에 모두 네 번 썼는데, 오직 양기와 會稽王 司馬昱에 대해서는 '加'라고 썼다. 蕭道成과 唐나라 군주 李淵은 '自'라고 썼으니, 스스로 가한 것일 뿐이다.〔殊禮有三 入朝不趨 劍履上殿 贊拜不名 其一也(梁冀 會稽王昱 蕭道成 唐主淵) 六佾軒縣黃鉞朝車 其一也(齊王攸) 位在諸侯王上 其一也(大司馬溫) 此其曰殊禮 何 入朝不趨 劍履上殿 贊謁不名也 蕭何書賜而備書之 至冀則書加而止謂之殊禮 略之也 入朝不趨 略稱殊禮 綱目凡四書 惟冀及會稽王昱書加 若蕭道成唐主淵書自 則自加而已矣〕" ≪書法≫ 思政殿訓義 ≪資治通鑑綱目≫ 제3권 상 綱에 "賜丞相何劍履上殿 入朝不趨"로 되어 있다.

게 하고, 네 縣을 더 封하여 鄧禹와 견주게 하고, 金錢과 奴婢와 채색이 있는 비단, 수레와 말, 衣服과 甲第를 賞으로 하사하여 霍光과 견주게 하였으며, 또 매번 조회할 적에 양기는 三公과 떨어져 별도로 앉게 하고, 10일에 한 번 들어와 尙書의 일을 평론하게 하였다. 그런데도 유사가 아뢴 禮가 薄하다 하여 양기는 속으로 기뻐하지 않았다.

帝欲褒崇梁冀하여 使議其禮하니 胡廣等이 咸稱冀勳德宜比周公하니 錫之山川, 土田, 附庸이라호되 司空黃瓊이 獨曰 可比鄧禹하니 合食四縣이니이다 於是에 有司奏冀入朝不趨하고 劍履上殿하고 謁讚不名하여 禮儀比蕭何①하고 增封四縣하여 比鄧禹②하고 賞賜金錢, 奴婢, 綵帛, 車馬, 衣服, 甲第가 比霍光하다 每朝會에 與三公絶席하고 十日一入하여 平尙書事③하니 冀猶以所奏禮薄이라하여 意不悅하니라

① 讚(보좌하는 사람)은 儐贊(贊禮)의 贊과 같다. 蕭何는 오직 검을 차고 궁전에 오르고 조정에 들어올 적에 종종걸음으로 걷지 않았을 뿐이니, 어찌 일찍이 황제를 배알할 적에 贊이 이름을 부르지 않은 적이 있었는가.
讚, 與儐贊之贊同. 蕭何唯劍履上殿, 入朝不趨, 何嘗謁贊不名也.

② 梁冀를 처음 襄邑縣에 封하였다가 이어서 乘氏에 봉하고 다시 定陶와 成陽을 더하였으니, 이에 네 縣이 되는 것이다.
冀初封襄邑縣, 襲封乘氏, 更增以定陶·成陽, 是爲四縣.

③ 平은 평론함을 이른다.
平, 謂平議也.

壬辰年(152)

【綱】 漢나라 孝桓皇帝 元嘉 2년이다. 봄 정월에 西域長史 王敬이 于寘王 建을 죽이니, 于寘이 왕경을 공격하여 살해하였다.

二年이라 春正月에 西域長史王敬이 殺于寘(전)王建하니 于寘이 攻敬殺之하다

【目】 처음에, 西域長史 趙評이 于寘에 있다가 종기가 나서 죽으니, 拘彌王 成國은 于寘王 建과 평소 원한이 있었으므로 조평의 아들에게 이르기를 "우전왕이 오랑캐 의원으로 하여금 毒藥을 가져다가 상처에 붙이게 해서 〈네 아버지가〉 죽게 되었다." 하였다. 조평의 아들이 이 일을 敦煌太守 馬達에게 고하였는데, 마침 王敬이 대신하여 長史의 직임을 행하고 있었다.

마달이 왕경으로 하여금 은밀히 우전의 일을 조사하게 하자, 왕경은 功名을 세우는 것을 탐하여 앞서 우전에 가서 음식을 장만하고 建을 초청하였다. 자리가 정해지자 建이 일어나 술잔을 돌렸는데, 왕경이 左右에게 크게 소리쳐서 建을 포박하게 하였다. 관리와 병사들은 모두 建을 죽일 뜻이 없었는데, 성국의 主簿인 秦牧이 홀로 칼을 가지고 앞으로 나가서 建을 참수하였다. 이에 우전의 侯와 將인 輸僰(수북) 등이 마침내 병력을 모아 왕경을 공격해서 참수하고 스스로 서서 왕이 되었는데, 우전의 國人이 그를 죽였다.

初에 西域長史趙評이 在于窴이라가 病癰死하니 拘彌王成國이 與于窴王建으로 素有隙①이라 謂評子曰 于窴王이 令胡醫로 持毒藥하여 著(착)創中이라 故로 致死耳②니라 評子以告敦煌太守馬達이러니 會에 敬이 代爲長史하니 馬達이 令敬隱覈于窴事하다 敬이 貪立功名하여 前到于窴하여 設供請建하여 坐定에 建이 起行酒어늘 敬이 叱左右執之하니 吏士幷無殺建意러니 獨成國主簿秦牧이 持刀出하여 前斬建③하다 于窴侯將輸僰等이 遂會兵攻敬하여 斬之하고 而自立爲王이어늘 國人이 殺之④하다

① 拘彌는 西域의 나라이니, 于窴의 동쪽 300리 지점에 있다.
拘彌, 西域國, 在于窴東三百里.
② 著은 陟略의 切이니, 붙임이다. 創(상처)은 瘡으로 읽는다.
著, 陟略切, 置也. 創, 讀與瘡同.
③ 이때 秦牧이 王敬을 따라 모임에 있었다.
時, 牧隨敬在會.
④ 살펴보건대 ≪漢書≫에 西域의 여러 나라는 각기 輔國侯[50]와 左將과 右將을 두었다. 僰은 蒲北의 切이다.
按前書, 西域諸國, 各置輔國侯・左右將. 僰, 蒲北切.

【目】 馬達이 이 말을 듣고 于窴을 공격하고자 하였으나, 황제는 그의 말을 따르지 않고 宋亮으로 마달을 대신하게 하였다. 송량이 도착하여 우전의 잘못을 고치는 길을 열어주고자 우전 사람들을 모아서 그들로 하여금 직접 輸僰을 참수하게 하였는데, 이때 수북은 이미 죽은 뒤라서 마침내 다른 죽은 사람의 머리를 잘라 敦煌으로 보냈다. 송량은 그 속임수를 알았으나 끝내 토벌하지 못하였다.[51]

馬達이 聞之하고 欲擊于窴이어늘 帝不聽하고 以宋亮代達하다 亮이 到하여 開募于窴하여 令自斬輸

50) 輔國侯 : ≪資治通鑑≫ 권37 王莽 始建國 2년 註에 輔國侯는 相과 같다 하였다.
51) 송량은……못하였다 : ≪後漢書≫ 〈西域傳〉에는 "송량이 그 속임수를 알았으나 끝내 출병하지 못하니, 우전이 이를 믿고 교만해졌다.〔亮後知其詐 而竟不能出兵 于窴恃此遂驕〕"라 하였다.

僰①하니 時에 輸僰이 已死라 乃斷死人頭하여 送敦煌이러니 亮이 後知其詐로되 而竟不能討也러라

① 〈"開募于窴"은〉 于窴國의 사람들이 잘못을 고쳐 스스로 새로워지는 길을 열어주고자 인하여 우전 사람을 모집하여 輸僰을 참수하게 한 것이다.
開于窴國人自新之路, 仍募使斬輸僰也.

【綱】 지진이 있었다.

地震하다

【綱】 여름 4월에 孝崇皇后 匽氏가 崩하였다.

◑夏四月에 孝崇皇后匽氏崩하다

【目】 황제의 아우 平原王 劉石을 喪主로 삼고, 斂하고 葬送하는 제도를 恭懷皇后[52]와 똑같게 하였다.

以帝弟平原王石으로 爲喪主하고 斂送制度를 比恭懷皇后하다

【綱】 5월에 〈孝崇皇后를〉 博陵에 장사하였다.

五月에 葬博陵[53]하다

【綱】 가을 7월에 일식이 있었다.

◑秋七月에 日食하다

【綱】 겨울 10월에 지진이 있었다.

52) 恭懷皇后 : 和帝의 생모 梁貴人으로 章帝의 황후인 竇太后가 죽은 뒤에 추존하고 西陵에 장례하였다.

53) 葬博陵 : "后를 장례할 적에 장례한 땅을 쓰지 않는데 여기에서 땅을 쓴 것은 어째서인가. 藩妾(제후왕의 첩)을 황후의 예로써 높였으니, 이는 常禮가 아니다. 그러므로 땅을 쓴 것이다. 무릇 后를 장례할 적에 땅을 쓴 것은 모두 비난한 것이니, ≪資治通鑑綱目≫이 끝날 때까지 后의 장례에 땅을 쓴 것이 7번이다.〔后葬不地 此其書地 何 尊藩妾以后禮 非常也 故地 凡后葬書地 皆譏也 終綱目 后葬書地七〕" ≪書法≫

◑ 冬十月에 地震하다

癸巳年(153)

【綱】 漢나라 孝桓皇帝 永興 元年이다. 가을 7월에 蝗蟲의 재해가 있었다.

永興元年이라 **秋七月**에 **蝗**하다

【綱】 황하가 넘쳐 백성이 굶주리자 朱穆을 冀州刺史로 삼았는데, 얼마 후 불러와 下獄하고서 논죄하여 左校[54]에서 노역하게 하였다.

河溢民饑어늘 **以朱穆爲冀州刺史**러니 **尋徵下獄**하여 **輸作左校**하다

【目】 冀州의 백성들이 굶주려서 流離하여 도망한 자가 수십만 戶였다. 詔令을 내려 朱穆을 刺史로 삼으니, 冀州의 縣令과 縣長들 중에 주목이 황하를 건너왔다는 말을 듣고는 印綬를 풀고 떠나간 자가 40여 명이었다. 주목이 부임하여 여러 郡의 탐욕스럽고 부정한 자들을 아뢰어 탄핵하니, 이들 중에 심지어 자살하거나 혹은 獄中에서 죽은 자도 있었다.

宦者 趙忠이 아버지 喪을 당하여 고향으로 돌아와 장례할 적에 참람하게 玉匣을 사용하였는데, 주목이 郡에 회부하여 조사하게 하니, 관리가 무덤을 파헤쳐 관을 쪼개어 꺼내었다. 황제는 이 소식을 듣고 크게 노하여 주목을 불러 廷尉에게 보내 논죄하여 左校에서 노역하게 하였다.

冀州民饑하여 流亡이 數十萬戶라 詔以朱穆爲刺史하니 令長이 聞穆濟河하고 解印綬去者 四十餘人이러라 及到에 奏劾諸郡貪汙者하니 有至自殺하고 或死獄中이라 宦者趙忠이 喪父歸葬호되 僭爲玉匣①이어늘 穆이 下郡案驗하니 吏發墓剖棺出之한대 帝聞하고 大怒하여 徵穆詣廷尉하여 輸作左校하다

① 喪(초상)은 息浪의 切이다.
喪, 息浪切.

54) 左校 : 宦官의 관직명으로 工役(工作에 동원되는 죄인)을 주관하였는바, 左校와 右校로 나뉘었다. ≪後漢書≫ 〈百官志〉에 "최고의 책임자로 左校令 한 사람이 있다." 하였다.

【目】 太學生 劉陶 등 수천 명이 대궐에 나아가 글을 올려 朱穆의 억울함을 다음과 같이 하소연하였다.

"황제 가까이 있는 환관들이 나라의 권력을 도둑질하여 손에는 황제가 하사하는 관작을 쥐고 입에는 국법을 머금어, 賞을 행하면 굶주린 노예로 하여금 季孫氏보다 부유하게 하고, 숨을 쉬면(말을 하면) 伊尹과 顔回로 하여금 변하여 桀王과 盜跖이 되게 하고 있습니다. 그런데 주목이 홀로 꼿꼿하여 자신의 해로움을 돌아보지 않으니, 榮華를 싫어하고 汚辱을 좋아하며 사는 것을 싫어하고 죽는 것을 좋아해서가 아닙니다. 다만 황제의 기강이 정돈되지 못함을 서글퍼하고 하늘의 기강이 오랫동안 실추됨을 두려워해서 마음을 다하여 근심하는 마음을 품어서 上을 위하여 깊이 계책한 것입니다. 臣은 원컨대 얼굴에 刺字하고 발에 차꼬를 차고서 주목을 대신하여 左校에서 노역을 하겠습니다."

황제가 마침내 주목을 사면하였다.

太學生劉陶等數千人①이 **詣闕上書訟穆曰 中官近習**이 **竊持國柄**하여 **手握王爵**하고 **口含天憲**②하여 **運賞則使餓隷富於季孫**하고 **呼噏則令伊, 顔化爲桀, 跖**③이어늘 **而穆**이 **獨亢然不顧身害**하니 **非惡**(오)**榮而好辱**하며 **惡生而好死也**라 **徒感王綱之不攝**하고 **懼天綱之久失**이라 **故**로 **竭心懷憂**하여 **爲上深計**④하니 **臣**은 **願黥首繫趾**하여 **代穆校作**하노이다 **帝乃赦之**⑤하다

① 劉陶는 一名이 劉偉니, 濟北貞王 劉勃의 후손이다.
陶, 一名偉, 濟北貞王勃之後.

② "天憲"은 王의 法이니, 〈"口含天憲"은〉 형벌과 죽임이 그의 입에서 나옴을 말한 것이다.
天憲, 王法也. 謂刑戮出於其口也.

③ 運은 行함이다. ≪論語≫ 〈先進〉에 "季孫氏가 周公보다 부유하다." 하였다. 噏은 吸과 통하니, "呼噏"은 숨을 토하고 들이쉼(말을 함)을 이른다. "伊顔"은 伊尹과 顔回를 이른다. 桀王은 夏나라의 마지막 황제이다. 跖은 蹠과 통하니, 秦나라의 큰 도둑이다.
運, 行也. 論語 "季氏富於周公." 噏, 與吸通. 呼噏, 謂吐納也. 伊顔, 謂伊尹・顔回也. 桀, 夏之末帝. 跖, 通作蹠, 秦之大盜也.

④ 攝은 신칙하고 정돈함이다.
攝, 飭整也.

⑤ "繫趾"는 발에 차꼬를 채움을 이르니, 쇠를 발에 채우는 것을 釱라 한다.
繫趾, 謂釱(체)其足也, 以鐵著足曰釱.

【目】 劉陶가 또다시 上疏하여 다음과 같이 말하였다.

"하늘과 황제, 황제와 백성은 머리와 발이 서로 의존하여 다니는 것과 같습니다. 陛下께서는 눈으로 鳴條의 일을 보지 못하고 귀로 박달나무 수레의 소리를 듣지 못하시며, 하늘의 재앙이 피부에 고통을 주지 않고 지진과 일식이 곧바로 聖體에 손상을 주지 않으므로 三光(해와 달과 별)이 잘못되는 것을 무시하고 上天이 노여워하는 것을 하찮게 여기십니다. 여러 추악한 환관과 노예들로 하여금 백성들을 해치게 해서, 죽은 자는 깊은 무덤 속에서 슬퍼하고 산 자들은 朝野에서 서글퍼하니, 이것이 바로 어리석은 臣이 이 때문에 한탄하고 깊이 회한하며 탄식하는 것입니다. 臣은 들으니, 나라의 위태로움은 仁者가 아니면 해결하지 못하고 혼란은 지혜로운 자가 아니면 구하지 못한다고 하였습니다. 삼가 보건대 朱穆과 李膺은 공정하고 청렴하며 바르고 높은 절조가 보통 사람보다 뛰어나니, 실로 나라를 中興할 수 있는 어진 보좌요 國家의 柱石과 같은 신하입니다. 마땅히 本朝로 돌아오게 해서 王室을 좌우에서 돕게 해야 합니다."

글을 아뢰었으나 황제는 살펴보지 않았다.

陶又上疏曰 夫天之與帝와 帝之與民은 猶頭之與足이 相須而行也라 陛下目不視鳴條之事하고 耳不聞檀車之聲①하시며 天災不有痛於肌膚하고 震食이 不卽損於聖體②라 故로 蔑三光之謬하고 輕上天之怒③하사 使群醜刑隷로 芟刈(삼예)小民④하여 死者悲於窀穸(둔석)하고 生者戚於朝野⑤하니 是愚臣所爲咨嗟長懷歎息者也⑥니이다 臣은 聞危非仁不扶요 亂非智不救라하나이다 竊見朱穆, 李膺이 履正淸平하며 貞高絶俗하니 斯實中興之良佐요 國家之柱臣이니 宜還本朝하여 夾輔王室⑦이니이다 書奏에 不省하다

① 鳴條는 地名으로 安邑의 서쪽에 있는데, 湯王이 桀王과 鳴條의 들에서 싸웠다. 박달나무 수레는 兵車이다. 《詩經》〈大雅 大明〉의 詩에 이르기를 "牧野가 넓고 넓으니 박달나무 수레가 빛나고 빛나도다! 스승인 尙父(姜太公)가 이때 매처럼 드날려서 저 武王을 도와 마침내 큰 商나라를 정벌했다." 하였다. 劉陶가 이 박달나무 수레의 일을 인용하여, 桀王과 紂王이 天子의 귀한 지위에 있었으나 하늘에게 罪를 얻고 백성들에게 해독을 끼치자, 湯王과 武王이 정벌하였으니, 멸망한 나라의 일이 황제의 귀와 눈에 들어오지 않는 것은 황제가 경계할 줄을 알지 못하는 것이라고 말한 것이다.
鳴條, 地名, 在安邑之西. 湯與桀, 戰于鳴條之野. 檀車, 兵車也. 大明之詩曰"牧野洋洋, 檀車煌煌, 維師尙父(보), 時維鷹揚, 涼彼武王, 肆伐大商." 陶蓋用此檀車事, 言桀·紂貴爲天子, 得罪於天, 流毒於民, 而湯·武伐之. 亡國之事, 不接於帝之耳目, 帝不知爲戒也.

② "震食"은 지진과 일식을 이른다.
震食, 謂地震·日食也.

③ 蔑은 가볍고 하찮게 여기는 것이다.

蔑, 輕易也.

④ 刑은 肉刑을 받은 사람으로 宦官을 이르고, 隸는 노예를 이른다.

刑, 刑餘之人, 謂宦官也. 隸, 謂皁隸也.

⑤ 窀은 朱倫의 切로 두터움이고, 穸은 祥亦의 切로 밤이니, 두터운 밤이라는 것은 긴 밤과 같은바, 장례하여 무덤 속에 묻음을 이른다.

窀, 朱倫切, 厚也. 穸, 祥亦切, 夜也. 厚夜, 猶長夜, 謂葬埋也.

⑥ 爲(때문에)는 去聲이다.

爲, 去聲.

⑦ 李膺도 이때 면직하고 綸氏縣에 살고 있었다. 挾(끼다)은 夾과 통한다.

膺, 時亦免居綸氏(지). 挾, 通作夾.

甲午年(154)

【綱】 漢나라 孝桓皇帝 永興 2년이다. 봄 2월에 刺史와 二千石이 부모의 三年喪을 행하는 것을 다시 허락하였다.

二年이라 春二月에 復聽刺史, 二千石行三年喪[55]하다

【綱】 지진이 있었다.

◑ 地震하다

【綱】 여름에 蝗蟲의 재해가 있었다.

◑ 夏에 蝗하다

【綱】 東海의 朐山(구산)이 무너졌다.

◑ 東海朐山이 崩①하다

① 朐는 音이 劬이다. 李賢이 말하기를 "朐山은 지금의 海州 朐山縣 남쪽에 있다." 하였다.

---

55) 復聽刺史二千石行三年喪 : "安帝 建光 元年(121)에 '다시 大臣이 三年喪을 행하는 것을 금하였다.'라고 한 뒤로부터 이때에 이르기까지 34년이 되었다. 삼년상을 행하는 것을 허락했다고 다시 썼으나 刺史와 二千石에서 그쳤으니, 애석하다.〔自安帝建(安)〔光〕元年 書復斷大臣行三年喪 至是三十有四年矣 復書聽行 而止於刺史二千石 惜哉〕" ≪書法≫

朐, 音劬. 賢曰"朐山, 在今海州朐山縣南."

【綱】 乳母인 馬惠의 아들 初를 封하여 列侯로 삼았다.

◑ **封乳母馬惠子初**하여 **爲列侯**[56)]하다

【綱】 가을 9월 초하루에 일식이 있었다.

◑ **秋九月朔**에 **日食**하다

【綱】 겨울 11月에 황제가 上林苑에서 校獵[57)]을 하고서 마침내 函谷關에 이르렀다.

◑ **冬十一月**에 **帝校獵上林苑**하여 **遂至函谷關**[①58)]하다

① 東漢은 上林苑을 雒陽 서쪽에 개설하였다.
東漢, 開上林苑於(維)〔雒〕[59)]陽西.

【綱】 泰山과 琅邪(낭야)에 도적 떼가 일어났다.

◑ **泰山琅邪盜起**하다

---

56) 封乳母馬惠子初 爲列侯 : "乳母를 君으로 봉한 것이 王聖으로부터 비롯되었다. 그러나 그 아들을 侯로 삼지는 않았는데 馬惠의 아들을 侯로 삼았으니, 桓帝가 爵位를 수여함에 너무 절제가 없는 것이다. 특별히 '乳母의 아들'이라고 쓴 것은 깊이 비난한 것이다.〔乳母封君 自王聖始 未侯其子也 馬惠子侯 桓爵之濫甚矣 特書乳母子 深譏之〕" ≪書法≫

57) 校獵 : 나무를 꿰어 서로 연결시켜서 짐승이 도망가지 못하게 하고 사냥함을 이른다.

58) 帝校獵上林苑 遂至函谷關 : "'마침내 〈함곡관에〉 이르렀다.'라고 쓴 것은 어째서인가. 멀기 때문이다. 무릇 사냥을 쓴 것은 비난한 것인데, 桓帝는 당시가 어떤 시기였는데 놀고 사냥하면서 스스로 방자하고 또 마침내 〈함곡관에까지 가는〉 일이 있었으니, 이를 쓴 것은 깊이 비난한 것이다. 이로부터 2번 校獵을 썼는데, 廣成苑의 사냥에도 2번 '遂'라고 썼다.(延熹 元年(158)과 6년(163)) ≪資治通鑑綱目≫이 끝날 때까지 사냥을 쓴 13번 중에 환제가 3번을 차지하는데 모두 마침내 〈다른 곳에까지〉 가는 일이 있었으니, 환제 또한 절제를 알지 못함이 심하였다.〔書遂至 何 遠也 凡書獵 譏也 桓爲何時 遊田自恣 且有遂事 書甚譏之 自是再書校獵 廣成亦再書遂(延熹元年六年) 終綱目 書獵十三 桓居其三 而皆有遂事 桓亦不知節甚矣〕" ≪書法≫

59) (維)〔雒〕 : 저본에는 '維'로 되어 있으나, ≪資治通鑑≫ 註에 의거하여 '雒'으로 바로잡았다.

乙未年(155)

【綱】 漢나라 孝桓皇帝 永壽 元年이다. 봄 2월에 司隷와 冀州 지방에 기근이 들어서 사람들이 서로 잡아먹었다.

永壽元年이라 春二月에 司隷, 冀州饑하여 人相食[60)]하다

【綱】 여름에 南陽에 홍수가 졌다.

◑夏에 南陽이 大水하다

【綱】 巴郡과 益郡에 山이 무너졌다.

◑巴, 益郡山이 崩①하다

① ≪資治通鑑≫에는 "巴郡과 益州郡의 山이 무너졌다." 하였다.
通鑑 "巴郡·益州郡山崩."

【綱】 가을에 南匈奴인 左薁鞬(좌욱건)[61)] 臺耆 등이 배반하자, 屬國都尉 張奐이 격파하여 항복시켰다.

◑秋에 南匈奴左薁鞬臺耆等이 反이어늘 屬國都尉張奐이 擊破降之하다

【目】 南匈奴인 左薁鞬 臺耆 등이 배반하니, 東羌이 다시 온 종족을 들어 호응하였다. 安定屬國都尉[62)] 張奐이 처음 관직에 부임하니, 성벽 안에 오직 200여 명의 병력이 있었

---

60) 人相食 : "元嘉 元年(151)에 '任城과 梁國에 기근이 들어서 사람들이 서로 잡아먹었다.'라고 썼는데, 이때 다시 보인다. ≪資治通鑑綱目≫에 '사람들이 서로 잡아먹었다.'라고 쓴 것이 10번인데, 武帝 때 2번 썼고 王莽 때 2번 썼고 安帝 때 2번 썼고 桓帝 때 두 번 썼으니, 백성들의 不幸이 심한 것이다. 〔元嘉之元 書任城梁國饑 人相食矣 於是復見 綱目書人相食十 武再書 莽再書 安再書 桓再書 民之不幸甚矣〕" ≪書法≫

61) 左薁鞬(좌욱건) : 匈奴의 左部에는 左賢王을 필두로 左谷蠡王, 左犁汗王, 左呼盧訾王, 左薁鞬王 등의 王號가 있다. 左薁鞬은 左薁韄로 된 곳도 있다.(≪後漢書 外國傳 譯註≫)

62) 安定屬國都尉 : 屬國은 漢나라 때 귀부한 이민족을 안치하기 위해 설치한 행정구역이다. 이는 漢나라 북·서·동쪽의 변경에 설치되었으며, 특히 天水·上郡·西河·五原·金城·北地·犍爲·張掖·居延·遼東 등에 설치되었다. 속국에는 屬國都尉, 屬國長史 등을 두었다.

다. 장환이 이 소식을 듣고는 즉시 군대를 무장하고 출동하니, 軍吏가 머리를 땅에 두드리면서 굳이 만류하였다. 그러나 장환은 만류를 물리치고 마침내 군대를 전진하여 長城에 주둔하고서 병력을 수습하면서 장수 王衛를 보내어 동강을 불러 달래고, 인하여 龜玆縣을 점거해서 匈奴로 하여금 서로 통하지 못하게 하였다.

東羌의 여러 호족들이 마침내 서로 거느리고 와서 장환과 함께 욱건 등을 공격하여 격파하고 항복시켰다.

南匈奴左薁鞬臺耆等이 反하니 東羌이 復擧種應之①라 安定屬國都尉張奐이 初到職②하니 壁中에 唯有二百許人이러니 聞之하고 卽勒兵出하니 軍吏叩頭爭止之호되 不聽하고 遂進屯長城③하여 收兵하여 遣將王衛하여 招誘東羌하고 因據龜玆縣하여 使匈奴不得交通④하니 東羌諸豪 遂相率與奐共擊薁鞬等하여 破降之하다

① 左薁鞬은 匈奴의 王號이다. 臺耆는 그의 이름이다.
左薁鞬, 匈奴王號. 臺耆, 名也.
② ≪水經注≫에 "安定屬國都尉는 三水縣에 治所를 두었다." 하였다.
水經注"安定屬國都尉, 治三水縣."
③ 이 長城은 바로 秦나라 蒙恬이 쌓은 長城이니, 上郡의 경계에 있다.
此卽秦蒙恬所築長城, 在上郡界.
④ 龜玆縣은 上郡屬國都尉의 治所가 있는 곳이니, 龜玆國 사람 중에 와서 항복하고 귀순한 자를 이곳에 거처하게 하였으므로 龜玆縣이라고 이름한 것이다.
龜玆縣, 上郡屬國都尉治所. 龜玆國人來降附者, 處之於此. 故以名云.

【目】 羌族의 土豪가 張奐에게 말 20필과 金으로 만든 장신구 8개를 주었는데, 장환은 술을 땅에 부어 맹세하기를 "만일 말이 羊처럼 많더라도 내 이 말을 마구간에 넣지 않을 것이요, 만일 금이 곡식과 같이 흔하더라도 내 이 금을 품에 넣지 않을 것이다." 하고는 모두 이것을 되돌려주었다.

이전에 부임했던 여덟 명의 都尉는 대부분 財貨를 좋아하여 羌族들의 미움을 받았는데, 장환이 몸을 바르게 하고 자신을 깨끗이 하자, 기뻐하여 복종하지 않는 이가 없어서 위엄과 교화가 크게 행해졌다.

羌豪遺奐馬二十匹, 金鐻(거)八枚①어늘 奐以酒酹(뢰)地曰 使馬如羊이라도 不以入廐요 使金如粟이라도 不以入懷라하고 悉以還之②하다 前此八都尉率好財貨하여 爲羌所患苦러니 及奐이 正身潔己에 無不悅服하여 威化大行하니라

① 鐻는 音이 渠로 장신구의 이름인데, 모양과 제도는 자세하지 않다.
鐻, 音渠, 器名, 未詳形制.

② 酹는 郎外의 切로 술을 땅에 붓는 것이니, 스스로 맹세한 것이다. 羊과 같고 곡식과 같다는 것은 많음을 비유한 것이다.
酹, 郎外切, 以酒沃地, 蓋自誓也. 如羊·如粟, 喩多也.

丙申年(156)

【綱】漢나라 孝桓皇帝 永壽 2년이다. 봄 3월에 蜀郡屬國의 오랑캐가 배반하였다.

二年이라 **春三月**에 **蜀郡屬國夷反**[①]하다

① 安帝 延光 2년(123)에 蜀郡西部都尉를 屬國都尉로 삼았다.
安帝延光二年, 以蜀郡西部都尉爲屬國都尉.

【綱】가을에 鮮卑의 檀石槐가 雲中을 침략하자, 李膺을 度遼將軍[63)]으로 삼았다.

◑ **秋**에 **鮮卑檀石槐 寇雲中**이어늘 **以李膺爲度遼將軍**하다

【目】처음에 鮮卑의 檀石槐가 용맹하고 건장하고 智略이 있으니, 部落(부족)들이 두려워하고 복종하였다. 그가 法禁을 시행하고 曲直(잘잘못)을 공평하게 처리하자, 감히 犯하는 자가 없어 마침내 大人으로 추대하였다.

단석괴가 彈汗山에 조정을 세우니 高柳 북쪽과의 거리가 300여 리였는데, 東部와 西部의 大人이 모두 그에게 귀의하였다. 이에 남쪽으로 변방을 노략질하고, 북쪽으로 丁零을 막고, 동쪽으로 夫餘를 물리치고, 서쪽으로 烏孫을 공격하여 匈奴의 옛 땅을 모두 점거해서 동서로 14,000여 리에 달하였다.

이때에 이르러 단석괴가 雲中을 침입하자, 이전의 烏桓校尉 李膺을 度遼將軍으로 삼았다. 이응이 변경에 이르자, 羌族과 胡族들이 모두 그의 기세를 보고 두려워 복종해

63) 度遼將軍 : 漢 明帝 永平 8년(65)에 大司農 耿國의 上言에 따라 설치한 것으로 五原에 주둔하면서 南匈奴를 감시하는 직책이다.

서, 예전에 노략했던 남자와 여자를 모두 변방 아래로 데리고 와서 送還하였다.

初에 鮮卑檀石槐 勇健有智略하니 部落이 畏服이라 施法禁하고 平曲直하니 無敢犯者하여 遂推以爲大人하다 立庭於彈汗山하니 去高柳北三百餘里라 東西部大人이 皆歸焉하니 因南抄緣邊하고 北拒丁零[64])하고 東郤夫餘하고 西擊烏孫하여 盡據匈奴故地하여 東西萬四千餘里라 至是하여 入寇어늘 以故烏桓校尉李膺으로 爲度遼將軍하니 膺이 到邊에 羌, 胡皆望風畏服하여 先所掠男女를 悉詣塞下送還之러라

【綱】 韓韶를 嬴長(縣長)으로 삼았다.

以韓韶爲嬴(영)長[65])하다

【目】 公孫擧 등이 3만 명에 달하는 무리를 모아 靑州, 兗州, 徐州를 침략하였는데, 몇 년 동안 토벌하였으나 이기지 못하였다. 尙書에서는 어려운 일을 잘 다스릴 수 있는 자를 선발하여 韓韶를 嬴長으로 삼으니, 도적들은 그가 어질다는 말을 듣고 서로 경계하여 縣의 경내로 들어오지 않았다.

流民 1만여 戶가 현의 경내로 들어오자 한소가 창고를 열어 구휼하니, 창고를 주관하는 자가 不可하다고 간쟁하였다. 한소가 말하기를 "縣長인 내가, 굶어 죽어 시신이 골짜기에 들어갈 사람들을 살리다가 이로써 죄를 받는다면, 웃음을 머금고 지하로 들어가겠다." 하였다.

한소는 같은 郡의 荀淑, 鍾皓, 陳寔과 모두 일찍이 縣長이 되어서 德政을 베푼 것으로 알려지니, 당시 사람들이 '潁川의 네 분 縣長'이라고 하였다.

公孫擧等이 聚衆至三萬人하여 寇靑, 兗, 徐州어늘 討之連年호되 不克이라 尙書選能治劇者하여 以韶爲嬴長①하니 賊이 聞其賢하고 相戒不入境하니라 流民萬餘戶 入縣界어늘 韶開倉賑之한대 主者爭不可②라하니 韶曰 長이 活溝壑之人이라가 而以此伏罪면 含笑入地矣리라 韶與同郡荀淑, 鍾皓, 陳寔으로 皆嘗爲縣長하여 以德政稱하니 時人이 謂之潁川四長③이라하니라

① 劇은 竭戟의 切이니, 어려움이요 더욱 심함이다. 嬴은 음이 盈으로 글자를 혹 嬴으로 쓰

64) 丁零 : 史書에는 丁令, 釘靈, 丁靈 등으로 기재되어 있는데, 바이칼호 일대에서 유목활동을 하였다. 이는 후대 튀르크계 유목족인 鐵勒의 선조로 보는 설이 있다.(≪後漢書 外國傳 譯註≫)

65) 嬴長 : "邑長일 뿐인데 어찌하여 썼는가. 어짊을 기록한 것이다. ≪資治通鑑綱目≫에 縣長을 쓴 것이 4번(岑彭, 虞詡, 韓韶, 陳寔)이니, 모두 어짊을 기록한 것이다.〔邑長耳 何以書 錄賢也 綱目書長四(岑彭 虞詡 韓韶 陳寔) 皆錄賢也〕" ≪書法≫

니,[66] 嬴縣은 泰山郡에 屬하였다.

劇, 竭戟切, 艱也, 尤甚也. 嬴, 音盈, 字或作嬴. 嬴縣, 屬泰山郡.

② "主者"는 창고의 곡식을 주관하는 관리이다.

主者, 主倉粟之吏也.

③ 荀淑이 當塗長이 되고, 韓韶가 嬴長이 되고, 陳寔이 太丘長이 되고, 鍾皓가 林慮長이 된 것을 이른다.

謂荀淑爲當塗長, 韓韶爲嬴長, 陳寔爲大(태)丘長, 鍾皓爲林慮長也.

【綱】 中郞將 段熲(단경)을 보내 泰山과 琅邪의 여러 도적 떼를 공격해서 평정하였다.

遣中郞將段熲하여 **擊泰山琅邪群盜**하여 **平之**하다

【目】 처음에, 鮮卑가 遼東을 침략하자, 屬國都尉 段熲이 휘하의 병력을 거느리고 달려갔다. 이윽고 단경은 賊들이 놀라 떠나갈까 염려해서 마침내 驛騎(파발마의 기병)로 하여금 거짓으로 황제의 친서를 보내 단경에게 詔命을 내리게 하니, 단경이 거짓으로 후퇴하면서 매복을 설치하였다. 오랑캐들이 되돌아와서 추격하자, 단경이 인하여 크게 군대를 풀어 모두 참수하거나 생포하였다.

이때에 이르러 조령을 내려 장수 중에 文武의 재질이 있는 자를 선발하게 하자, 司徒 尹頌이 단경을 천거하니, 中郞將을 제수하였다. 그리하여 泰山과 琅邪 두 郡의 적을 공격해서 大破하고 그 우두머리인 公孫擧와 東郭竇를 참수하고 1만여 명의 首級을 얻으니, 잔당들이 항복하였다. 이에 단경을 封하여 列侯로 삼았다.

初에 **鮮卑寇遼東**이어늘 **屬國都尉段熲**이 **率所領馳赴之**①하다 **旣而**요 **恐賊驚去**하여 **乃使驛騎**로 **詐齎璽書詔熲**하고 **熲**이 **僞退設伏**이러니 **虜反追**어늘 **熲**이 **因大縱兵**하여 **悉斬獲之**하다 **至是**하여 **詔選將帥有文武材者**한대 **司徒尹頌**이 **薦熲**이어늘 **拜中郞將**하여 **擊二郡賊**하여 **大破之**하고 **斬其帥公孫擧, 東郭竇**하고 **獲首萬餘級**하니 **餘黨**이 **降**이어늘 **封熲爲列侯**하다

① 熲은 古迥의 切이다.

熲, 古迥切.

66) **嬴**은……쓰니 : 옛날 우리나라에서는 '**嬴**'을 잘못 '嬴'으로 표기하였다. 이 때문에 ≪訓義≫에 '嬴'을 혹 '**嬴**'으로 쓴다고 표기한 것이다. 현재 통용자는 '**嬴**'이므로 "嬴 音盈 字或作嬴"을 제외하고 다른 곳은 통용자인 '**嬴**'으로 썼다.

【綱】 겨울 12월에 지진이 있었다.

冬十二月에 地震하다

丁酉年(157)

【綱】 漢나라 孝桓皇帝 永壽 3년이다. 여름 4월에 九眞의 蠻夷가 배반하자 토벌하여 격파하였다.

三年이라 夏四月에 九眞蠻夷反이어늘 討破之하다

【綱】 윤달 그믐에 일식이 있었다.

◑閏月晦에 日食하다

【綱】 蝗蟲의 재해가 있었다.

◑蝗하다

【目】 或者가 말하기를 "백성들이 가난하니 마땅히 大錢을 주조해야 한다." 하므로, 이 일을 四府[67]의 관료와 太學의 말을 잘하는 선비들에게 회부하여 의논하게 하니, 劉陶가 다음과 같이 말하였다.

"지금의 걱정은 화폐에 있지 않고 백성들의 굶주림에 있습니다. 백성은 100년 동안 화폐가 없어도 괜찮지만 단 하루아침도 굶주림이 있어서는 안 됩니다. 그런데 의논하는 자들은 대부분 농사의 근본을 통달하지 못하고 돈을 주조하는 편리함을 말합니다. 만 명이 돈을 주조하여 한 사람이 빼앗더라도 오히려 충분히 공급하지 못하는데, 더구나 지금 한 사람이 주조하면 만 사람이 빼앗음에 있어서이겠습니까. 비록 陰과 陽을 숯으로 삼고 萬物을 銅으로 삼아 밥을 먹지 않는 백성을 사역시키고 굶주리지 않는 병사를 부리더라도 만족할 줄 모르는 요구를 충족시키지 못할 것입니다.

국가에서 백성이 많아지고 재정이 풍부해지기를 바란다면, 요점은 부역을 그치고 약탈을 금함에 있으니, 이렇게 하면 백성들이 수고롭지 않아도 풍족할 것입니다.

67) 四府 : 太尉, 司徒, 司空의 三公府에다가 大將軍府를 더한 것이다.

원컨대 폐하께서는 돈에 대한 각박한 法禁을 너그럽게 하고 돈을 주조하자는 의논을 뒤로 하셔서 백성들의 노랫소리를 듣고 三光의 문채가 빛남을 살펴보시면, 天下의 인심과 國家의 큰일이 환하게 모두 드러나서 빠뜨리거나 의혹되는 바가 없을 것입니다.

이제 땅이 넓은데도 제대로 경작하지 못하고 백성이 많은데도 먹을 것이 없습니다. 그런데 여러 소인들이 다투어 나와 불법으로 겸병하여 만족함이 없으니, 부역하는 지아비나 곤궁한 匠人들이 갑자기 자귀를 던지고 멀리 고함쳐서 시름겨워하고 원망하는 백성들로 하여금 메아리쳐 호응하고 구름 떼처럼 모이게 할까 참으로 두려우니, 이렇게 되면 비록 사방 한 자가 되는 大錢이라도 어떻게 그 위태로움을 구원하겠습니까."

이로 인하여 마침내 돈을 다시 주조하지 않았다.

或言民貧하니 宜鑄大錢이어늘 事下四府群僚及太學能言之士議之라 劉陶曰 當今之憂는 不在於貨요 在乎民飢니이다 蓋民은 可百年無貨언정 不可一朝有飢니 議者不達農殖之本하고 多言鑄冶之便하니이다 蓋萬人鑄之하여 一人奪之라도 猶不能給이어든 況今一人鑄之면 則萬人奪之乎잇가 雖以陰陽爲炭하고 萬物爲銅하여 役不食之民하고 使不飢之士라도 猶不能足無厭之求也[①]리이다 夫欲民殷財阜면 要在止役禁奪하니 則百姓이 不勞而足하리이다 願陛下는 寬鍥(결)薄之禁하고 後冶鑄之議[②]하사 聽民庶之謠吟하고 瞰三光之文耀[③]하시면 天下之心과 國家大事 粲然皆見하여 無有遺惑者矣리이다 今에 地廣而不得耕하고 民衆而無所食이어늘 群小競進하여 呑噬無厭하니 誠恐卒有役夫, 窮匠이 投斤遠呼하여 使愁怨之民으로 響應雲合이면 雖方尺之錢이나 何能有救其危也리잇가 遂不改錢[④]하다

① 厭(만족하다)은 於鹽의 切이니, 아래도 같다.
厭, 於鹽切, 下同.

② 鍥은 口列의 切이니, 깎음이다.
鍥, 口列切, 刻也.

③ 백성들이 읊조리는 노래를 듣는 것은 아래 백성들의 實情을 통하는 것이다. ≪列子≫ 〈仲尼〉에 말하였다. "옛날 堯임금이 천하를 다스린 지 50년에 天下가 제대로 다스려지는지 어지러운지를 알지 못하여, 堯임금이 마침내 微服을 입고서 康衢의 거리에 노닐었는데, 아이들의 동요에 이르기를 '우리 백성들을 세우시되 저 極(법칙)이 아닌 것이 없으니, 우리들은 기억하지 못하고 알지 못하고서 황제의 법칙을 순히 따른다.' 하였다." 瞰은 봄이다. 三光은 해와 달과 별이다. 해와 달은 일식과 월식의 재앙이 있고 별들은 잘못 운행하는 변고가 있으므로, 그 문채의 빛을 본다 한 것이다.
聽民庶之謠吟, 通下情也. 列子曰 "昔堯理天下五十年, 不知天下理亂, 堯乃微服, 遊於康衢, 兒童謠曰 '立我蒸民, 莫非爾極, 不識不知, 順帝之則.'" 瞰, 視也. 三光, 日月星也. 言日月有

謫[68]食之災, 星辰有錯行之變, 故視其文耀也.

④ 卒(갑자기)은 猝로 읽는다. "役夫(부역하는 지아비)"는 陳涉과 黥布[69]와 같은 자를 이르고, "窮匠(곤궁한 匠人)"은 山陽의 鐵官徒인 蘇令[70] 등을 이른다. "投斤"은 자기의 자귀와 도끼를 던져버리고 배반하여 반역함을 이른다. 呼(고함치다)는 火故의 切이다.

卒, 讀曰猝. 役夫, 謂如陳涉·黥布也. 窮匠, 謂如山陽鐵官徒蘇令等也. 投斤, 謂投棄其斤斧而反叛也. 呼, 火故切.

【綱】 長沙의 蠻族이 배반하였다.

長沙蠻이 **反**하다

戊戌年(158)

【綱】 漢나라 孝桓皇帝 延熹 元年이다. 여름 5월 그믐에 일식이 있었다.

延熹元年이라 **夏五月晦**에 **日食**하다

【目】 太史令 陳授가 日食의 변고는 허물이 梁冀에게 있다고 아뢰자, 양기가 진수를 체포하여 고문해서 獄中에서 죽게 하니, 황제가 이로 말미암아 양기에 대하여 노여워하였다.

太史令陳授 陳日食之變이 咎在梁冀라한대 冀收考授하여 死於獄中하니 帝由是怒冀하다

【綱】 蝗蟲의 재해가 있었다.

---

68) 謫 : 讁과 통용으로 讁은 변화를 의미한다. 《春秋左氏傳》 昭公 31년 "庚午之日 日始有讁(庚午日에 해가 비로소 변화하기 시작하였다.)"이라고 하였다.

69) 陳涉과 黥布 : 모두 秦나라 말기 虐政을 견디지 못해 폭동을 일으킨 자들이다. 秦나라는 결국 이로 인해 곧 멸망하였다.

70) 山陽의……蘇令 : 鐵官은 관서의 이름으로 당시 鐵이 많이 생산되는 곳에 철관을 설치하고 役徒들을 두어 부역을 시켰는바 이들을 鐵官徒라 하였다. 思政殿訓義 《資治通鑑綱目》 권7上 成帝 永始 3년(B.C. 14) 11월에 "山陽의 鐵官徒인 蘇令 등이 亂을 일으켰으므로 모두 체포하여 참수하였다.〔山陽鐵官徒蘇令等作亂 皆捕斬之〕"라고 보이며, 《資治通鑑》에는 "산양의 鐵官徒인 소령 등 228명이 폭동을 일으켜 長吏를 죽이고 兵車의 병기를 도둑질하여 스스로 將軍이라 칭하고 郡國 19곳을 경유하여 東郡太守와 汝南都尉를 살해하니, 汝南太守 嚴訢(엄흔)이 소령 등을 참수하였다." 하여 자세히 기록하였다.

蝗하다

【綱】 기우제를 크게 지냈다.

◑ **大雩**①하다

① 雩는 탄식하면서 비를 구하는 제사이다. 一說에 "雩는 멂이니, 멀리 百穀을 위하여 단비를 기원하는 것이다." 하였다.
雩, 吁嗟求雨之祭也. 一說 "雩, 遠也, 遠爲百穀, 祈膏雨也."

【綱】 가을 7월에 太尉 黃瓊이 면직되었다.

◑ **秋七月**에 **太尉黃瓊**이 **免**하다

【綱】 겨울 10월에 황제가 廣成苑에서 校獵하고 마침내 上林苑에 이르렀다.

◑ **冬十月**에 **帝校獵廣成**하고 **遂至上林苑**①하다

① 廣成苑은 河南의 新城縣에 있고, 이 上林苑은 雒陽의 서쪽에 있다.
廣成苑, 在河南新城縣. 此上林苑, 在雒陽西.

【綱】 12월에 南匈奴와 烏桓과 鮮卑가 침입하자, 陳龜를 度遼將軍으로 삼고 幷州와 涼州의 1년 치의 租賦(조세)를 면제하였다.

◑ **十二月**에 **南匈奴, 烏桓, 鮮卑入寇**어늘 **以陳龜爲度遼將軍**하고 **除幷, 涼一年租賦**하다

【目】 **陳龜**가 출발에 앞서 다음과 같이 上疏하였다.

"臣이 들으니, 三辰(해와 달과 별)이 궤도를 순히 따르지 않으면 士를 발탁하여 정승으로 삼고, 蠻夷가 순종하지 않으면 졸병을 뽑아 장군으로 삼으라 하였습니다. 臣은 文武의 재능이 없는데 외람되게 장수의 임무를 맡으니, 비록 이 몸이 죽더라도 국가에 보탬이 될 바가 없습니다. 西州는 토지가 척박하고 백성들이 가난한데 자주 오랑캐의 침략을 겪고 여러 번 재해가 들어 흉년을 당하니, 비록 生氣를 머금고 있는 듯하나 실제는 말라 죽은 나무와 똑같습니다. 陛下께서는 百姓을 자식처럼 여기시는데, 어찌 이들을

어루만지고 돌보는 은혜를 드리우지 않으십니까.

牧(刺史)과 守가 어질지 못해서 재앙을 불러오고, 오랑캐들이 흉악하고 사나워서 국가의 쇠약함을 인하여 틈을 엿보며, 將帥들이 충성스럽지 못해서 간사한 자들을 모이게 하고 적을 토벌함에 소극적이어서 창고에 곡식이 고갈되고 功業에 효험이 없으니, 마땅히 牧과 守를 다시 선임해서 간사한 자와 잔학한 자를 제거하여 물리치셔야 합니다. 그리고 將帥와 校尉를 다시 선발해서 文武의 재능이 있는 자를 가려 뽑으며, 幷州와 涼州의 금년 租賦와 卒更錢을 면제하고 죄를 지은 노예들을 너그럽게 용서해서 지난날의 잘못을 깨끗이 씻고 새 출발을 하게 하시면, 善한 관리들은 滅私奉公함으로써 얻게 되는 福을 알고 악한 자들은 私利私慾을 도모하다가 받게 되는 禍를 깨달을 것이니, 이렇게 되면 胡馬가 長城을 엿보지 못할 것이요 변방에 候望(살피고 망봄)하는 근심이 없어질 것입니다."

황제는 마침내 幽州와 幷州의 刺史와 太守를 다시 선임하고 詔令을 내려 陳장군을 위해 幷州와 涼州의 1년 치의 租賦를 면제하게 하였다. 진구가 관직에 부임하니, 州郡이 놀라고 두려워해서 경상적으로 지출하던 비용을 줄인 것이 1년에 億錢으로 헤아려졌다.

龜臨行에 上疏曰 臣聞三辰不軌어든 擢士爲相하고 蠻夷不恭이어든 拔卒爲將[①]이라하니이다 臣無文武之才어늘 而忝鷹揚之任하니 雖歿軀體나 無所云補라 西州地瘠民貧이어늘 數更(삭경)寇虜하고 屢被災荒하니 雖含生氣나 實同枯朽[②]라 陛下以百姓爲子하시니 焉可不垂撫循之恩哉[③]잇가 牧守不良하여 招致災害하고 胡虜凶悍하여 因衰緣隙하며 而將帥不忠하여 聚姦玩寇하여 使倉庫單(탄)竭하고 功業無效[④]하니 宜改任牧守하여 去斥姦殘하고 更選將校하여 簡練文武[⑤]하며 除幷, 涼今年租更[⑥]하고 寬赦罪隷하여 掃除更始하시면 則善吏知奉公之祐하고 惡者覺營私之禍하리니 胡馬可不窺長城이요 塞下에 無候望之患矣[⑦]리이다 帝乃更選幽, 幷刺史, 太守하고 下詔爲陳將軍하여 除幷, 涼一年租賦[⑧]하다 龜到職하니 州郡이 震栗하여 省(생)息經用이 歲以億計[⑨]러라

① "三辰不軌"는 三辰(해와 달과 별)의 운행이 궤도를 順히 따르지 않음을 말한 것이다.
三辰不軌, 言三辰之行, 不順軌也.

② 數(자주)은 音이 朔이다. 更은 工衡의 切이니, 아래도 같다.
數, 音朔. 更, 工衡切, 下同.

③ 焉(어찌)은 於虔의 切이다.
焉, 於虔切.

④ 單(다하다)은 殫과 같다.

單, 與殫同.

⑤ "將校"는 護匈奴中郎將과 護烏桓校尉, 護羌校尉를 이른다.
將校, 謂護匈奴中郎將・護烏桓・護羌校尉也.

⑥ 租는 부세이다. 更은 卒更錢(병역을 대신하여 官에 납부하는 금전)을 이른다.
租, 賦也. 更, 謂卒更錢也.

⑦ 漢나라 제도에, 변방마다 중요하고 험한 곳에는 성을 별도로 쌓고, 인하여 관리와 병사를 배치해서 障蔽로 삼고 이를 候城이라 하였는바, 여기에서 봉화를 살피고 망보았다.
漢制, 每塞上要險之處, 別築爲城, 因置吏士, 而爲障蔽, 謂之候城, 伺望烽燧.

⑧ 爲(위하다)는 去聲이다. ≪資治通鑑≫에는 "幷州와 涼州의 1년 치 租賦를 면제하여 관리와 백성들에게 하사했다." 하였다.
爲, 去聲. 通鑑 "除幷・涼一年租賦, 以賜吏民."

⑨ 經은 떳떳함이다.
經, 常也.

【綱】 張奐을 北中郎將으로 삼았다.

以張奐爲北中郎將[①]하다

① ≪後漢書≫〈張奐列傳〉을 살펴보면, 〈"北中郎將"은〉 바로 護匈奴中郎將이다.
按奐傳, 卽護匈奴中郎將.

【目】 匈奴와 烏桓이 度遼將軍의 軍門을 불태우고 赤阬(적갱)에 주둔하여 警報를 알리는 烽火가 계속 이어지니, 군사들이 크게 두려워하였다. 그러나 張奐은 장막 안에 편안히 앉아서 태연자약하게 경서를 강론하고 외우면서, 烏桓을 은밀히 유인해서 그로 하여금 匈奴와 屠各의 渠帥(우두머리)를 참수하고 그 군대를 습격하여 격파하게 하니, 여러 오랑캐들이 모두 항복하였다.

匈奴, 烏桓이 **燒軍門**하고 **屯赤阬**하여 **煙火相望**하니 **兵衆**이 **大恐**[①]이어늘 **奐**이 **安坐帷中**하여 **講誦自若**하고 **潛誘烏桓**하여 **使斬匈奴, 屠各渠帥**하고 **襲破其衆**하니 **諸胡悉降**[②]하다

① 軍門은 바로 度遼將軍의 군문이니, 이때 度遼將軍이 五原에 주둔하고 있었다.
軍門, 卽度遼將軍門, 時度遼將軍, 屯五原.

② 屠는 直於의 切이니, 屠各은 匈奴의 別種이다.
屠, 直於切. 屠各, 匈奴別種也.

【綱】 陳龜를 불러 돌아오게 하였는데, 진구가 밥을 먹지 않고 죽었다.

徵陳龜還이러니 龜不食而卒[71)]하다

【目】 梁冀가 陳龜와 평소 원한이 있었는데 그를 불러 돌아오게 하고 다른 사람으로 대신하였다. 양기의 포악함이 날로 심해지자 진구가 上疏하여 주벌할 것을 청하였으나, 황제가 살펴보지 않았다. 진구는 마침내 밥을 먹지 않고 죽었다.

梁冀與陳龜로 素有隙이러니 徵還代之하다 冀暴虐日甚이어늘 龜上疏請誅之한대 不省이라 遂不食而死하다

【綱】 种暠(충고)를 度遼將軍으로 삼았다.

以种暠爲度遼將軍하다

【目】 种暠가 진영이 있는 곳에 이르러 먼저 은혜와 신의를 베풀고서 오랑캐들이 복종하지 않은 뒤에야 토벌을 加하고, 羌族들 중에 포로로 잡혀 郡縣에 인질이 된 자들을 모두 돌려보냈으며, 誠心으로 회유하고 어루만져서 공이 있는 자에게 상을 내리기를 분명하게 하니, 이로 말미암아 羌族과 胡族이 모두 와서 순히 복종하였다. 이에 봉화를 없애고 살피고 망보는 것을 제거하니, 변방이 편안하여 警報가 없었다.

暠到營所하여 先宣恩信하여 不服然後에 加討하고 羌虜質(질)郡縣者를 悉遣還之하여 誠心懷撫하여 信賞分明①하니 由是로 羌胡皆來順服이라 乃去烽燧하고 除候望하니 邊方이 晏然無警하니라

① 質(인질)는 음이 致이다. ≪資治通鑑≫에는 "羌族들 중에 예전에 사로잡혀 郡縣에 인질이 된 자가 있었다." 하였다.
質, 音致. 通鑑 "羌虜先時, 有生見獲, 質於郡縣者."

---

71) 不食而卒 : "≪資治通鑑綱目≫이 끝날 때까지 먹지 않고 죽은 것이 3번(龔勝, 陳龜, 辛讜)이니, 모두 절개가 있는 선비들이다.〔終綱目不食而卒三(龔勝 陳龜 辛讜) 皆節士也〕" ≪書法≫

思政殿訓義 資治通鑑綱目 제11권 하

漢 桓帝 延熹 2년(159)~漢 桓帝 延熹 9년(166)

己亥年(159)

【綱】 漢나라 孝桓皇帝 延熹 2년이다. 봄 2월에 鮮卑가 雁門을 침략하였다.

◑ 二年이라 春二月에 鮮卑寇雁門하다

【綱】 蜀郡의 오랑캐가 蠶陵을 침략하였다.

蜀郡夷寇蠶陵①하다

① 蠶陵縣은 蜀郡에 속하였다.
蠶陵縣, 屬蜀郡.

【綱】 3월에 刺史와 二千石이 삼년상을 행하는 것을 다시 금하였다.

○ 三月에 復斷刺史, 二千石行三年喪[1)]하다

【綱】 여름에 홍수가 졌다.

○ 夏에 大水하다

【綱】 가을 7월에 皇后 梁氏가 崩하였다.

◑ 秋七月에 皇后梁氏崩하다

---

1) 復斷刺史二千石行三年喪："安帝 때에 일찍이 大臣이 三年喪을 행하는 것을 허락했다고 썼다가 6년에 다시 금하였다고 썼고, 桓帝 때에도 刺史와 二千石이 삼년상을 행하는 것을 다시 허락했다고 썼다. 이때 이르러 역시 6년이 지났을 뿐인데 또다시 금했다고 썼으니, 어찌 古禮를 회복하는 것이 이처럼 어렵단 말인가. 人心의 不肖함이 슬퍼할 만하다. 그러므로 ≪資治通鑑綱目≫에서 이것을 다 쓴 것이다.〔安帝嘗書聽大臣行三年喪矣 六年而書復斷 桓帝亦書復聽刺史二千石行三年喪矣 至是亦六年耳 又以復斷書 豈古禮之難復哉 人心之不肖 可悲矣 故綱目悉書之〕" ≪書法≫

【目】 梁后는 언니와 오라비의 권세를 믿고서 사치하고 낭비하며 妬忌가 심하였다. 총애가 衰하여 자식이 없으니, 宮人이 아이를 낳아 기를 적에 온전한 자가 드물었다. 황제가 더욱 그녀를 소원히 하니, 근심하고 분노하다가 崩하였다.

梁后恃姊兄勢하여 奢靡妬忌①하고 寵衰無子하니 宮人孕育에 鮮得全者라 帝益疏之하니 憂恚(에)而崩하다

① 언니는 順烈皇后(梁太后)이고, 오라비는 大將軍 梁冀이다.
姊, 順烈皇后. 兄, 大將軍冀也.

【綱】 懿獻皇后(梁后)를 懿陵에 장례하였다.

葬懿獻皇后于懿陵[2)]하다

【綱】 8월에 大將軍 梁冀가 伏誅되고, 太尉 胡廣과 司徒 韓縯과 司空 孫朗이 모두 죄로 면직되고 庶人이 되었다.

◑ 八月에 大將軍梁冀伏誅하고 太尉胡廣과 司徒韓縯과 司空孫朗이 皆以罪免爲庶人[3)]하다

---

2) 葬懿獻皇后于懿陵 : "后의 장례에 땅을 쓰지 않는데, 여기서 懿陵이라고 쓴 것은 어째서인가. 합장하지 않았기 때문에 땅을 쓴 것이다. 后의 장례에 땅을 쓴 것은 모두 마땅히 합장해야 하는데 합장하지 않은 경우가 아니면, 합장해서는 안 되는데 합장한 경우이다. 그렇지 않으면 陵이라고 해서는 안 되는데 능이라고 한 경우이다. ≪資治通鑑綱目≫이 끝날 때까지 后의 장례에 땅을 쓴 것이 일곱 번이니, 모두 비난한 것이다.〔后葬不地 此其書懿陵 何 不以合葬也 故地 凡后葬書地 非宜合而不合 則不宜合而合者也 否則不宜陵而陵者也 終綱目 后葬書地七 皆譏也〕" ≪書法≫

3) 大將軍梁冀伏誅……皆以罪免爲庶人 : "이때 梁冀의 집을 포위하자 양기가 자살하였는데, 伏誅되었다고 쓴 것은 그 죄를 바로잡은 것이다. 무릇 위에 사건을 쓰고 아래에 관직을 쓴 것은 그 일을 좋게 여겨 賞으로 관직을 준 것이요, 위에 사건을 쓰고 아래에 죄를 쓴 것은 그 일을 죄준 것이다. 양기는 伏誅되었다고 썼고 胡廣 등은 죄로 면직되었다고 썼으니, 이들이 梁氏의 黨이라는 것이 분명하다. 三公이 모두 梁氏의 黨이었으니, 漢나라가 위태롭지 않음은 요행이다.〔於是 圍冀第 冀自殺 書伏誅 正其罪也 凡上書事 下書官 官其事也 上書事 下書罪 罪其事也 冀書伏誅 廣等書以罪免 其爲梁氏之黨明矣 三公皆黨梁氏 漢之不危 幸哉〕" ≪書法≫

"梁冀가 죽은 것은 황제가 다만 그의 방자하고 횡포한 짓에 노여워해서 죽였을 뿐, 능히 죄가 있음을 따져서 王法으로 마땅히 주벌해야 할 죄를 바로잡은 것이 아니다. 그러나 양기가 권력을 專橫할 때를 당해서는 진실로 이것이 쉽지는 않았다. 그들이 함께 쇠망할 즈음에 미쳐서는 다시 돌아보고 염려할 것이 없는데도, 漢나라 조정의 여러 사람들이 어찌 조정에 申告하여 양기가 본래 鴆毒으로 황제를 시해한 화를 들어 大義를 분명하게 밝혀 그의 용서할 수 없는 죄를 따져서 그 몸을 죽이고 그 집을 웅덩이로 만들지 않았는가. 이렇게 하였더라면 거의 역적을 토벌하는 의리가 천하에 분명히 드러났을 것이다. 그런데 당시에는 이렇게 할 겨를조차 없었기 때문에 ≪資治通鑑綱目≫에 伏

【目】梁氏는 7명의 封侯, 3명의 皇后, 6명의 貴人, 2명의 大將軍,[4] 卿과 中郎將과 尹과 校尉가 57명이었다. 梁冀는 위엄과 권력을 제멋대로 專橫하여 흉포함과 방자함이 날로 쌓였고, 宮을 호위하는 자와 황제를 가까이 모시는 자를 모두 자기와 친한 사람으로 두어서 禁省(황궁)의 起居를 세미한 것도 반드시 알았다.

사방에서 바치는 공물은 모두 먼저 上等을 양기에게 보내고, 乘輿(황제)에게는 次等을 보냈다. 百官들이 승진하여 召對할 때에도 모두 먼저 양기의 집에 가서 은혜를 감사한 뒤에 감히 尙書에 나아갈 수 있었다.

梁氏七侯, 三后, 六貴人, 二大將軍, 卿, 將, 尹, 校 五十七人①이라 冀專擅威柄하여 凶恣日積하고 宮衛近侍를 幷樹所親하여 禁省起居를 纖微必知②라 四方貢獻이 皆先輸上第於冀하고 乘輿乃其次焉③이라 百官遷召에 皆先到門謝恩然後에 敢詣尙書러라

① 梁冀의 할아버지 梁雍이 乘氏侯(승지후)에 封해졌고 양기는 襄邑侯에 봉해졌는데, 양기가 乘氏侯의 뒤를 잇게 되자 또 그 아들 梁胤을 襄邑侯로 봉하였으며, 아우 梁不疑는 潁陽侯, 梁蒙은 西平侯, 梁不疑의 아들 梁馬는 潁陰侯, 梁胤의 아들 梁桃는 城父侯이니, 이들이 7명의 封侯이다. 3명의 황후는 恭懷皇后와 順烈皇后와 懿獻皇后이다. 卿은 9卿, 將은 中郎將, 尹은 河南尹과 京兆尹, 校는 여러 校尉이다.
冀祖雍封乘氏侯, 冀封襄邑侯, 及嗣乘氏侯, 又封其子胤襄邑侯, 弟不疑潁陽侯, 蒙西平侯, 不疑子馬潁陰侯, 胤子桃城父侯, 是七封侯也. 三后, 恭懷・順烈・懿獻也. 卿, 九卿也. 將, 中郎將也. 尹, 河南・京兆尹也. 校, 諸校尉也.

② 樹는 둠이다.
樹, 置也.

③ "上第"는 上等이다.
上第, 第一也.

誅라고 쓰면서 그의 관직을 제거하지 아니하여 겨우 竇憲과 똑같은 類의 죄를 주고 王莽, 董卓과 같은 급의 죄를 주지 않았으니, 이는 漢나라 사람들이 역적을 제대로 다스리지 못한 것을 비난한 것이다. 아래에 胡廣 등이 모두 죄로 면직되었다고 썼으니, 그렇다면 온 조정이 역적에게 아부한 죄가 더욱 분명하다. 아, 逆臣을 주벌할 때에는 반드시 그 黨을 다스려서 역적을 토벌하는 것보다 급하게 하여야 하니, 역적을 제대로 다스리지 못한 것을 폄하한 것이다. 그래서 書法이 이와 같은 것이니, 반역을 한 자에게 어찌 발을 붙일 땅이 있겠는가. 그러므로 말하기를 '≪資治通鑑綱目≫이 편수되자 亂臣賊子가 두려워했다.' 한 것이다.〔梁冀之死滅 帝特以恣橫 怒而殺之爾 非能討有罪而正王誅也 然當冀擅權之時 誠未有易然者 迨其相斃 無復顧慮 漢朝諸人 盍亦申告于朝 糾擧本初鴆毒之禍 顯明大義 討其不赦之罪 殘其身 汙瀦其宮 庶幾討賊之義暴白於天下 而當時則弗暇也 是以綱目書伏誅 而不去其官 僅與竇憲同科 而不與莽卓比者 譏漢人之失賊也 下書胡廣等皆以罪免 則擧朝阿附逆賊之罪 尤曉然矣 嗚呼 誅逆臣 必治其黨 急於討賊 則以失賊爲貶 而書法若此 爲逆者 豈有容足之地哉 故曰綱目修而亂臣賊子懼〕" ≪發明≫

4) 2명의 大將軍 : 梁冀와 양기의 부친 梁商이다.

【目】吳樹가 宛縣令이 되어 관사로 부임할 적에 梁冀에게 하직인사를 하니, 양기가 宛縣에 있는 자신의 賓客을 청탁하였다. 오수가 말하기를 "간사하여 백성들을 해치는 小人들을 줄줄이 다 주벌해야 마땅합니다. 현명하신 將軍께서 上將軍의 지위에 계시니, 마땅히 어질고 善한 자를 높여서 조정의 정사에 잘못됨을 바로잡게 해야 하는데, 〈제가 하직인사를 드리려고〉 장군을 모시고 앉은 이래로 한 명의 長者도 칭찬하시는 말씀을 듣지 못하고 나쁜 사람들을 많이 청탁하시니, 이 오수가 감히 따를 바가 아닙니다." 하였다.

縣에 부임하여 마침내 양기의 문객 수십 명을 주살하였다. 뒤에 돌아와 양기를 뵈었는데, 양기가 그에게 鴆毒을 먹여서, 오수는 나오자마자 수레 위에서 죽었다.

吳樹爲宛令하여 之官할새 辭冀하니 冀以賓客爲託이어늘 樹曰 小人姦蠹(두)를 比屋可誅①라 明將軍이 處上將之位하니 宜崇賢善以補朝闕②이어늘 自侍坐以來로 未聞稱一長者하고 而多託非人하니 非樹所敢聞也로이다 到縣하여 遂誅冀客數十人이러니 後還謁冀한대 冀鴆之하여 出에 死車上하다

① 比는 연속됨이다.
比, 連次也.
② "補朝闕"은 조정의 정사에 잘못됨을 바로잡음을 이른다.
補朝闕, 謂補朝政之闕也.

【目】安帝의 嫡母인 耿貴人이 薨하자, 梁冀가 그녀의 從子(조카)에게 진기한 玩賞品을 달라고 했다가 얻지 못하고는, 노하여 그 집안을 멸족시켰다.

崔琦가 〈外戚箴〉을 지어 넌지시 풍자하자, 양기가 노하였다. 최기가 말하기를 "管仲은 권면하고 간쟁하는 말을 듣기 좋아하였고, 蕭何는 자신의 과오를 기록하는 史官을 두었습니다. 지금 장군이 바르고 어진 사람들을 사귀고 받아들여서 災禍와 失敗를 바로잡지 못하고, 도리어 선비들의 입에 재갈을 물려서 군주의 총명을 가려 말과 사슴의 형체를 바꾸고자 하십니까?"[5] 하니, 양기가 그를 죽였다.

양기가 정권을 잡은 지 거의 20년에 사사로운 원한으로 죽인 사람이 매우 많으니, 위엄이 궁궐의 안팎에 행해져서 天子는 팔짱만 끼고 있었다.

---

5) 선비들의……하십니까 : 秦나라의 간신 趙高가 권력을 독단하기 위하여 二世皇帝를 기롱한 '指鹿爲馬'의 고사를 인용한 것이다. 조고가 이세황제에게 사슴을 바치면서 말이라고 말하자 이세황제가 신하들에게 물었는데, 사슴이라고 옳게 말하는 자도 있었고 조고의 비위를 거스르기 어려워 침묵을 지키거나 말이라고 대답하는 자도 있었다. 그 후 조고가 사슴이라고 말한 자를 골라 은밀히 제거하니, 이후로 신하들은 감히 그의 말을 거역하는 자가 없게 되었다.(≪史記≫ 권6 〈秦始皇本紀〉)

安帝嫡母耿貴人이 薨이어늘 冀從其從子하여 求珍玩이라가 不得하고 怒하여 族其家하다 崔琦作外戚箴하여 以風한대 冀怒[①]어늘 琦曰 管仲은 樂聞譏諫之言하고 蕭何는 乃設書過之吏[②]하니이다 今將軍이 不能結納貞良하여 以救禍敗하고 反欲鉗士口하여 蔽主聽하여 使馬鹿易形乎잇가 冀殺之[③]하다 冀秉政幾二十年에 以私憾殺人이 甚衆하니 威行內外하여 天子拱手러라

① 風(풍자하다)은 諷으로 읽는다.
風, 讀曰諷.
② 吏는 마땅히 史가 되어야 한다.
吏, 當作史.
③ "馬鹿易形"은 趙高와 秦나라 二世皇帝의 일을 가리킨 것이다.
馬鹿易形, 指趙高秦二世之事.

【目】 鄧香의 아내 宣이 딸 鄧猛을 낳았는데, 등향이 죽자 宣이 孫壽의 시아버지인 梁紀에게 다시 시집가니, 손수가 등맹을 掖庭(궁중)으로 데리고 들어가서 貴人으로 삼았다. 梁冀는 이로 인하여 등맹을 자기 딸로 삼고자 해서 자객을 보내 宣을 죽이려 하였다. 자객이 지붕에 올라가 방으로 들어가려 하였는데, 宣의 집에 발각되어 宣이 궁중에 달려 들어가 황제에게 아뢰었다.

황제가 크게 노하여 측간에 간다고 핑계하고서 홀로 小黃門史인 唐衡를 불러서 左右의 신하 중에 外舍(양기의 집안)와 사이가 좋지 않은 자가 누구인지를 물으니, 당형이 대답하기를 "單超와 左悺이 梁氏와 원한이 있고, 徐璜과 具瑗도 양씨에 대해 노여워하고 미워합니다." 하였다.

鄧香妻宣이 生女猛[①]이러니 香卒에 宣이 更(경)適孫壽舅梁紀[②]하니 壽引猛入掖庭하여 爲貴人하다 冀因認爲己女하고 遣客殺宣할새 登屋欲入이러니 宣家覺之하고 馳入白帝[③]하니 帝大怒하고 因如厠하여 獨呼小黃門史唐衡하여 問左右與外舍不相得者誰乎[④]아 衡對호되 單(선)超, 左悺이 與梁氏有隙하고 徐璜, 具瑗도 亦忿疾之[⑤]하니이다

① 鄧香은 和熹皇后(和帝의 皇后 鄧氏)의 從兄의 아들이다.
香, 和熹皇后從兄子.
② "更適"은 改嫁라는 말과 같다.
更適, 猶言改嫁也.
③ ≪資治通鑑≫에 "梁冀가 鄧猛을 자기 딸로 삼고자 해서 등맹의 姓을 바꾸어 梁이라 하였다. 양기는 등맹의 姊壻(자형)인 議郎 邴尊이 宣의 뜻을 저지할까 두려워해서 자객을 보내 그를 찔러 죽이고 또 宣을 죽이고자 하였다. 宣의 집은 中常侍 袁赦의 집과 서로 나란히 있었는

데, 양기의 자객이 원사의 지붕으로 올라가서 宣의 집으로 들어가려 하다가 원사에게 발각되었다. 원사가 북을 울려 사람들을 모으고서 宣에게 이 사실을 알리니, 宣이 궁중으로 달려 들어가 황제에게 아뢰었다." 하였다.

通鑑 "冀欲認猛爲其女, 易猛姓爲梁. 冀恐猛姊壻議郎邴尊, 沮敗宣意, 遣客刺殺之, 又欲殺宣. 宣家與中常侍袁赦, 相比, 冀客登赦屋, 欲入宣家, 赦覺之, 鳴鼓會衆以告宣, 宣馳入白帝."

④ 小黃門史는 小黃門 중에 書寫를 관장하는 자이다. "左右"는 환관을 이르고, "外舍"는 皇后의 집안을 이른다.

小黃門史, 小黃門之掌書者也. 左右, 謂宦官也. 外舍, 謂皇后家也.

⑤ 單은 音이 善이니, 姓이다.

單, 音善, 姓也.

【目】 이에 황제는 單超와 左悺을 불러 방으로 들어오게 해서 〈梁冀를 주살하기로〉 의논을 정하고, 황제가 선초의 팔뚝을 깨물어 피를 내어 맹세하였다. 양기는 마음속으로 황제를 의심하고 中黃門인 張惲으로 하여금 禁中에 들어가 숙직하면서 그 변고를 막게 하였는데, 具瑗이 장운을 체포하고서 황제에게 正殿으로 납시라고 청하였다.

〈황제가〉 尙書令 尹勳으로 하여금 節을 잡고서 丞과 郎 이하를 무장시켜 모두 병기를 잡고 궁문을 지키게 하고, 여러 符節을 거두어 省中(禁中)으로 보내게 하였다. 또 구원으로 하여금 廐騶와 虎賁, 羽林, 都候의 劍과 戟으로 무장한 병사 도합 1,000여 명을 거느리고 司隷校尉 張彪와 함께 양기의 집을 포위해서 大將軍의 印綬를 거두게 하니, 양기와 孫壽가 모두 자살하였다. 梁氏와 孫氏 집안의 사람들을 모두 체포해서 어른과 어린이를 막론하고 모두 棄市하였다.

胡廣과 韓縯과 孫朗은 모두 양기에게 阿附한 죄에 걸렸는데 사형에서 감면되어 면직되고 庶人이 되었으며, 양기의 옛 관리와 賓客으로서 파면되고 내침을 당한 자가 300여 명이었다. 朝廷이 이로 인하여 텅 비니, 백성들이 축하하였다.

於是에 帝呼超, 悺하여 入室定議하고 帝齧超臂하여 出血爲盟하니 冀心疑之하고 使中黃門張惲으로 入宿以防其變[①]이러니 瑗이 收惲하여 請帝御前殿하여 使尙書令尹勳으로 持節하여 勒丞, 郎以下하여 皆操兵守省閤[②]하고 斂諸符節하여 送省中하고 使瑗으로 將廐騶, 虎賁, 羽林, 都候劍戟士合千餘人[③]하여 與司隷張彪로 共圍冀第하여 收大將軍印綬하니 冀, 壽皆自殺이어늘 悉收梁氏, 孫氏하여 無長少히 皆棄市하다 胡廣, 韓縯, 孫朗이 皆坐阿附로되 減死免爲庶人하고 故吏賓客免黜者 三百餘人이라 朝廷이 爲空하니 百姓稱慶[④]하니라

① 梁冀가 張惲으로 하여금 禁中에 들어가 숙직을 하면서 單超 등을 방비하게 하였는데, 이때 황제의 허락 없이 곧바로 장운으로 하여금 들어가게 하였으니, 스스로 위엄을 믿고 황궁을 드나들었으므로 감히 그렇게 한 것이다.
使惲入禁中直宿, 以防超等, 而無上旨, 徑使惲入, 自恃威行宮省, 故敢然.
② 丞과 郎은 尙書左丞·尙書右丞과 尙書郎이다.
丞·郎, 尙書左右丞及尙書郎也.
③ 騶는 騎士이다. ≪續漢志≫에 "左·右都候는 각각 한 사람으로 秩이 六百石인데, 劍과 戟으로 무장한 병사가 궁중을 순행하고, 천자가 죄인을 체포하여 고문하는 일이 있으면 이를 주관하니, 衛尉에 속한다." 하였다.
騶, 騎士也. 續漢志 "左·右都候各一人, 秩六百石, 主劍戟士, 徼循宮中, 及天子有所收考, 屬衛尉."
④ 爲(때문에)는 去聲이다.
爲, 去聲.

【目】 梁冀의 財貨를 거두어서 縣官(황제)이 쓰지 않고 내다 파니, 도합 30여억 錢이었다. 이로써 王府의 비용을 충당하고 천하의 조세의 반을 경감하였으며, 양기의 苑囿(동산)를 곤궁한 백성들에게 흩어주어서 생업으로 삼게 하였다.

收冀財貨하여 縣官斥賣하니 合三十餘萬萬이라 以充王府用①하고 減天下稅租之半하고 散其苑囿하여 以業窮民②

① 여기에서 句를 뗀다.
句.
② 斥은 버림이요 쓰지 않음이니, 〈"斥賣"는〉 쓰지 않고 팖을 이른다.
斥, 棄也, 不用也. 謂不用而賣之.

【綱】 貴人 鄧氏를 세워서 皇后로 삼고 梁后를 追廢(죽은 사람이 생전에 갖고 있던 封爵을 없애는 것)하여 貴人으로 삼았다.

立貴人鄧氏하여 爲皇后하고 追廢梁后하여 爲貴人하다

【綱】 宦者 單超 등 다섯 사람을 封하여 列侯로 삼았다.

◑ 封宦者單超等五人하여 爲列侯하다

【目】 세상에서는 이들을 五侯라고 칭하였다.

世謂之五侯①라하니라

① 〈"五侯"는〉 單超는 新豊侯, 徐璜은 武原侯, 具瑗은 東武陽侯, 左悺은 上蔡侯, 唐衡은 汝陽侯이다.
單超新豊侯, 徐璜武原侯, 具瑗東武陽侯, 左悺上蔡侯, 唐衡汝(賜)〔陽〕[6]侯也.

【綱】 黃瓊(황경)을 太尉로 삼았다.

以黃瓊爲太尉하다

【目】 이때에 막 梁冀를 주살하니, 천하가 특별한 善政을 생각하고 바랐다. 黃瓊이 公의 자리에 첫 번째로 있으면서 마침내 州郡의 탐욕스러운 자들을 적발하여 아뢰어서, 죽거나 귀양 간 자가 10여 명이었다.

范滂

〈황경은〉 汝南 사람 范滂을 불러 등용하였는데, 범방은 젊어서부터 청백한 절개에 힘썼다. 일찍이 淸詔使가 되어서 冀州를 按察할 적에 수레에 올라 고삐를 잡고서 慨然히 천하를 깨끗이 하려는 뜻을 품었다. 守令 중에 〈직권을 이용하여〉 贓物을 받은 자들이 모두 그의 기세를 바라보고 印綬를 풀고 떠나갔다. 〈범방이〉 권세를 믿고 강포한 짓을 하는 무리 20여 명을 아뢰자, 尙書가 범방의 탄핵한 바가 지나치게 많다고 책망하였다. 이에 범방은 다음과 같이 대답하였다.

6) (賜)〔陽〕: 저본에는 '賜'로 되어 있으나, ≪資治通鑑≫ 註에 의거하여 '陽'으로 바로잡았다.

"臣이 적발한 자가 만일 탐욕스럽고 비루하며 간사하고 포악하여 백성의 큰 폐해가 되는 자가 아니라면 어찌 이들로써 簡札을 더럽히겠습니까. 근간에 三公府에서 회의할 날이 촉박하다고 하므로 먼저 급한 바를 적발한 것이요, 사실을 확실하게 규명하지 못한 자는 참고하여 사실을 규명하고 있습니다. 臣이 듣건대, 農夫가 잡초를 제거하면 아름다운 곡식이 반드시 무성하고, 忠臣이 간신을 제거하면 王道가 깨끗해진다고 하니, 만약 臣의 말에 잘못이 있으면 死刑이라도 달게 받겠습니다."

尙書는 더 이상 힐책하지 못하였다.

時에 新誅梁冀하니 天下想望異政이라 瓊이 首居公位하여 乃擧奏州郡貪汙하여 死徙十餘人하다 辟汝南范滂하니 滂이 少厲淸節이라 嘗爲淸詔使하여 按察冀州[①]할새 登車攬轡하여 慨然有澄淸天下之志하니 守令臧汙者 皆望風解印綬去러라 奏權豪之黨二十餘人한대 尙書責滂所劾猥多[②]어늘 對曰 臣之所擧 自非叨穢姦暴하여 深爲民害면 豈以汙簡札哉[③]리오 間以會日迫促이라 故로 先擧所急이요 其未審者는 方更參實[④]하노이다 臣聞農夫去草면 嘉穀必茂하고 忠臣除姦이면 王道以淸이라하니 若臣言有貳면 甘受顯戮호리이다 尙書不能詰하다

① 使(使者)는 疏吏의 切이다. 三公府에는 淸詔員이 있어서 詔使(황제가 파견한 特使)의 명을 받들었다. 이때 冀州에 흉년이 들어 굶주리자 도적이 떼를 지어 일어났으므로 范滂을 淸詔使로 삼아 按察하게 한 것이다.
使, 疏吏切. 蓋三公府, 有淸詔員, 以承詔使也. 時, 冀州飢荒, 盜賊群起, 以滂爲淸詔使, 按察之.

② 猥(지나치다)는 濫과 같다.
猥, 猶濫也.

③ 叨(매우 탐욕스럽다)는 饕와 같다.
叨, 與饕同.

④ "會日"은 三公府의 관리들이 朝堂에서 모이는 날을 이른다. "參實"은 참고하여 사실을 규명함을 이른다.
會日, 謂三府掾屬, 會于朝堂之日也. 參實, 謂參考以究其實也.

【綱】 處士인 徐穉, 姜肱, 袁閎(원굉), 韋著, 李曇(이담)을 불렀는데, 모두 오지 않았다.

徵處士徐穉, 姜肱, 袁閎, 韋著, 李曇이러니 皆不至[7)]하다

7) 徵處士徐穉……皆不至 : "梁冀가 비록 주살을 당하였으나 조정에 간사하고 총애를 받는 자들이 가득하였으니, 이 어찌 훌륭한 일을 할 수 있는 때이겠는가. 諸賢들이 오지 않은 것이 마땅하다. 차례대

【目】 尙書令 陳蕃이 다섯 명의 處士를 천거하자, 安車에 玄纁[8]으로 불렀는데, 오지 않았다.

尙書令陳蕃이 薦五處士어늘 以安車玄纁으로 徵之러니 不至하다

【目】 徐穉는 豫章 사람이다. 집이 가난하여 항상 스스로 농사를 짓고 곡식을 심어서 자기 힘으로 얻은 것이 아니면 먹지 않았으며 공손하고 검소하고 의롭고 겸양하니, 그가 거주하는 곳의 사람들이 그의 德에 감복하였다. 여러 번 불러도 응하지 않았는데, 陳蕃이 太守가 되어 禮로써 초청하여 功曹를 임명하자, 서치는 배알하고서 물러갔다.

徐穉

진번은 성품이 방정하고 준엄하여 賓客을 접대하지 않았으나, 서치가 오면 특별히 걸상 하나를 비치해두었다가 그가 가면 매달아놓았다. 서치는 뒤에 道가 있는 사람으로 천거되어 使者가 직접 자신의 집으로 찾아와서 太原太守를 제수하였으나, 모두 나아가지 않았다.

서치는 비록 여러 公들의 부름에 응하지 않았으나 그들이 죽었다는 말을 들으면 번번이 책상을 짊어지고 가서 조문하였다. 이때 항상 미리 닭 한 마리를 굽고, 술로 솜 한 兩을 적셔서 햇볕에 말리고는 이것을 싸 가지고 墓道 밖에 이르러 물로 솜을 적시고, 흰 띠풀에 밥을 깔고 닭을 앞에 놓고서 술을 따라 올렸다. 술을 올리기를 마치면, 謁(명함)을 남겨두고 喪主를 만나보지 않고 떠나갔다.

로 나열하여 쓴 것은 이들을 모두 인정한 것이다.〔梁冀雖誅 而姦倖充斥 此豈可爲之時 諸賢不至宜矣 列敍書之 皆予之也〕" ≪發明≫

8) 安車에 玄纁 : 安車는 老人들이 타기 편리하도록 수레바퀴에 부들자리를 단 낮은 수레이며, 玄纁은 검은색과 붉은색의 비단인바, 옛날 폐백으로 많이 사용하였다.

穉는 豫章人이라 家貧하여 常自耕稼하여 非其力이면 不食하며 恭儉義讓하니 所居에 服其德이라 屢辟不起러니 蕃이 爲太守하여 以禮請署功曹한대 穉旣謁而退하다 蕃이 性方峻하여 不接賓客①호되 穉來에 特設一榻하고 去則縣之②러라 後擧有道하여 家拜太原太守호되 皆不就③러라 穉雖不應諸公之辟이나 然聞其死喪하면 輒負笈赴弔라 常豫炙(적)一鷄하고 以酒漬(지)綿一兩하여 暴(폭)乾裹之④하여 到冢隧外하여 以水漬綿하고 白茅藉飯하고 以鷄置前하여 醊(체)畢에 留謁하고 不見喪主而行⑤하니라

① "方峻"은 단정하고 준엄함이다.
方峻, 端方峻急也.
② 榻(걸상)은 앉는 榻이니, 牀이라고도 한다. 縣(걸다)은 懸으로 읽는다.
榻, 坐榻也, 亦謂之牀. 縣讀曰懸.
③ 擧는 천거함이다. "家拜"는 직접 집에 가서 제수하는 것이다.
擧, 察擧也. 家拜, 就家而拜之也.
④ 漬는 적심이요, 暴은 햇볕에 말리는 것이다. 乾(건조하다)은 音이 干이다. 裹는 닭을 싸는 것을 이른다.
漬, 浸也, 暴, 日曬也. 乾, 音干. 裹, 謂裹鷄也.
⑤ 隧는 墓道이다. 藉는 깖이니, 흰 띠풀로 까는 것은 그 깨끗함을 취한 것이다. 醊는 株衛의 切이니, 술을 땅에 따르는 것이다. 何休가 말하기를 "謁은 札에다가 자기의 姓名을 씀을 이르니, 지금의 通刺(명함)와 같다."[9] 하였다.
隧, 墓道也. 藉, 薦也, 藉以白茅, 取其潔也. 醊, 株衛切, 酹(뢰)酒也. 何休云 "謁, 謂以札書姓名, 若今通刺(자)也."

【目】 姜肱은 彭城 사람이다. 두 아우인 仲海와 季江과 함께 모두 효성과 우애로 이름이 알려졌는데, 형제가 항상 한 이불을 덮고 잤다. 일찍이 〈강굉과 강계강이〉 함께 郡에 가다가 밤에 도둑을 만났는데, 도둑이 이들을 죽이려 하였다. 강굉이 말하기를 "아우는 나이가 어리고 부모가 사랑하시며 또 아직 장가를 가지 않았으니, 이 몸을 죽이고 아우는 살려주기를 원한다." 하였다. 강계강이 말하기를 "형은 나이와 덕망이 나보다 훌륭하니, 집안의 진귀한 보물이요 나라의 英俊이다. 내가 죽임을 당하여 형의 목숨을 대신하기를 원한다." 하니, 도둑이 두 사람을 다 놓아주고 옷과 물건만을 약탈하였다.

이들이 郡에 이르자, 〈郡의 관원이〉 강굉이 衣服이 없는 것을 보고 괴이하게 여겨 그 이유를 물었는데, 강굉은 다른 말로 핑계 대고 끝내 도둑맞은 일을 말하지 않았다.

9) 何休가……같다 : 何休는 後漢 사람으로 字가 邵公인데 ≪春秋公羊傳≫에 註를 단 사람이다. 札은 작은 종이로, 이 내용은 司馬貞의 ≪史記索隱≫에 보인다.

도둑이 이 말을 듣고 감동하고 후회하여 강굉에게 찾아가서 머리를 땅에 두드려 사죄하고 자기가 약탈한 물건을 돌려주니, 강굉은 받지 않고 술과 밥을 주어 위로하고 보내었다.

국가에서 불렀는데도 강굉이 오지 않자, 詔令을 내려 畫工에게 그의 얼굴을 그리게 하였다. 그러나 강굉은 침침하고 어두운 방에 누워 이불로 얼굴을 가리고서 "눈앞이 아찔하고 어지러운 병이 있어 바람을 피해야 한다."라고 말하니, 화공은 끝내 그의 얼굴을 보지 못하였다.

肱은 **彭城人**이라 **與二弟仲海, 季江**으로 **俱以孝友著聞**하니 **常同被而寢**[①]이라 **嘗俱詣郡**이라가 **夜遇盜**어늘 **殺之**한대 **肱曰 弟年幼**하고 **父母所憐**이요 **又未聘娶**하니 **願殺身濟弟**하노라 **季江曰 兄**이 **年德在前**하니 **家之珍寶**요 **國之英俊**이라 **乞自受戮**하여 **以代兄命**하노라 **盜兩釋焉**하고 **但掠奪衣資而已**러라 **旣至郡中**에 **見肱無衣服**하고 **怪問其故**하니 **肱**이 **託以他辭**하고 **終不言盜**라 **盜聞而感悔**하여 **就肱**하여 **叩頭謝罪**하고 **還所掠物**하니 **肱**이 **不受**하고 **勞以酒食而遣之**하다 **旣徵不至**어늘 **詔圖其形狀**한대 **肱**이 **臥於幽闇**하고 **以被韜面**하여 **言眩疾畏風**이라하니 **工**이 **竟不得見**[②]하니라

① 聞(알려지다)은 音이 問이다.
聞, 音問.

② 韜는 감춤이다. 眩은 눈에 초점이 없는 것이다.
韜, 藏也. 眩, 目無常主也.

【目】 袁閎은 汝南 사람이니 袁安의 玄孫이다. 몸을 수고롭게 하고 절개를 닦아서 밭을 갈고 배우는 것을 業으로 삼았다. 韋著는 京兆 사람이니, 은거하여 제자들을 가르쳤다. 李曇은 潁川 사람이니, 繼母가 성품이 혹독하고 사나웠는데도 이담은 삼가 잘 받들었다.

閎은 **汝南人**이니 **安之玄孫也**라 **苦身修節**하여 **以耕學爲業**하니라 **著**는 **京兆人**이니 **隱居講授**하니라 **曇**은 **潁川人**[①]이니 **繼母酷烈**이어늘 **曇**이 **奉之謹**하니라

① 曇은 徒含의 切이다.
曇, 徒含切.

【目】 황제가 또 安陽 사람 魏桓을 부르니, 고을 사람들이 그에게 서울로 갈 것을 권하였다. 위환이 말하기를 "녹봉을 바라고 벼슬에 나아가기를 구하는 것은 자기 뜻을 행하려

는 것이다. 지금 後宮 1,000명을 줄일 수 있겠는가? 마구간의 말 10,000필을 줄일 수 있겠는가? 군주의 左右에서 권세를 믿고 강포한 짓을 하는 자들을 제거할 수 있겠는가?" 하니, 모두 대답하기를 "불가합니다."라고 하였다.

위환은 마침내 서글피 탄식하기를 "만약 내가 살아서 갔다가 죽어서 돌아오면, 그대들에게 무슨 유익함이 있겠는가." 하고는 마침내 몸을 숨기고 나오지 않았다.

帝又徵安陽魏桓①하니 **其鄉人**이 **勸之行**이어늘 **桓曰 夫干祿求進**은 **所以行其志也**라 **今後宮千數**를 **其可損乎**아 **廐馬萬匹**을 **其可減乎**아 **左右權豪**를 **其可去乎**아 **皆對曰 不可**하니이다 **桓**이 **乃慨然嘆曰 使桓生行死歸**면 **於諸子**에 **何有哉**②리오하고 **遂隱身不出**하다

① 安陽縣은 汝南郡에 속하였다.
安陽縣, 屬汝南郡.

② 〈"使桓生行死歸 於諸子 何有哉"는〉 만약 세상을 거스르고 억지로 간쟁하다가 죽어서 돌아오면, 서울로 가라고 권한 여러분들에게 다시 무슨 유익함이 있겠느냐는 것이다.
若忤時强諫, 死而後歸, 於諸勸行者, 復何益也.

【綱】皇后의 오라비의 아들인 鄧康과 환관인 侯覽 등을 봉하여 列侯로 삼고, 白馬令 李雲과 弘農掾 杜衆을 죽였다.

封皇后兄子鄧康과 **宦者侯覽等**하여 **爲列侯**하고 **殺白馬令李雲**과 **弘農掾杜衆**[10]하다

【目】황제가 梁冀를 주벌하고 나자, 지난날에 총애를 받았던 사람들이 많이 封爵을 받았다. 황후의 오라비의 아들 梁康과 梁秉을 봉하여 모두 列侯로 삼고 宗族을 모두 校尉와 郎將으로 삼고, 賞으로 하사한 재물이 鉅萬이었다. 侯覽이 비단 5,000匹을 올리자 高鄉

10) 封皇后兄子鄧康……弘農掾杜衆 : "皇后의 오라비의 아들이라고 쓴 것은 어째서인가. 사사로움을 비난한 것이다. 황후의 오라비의 아들인데 환관과 나란히 쓴 것은 그를 매우 천하게 여긴 것이다. 이 때문에 만약 사사로움에서 나왔으면 비록 大將軍의 子弟라도 환관과 나란히 쓰고(建和 元年(147)) 비록 황후의 오라비의 아들이라도 환관과 나란히 쓰니, 이는 모두 천하게 여긴 것이다. 이러한 사람을 봉하고 이러한 사람을 죽였으니, 桓帝의 상벌을 알 수 있다. 令과 掾에게 관직을 갖추어 쓴 것은 정직한 신하임을 인정한 것이다.〔皇后兄子 何 譏私也 皇后兄子而與宦者幷書 賤之甚矣 是故苟出於私 雖大將軍子弟 與宦者幷書(建和元年) 雖皇后兄子 與宦者幷書 皆所以賤之也 封若而人 殺若而人 桓之刑賞 可知矣 令掾具官 予直臣也〕" ≪書法≫
"그 봉한 자가 저와 같고 그 죽인 자가 이와 같으니, 漢나라의 國事를 이를 통해 알 수 있다. 어찌 董卓과 曹操를 기다린 뒤에 알 수 있겠는가. 이것을 책에 쓴 것은 우선 나라가 멸망할 조짐을 드러낸 것이다.〔其所封者如彼 其所殺者如此 則漢事從可知矣 何待董卓曹操而後見哉 書之于冊 姑以著滅亡之漸爾〕" ≪發明≫

侯를 봉하고, 또 小黃門 8명을 봉하여 鄕侯[11]로 삼으니, 이로부터 권세가 오로지 환관에게 돌아갔다. 五侯가 더욱 탐욕스럽고 방종하여 內外를 진동하게 하니, 당시에 災異가 자주 나타났다.

帝旣誅梁冀에 故舊恩私 多受封爵이라 封后兄子康秉하여 皆爲列侯하고 宗族皆列校, 郞將이요 賞賜鉅萬①이라 侯覽이 上縑(겸)五千匹한대 封高鄕侯②하고 又封小黃門八人하여 爲鄕侯하니 自是로 權勢專歸宦官矣라 五侯尤貪縱하여 傾動內外[12]하니 時災異數見(삭현)이러라

① "列校"는 北軍의 다섯 校尉를 이르고, "郞將"은 바로 三署의 中郞將이다.
列校, 謂北軍五校尉. 郞將, 卽三署中郞將.

② ≪後漢書≫ 〈侯覽傳〉에 "몇 년 동안 정벌하여 창고와 內帑庫가 텅 비자, 마침내 百官들의 녹봉과 王侯들의 租稅를 차출하니, 侯覽 또한 비단 5,000필을 올렸다." 하였다.
侯覽傳 "連歲征伐, 府帑空虛, 乃假百官奉祿・王侯租稅, 覽亦上縑五千匹."

【目】 白馬縣令 李雲이 露布로 上書하면서 副本을 三公府로 보내 다음과 같이 말하였다.

"梁冀가 비록 권력을 잡고 專橫하여 천하에 포악한 짓을 자행하였으나, 지금 罪로 주벌을 당함에 마치 家臣을 불러다가 목 졸라 죽이는 것처럼 쉽게 하였을 뿐입니다. 그런데 주벌을 도모한 신하들에게 1만 戶 이상을 지나치게 봉하시니, 高祖께서 들으시면 잘못이라고 하지 않겠으며, 西北 지방의 여러 장수들의 마음이 離散되지 않겠습니까. 帝는 살펴본다는 뜻입니다. 이제 관직과 지위가 잘못되어 혼란하고 小人들이 아첨하여 등용되며, 뇌물이 공공연히 행해지고 정치와 교화가 날로 손상되니, 황제께서는 자세히 살펴보고자 하지 않으시는 것입니까?"

황제는 노하여 이운을 체포해서 獄으로 압송하여 管霸로 하여금 고문하게 하였다.

白馬令李雲이 露布上書하여 移副三府曰① 梁冀雖持權專擅하여 虐流天下나 今以罪行誅에 猶召家臣搤(액)殺之耳②어늘 而猥封謀臣萬戶以上③하시니 高祖聞之에 得無見非④며 西北列將이 得無解體⑤리잇가 帝者는 諦也니 今官位錯亂하고 小人諂進하며 財貨公行하고 政化日損하니 是帝欲不諦乎⑥잇가 帝怒하여 逮雲送獄하여 使管霸考之하다

① 白馬縣은 東郡에 속하였다. "露布"는 봉함하지 않은 문서를 이른다. "移副三府"는 副本도 아울러 三公府에 올린 것이다.

---

11) 鄕侯 : 後漢代에는 列侯가 분화되어 縣侯, 鄕侯, 亭侯로 명칭과 지위가 나뉘어졌으며 後漢末에는 縣侯, 鄕侯, 都鄕侯, 都亭侯, 亭侯로 분화하였다.

12) 五侯尤貪縱 傾動內外 : 五侯는 單超, 徐璜, 貝瑗, 左悺, 唐衡으로 자세한 내용은 본서 90쪽에 보인다.

白馬縣, 屬東郡. 露布, 謂不封之也. 移副三府, 幷以副本上三公府也.

② "家臣"은 옛날의 家相(大夫의 집안을 다스리는 사람)과 같다. 搤은 乙革의 切이니, 잡음이다.
家臣, 猶古之家相也. 搤, 乙革切, 捉也.

③ 〈"猥封謀臣"은〉 單超 등 五侯를 이른다.
謂單超等五侯也.

④ 〈"高祖聞之 得無見非"는〉 高祖의 약속에, 功이 있는 자가 아니면 侯로 삼지 않는다고 한 것을 이른다.
謂高祖之約, 非有功不侯.

⑤ "列將"은 皇甫規와 段熲 등을 이른다. "解體"는 四肢가 나뉘어 풀려 統一된 바가 없는 것과 같은 것이다.
列將, 謂皇甫規・段熲等. 解體, 如四支解析, 無所統一也.

⑥ 諦는 音이 帝이니, 살펴봄이다.
諦, 音帝, 審也.

【目】 弘農掾 杜衆은 李雲이 忠諫으로 罪를 얻은 것을 서글퍼하고 上書하여 이운과 함께 죽을 것을 원하자, 황제가 더욱 노하여 함께 下獄하였다. 大鴻臚 陳蕃과 太常 楊秉, 洛陽市長 沐茂, 郎中 上官資가 공동으로 上疏하여 〈이들을 용서할 것을〉 청하였으나 모두 죄에 걸려 면직되고 축출되었다.

管霸 또한 말하기를 "이운과 두중은 狂妄하고 우직하니, 처벌할 만한 죄가 되지 못합니다."라고 하자, 황제가 말하기를 "'황제가 자세히 살펴보고자 하지 않는다.'라는 것이 어떤 말인데, 常侍가 그를 용서하고자 하는가?" 하였다. 두 사람은 마침내 모두 옥중에서 죽었다.

弘農掾杜衆이 傷雲以忠諫獲罪하고 上書하여 願與雲同死한대 帝愈怒하여 幷下之獄하니 大鴻臚陳蕃과 太常楊秉과 洛陽市長沐茂와 郎中上官資 幷上疏爲請호되 皆坐免黜[①]하다 管霸亦言 雲, 衆이 狂戇(당)하니 不足加罪라한대 帝曰 帝欲不諦 是何等語완대 而常侍欲原之邪아하니 遂皆死獄中하다

① ≪漢官儀≫에 "洛陽市長은 秩이 四百石이니 大司農에 속했다." 하였다. 沐茂는 사람의 姓名이다.
漢官曰 "洛陽市長, 秩四百石, 屬大司農." 沐茂, 姓名也.

【目】 黃瓊이 병을 칭탁하여 나오지 않고는, 다음과 같이 上疏하였다.

"陛下께서 즉위한 이래로 지난날보다 나은 정사가 있지 않고, 여러 梁氏가 권력을 잡

고 있으며, 환관들이 조정에 가득합니다. 李固와 杜喬가 忠言을 하다가 억울하게 죽임을 당하고 李雲과 杜衆이 또 정직한 道로 뒤이어 주벌을 받으니, 海內가 서글퍼하고 두려워하던 터에 더욱 원망이 쌓여 朝野에 있는 사람들이 忠言하는 것을 기피합니다. 尙書 周永은 평소 梁冀를 섬겼고, 黃門(환관)은 양기와 함께 간사한 짓을 도모하였습니다. 그러다가 양기가 주살당할 때를 당하여 마침내 겉으로 양기를 비방하여 충성스러움을 보여서 관작과 賞을 구하고 다시 忠臣들과 동시에 드러나게 봉해지니, 四方에서 그 말을 전해 듣고는 분노하고 한탄하지 않는 이가 없습니다."

글을 아뢰었으나 황제는 살펴보지 않았다.

黃瓊이 稱疾不起하고 上疏曰 陛下卽位以來로 未有勝政①이요 諸梁秉權하고 豎宦充朝하니이다 李固, 杜喬旣以忠言으로 橫見殘滅하고 而李雲, 杜衆이 復以直道로 繼踵受誅하니 海內傷懼하여 益以怨結하여 朝野之人이 以忠爲諱하니이다 尙書周永은 素事梁冀하고 黃門은 與冀共構姦軌라가 臨冀當誅하여 乃陽毁示忠하여 以要爵賞②하고 復與忠臣으로 幷時顯封하니 四方聞之하고 莫不憤歎이니이다 書奏에 不省하다

① 〈"未有勝政"은〉 政事가 前朝보다 나은 점이 있지 않음을 말한 것이다.
言政事未有以勝於前朝也.

② 〈"陽毁示忠"은〉 겉으로 梁氏를 비방하여 皇室에 충성을 보이는 것이다.
陽毁梁氏, 以示忠於帝室.

【綱】 겨울 10월에 환관 單超를 車騎將軍으로 삼았다.

冬十月에 以宦者單超爲車騎將軍[13]하다

【綱】 燒當羌이 배반하자, 校尉 段熲이 이들을 격파하였다.

13) 以宦者單超爲車騎將軍 : "전에 單超를 侯로 봉할 적에 宦者라고 쓴 것은 처음 나타났기 때문이요, 이때 두 번 나타났는데 다시 환자라고 쓴 것은 어째서인가. 車騎將軍을 애석하게 여긴 것이다. 환자를 거기장군으로 삼아서 환자의 기세가 더욱 성하게 되었으니, 환자가 將軍이 된 것은 桓帝로부터 시작하였다. 《資治通鑑綱目》이 끝날 때까지 환자가 장군이 되었다고 쓴 것이 일곱 번인데, 悖義將軍(北魏의 符承祖)은 여기에 포함되지 않는다. 장군을 시킨 것은 너무 지나치고, 司空(北魏의 劉騰, 唐나라의 李輔國)을 시킨 것은 너무 심하다.〔超前封侯 書宦者 以始見也 於是再見 復書宦者 何 爲車騎惜也 以宦者爲車騎將軍 而宦官之勢益盛矣 宦者爲將軍 自桓帝始 終綱目 書宦者爲將軍七 悖義將軍不與焉(符承祖) 將軍過矣 司空甚哉(劉騰, 李輔國)〕" 《書法》

"單超를 宦者라고 쓴 것이 이미 앞에 보이는데 중복됨을 혐의하지 않은 것은 그를 미워하여 심하게 여긴 것이요, 또 車騎將軍의 직책에 그가 적임자가 아님을 드러낸 것이다.〔超書宦者 已見於前 而不嫌於重複者 惡而甚之 且以著車騎之職非其人也〕" 《發明》

◑ 燒當羌이 反이어늘 校尉段熲이 擊破之하다

【綱】 陳蕃을 光祿勳으로 삼았다.

◑ 以陳蕃爲光祿勳하다

【目】 이때 封勳과 賞이 제도를 넘고 內寵(황제의 총애를 받는 여인)이 지나치게 많았다. 이에 陳蕃이 다음과 같이 上疏하였다.

"諸侯는 위로 28宿를 본뜨고 上國(天子國)의 울타리가 되는데, 左右들이 功이 없이 賞을 받아서 심지어는 한 가문 안에 侯가 된 자가 여러 명이나 됩니다. 그러므로 緯象이 도수를 잃고 陰陽의 순서가 잘못되는 것입니다. 또 采女 수천 명이 고기를 먹고 비단옷을 입으며 화장하고 장식하는 비용을 이루 다 계산할 수가 없습니다. 속담에 말하기를 '다섯 딸을 둔 집에는 도둑이 들지 않는다.' 하니, 이는 딸이 집을 가난하게 만들기 때문입니다. 지금 後宮의 여인들이 어찌 나라를 가난하게 하지 않겠습니까."

황제는 그의 말을 대부분 채택하여 宮女 500여 명을 내보내고 侯로 봉했던 자들을 鄕侯[14]로 낮추었다.

時에 封賞踰制하고 內寵猥盛이라 蕃이 上疏曰 夫諸侯는 上象四七[15]하고 藩屛上國이어늘 而左右以無功傳賞하여 至乃一門之內에 侯者數人이라 故로 緯象失度하고 陰陽謬序①니이다 又采女數千이 食肉衣綺하며 脂油粉黛를 不可貲計라 鄙諺에 言 盜不過五女門이라하니 以女貧家也일새니이다 今後宮之女 豈不貧國乎②잇가 帝頗采其言하여 爲出宮女五百餘人하고 封侯者를 降爲鄕侯하다

① "上象四七"은 28宿를 이르니, 〈이 28宿가〉 각각 諸侯의 분야를 주관한다. 緯象은 躔次(해와 달과 별의 운행하는 차례)이다.
上象四七, 謂二十八宿, 各主諸侯之分野. 緯象, 躔(전)次也.

② 采는 가림이니, 采女는 采擇됨으로 인하여 붙여진 이름이다. ≪後漢書≫ 〈皇后紀〉에 "光武가 中興함에 六宮[16]의 칭호는 오직 皇后와 貴人만 사용하였는데, 貴人은 金印에 붉은 인끈이고 봉급은 곡식 수십 斛에 불과하였다. 또 美人과 宮人, 采女 세 등급을 두었는데 모두

---

14) 鄕侯 : 본서 96쪽 역주 11)에 보인다.

15) 諸侯 上象四七 : 四七은 28宿을 이른다. 사방에 각 일곱 별자리가 있어 四七이라 한 것이다. ≪後漢書≫ 〈劉瑜傳〉에 "제후의 자리는 위로 28宿를 본떴다.〔諸侯之位 上法四七〕" 하였다.

16) 六宮 : 여섯 개의 宮으로 正寢이 하나이고 燕寢이 다섯인데 皇后 이하가 거처하는 곳인바, 정침을 大寢, 연침을 小寢이라 하기도 한다.

작위가 없고 歲時에 賞으로 내려지는 재물이 지급되었다." 하였다. 그런데 지금 采女가 수천 명이니, 총애하는 여인이 너무 많은 것이다. 貲는 헤아림이다.

采, 擇也. 采女, 以因采擇而立名. 皇后紀曰"光武中興, 六宮稱號, 唯皇后・貴人. 貴人, 金印紫綬, 奉不過粟數十斛. 又置美人・宮人・采女三等, 幷無爵, 歲時賞賜充給." 今采女數千, 女寵盛矣. 貲, 量也.

【綱】楊秉을 河南尹으로 삼았는데, 얼마 후 죄에 걸려 論罪를 당하고서 左校에서 노역을 하였다.

以楊秉爲河南尹이러니 尋坐論作左校하다

【目】單超의 형의 아들 單匡이 濟陰太守가 되어 권세를 믿고 탐욕스럽고 방자하였다. 兗州刺史 第五種이 從事 衛羽로 하여금 조사하게 하여 贓物로 받은 5, 6千萬 錢을 찾아내어 아뢰면서 선초도 함께 탄핵하였다.

선광이 자객에게 뇌물을 주어 위우를 찔러 죽이려 하였는데, 위우가 이것을 발각하고 자객을 체포하여 雒陽의 獄에 가두니, 선광이 은밀히 자객에게 獄을 뚫고 도망가라고 하였다.

尙書가 楊秉을 힐책하자, 양병이 대답하기를 "檻車로 선광을 불러와서 이 일을 자세히 살펴 조사하기를 바라니, 이렇게 하면 그의 간특한 종적과 단서를 반드시 당장 알 수 있을 것이다." 하였다. 그러나 양병은 끝내 죄에 걸려 論罪를 당하여 左校에서 노역을 하고, 제오종 또한 다른 죄로 朔方으로 귀양 갔다. 제오종은 第五倫의 曾孫이다.

單超兄子匡이 爲濟陰太守하여 負勢貪放이어늘 兗州刺史第五種이 使從事衛羽로 案之①하여 得臧五六千萬하여 奏幷劾超하다 匡이 賂客刺羽한대 羽覺之하고 捕繫雒陽하니 匡이 密令突獄亡走②하다 尙書詰秉한대 對曰 乞檻車徵匡하여 考覈其事하면 則姦慝蹤緒를 必可立得③이니라 秉이 竟坐論作左校하고 種이 亦以他罪徙朔方하다 種은 倫之曾孫也라

① 從事는 刺史의 속관이니, 직책이 謀議에 참여하였다. 衛羽는 그의 姓名이다.
從事, 刺史屬官, 職參謀議. 衛羽, 其姓名.

② 〈"密令突獄亡走"는〉 單匡이 楊秉이 이 사건을 끝까지 조사할까 염려하여 이렇게 한 것이다.[17)]

17) 單匡이……것이다 : 雒陽의 獄은 河南尹 楊秉의 소관이었으므로 單匡은 그가 이 사건을 끝까지 조사할까 염려한 것이었다.

匡慮楊秉窮竟其事.

③ "蹤緒"는 종적과 단서이다.

蹤緒, 蹤跡端緒也.

【綱】 爰延을 五官中郞將으로 삼았다.

以爰延爲五官中郞將하다

【目】 황제가 侍中 爰延에게 묻기를 "朕은 어떠한 군주인가?" 하자, 원연이 "陛下께서는 漢나라의 中主(중간쯤 되는 군주)가 됩니다." 하였다. 황제가 "어찌하여 그렇게 말하는가?"라고 묻자, 원연이 말하기를 "尙書令 陳蕃이 정사를 맡으면 나라가 다스려지고, 中常侍와 黃門이 정사에 관여하면 나라가 어지러워지니, 이 때문에 陛下는 더불어 善行을 할 수도 있고 더불어 非行을 할 수도 있음을 아는 것입니다." 하였다. 황제는 "나의 잘못을 공경히 들었다." 하고는, 그를 五官中郞將으로 제수하였다.

帝問侍中爰延호되 朕은 何如主오 對曰 陛下爲漢中主①니이다 帝曰 何以言之오 對曰 尙書令陳蕃이 任事則治하고 中常侍, 黃門이 與政則亂이라 是以로 知陛下可與爲善이요 可與爲非니이다 帝曰 敬聞闕矣라하고 拜五官中郞將하다

① 爰은 姓이다. "中主"는 중간 재질의 군주를 이른 것이니, 위로 올라갈 수도 있고 아래로 내려갈 수 있는데, 다만 보좌하는 자가 어떠한가에 달려 있음을 말한 것이다.

爰, 姓也. 中主, 爲中材之主, 言可以上, 可以下, 顧輔佐者何如耳.

【目】 마침 客星이 帝座星을 지나가자 황제가 은밀히 爰延에게 물으니, 원연이 다음과 같이 대답하였다.

"天子가 動靜을 禮로써 하면 별들이 차례를 순히 따르고, 마음에 간사함이 있으면 해 그림자의 도수가 어긋납니다. 陛下께서는 鄧萬世가 龍潛[18]의 옛 친분이 있다 하여 侯로 봉하여 인견하시고 그와 더불어 장기를 두셔서 上下가 지나치게 가깝고 무례하여 존엄한 체통을 훼손하고 있습니다. 사랑하면 그의 잘못을 깨닫지 못하고 미워하면 그의 善을 알지 못합니다. 그러므로 王者는 賞을 줄 때에 반드시 功이 있는 사람에게 내리고

---

18) 龍潛 : 龍은 제왕을 상징하는바, 황제가 즉위하기 이전을 이른다. ≪周易≫ 乾卦 爻辭에 初九를 潛龍(못 속에 숨어 있는 용)이라 하고, 九五를 飛龍(하늘을 나는 용)이라 하였는데 初六은 신분이 미천한 文人을, 九五는 제왕을 비유한다. 이에 따라 太子의 宮을 潛邸라 칭한다.

爵位를 내릴 때에 德을 밝게 드러내는 것입니다. 善人과 함께 거처하면 날마다 아름다운 교훈을 듣고 惡人을 따라 놀면 날마다 간사한 마음이 생기며, 간사한 신하는 군주를 미혹하고 음란한 妾은 주군을 위태롭게 합니다. 바라건대 陛下께서는 참소하고 아첨하는 사람을 멀리하고, 강직하고 直言하는 선비를 받아들이소서. 그리하시면 災變을 제거할 수 있습니다."

황제가 그의 말을 쓰지 못하니, 원연은 병을 칭탁하여 면직하고 돌아갔다.

會에 客星이 經帝座①어늘 帝密以問延한대 延曰 天子動靜以禮면 則星辰順序하고 意有邪僻이면 則晷度錯違하나니 陛下以鄧萬世有龍潛之舊라하여 封侯引見하시고 與之對博하사 上下媟黷(설독)하여 有虧尊嚴②이니이다 夫愛之則不覺其過요 惡(오)之則不知其善이라 故로 王者賞必酬功하고 爵以甄德③이니이다 善人同處면 則日聞嘉訓하고 惡人從游면 則日生邪情하며 邪臣惑君하고 亂妾危主하나니 惟陛下는 遠讒諛之人하고 納謇謇之士하시면 則災變可除니이다 帝不能用하니 延이 稱疾免歸하다

① 帝座星은 太微宮[19] 안에 있다.
帝座一星, 在太微宮中.

② 鄧萬世는 鄧遵의 아들이니, 鄧后의 從父이다. "龍潛之舊"는 황제가 蠡吾侯(여오후)로 봉해졌을 때에 등만세와 옛 친분이 있었음을 이른다. 博은 장기판으로 놀이하는 것이다.
萬世, 遵之子也, 鄧后從父. 龍潛之舊, 謂帝封蠡吾侯時, 與萬世有舊契也. 博, 局戲也.

③ 甄은 밝힘이다.
甄, 明也.

庚子年(160)

【綱】 漢나라 孝桓皇帝 延熹 3년이다. 봄 정월에 詔令을 내려서 옛 太尉 李固의 후손을 찾게 하였다.

三年이라 春正月에 詔求故太尉李固後하다

【目】 처음에, 李固가 화를 면치 못할 줄을 알고 아들 李基와 李茲, 李燮을 鄉里로 돌려보

---

19) 太微宮 : 太微는 太微垣에 딸린 별자리 이름으로 북두칠성의 남쪽에 있는바 "五帝가 거처하고 열두 제후의 부서가 있다." 하여 황제가 있는 대궐을 상징한다. 太微垣은 三垣의 하나로 태미원, 紫微垣, 天市垣을 三垣이라 하는데 맨 위에 있는 태미원은 별이 10개이고 자미원은 15개, 천시원은 22개이며, 五帝의 帝座星이 그 안에 있어 바깥은 담〔垣〕과 같고, 宮과 같다 하여 垣·宮의 이름이 붙여진 것이다.

냈다. 이때 이섭은 나이가 13세였는데, 같은 郡의 趙伯英의 아내인 누이 文姬가 은밀히 두 오라비와 상의하여 미리 이섭을 숨겨두고 京師로 돌아갔다고 거짓말을 하니, 사람들이 이 사실을 깨닫지 못하였다.

얼마 후 患難이 일어나서 州郡이 이기와 이자를 체포하여 두 사람 모두 옥중에서 죽으니, 문희는 마침내 아버지의 門生인 王成에게 고하기를 "그대는 先公(선친)에게 의리를 지켜서 古人의 절개가 있습니다. 지금 그대에게 6尺의 고아를 맡기니, 李氏 가문의 存亡이 그대에게 달려 있습니다." 하였다.

왕성은 이에 이섭을 데리고 강을 따라 동쪽으로 내려가 徐州의 경내로 들어가서 이섭의 姓名을 바꾸어 술집의 일꾼으로 들여보내고, 자신은 시장에서 점을 보아 생활하였다. 그리하여 각각 다른 사람이 되어 은밀히 서로 왕래한 것이 10여 년이 되었다.

初에 固知不免하고 遣子基, 玆, 燮하여 歸鄕里①하다 燮年十三이러니 姊文姬爲同郡趙伯英妻라 密與二兄謀하여 豫匿燮하고 託言還京師하니 人不之覺이러니 有頃에 難作하여 州郡이 收基, 玆하여 皆死獄中하니 文姬乃告父門生王成曰 君이 執義先公하여 有古人之節이라 今委君以六尺之孤하노니 李氏存滅이 其在君矣②라하니 成이 乃將燮乘江東下하여 入徐州界하여 變姓名하여 爲酒家傭하고 而成은 賣卜於市하여 各爲異人하여 陰相往來 積十餘年이러라

① 李固는 漢中 南鄭 사람이다.
固, 漢中南鄭人.

② 6尺은 나이 15세 이하를 이른다.
六尺, 謂年十五以下

【目】梁冀가 주살을 당하자 李燮이 마침내 鄕里로 돌아와서 뒤늦게 喪服을 입었는데, 누이(文姬)와 아우가 서로 만나보니 옆 사람들이 슬퍼하고 감동하였다. 누이는 이섭에게 다음과 같이 경계하였다.

"우리 집의 血食(제사)이 장차 끊길 뻔하였는데 아우가 다행히 살아 있으니, 어찌 天運이 아니겠는가. 마땅히 여러 사람들과 교제를 끊어서 함부로 왕래하지 말고, 梁氏에게 원망하는 말을 절대 하지 말라. 양씨에게 원망하는 말을 하면 主上과 연결되어서 禍가 거듭 이를 것이니, 오직 자신을 책망할 뿐이다."

이섭은 삼가 그의 가르침을 따랐다.

뒤에 王成이 죽자, 이섭은 禮로 장례하고 四時의 절기마다 그를 위해 上賓의 자리를 설치하여 제사하였다.

梁冀旣誅에 樊이 乃還鄕里하여 追行喪服하니 姊弟相見하고 悲感傍人이라 姊戒樊曰 吾家血食將絶이러니 弟幸而得濟하니 豈非天耶아 宜杜絶衆人하여 勿妄往來하고 愼無一言加於梁氏하라 加梁氏하면 則連主上하여 禍重至矣리니 唯引咎而已①라하니 樊이 謹從其誨러라 後成卒에 樊이 以禮葬之하고 每四節에 爲設上賓之位而祠焉②하니라

① 重(거듭)은 直用의 切이다.
重, 直用切.
② 爲(위하다)는 去聲이다.
爲, 去聲.

【綱】 單超가 卒하였다.

單超卒[20]하다

【目】 單超에게 東園[21]의 秘器와 棺 속에 넣는 玉匣을 하사하였으며, 장례 때에 이르러는 五營[22]의 騎士와 將作大匠을 동원하여 무덤을 일으켰다. 그 뒤에 네 명의 侯가 더욱 횡포를 부리니, 천하 사람들이 말하기를 "左悺은 回天이요 具瑗은 獨坐요 徐璜은 臥虎요 唐衡은 兩墮이다." 하였다. 이들은 모두 다투어 저택을 지어서 화려함과 사치함을 숭상하고, 兄弟와 姻戚이 州와 郡의 長官이 되어 백성들로부터 이익을 독점하여 도둑과 다름이 없으니, 포악함이 천하에 두루 퍼져서 백성들이 명령을 감당하지 못하여 盜賊이 된 자가 많았다.

賜超東園秘器와 棺中玉具①하고 及葬에 發五營騎士와 將作大匠하여 起冢塋하다 其後에 四侯轉橫하니 天下爲之語曰 左回天이요 具獨坐요 徐臥虎요 唐兩墮②라하니 皆競起第宅하여 以華侈相

20) 單超卒 : "單超는 宦者인데 卒이라고 쓴 것은 어째서인가. 漢나라를 나쁘게 여긴 것이다. 어찌하여 나쁘게 여겼는가. 그의 장례에 물건을 하사함이 제도를 넘어서 네 명의 侯가 더욱 횡포를 부릴 길을 열어놓았으니, 이것을 황제의 병통으로 여겼기 때문에 卒했다고 하면서 그 관직을 삭제한 것이다. 東漢의 여러 신하가 卒하였을 적에 관직을 쓰지 않은 것이 3번(單超, 馬日磾, 荀攸)이니 모두 폄하한 것인데, 牧鎭은 여기에 포함되지 않는다. ≪資治通鑑綱目≫이 끝날 때까지 환관에게 卒이라고 쓴 것이 3번인데, 楊復光(唐나라 僖宗 中和 3년(883))과 張承業(五代 壬午年(922))은 모두 훌륭하게 인정하였고, 오직 선초는 그 관직을 삭제하여 비난하였다.〔超宦者也 其卒之 何 病漢也 曷爲病之 賜贈過制 以啓四侯之轉橫 以是爲帝病 故卒之而削其官 東漢諸臣卒 不書官者三(單超, 馬日磾, 荀攸) 皆貶也 牧鎭不與焉 終綱目 宦官書卒三 楊復光(唐僖宗中和三年) 張承業(五代壬午年) 皆予之也 惟單超削其官 爲譏焉〕" ≪書法≫

21) 東園 : 漢나라 때 官署로 陵墓 안의 器物의 제작을 관장하였으며 少府에 소속하였다.

22) 五營 : 屯騎, 越騎, 步兵, 長水, 射聲 등 五校尉의 군대이다.

尙하고 **兄弟姻戚**이 **宰州臨郡**하여 **辜較**(각)**百姓**하여 **與盜無異**하니 **虐徧天下**하여 **民不堪命故**로 **多爲盜賊焉**③이러라

① "玉具"는 바로 玉匣이다.
玉具, 卽玉匣也.

② "回天"은 세력이 군주의 마음을 돌릴 수 있음을 말한 것이고, "獨坐"는 교만하고 귀함이 짝할 자가 없음을 말한 것이고, "臥虎"는 감히 범접할 사람이 없음을 말한 것이고, "兩墮"는 양쪽을 잡고서 〈어물어물함을〉 말한 것이다. 〈"兩墮"는〉 一本에는 兩이 雨로 되어 있다. 비가 내리는 바에 적셔주지 않음이 없으니, 그가 퍼뜨리는 해독이 천하에 두루 미침을 말한 것이다. 一說에 "雨墮는 그 성질의 급함이 비가 떨어짐에 일정한 곳이 없는 것과 같음을 이른다." 하였다.
回天, 言勢力能回人主之意也, 獨坐, 言驕貴無偶也, 臥虎, 言無人敢攖之也, 兩墮, 言持兩端也. 一本, 兩作雨, 雨之所墮, 無不沾濕, 言其流毒徧於天下也. 一說 "雨墮者, 謂其性急暴, 如雨之墮, 無有常處也."

③ 較는 榷과 通하니 오로지(독차지)함이다. "辜較"은 자기가 이것을 오로지 독차지하여 타인이 취하면 번번이 직접 죄를 줌을 말한 것이다. 一說에 "辜는 막음이니, 辜榷은 다른 사람들이 賣買하는 것을 막아서 자신이 그 이익을 취함을 이른다." 하였다.
較, 與榷(각)通, 專也. 辜較, 言己自專之, 他人取者, 輒自辜罪也. 一說 "辜, 障也. 辜榷者, 謂障餘人賣買而自取其利."

趙岐

【目】 左悺의 형이 河東太守가 되니, 皮氏長(피지장)인 京兆 사람 趙岐가 이를 부끄러워하여 당일에 벼슬을 버리고 서쪽으로 돌아갔다. 唐衡의 형인 唐玹이 京兆尹이 되어서 조기의 家率과 宗親들을 체포하여 무거운 법으로 모함해서 모두

죽이니, 조기가 四方으로 난을 피하여 자신의 姓名을 숨기고 北海의 市中에서 떡을 팔아 생활하였다.

安丘 사람 孫嵩(손숭)이 그를 보고 기이하게 여겨 수레에 태워 함께 돌아와서 이중으로 된 벽속에 숨겨주었는데, 여러 唐氏가 죽자 사면을 받아 마침내 밖으로 나올 수 있었다.

左悺兄이 爲河東太守하니 皮氏長京兆趙岐恥之하여 卽日棄官西歸①러니 唐衡의 兄玹이 爲京兆尹하여 收岐家屬宗親하여 陷以重法하여 盡殺之②하니 岐逃難四方하여 自匿姓名하고 賣餠北海市中이라 安丘孫嵩이 見而異之③하여 載與俱歸하여 藏於複壁中④이러니 及諸唐死에 遇赦하여 乃敢出하니라

① 皮氏縣은 河東郡에 속하였다.
皮氏縣, 屬河東郡.
② 玹은 熒絹의 切이고 또 音이 玄이니, 唐玹은 평소 趙岐와 사이가 좋지 않았다.
玹, 熒絹切, 又音玄, 玹素與岐有隙.
③ 安丘縣은 北海郡에 속하였다.
安丘縣, 屬北海郡.
④ "複壁"은 이중으로 된 벽이다.
複壁, 重壁也.

【綱】 윤달에 西羌이 張掖을 침략하자, 段熲이 격파하여 항복시켰다.

閏月에 西羌이 寇張掖이어늘 段熲이 破降之하다

【目】 羌族들이 새벽에 段熲의 軍營으로 접근해오자, 단경이 말에서 내려 크게 싸워서 한낮에 이르러 칼이 부러지고 화살이 다하였는데, 오랑캐 또한 군대를 이끌고 후퇴하였다. 단경이 이들을 추격하여 한편으로는 싸우고 한편으로는 행군하면서 밤낮으로 공격하여 생고기를 베어 먹고 눈을 먹은 지 40여 일에 마침내 積石山에 이르니, 변방에서 2,000여 리를 나간 것이었다. 단경은 燒何의 큰 우두머리를 참수하고 그 나머지 무리를 항복시키고 돌아왔다.

羌이 晨薄段熲軍①이어늘 熲이 下馬大戰하여 至日中하여 刀折矢盡하니 虜亦引退라 熲이 追之하여 且鬪且行하여 晝夜相攻하여 割肉食雪四十餘日에 遂至積石山하니 出塞二千餘里라 斬燒何大帥하고 降其餘衆而還②하다

① 薄은 가까이 접근한다는 뜻이다. ≪資治通鑑≫에는 "西羌의 여러 무리가 다시 燒何의 괴수와 함께 張掖을 침입하여 새벽에 校尉 段熲의 軍營으로 접근해왔다." 하였다.
薄者, 迫近之義也. 通鑑"西羌餘衆, 復與燒何大豪, 寇張掖, 晨薄校尉段熲軍."
② ≪後漢書≫ 〈郡國志〉에 "積石山은 隴西郡 河關縣 西南에 있다." 하였다.
郡國志"積石山, 在隴西郡河關縣西南."

【綱】 여름 5월에 漢中의 산이 무너졌다.

夏五月에 **漢中山 崩**하다

【綱】 가을 7월에 長沙와 零陵의 蠻族이 배반하였다.

◑**秋七月**에 **長沙零陵蠻**이 **反**하다

【綱】 겨울 11월에 九眞의 남은 도적이 다시 배반하자, 夏方을 交阯刺史로 삼아서 항복시켰다.

◑**冬十一月**에 **九眞餘寇 復反**이어늘 **以夏方爲交阯刺史**하여 **降之**하다

【目】 夏方은 위엄과 은혜가 평소 드러나니, 賊이 서로 거느리고 와서 항복하였다.

方이 威惠素著하니 賊이 相率降하다

【綱】 泰山의 賊이 都尉를 살해하자, 皇甫規를 太守로 삼아서 토벌하여 평정하였다.

泰山賊이 **殺都尉**어늘 **以皇甫規爲太守**하여 **討平之**하다

辛丑年(161)

【綱】 漢나라 孝桓皇帝 延熹 4년이다. 봄 정월에 南宮 嘉德殿이 불탔다.

四年이라 **春正月**에 **南宮嘉德殿**이 **火**하다

【綱】 역병이 크게 유행하였다.

◑ 大疫하다

【綱】 2월에 武庫가 불탔다.

◑ 二月에 武庫火[23)]하다

【綱】 여름에 劉矩를 太尉로 삼았다.

◑ 夏에 以劉矩爲太尉하다

【目】 처음에 劉矩가 雍丘縣令이 되어서 禮로써 백성을 교화하니, 백성들이 모두 감동하여 깨닫고 스스로 잘못을 고쳤다. 송사하는 자가 있으면 항상 앞으로 데려와서 간곡하게 훈계하여 말하기를 "분노는 참을 수 있으니, 縣官(국가)에 가서 소송할 것까지는 없다." 하여 돌아가 다시 생각하게 하니, 송사하는 자들이 감동하여 번번이 각자 송사를 罷하고 떠나갔다.

初에 矩爲雍丘令[①]하여 以禮化民하니 民皆感悟自革이라 有訟者면 常引之於前하여 提耳訓告하여 以爲忿恚(에)可忍하니 縣官은 不可入이라하여 使歸更思하니 訟者感之하여 輒各罷去하니라

① ≪漢書≫ 〈地理志〉에 "陳留에 雍丘縣이 있다." 하였다.
地志 "陳留, 有雍丘縣."

【綱】 5월에 孛星이 心星에 나타났다.

五月에 有星孛于心하다

【綱】 우박이 내렸다.

○ 雨雹하다

23) 武庫火 : "建和 2년(148)에 北宮이 불타서 황제가 南宮으로 옮겨 거처한 뒤로 이때 14년이 되었다. 南宮이 또 불타고 한 달 만에 武庫가 또다시 불탔으니, 변고가 어찌 연고 없이 생기겠는가. ≪資治通鑑綱目≫이 끝날 때까지 불탔다고 쓴 것이 12번인데, 桓帝 때에 모두 3번을 썼다.〔自建和二年 北宮火 徙居南宮 於是十四年耳 南宮又火 踰月而武庫又火 變豈虛生哉 終綱目書火十二 帝凡三書焉〕" ≪書法≫

【綱】 6월에 지진이 있었다.

◑ **六月**에 **地震**하다

【綱】 岱山(泰山)과 博縣의 尤來山이 갈라졌다.

◑ **岱山及博尤來山**이 **裂**[①24)]하다

① 岱山은 博縣의 서북쪽에 있다. 徂來山은 일명 尤來山이다. 두 산이 모두 博縣의 경내에 있는데 먼저 岱山을 쓰고 尤來山을 博縣에 단 것은, 岱宗(태산)은 사람들이 모두 博縣 경내에 있는 줄 알고 있으나 尤來山은 혹 박현의 경내에 있는 줄을 알지 못하는 자가 있을 수 있으므로 書法이 이와 같은 것이다.

岱山, 在博縣西北. 徂來山, 一名尤來山. 二山幷在博縣界, 而先書岱山, 以尤來山繫之博者, 岱宗人皆知之, 而尤來山則容有不知其在博縣界者, 故書法如此.

【綱】 가을 7월에 百官의 봉급을 줄이고 王侯에게서 조세의 절반을 차출하고 關內侯 이하의 관직을 팔았다.

◑ **秋七月**에 **減百官俸**하고 **貣王侯半租**하고 **賣關內侯以下官**[①25)]하다

---

24) 岱山及博尤來山裂 : "岱山은 어떤 산인가. 東岳(泰山)이다. 변고가 四岳에 이르렀으니, 이는 작은 변고가 아니다. 산이 갈라졌다고 쓴 것이 이때 시작되었다. ≪資治通鑑綱目≫이 끝날 때까지 四岳이 갈라졌다고 쓴 것이 한 번이고, 무너지고 갈라졌다고 쓴 것이 한 번이고, 무너졌다고 쓴 것이 한 번이니, 모두 큰 변고이다.〔岱山 何 東岳也 變至四岳 非小變矣 書山裂始此 終綱目 四岳書裂一 書崩裂一 書崩一 皆大變也〕" ≪書法≫

25) 秋七月……賣關內侯以下官 : "≪資治通鑑綱目≫에 낮은 관리에게 녹봉을 올려주었다고 두 번 썼고(宣帝 神爵 3년(B.C. 59), 成帝 綏和 2년(B.C. 7)), 百官의 봉급을 올려주었다고 한 번 썼고(光武帝 建武 26년(50)), 봉급을 줄였다고 쓴 적은 있지 않았으니, 백관의 봉급을 줄였다고 쓴 것은 국가 재정의 위급함이 또한 심한 것이다. ≪資治通鑑綱目≫이 끝날 때까지 봉급을 줄였다고 쓴 것이 다섯 번이니, 국가의 비용이 부족하기 때문이었다. 오직 魏나라에서는 冗官의 봉급을 줄였으니, 거의 절제할 줄을 안 것이다.

○ 西漢이 盛할 적에 천하의 절반의 조세를 하사하였는데, 東漢이 쇠망할 적에는 王侯에게서 조세의 절반을 차출하고 얼마 안 있다가 다시 田畝에 세금을 거뒀다고 썼으니, 피해가 백성에게 미친 것이다. ≪資治通鑑綱目≫이 끝날 때까지 돈과 곡식을 차출하였다고 쓴 것이 두 번인데, 後唐에서 백성들에게 돈을 차출한 것은 여기에 포함되지 않는다.

○ 秦 始皇 때에 백성들로 하여금 곡식을 바치게 하고 관작을 제수하였다고 썼으니, 拜(제수하다)는 위에서 아래에게 주는 것을 뜻하는 말이니, 샀다고 칭하지는 않았다. 그런데 武帝 때에 조령을 내려 백성들이 관작을 살 수 있게 하였다고 썼으니, 買(사다)는 아래에서 위에게 구하는 것을 뜻하는 말이니, 팔았다고 칭하지는 않았다. 그런데 이때 팔았다고 썼으니, 위에서 아래에게 팔고자 한 것이다. 唐 僖宗에 이르러는 강제로 돈을 차출하고 관직을 제수하기까지 하였으니, 이를 말하여 무엇하겠는가.〔綱目 再書益小吏俸矣(宣帝神爵三年 成帝綏和二年) 一書增百官俸矣(光武建武二十六年) 未有書

① 貣는 본래 貸로 음이 代이니, 남에게 물건을 요구하는 것이다.
貣, 本作貸, 音代, 從人求物.

【綱】 9월에 劉寵을 司空으로 삼았다.

○ 九月에 以劉寵爲司空하다

【目】 劉寵이 일찍이 會稽太守가 되어서 번거롭고 까다로운 정사를 제거하고 不法을 禁하니, 郡 안이 크게 다스려졌다. 유총이 조정으로부터 부름을 받자 若邪山 골짜기에서 5, 6명의 노인이 나와 각자 100錢을 가지고 와서 유총을 전송하면서 다음과 같이 말하였다.

"산골짜기의 비루한 사람이 일찍이 郡朝[26]를 알지 못하였습니다. 다른 태수가 재임했을 적에는 아전들이 백성들에게 징발하고 요구하여 밤에도 끊이지 않으니, 혹 밤새도록 개가 짖어 백성들이 편안하지 못했습니다. 그런데 밝으신 太守께서 수레에서 내려 부임한 이래로 개가 밤에 짖지 않고 백성들이 관리를 보지 못하니, 늘그막에 聖明한 사또를 만난 것입니다. 이제 우리를 버리고 간다는 말을 들었기에 스스로 몸을 부축하여 받들어 전송합니다."

유총은 말하기를 "나의 정사가 어찌 公들의 말씀에 미치겠습니까. 父老들을 이처럼 수고스럽게 하였습니다." 하고는, 이들을 위해 사람마다 大錢(액면가가 큰 돈) 하나씩을 가려서 받았다.

寵이 嘗爲會稽太守①하여 除煩苛하고 禁非法하니 郡中이 大治러니 被徵에 有五六老叟 自若邪(야)山谷間出②하여 人齎百錢하여 送寵曰 山谷鄙生이 未嘗識郡朝③라 他守時에 吏發求民間하여 至夜不絶하니 或狗吠(폐)竟夕하여 民不得安④이러니 自明府下車以來로 狗不夜吠하고 民不見吏하니 年老遭値聖明이라 今聞當見棄去故로 自扶奉送하노라 寵曰 吾政이 何能及公言

減俸者 書減百官俸 而國之急亦甚矣 終綱目 書減俸五 國用不足故也 惟魏減冗官之俸 庶幾知節者焉 ○ 西漢之盛也 賜天下半租 東漢之衰也 貣王侯半租 未幾而復有斂田畝稅錢之書 則剝及下民矣 終綱目 書貣錢穀二 後唐貣民以錢 不與焉 ○ 自秦始書令民納粟拜爵 拜者 自上賜下之辭 未稱買也 至武帝 書詔民得買爵矣 買者自下求上之辭 未稱賣也 於是書賣 則求售於下矣 至唐僖宗 至强貣其錢而除之官 謂之何哉]" ≪書法≫

"王者는 부유함이 四海를 소유하여 사해의 재물이 모두 자기의 재물인데 행하는 바가 이와 같았으니, 이것을 책에 쓴 것은 또한 그 어리석음을 나타낸 것이다.[王者富有四海 四海之財 皆已物也 而所爲若此 書之于冊 蓋亦見其愚爾]" ≪發明≫

26) 郡朝 : 訓義처럼 郡廳을 뜻하나 여기서는 郡守를 가리키는 말이다.

邪아 勤苦父老로다하고 爲人選一大錢하여 受之⑤하다

① 劉寵은 齊悼惠王[27]의 후손이다.
　寵, 齊悼惠王之後也.
② 邪는 余遮의 切이니, 若邪山은 會稽의 山陰縣 동남쪽에 있다.
　邪, 余遮切. 若邪山, 在會稽山陰縣東南.
③ 郡의 聽事(廳舍)를 郡朝라 하고, 公府의 聽事를 府朝라 한다.
　郡聽事曰郡朝, 公府聽事曰府朝.
④ "發求民間"은 백성들에게 징발하고 강제로 취함을 이른다.
　發求民間, 謂徵發取求於百姓.
⑤ 爲(위하다)는 去聲이다. 人은 사람마다라는 말이다.
　爲, 去聲. 人, 謂每一人也.

【綱】 겨울에 여러 羌族이 다시 배반하므로 段熲을 불러 下獄하고 中郎將 皇甫規를 보내 격파하여 항복시켰다.

冬에 諸羌이 復反이어늘 徵段熲下獄하고 遣中郎將皇甫規하여 擊破降之하다

【目】 羌族들이 并州와 涼州를 침략하자 段熲이 湟中의 義從[28]을 데리고 토벌하였는데, 涼州刺史 郭閎이 그 功을 탐하여 함께 나누려 해서 단경의 군대를 지체시켜서 전진하지 못하게 하니, 義從들이 오랜 부역에 배반하고 돌아갔다. 곽굉이 죄를 단경에게 돌리니, 단경이 죄에 걸려 불려와 하옥되어 논죄를 당하고 左校에서 노역을 하였다.

羌이 寇并, 涼이어늘 段熲이 將湟中義從討之①러니 涼州刺史郭閎이 貪共其功하여 稽固熲軍하여 使不得進②하니 義從이 役久叛歸라 閎이 歸罪於熲하니 熲이 坐徵下獄하여 輸作左校하다

① 從(따르다)은 才用의 切이다. 湟中에는 義從胡가 있으니, 바로 小月氏(소월지)의 오랑캐이다.
　從, 才用切. 湟中有義從胡, 卽小月氏胡也.
② "稽固(지체하다)"는 停留와 같다.
　稽固, 猶停留也.

---

27) 齊悼惠王 : 漢 高祖 아들 劉肥이다.
28) 義從 : 漢나라 조정에 귀의한 羌族을 이르는바, '大義에 돌아오고 皇命을 따름〔歸義從命〕'의 뜻을 취한 것이다.

【目】羌族이 마침내 창궐하여 도적질하는 폐해가 더욱 심해지자, 皇甫規가 다음과 같이 上疏하였다.

"臣이 邠(빈) 땅과 岐山 지방에서 생장하여 나이가 59세가 되었습니다. 옛날 郡의 관리로 있을 적에 羌族들의 배반을 두 차례 겪어서 그들을 평정하는 일을 함께 계획하였는데, 우연히 들어맞는 말이 있었습니다. 원컨대 臣은 冗官이 되어 수레 한 대를 타고 한 명의 사신을 갖춰서 三輔 지방을 위로하여 맞이하고, 나라의 위엄과 은택을 베풀며 익숙한 地形과 軍勢를 가지고 여러 軍隊를 돕고자 합니다. 또 臣이 외롭고 위태로운 곳에 곤궁하게 거처하면서 郡將(군수)들을 곁에서 보아온 지가 이미 수십 년이 되었는데, 사나운 적을 힘써 찾는 것이 정사를 깨끗이 하고 공평히 하는 것만 못하고, 孫子와 吳子의 兵法을 열심히 밝히는 것이 法을 받들어 수행하는 것만 못합니다. 예전의 변고가 멀지 않으니,[29] 臣은 진실로 이를 근심합니다. 이 때문에 직책을 넘어서(越權하여) 저의 區區한 마음을 다하는 것입니다."

황제는 詔令을 내려서 황보규를 中郎將으로 삼아 節을 가지고 關西의 군대를 감독하게 하여 羌族을 격파하니, 羌族들은 황보규의 위엄과 신의를 사모해서 서로 권하여 항복한 자가 10여만 명이었다.

羌이 遂陸梁하여 寇患轉盛①이어늘 皇甫規上疏曰 臣이 生長邠, 岐하여 年五十九②라 昔爲郡吏에 再更(경)叛羌하여 豫籌其事러니 有誤中之言③이라 願乞冗官하여 備單車一介之使하여 勞來三輔하고 宣國威澤하여 以所習地形兵勢로 佐助諸軍④하노이다 且臣이 窮居孤危하여 坐觀郡將이 已數十年矣⑤로니 力求猛敵이 不如淸平이요 勤明孫, 吳가 未若奉法⑥이니이다 前變未遠하니 臣誠戚之라 是以로 越職하여 盡其區區⑦로소이다 詔以規爲中郎將하여 持節監關西兵하여 擊羌破之하니 羌이 慕規威信하여 相勸降者 十餘萬이러라

① "陸梁(창궐하다)"은 彊梁과 같다.
陸梁, 猶彊梁也.

② 邠은 혹 豳으로도 쓴다.
邠, 或作豳.

③ 〈"有誤中之言"은 順帝 永和 5년에 皇甫規가〉 馬賢이 반드시 패할 것을 예견한 일을 이른다.
謂知馬賢必敗也.

---

29) 예전의……않으니 : 漢 安帝 永初 원년(107)에 金城·隴西·漢陽 3郡에서 羌族이 반란을 일으켰으며 先零羌(선련강)의 滇零은 칭제하고 三輔 지방을 침략하여 약 10년간 반란이 지속되었다. 漢 順帝 永和 5년(140) 且凍羌·傅難羌·鞏唐羌이 반란을 일으켰는데 이때 馬賢이 전사하고 三輔 지방이 큰 피해를 입었다.

④ "勞來"는 위로하고 불러 맞이함을 이른다.
勞來, 謂慰勉而招延之也.

⑤ 郡將은 郡守이다.
郡將, 郡守也.

⑥ 〈"力求猛敵……未若奉法"은〉 사나운 敵을 찾는 것이 깨끗하고 공평한 정사로 어루만지는 것만 못하고, 兵書를 잘 익히는 것이 군수가 法을 받들어서 羌族들로 하여금 배반하지 않게 하는 것만 못함을 말한 것이다.
言若求猛敵, 不如撫以淸平之政, 明習兵書, 不如郡守奉法, 使之無反也.

⑦ "前變"은 예전에 羌族이 배반한 일을 이른다. 戚은 근심함이다.
前變, 謂羌反. 戚, 憂也.

壬寅年(162)

【綱】 漢나라 孝桓皇帝 延熹 5년이다. 봄 3월에 皇甫規가 沈氐羌을 토벌하여 항복시켰다.

五年이라 春三月에 皇甫規討沈氐羌하여 降之하다

【目】 沈氐羌이 張掖과 酒泉을 침략하자 皇甫規가 先零(선련) 등 여러 羌族을 징발하여 함께 隴右를 토벌하였는데, 道路가 끊기고 軍中에 큰 역병이 들어서 죽은 자가 10명 중 3, 4명에 이르렀다. 황보규가 친히 庵廬에 들어가서 순행하며 장정들을 보살피니, 三軍이 감동하고 기뻐하였다. 東羌이 마침내 항복하니, 涼州가 다시 通하였다.

황보규가 牧, 守 중에 탐욕스럽고 포악하여 항복하는 자를 죽이거나, 늙어서 직책을 감당하지 못하고 權貴의 세력을 의지하고 믿는 자 몇 사람을 조목조목 아뢰어서 혹은 파면시키고 혹은 주살하니, 오랑캐 사람들이 이 말을 듣고 모두 善으로 돌아와서 10여만 명이 다 황보규에게 나와 항복하였다.

沈氐羌이 寇張掖, 酒泉이어늘 皇甫規發先零諸種羌하여 共討隴右러니 而道路隔絶하고 軍中大疫하여 死者十三四어늘 規親入庵廬하여 巡視將士하니 三軍感悅①이라 東羌이 遂降하니 涼州復通하다 規條奏牧守貪暴殺降하고 老不任職하고 倚恃權貴者數人하여 或免或誅하니 羌人이 聞之하고 翕然反善하여 十餘萬口 皆詣規降하다

① 庵은 초가집이고, 廬는 우거하는 집이다.

庵, 草屋. 廬, 寄舍也.

【綱】 여름에 零陵의 賊이 桂陽에 침입하고, 艾縣의 賊이 長沙를 공격하였다.

夏에 **零陵賊**이 **入桂陽**하고 **艾縣賊**이 **攻長沙**[①]하다

① 艾縣은 豫章郡에 속하였다.
艾縣, 屬豫章郡.

【綱】 지진이 있었다.

◑ **地震**하다

【綱】 겨울 10월에 武陵의 蠻族이 배반하였다.

◑ **冬十月**에 **武陵蠻**이 **反**하다

【目】 蠻族이 江陵을 침략하니, 南郡太守 李肅이 달아나려 하였다. 主簿 胡爽이 말고삐를 잡고 만류하기를 "蠻夷들은 우리 郡에 대비가 없음을 보았기 때문에 감히 틈을 타서 진격한 것입니다. 밝으신 太守께서는 나라의 大臣이 되어서 연결한 城이 1,000리에 이릅니다. 깃발을 들고 북을 울리면 소리에 응하는 자가 10만인데, 어찌하여 符節을 받아 태수가 된 중한 직책을 버리고 도망하는 사람이 되시려 합니까." 하니, 이숙이 호상을 죽이고 달아났다.

조정에서는 이숙을 불러 棄市刑에 처하고, 호상의 가문의 부역을 면제하고 집안의 한 사람을 제수하여 郎으로 삼았다.

蠻이 **寇江陵**하니 **南郡太守李肅**이 **走**어늘 **主簿胡爽**이 **扣馬諫曰 蠻夷見郡無備故**로 **敢乘間而進**[①]하니 **明府爲國大臣**하여 **連城千里**라 **擧旗鳴鼓**에 **應聲十萬**이니 **奈何委符守之重**하고 **而爲逋逃之人乎**[②]잇가 **肅**이 **殺爽而走**하니 **徵肅**하여 **棄市**하고 **復**(복)**爽門閭**하고 **拜家一人爲郎**하다

① 間(틈)은 居莧의 切이다.
間, 居莧切.

② 〈"符守之重"은〉 처음에 漢나라는 郡의 太守에게 符契(符節, 符信)를 만들어주어서 신표로 삼았다.
初, 漢與郡太守爲符契以爲信.

【綱】 馮緄(풍곤)을 車騎將軍으로 삼아 여러 蠻族을 토벌하게 해서 항복시켰다.

以馮緄爲車騎將軍하여 **討諸蠻**하여 **降之**하다

【目】 이보다 앞서 파견한 장수들을, 환관들이 대부분 군수물자를 낭비하고 소모했다고 모함하여, 장수들이 왕왕 罪에 걸려 처벌을 받았다. 이에 馮緄은 中常侍 한 사람에게 군대의 재정과 비용을 감독하게 할 것을 청하였다. 尙書 朱穆은 풍곤이 재물 때문에 스스로 꺼리는 바가 있어서 大臣의 절도를 잃었다고 아뢰었는데, 詔令을 내려서 풍곤을 탄핵하지 말게 하였다.

풍곤이 前 武陵太守 應奉과 함께 출동할 것을 청하여 11월에 長沙에 이르니, 적들이 모두 항복하였다. 나아가 武陵의 蠻夷를 공격하여 4,000명의 수급을 베고 10여만 명에게서 항복을 받으니, 荊州가 평정되었다. 풍곤은 功을 응봉에게 미루고 천거해서 司隷校尉로 삼았다.

先是에 所遣將帥를 宦官이 多陷以折耗軍資하여 往往抵罪①라 緄이 請中常侍一人하여 監軍財費하니 尙書朱穆이 奏緄以財自嫌하여 失大臣節이라한대 有詔勿劾하다 緄이 請前武陵太守應奉與俱②하여 十一月에 至長沙하니 賊이 悉降이어늘 進擊武陵蠻夷하여 斬首四千하고 受降十餘萬하니 荊州平定이라 緄이 推功於奉하고 薦以爲司隷校尉하다

① "折耗"는 물자와 양식을 축냄을 이른다.
折耗, 謂物斛虧欠也.
② 應은 於陵의 切이니, 姓이다.
應, 於陵切, 姓也.

【綱】 楊秉을 太尉로 삼았다.

以楊秉爲太尉하다

【綱】 皇甫規를 下獄하여 논죄해서 左校에서 노역하게 하였다.

◑下皇甫規獄하여 **論輸左校**하다

【目】 皇甫規가 고향으로 돌아가 鄕里를 감독하면서 사사로운 은혜를 베푼 적이 없었고 적발하여 아뢴 자가 많았으며, 또 환관들을 미워하여 끊어서 그들과 왕래하지 않았다.

이에 환관들이 마침내 함께 황보규를 모함하기를 "여러 羌族들에게 뇌물을 주어서 그들로 하여금 문서로만 거짓 항복하게 했다." 하니, 황제가 조서를 내려 황보규를 꾸짖었다.

皇甫規還督鄕里①하여 旣無私惠하고 而多所擧奏하며 又惡(오)絶宦官하여 不與交通이라 於是에 遂共誣規호되 貨賂群羌하여 令其文降이라하니 璽書誚讓②하다

① ≪資治通鑑≫에는 "節을 가지고 장수가 되어 돌아가 鄕里를 감독했다." 하였다.
通鑑 "持節爲將, 還督鄕里."

② "文降"은 문서로만 거짓 항복하고 실제로 항복한 것이 아님을 이른다.
文降, 謂以文簿虛降, 非實情也.

【目】皇甫規가 上疏하여 다음과 같이 자신을 변명하였다.

"臣이 예전에 아뢰었던 李翕 등 다섯 사람은 支黨이 나라의 절반이 되고, 그들과 연루된 자들이 다시 100여 명이 더 있습니다. 관리들은 郡將의 원한을 보복한다고 칭탁하고 자식은 아버지의 치욕을 복수할 것을 생각하여, 權門과 결탁해서 다투어 臣을 비방하는 말을 유포하여, 臣이 은밀히 여러 羌族에게 알려서 돈과 재물로써 보상했다고 합니다. 만약 臣이 사사로운 재물로 주었다면 臣의 집안에는 擔石[30]이 없을 것이고, 만일 그들에게 준 물건이 관청에서 나왔다면 文簿를 보면 조사하기 쉽습니다.

또 설령 臣이 어리석고 미혹되어서 참으로 그들의 말과 같다 하더라도, 前代에도 匈奴에게 宮姬(궁중의 여인)를 보내주고, 烏孫에게 公主를 시집보냄으로써 진무하였습니다. 그런데 지금 臣이 다만 천만 錢을 비용으로 써서 배반한 羌族들을 회유했다면, 무슨 죄가 있겠습니까. 永初[31] 연간 이래로 장수가 출동한 것이 적지 않았는데, 군대가 전복된 것이 다섯 번이어서 걸핏하면 비용이 巨億이 되었습니다. 그런데도 이들 장수들은 군수품을 실은 수레를 돌려 봉함도 뜯지 않고 권문세가로 수송해서 명성을 이루고 功을 세워 관작과 봉지가 후하게 내려진 경우도 있습니다. 지금 臣이 本土(고향)로 돌아와 鄕里를 감독하면서 여러 郡을 규찰하여 탄핵해서 왕래를 끊고 친척을 버리고 옛 친구들을 욕보이니, 여러 사람이 臣을 비방하고 陰害하는 것은 진실로 당연한 것입니다."

規上疏自訟曰 臣이 前奏李翕等五臣의 支黨半國이요 所連及者 復有百餘①라 吏託報將之怨하고 子思復父之恥②하여 交構豪門하여 競流謗讟(독)하여 云 臣私報諸羌하여 讐以錢貨③라하니 若臣以

---

30) 擔石 : 적은 양의 곡식을 비유하는 말로, 擔은 1짐, 石은 1섬을 이른다.

31) 永初 : 安帝 때의 연호로, 107년부터 113년까지 사용되었다.

私財면 則家無擔石이요 如物出於官이면 則文簿易(이)考④라 就臣愚惑하여 信如言者⑤라도 前世尙遺匈奴以宮姬하고 鎭烏孫以公主⑥어늘 今臣이 但費千萬以懷叛羌이면 何罪之有리오 自永初以來로 將出不少어늘 覆軍有五하여 動資巨億이로되 有旋車完封하여 寫之權門하여 而名成功立하여 厚加爵封⑦하니이다 今臣이 還督本土하여 糾擧諸郡하여 絶交離親하고 戮辱舊故하니 衆謗陰害는 固其宜也니이다

① 다섯 신하는 李翕, 孫儁, 張稟, 郭閎, 趙熹이다.
五臣, 李翕・孫儁・張稟・郭閎・趙熹.
② 郡守를 郡將이라 한다.
郡守, 謂之郡將.
③ 讐는 갚음이다.
讐, 償也.
④ 擔은 儋과 통하고 혹 甔으로도 쓰니, 都濫의 切이다. 蘇林이 말하기를 "齊나라 사람은 작은 병을 이름하여 儋이라 하니, 2斛들이이다." 하였다. 晉灼이 말하기를 "石은 말섬이다." 하였다.[32)]
擔, 通作儋, 或作甔, 都濫切. 蘇林曰 "齊人, 名小罌爲儋, 受二斛." 晉灼曰 "石, 斗石也."
⑤ 就(설령……일지라도)는 縱若이란 말과 같다.
就, 猶言縱若.
⑥ 元帝는 王昭君을 呼韓邪單于(호한야선우)에게 하사하였고, 武帝는 江都王 劉建의 딸 細君을 烏孫王 昆莫에게 시집보냈다.
元帝以王昭君賜呼韓邪單于, 武帝以江都王建女細君妻烏孫王昆莫.
⑦ "覆軍有五"는, 鄧隲(등즐)이 冀西에서 패하고, 任尙이 平襄에서 패하고, 司馬鈞이 丁奚城에서 패하고, 馬賢이 射姑山(야고산)에서 패하고, 趙沖이 鸇陰河(전음하)에서 패한 것을 이른다. 寫는 수송함이니, 〈"旋車完封 寫之權門"은〉 조정에서 군대에 공급했던 금과 폐백을 봉함과 표지를 뜯지 않고 곧바로 權門勢家에게 수송함을 이른다.
覆軍有五, 謂鄧隲敗於冀西, 任尙敗於平襄, 司馬鈞敗於丁奚城, 馬賢敗於射姑山, 趙沖敗於鸇陰河. 寫, 輸也. 言以朝廷供軍之金幣, 不發封識(지), 而輸之權門也.

【目】 황제는 마침내 皇甫規를 불러 다시 議郎을 제수하고, 功을 논하여 마땅히 봉하려 하였다. 徐璜과 左悺이 황보규에게서 뇌물을 받고자 하였으나 황보규가 끝내 응하지 않으니, 서황 등은 예전의 일로 모함해서 황보규를 獄吏에게 회부하였다.

황보규의 官屬들이 세금을 거두어 〈서황과 좌관에게 주고〉 사례하여 석방을 청하고

32) 蘇林이……하였다 : 이 내용은 ≪史記集解≫ 〈淮陰侯列傳〉의 註에 보이며, ≪資治通鑑≫ 註에는 '蘇林'이 '應劭'로 되어 있다.

자 하였으나 황보규가 맹세하고 듣지 아니하여, 마침내 논죄를 당하고 左校에서 노역을 하게 되었다. 여러 公과 太學生 張鳳 등 300여 명이 대궐에 나아가 하소연하였는데, 마침 사면되어 집으로 돌아갔다.

帝乃徵規하여 還拜議郎하고 論功當封이러니 而徐璜, 左悺이 欲從規求貨호되 規終不答하니 璜等이 陷以前事하여 下吏①라 官屬이 欲賦斂請謝어늘 規誓而不聽하고 遂論輸左校하니 諸公及太學生張鳳等三百餘人이 詣闕訟之러니 會에 赦하여 歸家하다

① "前事(예전의 일)"는 바로 〈황보규가 羌族에게 돈과 재물을 주어 거짓 항복하게 했다고〉 모함하고 비방한 일이다.
前事, 卽誣毁之事也.

癸卯年(163)

【綱】 漢나라 孝桓皇帝 延熹 6년이다. 여름 5월에 鮮卑가 遼東 지방을 침략하였다.

六年이라 夏五月에 鮮卑寇遼東하다

【綱】 가을에 武陵의 蠻族이 다시 배반하자 郡의 군대가 토벌하여 평정하였는데, 馮緄이 죄에 걸려 면직되었다.

秋에 武陵蠻이 復反이어늘 郡兵이 討平之러니 馮緄이 坐免[33]하다

【目】 7월에 武陵의 蠻族이 다시 배반하니, 환관이 평소 馮緄을 미워하였는데, 군대가 돌

---

33) 坐免 : "坐라는 것은 죄에 걸려서는 안 되는 경우이다. 皇甫規가 羌族을 격파하여 항복시켰다고 연달아 쓰고 뒤이어 논죄를 당하여 左校에서 노역하였다고 썼으며, 또 馮緄이 여러 蠻族을 토벌하여 항복시켰다고 쓰고 뒤이어 죄에 걸려 면직되었다고 썼으니, 환관들의 방종과 횡포가 심하다. 이를 쓴 것은 漢나라를 나쁘게 여긴 것이다.〔坐也者 不當坐者也 連書皇甫規破羌降之 繼書論輸左校 又書馮緄討諸蠻降之 繼書坐免 宦官之縱橫甚矣 書病漢也〕" ≪書法≫
"段熲은 羌族을 격파하였는데 소환되어 하옥되었고, 皇甫規는 羌族을 항복시켰는데 논죄를 당하여 左校로 보내졌고, 馮緄은 蠻族을 평정하였는데 얼마 후에 또한 죄에 걸려 면직되었다. 漢나라 조정의 賞과 罰이 이와 같으니, 諸賢들이 비록 서로 힘을 다하고자 하나 어찌 구원할 수 있었겠는가.〔段熲破羌 召還下獄 皇甫規降羌 論輸左校 馮緄平蠻 尋亦坐免 漢朝賞罰如此 諸賢雖欲相與戮力 其能救乎〕" ≪發明≫

아오자 盜賊이 다시 나타났다 하여 풍곤을 면직시켰다.

七月에 武陵蠻이 復反하니 宦官이 素惡(오)馮緄이라 以軍還에 盜賊復發이라하여 免之하다

【綱】 겨울 10월에 上이 廣成苑에서 校獵을 하고 마침내 上林苑에 이르렀다.

冬十月에 上이 校獵廣成하고 遂至上林苑하다

【目】 陳蕃이 上疏하여 다음과 같이 諫하였다.

"평안한 때에도 놀고 사냥하는 데에는 마땅히 절도가 있어야 하는데, 더구나 지금 세 곳이 빈 재앙이 있는 경우이겠습니까. 田野가 비고 朝廷이 비고 倉庫가 비었습니다. 게다가 兵戎(전쟁)이 아직 끝나지 않았고 四方의 백성이 離散되니, 이는 陛下께서 애를 태우고 근심 어린 얼굴로 앉아서 날이 새기를 기다리셔야 할 때입니다. 어찌 깃발을 드날리고 무용을 빛내어서 수레와 말이 달리는 것을 구경하는 데 마음을 치달릴 수 있겠습니까. 또 지난 가을비가 많이 내려서 백성들이 이제야 보리를 심고 있는데, 이제 보리의 파종을 권장할 때를 놓치고 백성들로 하여금 짐승을 몰고 길을 닦는 노역에 종사하게 하니, 聖賢이 백성을 근심하여 구휼하는 本意가 아닙니다."

글을 아뢰었으나 황제는 살펴보지 않았다.

陳蕃이 上疏諫曰 安平之時에도 遊畋(전)宜有節이온 況今有三空之戹(액)哉[①]잇가 田野空하고 朝廷空하고 倉庫空이니이다 加之兵戎未戢하고 四方離散하니 是陛下焦心毁顔하여 坐以待旦之時也[②]라 豈宜揚旗曜武하여 騁心輿馬之觀乎잇가 又前秋多雨하여 民始種麥이어늘 今失其勸種之時하고 而令給驅禽除路之役하니 非聖賢恤民之意也니이다 書奏에 不省하다

① 戹은 재앙이다.
戹, 災也.

② "毁顔"은 얼굴에 근심스러운 빛이 있음을 이르니, 황제가 臣民의 위에 군림하여 〈정치를 잘못해서〉 얼굴을 들 수 없는 것이다.
毁顔, 謂面有憂色, 臨于臣民之上, 無以爲顔也.

【綱】 12월에 周景을 司空으로 삼았다.

十二月에 以周景爲司空하다

【目】 이때 환관이 한창 熾盛하여 그들이 保任한 사람이 여러 지위에 가득하였다. 周景은 太尉 楊秉과 함께 다음과 같이 上言하였다.

"內外의 관리들이 대부분 적임자가 아닙니다. 옛 법에 中臣(환관)의 子弟들은 지위에 거할 수가 없었으니, 모두 파면할 것을 청합니다."

황제가 그 말을 따랐다. 이에 牧, 守 이하 50여 명을 조목조목 아뢰어서 혹은 죽게 하거나 혹은 면직시키니, 천하가 肅然해졌다.

時에 宦官이 方熾하여 任人이 充塞列位①라 景이 與太尉楊秉으로 上言②호되 內外吏職이 多非其人이라 舊典에 中臣子弟 不得居位하니 請皆斥罷하노이다 帝從之하다 於是에 條奏牧守以下五十餘人하여 或死, 或免하니 天下肅然하다

① 任(보증하고 천거하다)은 保任을 이른다.
任, 謂保任.
② 周景은 周榮의 손자이다.
景, 榮之孫也.

【綱】 張奐을 度遼將軍으로 삼고, 皇甫規를 使匈奴中郎將으로 삼았다.

以張奐爲度遼將軍하고 皇甫規爲使匈奴中郎將하다

【目】 처음에, 張奐이 梁冀의 옛 관리라는 죄에 걸려서 면직되고 禁錮를 당하니, 옛 친구들이 모두 감히 그를 위하여 말하지 못하였으나, 오직 皇甫規가 전후로 일곱 번 上書하여 그를 천거하였다. 황보규가 度遼將軍이 되어 진영에 부임한 지 몇 달 만에 上書하여 장환을 천거하기를 "재주와 지략이 겸하여 넉넉하니 마땅히 元帥에 합당합니다. 臣은 冗官으로 장환의 副가 되기를 원합니다." 하니, 황제가 그의 말을 따랐다.

初에 張奐이 坐梁冀故吏하여 免官禁錮하니 凡諸交舊 莫敢爲言호되 惟規薦擧前後七上①이러니 及規爲度遼將軍하야 到營數月에 上書薦奐호되 才略兼優하니 宜正元帥라 自乞冗官으로 以爲奐副라하니 從之②하다

① 爲(위하다)는 去聲이다.
爲, 去聲.
② 元帥는 度遼將軍을 이른다.
元帥, 謂度遼將軍也.

【綱】段熲을 護羌校尉로 삼았다.

以段熲爲護羌校尉하다

【目】西州의 관리와 백성 중에 대궐문을 지키면서 段熲을 위하여 억울함을 하소연하는 자가 매우 많았다. 마침 羌族이 더욱 熾盛하여 涼州가 거의 망하게 되자, 마침내 다시 단경을 校尉로 삼았다.

西州吏民이 守闕하여 爲段熲訟寃者 甚衆이라 會에 羌益熾하여 涼州幾亡이어늘 乃復以熲爲校尉하다

【綱】尙書 朱穆이 卒하였다.

尙書朱穆이 卒[34]하다

【目】朱穆은 환관들이 제멋대로 專橫하는 것을 미워하여 다음과 같이 上疏하였다.

"漢나라의 故事를 살펴보면 中常侍를 선발할 때 선비도 참여하게 하였는데, 建武[35] 연간 이후에 마침내 모두 환관을 선발하였습니다. 延平[36] 연간 이래로 환관들이 점점 더욱 높아지고 현달해서, 권세가 海內를 압도하고 총애와 부귀가 끝이 없어서 지나치게 방종하고 교만하여 물고기를 잡고 사냥하듯 백성들에게 苛斂誅求를 하고 있습니다. 臣은 생각하건대 모두 파면하고 다시 海內의 깨끗하고 순박한 선비로서 국가의 체통을 밝게 통달한 자를 선발해서 그 빈자리를 補任해야 합니다."

황제가 받아들이지 않았다.

朱穆이 疾宦官恣橫하여 上疏曰 案漢故事에 中常侍參選士人이러니 建武以後에 乃悉用宦者하니이다 自延平以來로 浸益貴盛하고 權傾海內하여 寵貴無極하여 放濫驕溢하여 漁食百姓①하니 臣以爲可悉罷省(파생)하고 更選海內淸淳之士明達國體者하여 以補其處니이다 不納하다

① "漁食"은 물고기를 잡고 사냥을 하듯 관리들이 백성들에게 가렴주구하는 것을 말한다.

---

34) 尙書朱穆卒 : "尙書 중에는 卒했다고 쓴 자가 있지 않은데 朱穆에게 卒이라고 쓴 것은 어째서인가. 어질게 여겼기 때문이다. 환관이 제멋대로 專橫을 하자, 주목이 분하여 등창이 나서 죽었으므로 특별히 쓴 것이다.〔尙書未有書卒者 卒朱穆 何 賢也 宦官恣橫 穆憤發疽而卒 故特書之〕" ≪書法≫

35) 建武 : 漢 光武帝 재위 1년(25)부터 31년(56)까지의 연호이다.

36) 延平 : 漢 安帝 원년(106)의 연호이다.

漁食, 言掊克其民, 若漁獵然.

【目】 朱穆은 뒤에 다시 다음과 같이 口頭로 아뢰었다.

"臣이 듣건대, 漢나라의 옛 법에 侍中과 中常侍 각각 한 사람을 두어서 尙書의 일을 살피게 하고, 黃門侍郎 한 사람은 문서와 奏章을 전달하고 발부하게 하였는데, 모두 世家와 貴族 출신을 등용하였습니다. 그런데 和熹太后[37)]가 女主로서 수렴청정한 뒤로부터 公卿들을 접견할 수 없어서 이에 내시를 常侍와 小黃門으로 삼아 두 宮(황제와 태후의 궁)에 명령을 통하였습니다. 이로부터 이래로 그들의 권세가 군주를 압도하여 천하를 곤궁하게 하였으니, 마땅히 모두 파면하여 내보내고, 연로하고 덕이 높은 자를 널리 선발하여 政事에 참여하게 해야 합니다."

황제가 노하여 응답하지 않으니, 주목이 엎드리고 일어나려 하지 않았는데 左右에서 나가라는 詔命이 있다고 전하니, 오랜 뒤에야 마침내 종종걸음으로 떠나갔다. 이로부터 환관들이 자주 일이 있을 때마다 詔命이라고 칭하고 비방하니, 주목은 본래 강직하여 분을 견디지 못하고 등창이 나서 죽었다.

後에 復口陳曰 臣은 聞漢家舊典에 置侍中, 中常侍各一人하여 省尙書事하고 黃門侍郎一人은 傳發書奏호되 皆用姓族①이러니 自和熹太后以女主稱制로 不接公卿이라 乃以閹人爲常侍, 小黃門하여 通命兩宮하니이다 自此以來로 權傾人主하여 窮困天下하니 宜皆罷遣하고 博選耆儒宿德하여 與參政事니이다 帝怒하여 不應한대 穆이 伏不肯起어늘 左右傳出하니 良久에 乃趨而去②러라 自此로 中官이 數(삭)因事稱詔詆毁之하니 穆이 素剛이라 憤懣發疽卒하다

① 省은 살펴봄이다. 傳은 通함이다. "姓族"은 世家와 貴族을 이른다.
省, 覽也. 傳, 通也. 姓族, 謂大姓貴族.

② "傳出"은 詔命을 전하여 나가게 함을 이른다.
傳出, 謂傳詔令其出去.

甲辰年(164)

【綱】 漢나라 孝桓皇帝 延熹 7년이다. 봄 2월에 邟鄕侯(강향후) 黃瓊이 卒하

---

37) 和熹太后 : 和帝의 后妃인 鄧后로 中興功臣인 鄧禹의 손녀인데 용모가 아름답고 經傳에 통달하였다. 화제가 별세하고 어린 殤帝가 즉위하자 황태후가 되어 수렴청정을 하였으며, 상제를 이어 安帝가 즉위하자 다시 수렴청정을 하였는데, 仁政을 베푼 것으로 유명하다.

였다.

七年이라 **春二月**에 **邟鄕侯黃瓊**이 **卒**①하다

① 邟은 音이 亢이니, 邟鄕은 城의 이름으로 陽翟縣에 있다. 뒤에 邟縣으로 이름을 고쳐 潁川郡에 소속시켰다.
邟, 音亢. 邟鄕, 城名, 在陽翟縣, 後改爲邟縣, 屬(穎)〔潁〕[38]川郡.

【目】 **黃瓊**이 죽자 시호를 忠이라 하였다. 사방의 名士 중에 그의 장례에 모인 자가 6, 7천 명이었다.

처음에, 황경이 집에서 생도들을 가르칠 적에 徐穉가 그에게 배우면서 大義를 물었는데, 황경의 신분이 귀해지자, 서치는 그와의 왕래를 끊고 다시는 사귀지 않았다.

서치가 이때에 이르러 가서 조문하고 술잔을 올리고는 슬피 哭하고 떠나가니, 아무도 그를 알아보는 사람이 없었다. 여러 名士들이 말하기를 "반드시 徐孺子일 것이다." 하였다.

黃瓊

瓊이 **薨**에 **諡曰忠**이라하다 **四方名士會其葬者 六七千人**이러라 **初**에 **瓊**이 **敎授於家**할새 **徐穉從之**하여 **咨訪大義**러니 **及瓊貴**에 **穉絶不復交**라가 **至是**에 **往弔進酹**(뢰)하고 **哀哭而去**하니 **人莫知者**러라 **諸名士曰 必徐孺子也**①라하다

① 孺子는 徐穉의 字이다.
孺子, 穉字.

---

38) (穎)〔潁〕: 저본에는 '穎'으로 되어 있으나, ≪資治通鑑≫ 註에 의거하여 '潁'으로 바로잡았다.

【目】 이에 말을 잘하는 자인 陳留 사람 茅容을 뽑아서 경무장한 기병으로 쫓아가게 하였다. 모용이 徐穉를 위해 술을 받아주고 고기를 사주니, 서치가 그 술을 마시고 고기를 먹었다. 모용이 국가의 일을 묻자 서치는 대답하지 않았고, 다시 농사일을 묻자 서치가 그제야 대답하였다.

모용이 돌아와서 이것을 여러 사람들에게 말하자, 혹자가 말하기를 "더불어 말한 만한 사람인데도 더불어 말하지 않았으니, 孺子는 사람을 잃었구나."[39] 하였다.

그러나 太原 사람 郭泰는 다음과 같이 말하였다.

"그렇지 않다. 孺子의 사람됨은 청렴하고 고결하여 굶주려도 그에게 밥을 먹게 할 수 없고 추워도 그에게 옷을 입게 할 수가 없는데, 季偉를 위해서 술을 마시고 고기를 먹었으니, 이는 이미 계위의 어짊을 알았기 때문이다. 국가의 일에 대답하지 않았으니, 이는 그의 지혜로움은 다른 사람이 미칠 수 있고 그의 어리석음은 다른 사람이 미칠 수 없는 것[40]이다."

於是에 選能言者陳留茅容하여 輕騎追及이러니 爲沽酒市肉하니 穉爲飮食①이라 容이 問國家事한대 穉不答하고 更問稼穡한대 穉乃答之라 容이 還하여 以語諸人한대 或曰 可與言而不與言하니 孺子其失人乎인저 太原郭泰曰 不然하다 孺子之爲人이 淸潔高廉하여 飢不可得食(사)요 寒不可得衣②어늘 而爲季偉飮食하니 此爲已知季偉之賢故也③라 所以不答國事者는 是其智可及이요 其愚不可及也니라

① 爲(위하다)는 모두 去聲이니, 아래 '而爲'와 '欲爲', '爲制', '爲陳'의 爲도 똑같다. 飮食은 본음대로 읽는다.
  爲, 幷去聲, 下而爲・欲爲・爲制・爲陳同. 飮食, 如字讀.
② 食(밥)는 飼로 읽으니 아래 '食母'의 食도 같다. 衣(입히다)는 去聲이다.
  食, 讀曰飼, 下食母同. 衣, 去聲.
③ 季偉는 茅容의 字이다.

---

39) 더불어……잃었구나 : 이 내용은 ≪論語≫ 〈衛靈公〉의 "더불어 말할 만한데 더불어 말하지 않는다면 사람을 잃고, 더불어 말할 만하지 않은데 더불어 말한다면 말을 잃는다. 지혜로운 사람은 사람도 잃지 않고 또한 말도 잃지 않는다.〔可與言而不與之言 失人 不可與言而與之言 失言 知者 不失人 亦不失言〕"라고 한 孔子의 말씀을 인용한 것이다.

40) 그의 지혜로움은……것 : 이 내용은 ≪論語≫ 〈公冶長〉의 "〈甯武子는〉 나라에 道가 있으면 지혜로웠고 나라에 도가 없으면 어리석었으니, 그의 지혜로움은 미칠 수 있지만 그의 어리석음은 미칠 수 없다.〔邦有道則知 邦無道則愚 其知可及也 其愚不可及也〕"라고 한 孔子의 말씀으로, 이는 그의 지혜로움은 크게 높지 아니하여 다른 사람들이 따라갈 수 있지만 그의 어리석음은 경지가 매우 높아 다른 사람들이 도저히 따라갈 수 없음을 말씀한 것인바, 어리석음은 진짜 어리석은 것이 아니라 보통 사람들이 보기에 어리석다고 여김을 이른 것이다.

李偉, 容字.

郭泰

【目】 郭泰는 博學하여 談論을 잘 하였다. 처음 雒陽에서 遊學할 적에 당시 사람들이 알지 못하였는데, 陳留 사람 符融이 한 번 보고는 감탄하여 기이하게 여기고 인하여 河南尹 李膺에게 소개하니, 이응이 그와 더불어 벗이 되었다. 곽태가 뒤에 鄕里로 돌아갈 적에 여러 선비들이 黃河 가까지 전송하였는데 수레가 수천 대였다. 이응은 오직 곽태와 한 배를 타고 건너갔다.

泰博學하여 善談論이러니 初游雒陽에 時人이 莫識이어늘 陳留符融이 一見嗟異하고 因以介於河南尹李膺하니 膺이 與爲友①라 後歸鄕里에 諸儒送至河上하니 車數千兩이라 膺이 唯與泰同舟而濟②러라

① 符는 姓이다. 옛날 주인에게는 돕는 儐이 있고, 客에게는 돕는 介가 있었다. 介는 인함이니, 남의 도움으로 서로 接見함을 말한다.
符, 姓也. 古者, 主有儐, 客有介. 介者, 因也, 言因人以相接見也.

② 雒陽에서 太原으로 돌아가려면 황하를 건너 서북쪽으로 가야 한다.
自雒陽歸太原, 渡河而西北.

【目】 郭泰는 성품이 사람을 잘 알아보아서 선비들을 권장하여 가르치기를 좋아하였다. 茅容은 40세가 넘어 들에서 밭을 갈다가 여러 사람들과 나무 아래에서 비를 피할 적에, 다른 사람들은 모두 두 다리를 뻗고 걸터앉았는데, 모용은 홀로 무릎을 꿇고 앉았다. 곽태가 이 모습을 보고는 기이하게 여겨서 인하여 그의 집에 寓宿할 것을 청하였다.

아침에 모용이 닭을 잡아 어머니에게 올려 드시게 하고 나머지 반을 찬장에 두고는, 자신은 거친 채소를 가지고 손님과 함께 밥을 먹었다. 곽태가 말하기를 "그대는 다른

사람보다 크게 어질다. 나 郭林宗은 오히려 어버이에게 드릴 세 희생[41]을 줄여서 손님과 나그네에게 대접하는데, 그대는 이와 같이 하니, 바로 나의 벗이다." 하고는 일어나서 그와 마주하여 읍하고 학문에 종사할 것을 권하였다.

茅容

泰性明知人하여 好獎訓士類①라 茅容이 年四十餘에 耕於野하여 與等輩로 避雨樹下할새 衆皆夷踞어늘 容이 獨危坐②하니 泰見而異之하여 因請寓宿하다 旦日에 容이 殺鷄食(사)母호되 餘半庋(기)置하고 自以草蔬로 與客同飯③이어늘 泰曰 卿賢哉遠矣④라 郭林宗은 猶減三牲之具하여 以供賓旅어늘 而卿如此하니 乃我友也⑤라하고 起하여 對之揖하고 勸令從學하니라

① 獎은 권함이다.
獎, 勸也.

② 夷는 평평함이다. 踞는 걸터앉음이다. "危坐"는 옷깃을 반듯하게 하고 앞으로 바싹 다가가 앉음(무릎 꿇음)을 이른다.
夷, 平也. 踞, 蹲也. 危坐, 謂正襟盡前而坐.

③ 庋는 擧綺의 切이니, 판자로 閣(찬장)을 만들어 물건을 보관하는 것이다. 〈"餘半庋置"는〉 남은 반 마리의 닭을 찬장에 둠을 이른다. 草는 거칢이다. 飯은 먹음이다.
庋, 擧綺切, 板爲閣, 以藏物也. 謂以所餘半鷄, 置之於庋. 草, 粗也. 飯, 餐也.

④ '賢哉'라고 말하고 또 '遠矣'라고 말했으니, 보통 사람보다 크게 어짊을 말한 것이다.
旣言賢哉, 又言遠矣, 言其賢去常人, 甚遠.

⑤ 林宗은 郭泰의 字이다. "三牲之具"는 어버이를 봉양하기 위한 음식(성찬)을 이른다.
林宗, 泰字. 三牲之具, 謂養親之具也.

---

41) 세 희생 : 원문의 '三牲'은 세 가지 가축으로 소와 羊, 돼지를 이르는데, 옛날 이 세 가지를 제사의 희생으로 사용하였기 때문에 '三牲'이라 한 것이다.

【目】 鉅鹿 사람 孟敏이 시루를 메고 가다가 땅에 떨어뜨렸는데 돌아보지 않고 가니, 郭泰가 보고 물었다. 맹민은 대답하기를 "시루가 이미 깨졌습니다. 돌아본다고 무슨 유익함이 있겠습니까." 하니, 곽태는 그가 결단력이 있다고 여겨 그에게도 京師에서 遊學할 것을 권하였다.

鉅鹿孟敏이 荷甑墮地어늘 不顧而去①한대 泰見問之하니 對曰 甑已破矣라 視之何益이리오 泰以爲有分決이라하여 亦勸令遊學하니라

① 荷는 짊어짐이다. 甑(시루)은 子孕의 切이다.
荷, 負也. 甑, 子孕切.

【目】 陳留 사람 申屠蟠(신도반)은 옻칠하는 공인이었고, 鄢陵 사람 庾乘(유승)은 문을 지키는 군사였는데, 郭泰가 그들을 기이하게 여겼는바, 뒤에 모두 名士가 되었다. 그 나머지는 혹 가축을 도살하거나 술을 팔거나 군대의 졸병 출신이었으나, 곽태의 장려로 인하여 명성을 이룬 자가 매우 많았다.

혹자가 范滂에게 묻기를 "郭林宗은 어떠한 사람인가?" 하니, 범방이 대답하기를 "은둔하면서도 어버이를 떠나지 않고 바르면서도 세속을 끊지 않아서, 天子가 신하로 삼을 수 없고 諸侯가 벗으로 삼을 수 없으니, 나는 그 나머지는 알지 못한다." 하였다.

陳留申屠蟠이 爲漆工하고 鄢陵庾乘이 爲門士①어늘 泰奇之러니 後皆爲名士하고 自餘는 或出於屠沽卒伍로되 因泰獎進하여 成名者 甚衆이러라 或이 問范滂曰 郭林宗은 何如人고 滂曰 隱不違親하고 貞不絶俗하여 天子不得臣이요 諸侯不得友하니 吾不知其他②로라

① 蟠은 薄官의 切이다. 鄢陵縣은 潁川郡에 屬하였다. 乘은 石證의 切이다. "門士"는 바로 문을 지키는 병사이다.
蟠, 薄官切. 鄢陵縣, 屬潁川郡. 乘, 石證切. 門士, 卽門卒.

② "隱不違親"은 介之推(介子推)의 무리이다. ≪春秋左氏傳≫ 僖公 24년에 晉 文公이 자기를 따라 망명했던 자들에게 상을 줄 적에, 개자추가 祿俸을 말하지 않았고 녹봉이 또한 그에게 미치지 않았다. 그 어머니가 말하기를 "군주로 하여금 알게 하는 것이 어떻겠느냐?" 하니, 대답하기를 "말은 몸의 문채입니다. 이 몸이 장차 은둔하려 하는데, 문채를 내는 것이 어찌 필요하겠습니까. 이는 이름이 나기를 구하는 것입니다." 하였다. 그 어머니가 말하기를 "능히 이와 같이 할 수 있다면 내 너와 함께 은둔하겠다." 하고는 마침내 은둔하다가 죽었다. 註에 말하였다. "어머니와 아들이 함께 은둔하여 죽음에 이르러도 나오지 않은 것은, 이른바 어버이를 떠나지 않았다는 것이다."

"貞不絶俗"은 柳下惠의 무리이다. 유하혜가 말하기를 "너는 너이고 나는 나이니, 네가 비

록 나의 곁에서 옷을 벗고 전신을 노출한들 네가 어찌 나를 오염시킬 수 있겠는가."[42] 하였다. 그러므로 由由(悠悠)하게 그들과 함께 있어도 스스로 바름을 잃지 않아서 〈떠나가려 하다가도〉 남이 잡아당겨서 떠나가지 못하게 하면 떠나가지 않았으니, 이것이 바르면서도 세속을 끊지 않은 일이다.

隱不違親, 介之推之類. 左傳僖公二十四年, 晉文公賞從亡者. 介之推不言祿, 祿亦弗及. 其母曰 "亦使知之 若何." 對曰 "言, 身之文也. 身將隱, 焉用文之. 是求顯也." 其母曰 "能如是乎, 與女偕隱." 遂隱而死. 註曰 母子俱隱, 至死不出, 所謂不違親也. 貞不絶俗, 柳下惠之類. 柳下惠曰 "爾爲爾, 我爲我, 雖袒裼裸裎於我側, 爾焉能浼我哉." 故由由然與之偕, 而不自失焉, 援而止之而止, 此正不絶俗之事.

【目】郭泰는 道가 있는 사람으로 천거되었으나 벼슬길에 나아가지 않으니, 혹자가 出仕할 것을 권하였다. 곽태가 말하기를 "내 밤에 하늘의 象(천문)을 보고 낮에 사람의 일을 살펴보니, 하늘이 廢棄하는 바는 지탱할 수가 없다. 내 장차 한가로이 노닐면서 해를 마칠 뿐이다." 하였다.

그러나 여전히 京師를 오가며 사람들을 가르치고 유도하기를 그치지 않으니, 徐穉가 편지로 경계하기를 "큰 나무가 장차 쓰러지려 할 때에는 끈 하나로 동여맬 수 있는 것이 아니니, 어찌 세상을 연연하여 편안히 거처할 겨를이 없습니까." 하였다. 곽태가 감동하여 깨닫고 말하기를 "삼가 이 말에 절하여 師表로 삼겠다." 하였다.

泰擧有道로되 不就하니 或이 勸之仕한대 泰曰 吾夜觀乾象하고 晝察人事하니 天之所廢를 不可支也라 吾將優游卒歲而已①라하니라 然이나 猶周旋京師하여 誨誘不息하니 徐穉以書戒之曰 夫大木將顚에 非一繩所維니 何爲栖栖不遑寧處②리오 泰感悟曰 謹拜斯言하여 以爲師表호리라

① 支(지탱하다)는 持와 같다.
支, 猶持也.

② 顚은 넘어짐이고, 維는 동여맴이다. 〈"大木將顚 非一繩所維"는〉 세상이 장차 말세가 되어서 한 사람이 능히 구원할 수 있는 것이 아님을 비유한 것이다. 栖栖(연연하다)는 依依와 같다.
顚, 仆也. 維, 繫也. 喩時將衰季, 非一人所能救也. 栖栖, 猶依依也.

【目】濟陰 사람 黃允은 준걸스러운 재주로 이름이 알려져 있었는데, 郭泰가 보고 그에게 말하기를 "그대는 높은 재주가 보통 사람보다 뛰어나니 충분히 큰 그릇을 이룰 수 있다. 그러나 마땅히 스스로 몸을 바르게 지켜야 하니, 그렇지 않으면 장차 잃게 될 것이다."

---

42) 유하혜가……있겠는가 : ≪孟子≫ 〈萬章 下〉에 보인다.

하였다.

뒤에 司徒 袁隗(원외)가 從女(조카딸)를 위하여 혼처를 구하고자 하였는데, 황윤을 보고 감탄하기를 "이와 같은 사위를 얻으면 충분하다." 하였다. 황윤이 이 말을 듣고 자기 아내를 내쳐 보냈는데, 아내가 청하여 宗親들을 크게 모아놓고는 황윤의 숨겨진 악행을 열거하고 떠나갔다. 황윤은 이로 말미암아 세상에 버려져 등용되지 못하였다.

濟陰黃允이 以儁才知名①이러니 泰見而謂曰 卿이 高才絶人하니 足成偉器어니와 然當深自匡持니 不然이면 將失之矣리라 後에 司徒袁隗 欲爲從女求姻②이러니 見允하고 歎曰 得壻如是足矣로라 允이 聞而黜遣其妻③러니 妻請大會宗親하고 數允隱慝而去하니 允이 由是廢④하다

① 儁은 子悛의 切이니, 지혜가 1,000명을 뛰어넘는 것을 儁이라 한다.
 儁, 子悛切, 智過千人曰儁.
② 袁隗는 袁安의 曾孫이다. 從(혈통은 같으나 直系가 다른 친족)은 才用의 切이다.
 隗, 安之曾孫也. 從, 才用切.
③ 黃允의 妻는 夏侯氏였는데, 황윤이 아내를 내치고 袁氏 집안의 사위가 되고자 한 것이다.
 允妻夏侯氏, 允黜其妻, 欲婿于袁也.
④ 數(하나하나 열거하다)는 上聲이다. 慝은 惡이다.
 數, 上聲. 慝, 惡也.

【目】 처음에 黃允이 漢中 사람 晉文經과 함께 자신의 재주와 지혜를 믿고서 조정과 卿大夫들의 徵辟[43]에 나아가지 않고, 京師에서 병을 치료한다고 칭탁하고는 賓客을 접견하지 않았다. 이에 公卿과 大夫가 門生을 보내어 문병을 하였고, 郞의 관리가 그 문 앞에 뒤섞여 앉아 있었다. 또 三公이 선비를 불러 관직을 제수할 때마다 번번이 이들을 방문하여 자문을 구하였다.

符融이 李膺에게 이르기를 "이들 두 사람은 操行과 功業이 알려진 것이 없는데도 豪傑로 자처하여, 마침내 公卿으로 하여금 문병하게 하고 왕의 신하로 하여금 문에 앉아 있게 한다. 나는 이들이 작은 道로 義를 파하고 헛된 명성이 실제와 어긋날까 두려우니, 특별히 살피시오." 하니, 이응이 그의 말을 옳게 여겼다. 뒤에 두 사람 모두 罪로 버려져 등용되지 못하였다.

初에 允이 與漢中晉文經으로 恃其才智하여 徵辟不就하고 託言療病京師하여 不通賓客하니 公卿

43) 조정과……徵辟 : 徵辟은 布衣를 불러 出仕하게 하는 것인데, 조정에서 부르는 것을 徵, 三公 이하가 부르는 것을 辟(辟召)이라 한다.

大夫 遣門生問疾하고 郎吏雜坐其門이라 三公辟召에 輒以訪之[①]하니 符融이 謂李膺曰 二子行業無聞이어늘 以豪傑自置하여 遂使公卿問疾하고 王臣坐門[②]하니 融이 恐其小道破義하고 空譽違實하노니 特宜察焉이니라 膺이 然之러니 後에 幷以罪廢하다

① ≪資治通鑑≫에는 "郎의 관리가 그의 문 앞에 뒤섞여 앉아 있어도 그들을 만날 수가 없었으며, 三公이 선비를 불러 辟召할 때마다 번번이 이들을 방문하여 자문을 구해서 이들이 포폄하는 말을 따라 인정해주기도 하고 인정해주지 않기도 했다." 하였다.
通鑑 "郎吏雜坐其門, 猶不得見. 三公所辟召者, 輒以詢訪之, 隨所臧否(비), 以爲與奪."

② 行(행실)은 去聲이니, 아래 '至行'의 行도 같다.
行, 去聲, 下至行同.

【目】 陳留 사람 仇香이 지극한 행실(효행)이 있으나 순수하고 침묵하니, 鄕黨에 그를 알아주는 자가 없었다. 40세에 蒲亭의 長이 되어 백성들에게 生業을 권장하고, 백성들을 위하여 科令(법령)을 만들고 子弟들로 하여금 就學하게 하였으며 곤궁한 자들을 구휼하니, 1년 만에 크게 교화가 되었다.

백성 중에 陳元이 홀어머니와 살고 있었는데, 어머니가 구향에게 찾아와서 진원의 불효를 고발하였다. 구향이 놀라 다음과 같이 말하였다.

"내 近日 진원의 집을 방문했을 적에, 거처하는 집이 정돈되었고 제때에 밭을 갈고 김을 매었으니, 이 사람은 나쁜 사람이 아니요 마땅히 敎化가 지극하지 못해서일 것입니다. 어머니가 과부로 절개를 지키면서 어린 아들을 기르느라 고생하며 늙으셨는데, 어찌 하루아침의 분노로 여러 해의 수고를 버린단 말입니까. 또 어머니가 남편이 남겨둔 어린 고아를 제대로 길러서 성취시키지 못했으니, 만약 죽은 남편이 이것을 안다면 百歲의 뒤에 마땅히 어떻게 죽은 남편을 만나겠습니까."

어머니가 이 말을 듣고는 눈물을 흘리면서 일어났다. 구향이 마침내 직접 진원의 집에 찾아가서 진원을 위하여 人倫을 말해주고 禍福으로 타이르니, 진원이 감동하고 깨달아서 끝내 孝子가 되었다.

陳留仇香이 至行純嘿하니 鄕黨에 無知者러니 年四十에 爲蒲亭長[①]하여 勸人生業하고 爲制科令하고 令子弟就學하고 賑邺窮寡하니 朞年에 大化라 民有陳元이 獨與母居러니 母詣香하여 告元不孝한대 香이 驚曰 吾近日過元舍에 廬落整頓하고 耕耘以時하니 此非惡人이요 當是敎化未至耳로다 母守寡養孤하여 苦身投老하니 奈何以一旦之忿으로 棄歷年之勤乎아 且母養人遺孤하여 不能成濟하니 若死者有知면 百歲之後에 當何以見亡者오 母涕泣而起어늘 香이 乃親到元家하여 爲

陳人倫하고 譬以禍福한대 元이 感悟하여 卒爲孝子하니라

① 仇는 姓이다. 蒲亭은 陳留郡 考城縣에 있다.
仇, 姓也. 蒲亭, 在陳留郡考城縣.

【目】 考城縣令 王奐이 仇香을 主簿로 임용하고, 그에게 이르기를 "듣건대 蒲亭에 있을 적에 陳元에게 형벌을 가하지 않고 교화시켰다 하니, 매와 새매의 뜻이 부족한 것이 아닌가." 하였다. 구향이 말하기를 "매와 새매가 난새와 봉황만 못하다고 여겼기 때문에 하지 않은 것입니다." 하였다. 왕환이 말하기를 "탱자나무와 가시나무는 난새와 봉황이 앉을 곳이 아니요, 100리는 大賢이 갈 길이 아니다." 하고는, 마침내 한 달 봉급을 구향에게 주어서 太學에 들어가게 하였다.

考城令王奐이 署香主簿하고 謂之曰 聞在蒲亭에 陳元不罰而化라하니 得無少鷹鸇之志邪①아 香曰 以爲鷹鸇不若鸞鳳이라 故로 不爲也로이다 奐曰 枳棘은 非鸞鳳所集이요 百里는 非大賢之路②라하고 乃以一月奉資香하여 使入太學③하다

① ≪春秋左氏傳≫ 文公 18년에 "군주에게 無禮한 자를 보면 주벌하기를 매와 새매가 새와 참새를 쫓듯이 한다." 하였다.
左傳 "見無禮於君者誅之, 如鷹鸇之逐鳥雀也."

② 枳(탱자나무)는 掌氏의 切이니, 나무가 귤나무와 유사하다. 棘은 작은 대추나무로 叢生한다. 이때 王奐이 縣令이었으므로 자신을 百里[44]라 칭하였다.
枳, 掌氏切, 木似橘. 棘, 小棗叢生者. 時奐爲縣令, 故自稱百里也.

③ 奉(봉급)은 俸으로 읽는다.
奉, 讀曰俸.

【目】 仇香은 符融과 집이 나란히 있었는데, 부융은 손님들이 방에 가득하였으나 구향은 항상 자신의 몸가짐을 지켰다. 부융이 그에게 이르기를 "지금 영웅이 사방에서 모이니, 뜻 있는 선비와 교제하여 긴밀한 관계를 맺을 시기입니다." 하자, 구향이 정색하며 말하기를 "天子가 太學을 설치한 것이 어찌 다만 사람들로 하여금 그 가운데서 놀고 이야기하게 하려는 것이겠습니까." 하고는, 〈두 손을 모아〉 높이 읍하고 떠나갔다.

부융이 이 사실을 郭泰에게 말하자, 곽태가 부융의 소개로 구향의 房에 찾아가서 그를 만나보고는, 감탄하고 일어나 床 아래에서 절하며 말하기를 "君은 나의 스승이지, 나

---

44) 百里 : 한 縣의 관할 범위가 百里였으므로, 百里는 縣의 대칭으로 쓰였다.

의 벗이 아닙니다." 하였다.

구향은 비록 편안히 거처할 때에도 반드시 의복을 整齊하였고, 妻子는 그를 섬기기를 嚴君(아버지)과 같이 하였다. 처자에게 잘못이 있으면 冠을 벗고 자책하니, 처자는 뜰에서 사죄하며 자신들의 잘못을 생각하다가 구향이 冠을 써야 비로소 堂에 올랐는데, 끝내 기뻐하고 노여워하여 목소리와 얼굴빛이 달라지는 것을 보지 못하였다. 구향은 조정과 卿大夫들의 徵辟에 응하지 않고 집에서 별세하였다.

與符融比宇러니 融賓客盈室호되 香은 常自守①하니 融이 謂之曰 今英雄四集하니 志士交結之秋니라 香이 正色曰 天子設太學이 豈但使人遊談其中耶아하고 高揖而去하다 融이 以告郭泰한대 因就房謁之하고 泰嗟歎起하여 拜牀下曰 君은 泰之師요 非泰之友也로이다 香이 雖宴居나 必正衣服하고 妻子事之를 若嚴君②이러니 妻子有過어든 免冠自責하니 妻子庭謝思過하여 香冠이라야 妻子乃敢升堂하니 終不見其喜怒聲色之異러라 不應徵辟하고 卒於家하다

① "比宇"는 집이 나란히 이어져 있는 것이다.
比宇, 屋邊聯比也.

② "宴居"는 閑暇하여 일이 없는 때이다.
宴居, 閑暇無事之時.

【綱】 3월에 鄠縣(호현)에 운석이 떨어졌다.

三月에 隕石于鄠①[45]하다

① 鄠縣은 扶風에 속하였다.
鄠縣, 屬扶風.

【綱】 여름 5월에 우박이 내렸다.

◑夏五月에 雨雹하다

【綱】 荊州刺史 度尙이 桂陽의 艾縣에 있는 賊을 공격하여 평정하였다.

◑荊州刺史度尙이 擊桂陽艾縣賊하여 平之하다

---

45) 隕石于鄠 : "≪資治通鑑綱目≫에 隕石이 떨어졌다고 쓴 것이 12번이니, 이를 제외하고 쓴 적이 없는 것은 史官이 빠뜨린 것이다.〔綱目書隕石十有二 舍是無書者矣 史失之也〕" ≪書法≫

【目】度尙이 여러 蠻夷들을 모집하여 艾縣의 도적을 공격해서 대파하니, 항복한 자가 수만 명이었다. 예전부터 있던 桂陽의 도적인 卜陽과 潘鴻 등이 도망하여 깊은 산으로 들어가자, 도상이 그들의 주둔지 세 곳을 격파하여 진귀한 보물을 많이 얻었다.

도상은 끝까지 이들을 공격하고자 하였으나, 士卒들은 교만하고 부유하여 싸울 뜻이 없었다. 도상은 마침내 선언하기를 “병력이 적어서 전진할 수가 없다. 마땅히 여러 郡에서 징발한 군대가 모두 도착하기를 기다려서 힘을 합하여 공격해야 한다.” 하고는, 軍中에 거듭 명령하여 마음대로 활을 쏘고 사냥하게 하니, 병사들이 기뻐하여 모두 사냥하러 나갔다.

도상이 이에 은밀히 사람을 시켜서 자신의 진영에 불을 지르니, 사냥을 갔던 자들이 돌아와서 〈창고와 막사가 불에 탄 것을 보고〉 눈물을 흘리지 않는 이가 없었다. 도상은 한 사람 한 사람 위로하고 자신이 잘못하여 불을 냈다고 깊이 자책하고는, 이어서 말하기를 “복양 등의 재화와 보물은 충분히 그대들을 몇 대 동안 부유하게 할 수 있는데, 그대들이 다만 힘을 합하여 싸우지 않을 뿐이다. 이번에 화재로 잃은 것이 그리 많지 않으니, 어찌 개의할 것이 있는가.” 하니, 군사들이 모두 분발하여 기세가 등등하였다.

도상은 명령을 내려서 말에게 먹이를 먹이고 새벽밥을 먹고는, 다음 날 아침 곧바로 적의 주둔지로 달려갔다. 복양 등은 스스로 성벽이 깊고 견고하다고 생각해서 더 이상 대비책을 세우지 않고 있었는데, 官兵이 銳氣를 타고서 마침내 격파하여 평정하였다.

도상이 出兵한 지 3년 만에 여러 도적이 모두 평정되니, 도상에게 右鄕侯를 봉하였다.

度尙이 募諸蠻夷하여 擊艾縣賊하여 大破之하니 降者數萬①이라 桂陽宿賊卜陽, 潘鴻等이 逃入深山②이어늘 尙이 破其三屯하여 多獲珍寶라 欲遂擊之로되 而士卒驕富하여 莫有鬭志라 尙이 乃宣言 兵少하여 未可進이니 當須諸郡所發悉至하여 乃幷力攻之라하고 申令軍中하여 恣聽射獵③하니 兵喜皆出하다 尙이 乃密使人焚其營하니 獵者來還에 莫不泣涕라 尙이 人人慰勞하고 深自咎責④하고 因曰 陽等財寶 足富數世니 諸卿이 但不幷力耳라 所亡少少하니 何足介意리오하니 衆咸憤踊이라 尙이 勅令秣馬蓐食하고 明旦에 徑赴賊屯하니 陽等이 自以深固라하여 不復設備라 吏士乘銳하여 遂破平之하다 尙이 出兵三年에 群寇悉定하니 封右鄕侯하다

① 度는 姓이다.
度, 姓也.

② “宿賊”은 오랫동안 도적질을 한 자를 이른다.
宿賊, 言積久爲賊者.

③ 申은 거듭함이니, "申令"은 이미 명령을 내리고 거듭 말한 것이다.
申, 重也. 申令者, 旣下令而申言之.
④ 〈"深自咎責"은〉 불이 난 것을 스스로 허물하고 책망한 것이다.
以失火, 自咎責也.

【綱】 겨울 10월에 황제가 章陵에 행차하였다.

冬十月에 帝如章陵하다

【目】 이때 公卿과 貴戚들의 수레와 騎兵이 萬으로 헤아려졌고, 백성들에게 경비와 노역을 징수하고 요구한 것을 이루 다 헤아릴 수 없었다. 護駕從事인 胡騰이 아뢰기를 "天子는 밖이 없어서 乘輿가 행차하는 곳이 바로 京師가 되니, 臣은 원컨대 荊州刺史를 司隷校尉에 견주어주소서. 그리하면 臣이 스스로 都官從事와 똑같이 처리하겠습니다." 하니, 황제가 그의 말을 따랐다. 이로부터 〈扈從하는 신하들이〉 肅然해져서 백성들을 소요하게 하는 일이 없었다.

時에 公卿貴戚車騎萬計요 徵求費役을 不可勝極이라 護駕從事胡騰이 言[①]호되 天子는 無外하여 乘輿所幸이 卽爲京師[②]하니 臣請以荊州刺史로 比司隷校尉하소서 臣이 自同都官從事호이다 帝從之하니 自是로 肅然하여 莫敢干擾[③]러라

① 護駕從事는 荊州刺史가 車駕를 호위하라고 보낸 자이다.
護駕從事, 蓋荊州刺史所遣護車駕者也.
② ≪春秋公羊傳≫에 "王者는 밖이 없다." 하였다.
公羊傳曰 "王者無外."
③ 都官從事는 百官 중에 법을 범한 자를 살피고 탄핵하는 일을 주관한다. 荊州刺史는 자기 部內의 郡縣을 살피고 탄핵할 수 있으나 扈從하는 신하를 살피고 탄핵할 수는 없다. 그러나 만약 司隷校尉에 견주면 호종하는 신하들의 간악함을 살피고 탄핵할 수 있다. 그러므로 〈호종하는 신하들이〉 숙연해진 것이다.
都官從事, 主察擧百官犯法者. 荊州刺史, 得察擧所部郡縣, 而不可得察擧扈從之臣, 若比司隷校尉, 則得察擧其姦, 故肅然也.

【目】 詔書를 내려 郎官으로 제수한 사람이 많았는데, 太尉 楊秉이 上疏하기를 "太微宮에 모여 있는 별을 이름하여 郎位라고 합니다.[46] 郎官은 들어와서는 宿衛를 받들고 나가

46) 太微宮에……합니다 : 황제 주위의 要職인 郎官을 비유적으로 표현한 것이다. 太微宮은 北斗星의

서는 백성을 다스리니, 마땅히 차마 하지 못하는(연연해하는) 은혜를 잘라내어 구하고 바라는 길을 끊어야 합니다." 하니, 이에 마침내 郞官의 제수를 중지하였다.

詔書多除人爲郞이어늘 **太尉楊秉**이 **上疏曰 太微積星**이 **名爲郞位**라 **入奉宿衛**하고 **出牧百姓**①하나니 **宜割不忍之恩**하여 **以斷求欲之路**니이다 **於是**에 **乃止**하다

① 積은 모임이다. ≪史記≫ 〈天官書〉에 "五帝座 뒤에 15개의 별이 모여 있는 것을 郞位라 한다." 하였다.
積, 聚也. 天官書曰 五帝座後, 聚一十五星曰郞位.

【綱】段熲이 當煎羌을 격파하였다.

段熲이 **擊當煎羌**하여 **破之**하다

【綱】12월에 황제가 還宮하였다.

◑**十二月**에 **還宮**하다

乙巳年(165)

【綱】漢나라 孝桓皇帝 延熹 8년이다. 봄 정월에 中常侍 左悺을 보내 苦縣에 가서 老子에게 제사하게 하였다.

八年이라 **春正月**에 **遣中常侍左悺**하여 **之苦縣**하여 **祠老子**①[47]하다

① 苦는 音이 戶이고, 또 本音대로 읽는다. 老子는 楚나라 苦縣 厲鄕曲 仁里 사람이다. 이름이 耳이고 字가 聃(담)이고 姓이 李이니, 周나라 守藏吏를 지냈다. 苦縣에 그의 神廟가 있기 때문에 나아가 제사한 것이다.
苦, 音戶, 又如字. 老子者, 楚苦縣厲鄕曲仁里人也. 名耳, 字聃, 姓李, 爲周守藏吏. 有神廟, 故就祠之.

남쪽에 있는 10개의 별로 황제의 거처를, 郞位는 太微宮 五帝座 뒤에 모여 있는 15개의 별로 낭관을 이른다.

47) 祠老子 : "군주가 道敎를 숭상함이 이로부터 시작되었으므로 삼가 쓴 것이다. 明年에는 濯龍宮에 친히 제사했다고 썼다.〔人主崇道敎始此 故謹書之 明年而有親祠濯龍之書矣〕" ≪書法≫

【綱】 이달 그믐에 일식이 있으니, 詔令을 내려 賢良하고 方正한 선비를 천거하게 하였다.

◑ 是月晦에 日食하니 詔舉賢良方正[48)]하다

【綱】 中常侍 侯覽이 파면되고 左悺이 자살하였으며, 具瑗을 강등하여 都鄕侯로 삼았다.

◑ 中常侍侯覽이 免하고 左悺이 自殺하고 貶具瑗하여 爲都鄕侯[49)]하다

【目】 侯覽의 아우 侯參이 益州刺史가 되어서 잔인하고 포악하고 탐욕을 부려서 여러 차례 부정하게 장물을 취한 것이 億으로 계산되었다. 楊秉이 아뢰어 檻車로 후삼을 불렀는데, 길에서 자살하였다. 양병이 인하여 다음과 같이 아뢰었다.

"臣이 옛 법을 살펴보니, 환관은 본래 궁중에서 使令을 맡고 밤중에 호위하는 책임을 맡았는데, 지금 외람되게 지나친 은총을 받아서 정사를 집행하고 정권을 장악하고 있습니다. 中常侍 후람의 아우 후삼이 탐욕스럽고 잔인한 元兇으로서 스스로 화와 멸망을 취하였으니, 후람은 자기 죄가 무거움을 알고 반드시 스스로 의심하는 마음이 있을 것입니다. 어리석은 臣은 생각하건대, 마땅히 후람을 급히 물리쳐서 本郡으로 돌려보내야 합니다."

侯覽弟參이 爲益州刺史하여 殘暴貪婪(람)하여 累臧億計라 楊秉이 奏檻車徵參하니 於道自殺하다

48) 日食 詔擧賢良方正 : "≪資治通鑑綱目≫에 쓴 367번의 日食 가운데 선비를 구했다고 쓴 것이 다섯 번인데, 桓帝가 두 번을 차지한다. 그러나 고친 바가 있다는 말을 듣지 못했으니, 그렇다면 또한 具文(형식적인 것)일 뿐이다.〔綱目書日食三百六十七 而書求士者五 帝居其二 然未聞有改焉 則亦具文而已矣〕" ≪書法≫

49) 中常侍侯覽……爲都鄕侯 : "세 환관의 죄가 드러났는데도 '以罪'를 쓰지 않은 것은 어째서인가. 죄가 오로지 세 환관에게만 있지 않았기 때문이니, 세 환관만 오로지 죄 주지 않은 것은 桓帝를 깊이 죄책한 것이다. 秦 始皇 이래로 환관에게 미혹된 자가 많았으나, 편당하고 비호하기를 桓帝와 같이 한 자는 있지 않았다. 그러므로 ≪資治通鑑綱目≫에서 桓帝의 篇에 처음에 梁冀를 쓰고 끝에 환관을 쓴 것이다. 환관에게 '自殺'을 쓴 것이 여기에서 시작되었고 '貶'을 쓴 것이 여기에서 시작되었다. ≪자치통감강목≫이 끝날 때까지 환관에게 '自殺'을 쓴 것이 두 번(左悺, 侯覽)이고, '貶'을 쓴 것이 두 번(具瑗, 白志貞)이고, '免'을 쓴 것이 두 번(石顯, 侯覽)이고, '削官'을 쓴 것이 세 번(程元振, 仇士良, 李敬寔)이다.〔三閹之罪著矣 不書以罪 何 罪不專在三閹也 不專罪三閹 所以深罪桓帝也 自秦皇以來 惑於宦閹者多矣 未有黨護之如桓帝者 故綱目於桓帝之篇 始則書梁冀 末則書宦官而已 宦官自殺始此 書貶始此 終綱目 宦官書自殺二(左悺侯覽) 書貶二(具瑗白志貞) 書免二(石顯侯覽) 書削官三(程元振仇士良李敬寔)〕" ≪書法≫ 都鄕侯에 대해서는 본서 96쪽 역주 11) 참조.

秉이 因奏曰 臣案舊典하니 宦官이 本任給使省闥하고 司昏守夜어늘 而今猥受過寵하여 執政操權하니이다 中常侍侯覽弟參이 貪殘元惡하여 自取禍滅하니 覽이 知釁重하고 必有自疑之意라 臣愚以爲覽을 宜急屛斥하여 送歸本郡이니이다

【目】 글을 아뢰자 尙書가 楊秉의 아전들을 불러 힐책하기를 "三公은 밖을 통솔하고 御史는 안을 살핀다. 그런데 지금 三公이 越權하여 황제를 가까이 모시는 관원을 아뢰었으니, 이는 經典과 漢나라 제도에 어느 것을 근거한 것인가? 공개적으로 자세히 대답하라." 하였다.

양병이 使者를 시켜 대답하기를 "≪春秋左氏傳≫ 僖公 24년에 '군주의 악을 제거함에는 오직 힘을 다할 뿐이다.' 하였고, 환관인 鄧通이 태만하자 丞相 申屠嘉가 불러 힐책하였으며, 漢代의 故事에 三公의 직책은 통솔하지 않는 바가 없습니다." 하니, 尙書가 더 이상 힐책하지 못하였다. 황제가 부득이 侯覽의 관직을 파면하였다.

司隷 韓縯이 인하여 左悺의 죄악과 그의 형인 太僕 左稱을 아뢰니 모두 자살하였고, 또 具瑗의 형 具恭의 장물죄를 아뢰니 구원을 都鄕侯로 강등시켰다.

書奏에 尙書召秉椽屬하여 詰之曰 三公은 統外하고 御史는 察內하니 今越奏近官이 經典, 漢制에 何所依據오 其開公具對①하라 秉이 使對曰 春秋傳曰 除君之惡은 唯力是視②라하고 鄧通懈慢에 申屠嘉召詰責之③하고 漢世故事에 三公之職이 無所不統이라하니 尙書不能詰이라 帝不得已免覽官하다 司隷韓縯이 因奏左悺罪惡及其兄太僕稱하니 皆自殺하고 又奏具瑗兄恭臧罪하니 瑗이 貶都鄕侯하다

① 〈"開公具對"는〉 공개적인 답변을 楊秉과 자세히 의논하여 回答하게 한 것이다.
令其開說, 與楊秉具以回對.
② ≪春秋左氏傳≫에 寺人(내시) 披의 말이 기재되어 있으니, 이는 經典에 근거한 것이다.
左傳, 載寺人披之言. 此, 經典也.
③ 이 일이 文帝 後元 2년(B.C. 162)에 보이니, 이는 漢나라 제도에 근거한 것이다.
事見文帝後二年. 此, 漢制也.

【綱】 皇后 鄧氏를 廢하고서 유폐하여 죽였다.

廢皇后鄧氏하여 幽殺之[50]하다

---

50) 廢皇后鄧氏 幽殺之 : "鄧后는 본래 근심으로 인하여 죽었는데, 어찌하여 죽였다고 썼는가. 桓帝를 심하게 여긴 것이다. 환제는 안에 총애하는 여인이 많았으니, 등후가 질투하고 시기하는 것은 보

【目】 황제에게 內寵(총애하는 여인)이 많았다. 鄧氏가 그녀들을 교만하게 대하고 시기하니, 廢하여 暴室로 보내자 근심으로 인하여 죽었다.

帝多內寵이라 鄧氏驕忌하니 廢送暴室한대 以憂死①하다

① ≪漢官儀≫에 "暴室은 掖庭 안에 있는데, 丞 한 사람이 있어 宮中의 婦人 중에 疾病이 있는 자를 주관한다. 그리고 皇后와 貴人 중에 죄가 있는 자도 이 暴室로 보내졌다." 하였다. 漢官儀曰 "暴室, 在掖庭內, 丞一人, 主宮中婦人疾病者. 其皇后・貴人有罪者, 亦就此室."

【綱】 詔令을 내려 李膺과 馮緄, 劉祐를 左校에서 노역하게 하였다.

詔李膺, 馮緄, 劉祐하여 輸作左校[51)]하다

【目】 宛陵 사람 羊元群이 北海郡에서 파직되었는데 贓物을 받은 것이 낭자하였고, 군청 측간에 기이하고 좋은 물건이 있으면 그것마저도 싣고 돌아갔다. 河南尹 李膺이 表文을 올려 그 죄를 조사하려 하니, 양원군이 환관들에게 뇌물을 써서 이응이 도리어 反坐[52)]에 걸렸다.

單超의 아우 單遷이 山陽太守가 되어서 죄를 짓고 옥에 갇혀 있었는데, 廷尉 馮緄이 고문을 하다가 그를 죽게 하니, 中官이 익명의 글을 돌려서 풍곤을 죄로 무함하였다.

中常侍 蘇康과 管霸가 천하의 좋은 田地와 아름다운 産業(재산)을 强占하고 있는데도 州郡이 감히 힐책하지 못하였다. 大司農 劉祐가 소재지에 公文書를 보내 科品(등급)에 따라 몰수하여 들였다.

이에 황제가 크게 노하여 세 사람을 모두 연좌시켜 논죄하여 左校에서 노역하게 하였다.

통 있을 수 있는 일인데, 폐하여 暴室로 보내 죽게 만들었으므로 심하게 여긴 것이다. ≪資治通鑑綱目≫에서 廢后를 죽였다고 쓴 것이 환제로부터 시작되었다. ≪資治通鑑綱目≫이 끝날 때까지 폐후를 죽였다고 쓴 것이 세 번인데, 晉나라 賈氏가 신하에게 폐위되어 살해된 것은 여기에 포함되지 않는다.〔鄧后本以憂死 則曷爲以殺書 甚帝也 帝多內寵 鄧后妬忌 恒也 而廢送暴室 以致其死 故甚之 綱目書殺廢后 自桓帝始 終綱目 廢后書殺三 晉賈氏爲臣所廢殺 不與焉〕" ≪書法≫

51) 輸作左校 : "논죄하여 노역하게 하였다고 쓴 것이 많으나, 詔라고 쓴 적이 있지 않았는데 詔라고 쓴 것은 어째서인가. 아직 獄事가 갖춰지지 않았다는 말이니, 이로써 환관들을 편당하여 비호하고 정직한 사람을 미워한 것이 모두 황제의 뜻에서 나온 것임을 알 수 있다. ≪資治通鑑綱目≫에서 詔令을 내려 노역하게 했다고 쓴 것이 두 번(李膺 등과 劉猛)이다.〔書論輸多矣 未有書詔者 書詔 何 未具獄之辭也 以見黨護閹宦 憎惡正人 皆出於帝意也 綱目書詔輸作二(李膺等劉猛)〕" ≪書法≫

52) 反坐 : 誣告를 한 사람에게 오히려 무고죄를 가하는 형벌을 이른다.

宛陵羊元群이 罷北海郡①하니 臧汙狼籍하고 郡舍溷軒有奇巧에 亦載以歸②어늘 河南尹李膺이 表按其罪하니 元群이 行賂宦官하여 膺이 竟反坐하다 單超弟遷이 爲山陽太守하여 以罪繫獄이어늘 廷尉馮緄이 考致其死③하니 中官이 飛章하여 誣緄以罪하고 中常侍蘇康, 管霸 固天下良田美業호되 州郡이 不敢詰④이어늘 大司農劉祐 移書所在하여 依科品沒入之하니 帝大怒하여 三人俱坐輸作左校하다

① 宛陵縣은 河南尹에 속하였다.
宛陵縣, 屬河南尹.
② 이리가 풀을 깔고 누웠다가 떠나가면 더럽고 어지러워지므로 물건이 雜亂한 것을 狼藉라 한다. 一說에 "이리는 탐욕스럽고 사나운 짐승이니, 물건을 모아만 놓고 정돈하지 않기 때문에 狼藉라고 칭한다." 하였다. "溷軒"은 측간이다.
狼藉草而臥, 去則穢亂, 故物之雜亂者, 謂之狼藉. 一說 "狼, 貪猛之獸, 聚物而不整, 故稱狼藉." 溷軒, 廁屋也.
③ 〈"考致其死"는〉 고문을 하다가 죄인을 죽게 한 죄에 이른 것이다.
考鞠而致其死罪也.
④ 固(견고히 지키다)는 强占과 같다.
固, 猶强占也.

【綱】 詔令을 내려 여러 淫祀를 없앴다.

詔壞諸淫祀하다

【目】 洛陽의 王渙과 密縣의 卓茂의 두 사당은 특별히 남겨두었다.

特留洛陽王渙, 密縣卓茂二祠하다

【綱】 여름 5월에 太尉 楊秉이 卒하니, 劉瑜를 議郎으로 삼았다.

夏五月에 太尉秉이 卒[53)]하니 以劉瑜爲議郎하다

---

53) 太尉秉 卒 : "楊秉에게 姓을 쓰지 않은 것은 글자를 빠뜨린 것이다. ≪資治通鑑綱目≫에 前漢과 後漢의 여러 신하가 卒했을 때에 姓을 쓰지 않은 것은 일반적인 칭호이지만 양병은 淸白하고 忠貞하여 大臣의 절개가 있었으니, 일반적인 칭호만을 따라서는 안 된다. 그러므로 글자를 빠뜨린 것임을 알 수 있다.〔秉不書姓 缺也 綱目兩漢諸臣卒 不書姓者恒稱也 秉淸白忠貞 有大臣節 不當止從恒稱 故知其缺也〕" ≪書法≫

【目】楊秉은 사람됨이 淸白하고 욕심이 적어서 일찍이 말하기를 "나는 세 가지 미혹되지 않는 것이 있으니, 술과 여색과 재물이다." 하였다. 양병이 별세하자, 그가 천거한 賢良인 劉瑜가 마침내 와서 다음과 같이 上書하였다.

"中官(환관)은 땅을 떼어 爵位를 전해주어서는 안 됩니다. 또 총애하는 여인들이 無爲徒食하여 백성에게는 폐해가 되고 국가에는 낭비를 초래합니다. 저택을 많이 짓고 기이함과 교묘함을 지극히 하여 산을 파서 돌을 다스릴 적에 엄한 형벌로 재촉하고, 州郡에서 일을 조사할 적에 뇌물이 공공연히 행해지니, 백성들의 시름이 쌓이고 맺혀서 향리를 떠나 도적의 徒黨에 들어가면 官에서 번번이 토벌합니다. 가난한 백성들은 혹 首級을 팔아 賞을 요구하고, 父兄들은 서로 대신하여 자신의 몸을 잔해하고, 처자식들은 서로 바라보며 흩어집니다. 폐하께서는 또 近習(환관)의 집에 微行하기를 좋아하시니, 〈환관의〉 賓客들이 交易을 하여[54] 이로 인해 포학하고 방종한 짓을 합니다.

바라건대 陛下께서는 言路를 널리 열고 前古의 일을 널리 살피시어, 아첨하고 간사한 사람을 멀리하고 鄭나라와 衛나라의 음탕한 음악을 추방하소서. 그리하시면 和平한 政事가 이루어질 것입니다."

詔令을 내려 재앙과 허물의 징조를 물으니, 집정자들은 유유로 하여금 그 말을 모호하게 하도록 하려고 마침내 다른 일로 바꾸어 策問하였는데, 유유의 대답이 더욱 간절하였다. 이에 議郞을 제수하였다.

秉은 爲人이 淸白寡欲하여 嘗稱我有三不惑하니 酒, 色, 財也라하니라 秉旣沒에 所擧賢良劉瑜乃至하여 上書言호되 中官은 不當裂土傳爵①이니이다 又嬖女冗食하여 傷生費國②하며 第舍增多하고 窮極奇巧하여 掘山攻石에 促以嚴刑하고 州郡考事에 公行賕賂하니 民愁鬱結하여 去入賊黨이어든 官輒誅討하니 貧民이 或賣首級以要賞이라 父兄이 相代殘身하고 妻孥相視分裂이니이다 陛下又好微行近習之家하시니 賓客市賈하여 因此暴縱이라 惟陛下開廣諫道하고 博觀前古하사 遠佞邪之人하고 放鄭衛之聲하시면 則政致和平矣③리이다 詔問災咎之證하니 執政者欲令瑜依違其辭하여 乃更(경)策以他事한대 瑜對愈切이라 拜爲議郞하다

① 順帝 陽嘉 4년(135)에 법령을 만들어 中官이 養子로 작위를 세습하는 것을 허락하였다. 順帝陽嘉四年, 著令, 聽中官以養子襲爵.

② 일 없이 먹는 것을 冗食이라 한다.

---

54) 賓客들이……하여 : 내용이 분명치 않다. ≪全譯 後漢書≫(漢語大詞出版社)에는 '市賈'를 "賓客商人由此十分放縱"으로 되어 있어 商人으로 풀이하였는바, 이 경우에는 '賓客市賈가'로 懸吐하여야 할 것이다.

無事而食, 謂之冗食.

③ "諫道"는 言路를 이른다.
諫道, 謂言路也.

【綱】 桂陽의 도적이 零陵을 공격하자, 度尙이 공격하여 참수하였다.

桂陽賊이 **攻零陵**이어늘 **度尙**이 **擊斬之**하다

【目】桂陽의 도적 胡蘭 등이 零陵을 공격하자, 太守 陳球가 굳게 지켰다. 掾史가 진구에게 집안 식구들을 피난 보내자고 아뢰자, 진구가 노하여 말하기를 "太守는 나라의 虎符를 나누어 가져 한 고을의 임무를 받았는데, 어찌 처자식을 돌보느라 국가의 위엄을 손상시키겠는가. 다시 말하는 자가 있으면 참형에 처하겠다." 하고는, 큰 나무에 활줄을 매어 활을 만들고 창에 깃털을 달아 화살을 만든 다음 활시위를 당겨 발사 장치에 걸어서 발사하니, 죽거나 부상한 적이 많았다. 적이 물을 격류시켜 성에 대자, 진구가 곧바로 성안에서 지형을 이용하여 역으로 물길을 돌려 터서 적에게 대었다.

서로 대치한 지 10여 일이 되었는데도 적이 성을 함락시키지 못하였다. 이때 度尙이 부름을 받아 〈京師에〉 돌아와 있었는데, 詔令을 내려 中郎將을 삼으니, 도상이 적을 토벌하여 참수하였다.

桂陽賊胡蘭等이 攻零陵이어늘 太守陳球固守러니 掾史白球하여 遣家避難한대 球怒曰 太守分國虎符하여 受任一方하니 豈顧妻孥而沮國威乎아 復言者는 斬호리라 乃弦大木爲弓하고 羽矛爲矢하여 引機發之하니 多所殺傷[①]이라 賊이 激流灌城이어늘 球輒於內에 因地勢하여 反決水淹賊하니 相拒十餘日에 不能下라 時에 度尙이 徵還한대 詔以爲中郎將하니 討擊斬之하다

① 引은 활시위를 당기는 것이다. 활을 발사하는 장치를 機라 한다.
引, 開弓也. 主發, 謂之機.

【目】다시 度尙을 荊州刺史로 삼았는데, 적의 잔당이 남쪽의 蒼梧로 달아나자 交趾刺史 張磐이 격파하니, 적이 다시 荊州로 들어갔다. 도상은 자신의 죄가 될까 두려워해서 "창오의 적이 荊州의 경내로 들어왔다."라고 거짓말하였다. 이에 장반을 불러들여 廷尉에게 회부하였다. 마침 사면이 되었으나, 장반은 옥에서 나가려 하지 않으며 말하기를 "나는 실로 죄가 없으니, 사면하여도 없앨 죄가 없다. 만약 이렇게 구차히 면한다면, 내

영원히 침해와 모욕을 받을 것이다." 하자, 이에 도상을 불러 대면하였다. 도상은 말이 궁하여 죄를 받게 되었는데, 먼저 功이 있다 하여 용서하였다.

復以尙爲荊州刺史러니 餘黨이 南走蒼梧어늘 交趾刺史張磐이 擊破之하니 賊이 復還入荊州하다 尙이 懼爲己負하여 乃僞言蒼梧賊이 入州界①라한대 於是에 徵磐下廷尉러니 會에 赦호되 磐이 不肯出하고 曰 磐實不辜하니 赦無所除라 如以苟免이면 永受侵辱이라한대 乃徵尙面對하니 辭窮受罪어늘 以先有功이라하여 原之하다

① 負는 罪責이니, 도적 떼를 다 죽이지 못한 것이 자신의 죄가 될까 두려워한 것이다.
負, 罪負也, 懼以不能盡滅群賊爲罪.

【綱】段熲이 西羌을 공격하여 격파하였다.

段熲이 擊西羌하여 破之하다

【目】段熲이 西羌을 격파하고 군대를 전진하여 끝까지 추격해서 산골짜기를 展轉하면서 봄부터 가을까지 싸우지 않는 날이 없으니, 오랑캐가 마침내 패하여 흩어졌다. 그리하여 2만 명의 수급을 베고 수만 명을 생포하고 1만여 부락을 항복시키니, 단경에게 都鄕侯를 封하였다.

段熲이 擊破西羌하고 進兵窮追하여 展轉山谷하여 自春及秋히 無日不戰하니 虜遂敗散이라 斬首二萬하고 獲數萬人하고 降萬餘落하니 封都鄕侯하다

【綱】가을 7월에 陳蕃을 太尉로 삼았다.

秋七月에 以陳蕃爲太尉하다

【目】陳蕃이 太常 胡廣과 議郎 王暢과 弛刑徒[55]인 李膺에게 太尉의 자리를 사양하였으나, 허락하지 않았다.

왕창은 王龔의 아들이다. 일찍이 南陽太守로 있을 적에 위엄을 떨쳐서, 큰 姓氏(豪族)들이 죄를 범하면 혹 아전을 시켜서 지붕을 파헤치고 나무를 베고 우물을 메꾸고 부엌을 평지로 만들기도 하니, 功曹 張敞이 다음과 같이 간하였다.

55) 弛刑徒 : 죄인의 목에 씌우는 항쇄와 발에 채우는 차꼬를 임시로 벗겨 부역시키는 무리를 이른다.

"지붕을 파헤치고 나무를 베는 것은 엄하고 혹독한 행위이니, 비록 악을 징계하고자 하나 널리 소문나게 하면 곤란합니다. 급박하게 형벌을 사용하는 것이 은혜를 행하는 것만 못하고, 부지런히 간악한 자를 색출하는 것이 현자를 예우하는 것만 못합니다. 舜임금이 皐陶(고요)를 등용하자 仁하지 못한 자가 멀리 사라졌으니,[56] 사람을 교화시키는 것은 덕에 있고 형벌을 사용함에 있지 않습니다."

왕창이 그의 말을 깊이 받아들여 다시 너그러운 정사를 숭상하니, 教化가 크게 행해졌다.

蕃이 讓於太常胡廣과 議郎王暢과 弛刑徒李膺이어늘 不許하다 暢은 龔之子也라 嘗爲南陽太守에 奮厲威猛하여 大姓有犯이면 或使吏發屋伐樹하고 堙(인)井夷竈①하니 功曹張敞이 諫曰 發屋伐樹는 將爲嚴烈이니 雖欲徵[57]惡이나 難以聞遠②이니이다 懇懇用刑이 不如行恩이요 孳孳求姦이 未若禮賢이라 舜擧皐陶에 不仁者遠하니 化人은 在德이요 不在用刑이니이다 暢이 深納其言하여 更崇寬政하니 教化大行하니라

① 〈"發屋伐樹 堙井夷竈"는〉 그 家業을 파괴한 것이다.
破其家業也.
② 聞(소문나다)은 音이 問이다.
聞, 音問.

【綱】 8월에 처음으로 田畝의 세금을 거두었다.

八月에 初斂田畝稅錢①[58]하다

56) 舜임금이……사라졌으니 : ≪論語≫ 〈顔淵〉의 "순임금이 천하를 소유했을 적에 여러 사람 중에 선발하여 皐陶를 등용하자, 不仁한 자가 멀리 사라졌다.〔舜有天下 選於衆 擧皐陶 不仁者遠矣〕"라고 한 孔子의 말씀을 원용한 것이다.

57) 徵 : '徵(징계하다)'은 '懲'과 통용된다. ≪後漢書≫에도 '徵'이 '懲'으로 되어 있다.

58) 初斂田畝稅錢 : "初라고 쓴 것은 어째서인가. 처음 시작한 것을 기록한 것이다. ≪資治通鑑綱目≫은 백성에게서 취하는 것을 重視하여 매번 삼가(신중하게) 그 일을 썼다. 이 때문에 高帝가 算賦를 만들자 初라고 썼고, 武帝가 술 파는 것을 전매하자 初라고 썼고, 桓帝가 田畝에 세금을 거두자 初라고 썼고, 晉 孝武帝가 백성들의 稅米를 증가시키자 初라고 썼고, 唐나라가 租·庸·調 제도를 정하자 初라고 썼고, 德宗이 兩稅法을 만들자 始라고 썼고, 間架와 陌錢에 대한 稅法을 행하자 初라고 썼고, 茶에 대한 세금을 부과하자 初라고 썼으니, 모두 그 처음 백성들에게서 취하는 것을 삼가 다룬 것이다.〔初者 何 志始也 綱目重取民 每謹書之 是故高帝爲算賦則書初 武帝榷酒酤則書初 桓帝斂田畝稅錢則書初 晉孝武增民稅米則書初 唐定租庸調則書初 德宗作兩稅則書始 行間架陌錢則書初 稅茶則書初 皆謹其始取民也〕" ≪書法≫ 間架는 唐나라 때 집의 間數에 따라 징수하던 가옥세이고 陌錢은 除陌錢이라 하는데 唐 德宗 시기의 잡세이다.

① 漢나라는 예전에 田租로 30분의 1을 세금으로 징수하였는데, 이랑 수를 계산하여 세금을 거둔 것이 이때부터 시작되었다.
漢田租三十稅一, 而計畝斂錢, 則自此始.

【綱】 9월에 지진이 있었다.

◑ 九月에 地震하다

【綱】 貴人 竇氏를 세워 皇后로 삼았다.

◑ 立貴人竇氏하여 爲皇后하다

【目】 采女인 田聖이 총애를 받아, 황제가 장차 그녀를 세워 황후로 삼으려 하였는데, 이때 竇融의 玄孫인 竇武의 딸 또한 貴人이었다. 陳蕃과 司隸校尉 應奉은 모두 田氏는 신분이 미천하고 竇氏는 良家 출신이라 하여 매우 강력히 諫爭하니, 황제가 부득이하여 두씨를 세우고 두무에게 特進의 벼슬을 제수하여 槐里侯를 封하였다.

采女田聖이 有寵이라 帝將立以爲后러니 時竇融之玄孫武有女하여 亦爲貴人이라 陳蕃及司隸應奉이 皆以田氏卑微하고 竇氏良家라하여 爭之甚固하니 帝不得已立竇氏하고 拜武爲特進하여 封槐里侯하다

【綱】 李膺을 司隸校尉로 삼았다.

以李膺爲司隸校尉하다

【目】 陳蕃이 李膺, 馮緄, 劉祐의 억울함을 자주 말하여 용서해줄 것을 청하면서 말이 진실로 간절하여 눈물을 흘리기까지 하였으나, 황제가 듣지 않았다. 이에 應奉이 다음과 같이 上疏하였다.

"忠賢과 武將은 나라의 심장과 척추와도 같은 중요한 인재이고, 정사를 세우는 요점은 功을 기억하고 잘못을 잊는 것입니다. 풍곤은 전에 蠻荊을 토벌할 적에 尹吉甫[59]와

59) 尹吉甫 : 周 宣王 때의 賢臣으로 자는 吉甫이고, 尹은 관직 이름인데 뒤에 氏가 되었다. 宣王이 오랑캐인 玁狁을 北伐하고 중흥의 업적을 이루는 데 큰 공을 세웠으며, 頌을 잘 지었다. ≪詩經≫ 〈大雅 烝民〉에 "윤길보가 誦詩를 지으니, 深遠하기 청풍과 같도다.〔吉甫作誦 穆如淸風〕"라고 보인다.

똑같은 功이 있었고, 유우는 자주 官司를 감독할 적에 강하다고 하여 토하고 부드럽다고 하여 삼키지 않는 절개[60]가 있었으며, 이응은 幽州와 幷州에 위엄이 드러나고 度遼將軍으로 있을 적에 백성들에게 仁慈한 사랑이 남아 있습니다. 지금 세 변방에 적들이 蠢動하는데 王의 군대가 떨치지 못하고 있습니다. 청컨대 이응 등을 용서하여 不虞의 사태에 대비하소서."

글을 아뢰자, 마침내 이응의 刑을 면제하였다. 오랜 뒤에 이응은 다시 司隸校尉에 제수되었다.

陳蕃이 **數**(삭)**言李膺, 馮緄, 劉祐之枉**하여 **請加原宥**하여 **誠辭懇切**하여 **以至流涕**호되 **帝不聽**하니 **應奉**이 **上疏曰 夫忠賢武將**은 **國之心膂**요 **立政之要**는 **記功忘失**이니이다 **緄**은 **前討蠻荊**에 **均吉甫之功**①하고 **祐**는 **數**(삭)**臨督司**에 **有不吐茹之節**②하고 **膺**은 **著威幽, 幷**하고 **遺愛度遼**③하니 **今三垂蠢動**하여 **王旅未振**④이라 **乞原膺等**하여 **以備不虞**하소서 **書奏**에 **乃悉免其刑**이러니 **久之**요 **李膺**이 **復拜司隸校尉**하다

① 馮緄은 順帝 때에 武陵과 長沙의 蠻夷를 토벌하여 功이 있었으므로 尹吉甫를 그에게 견준 것이다.
緄以順帝時, 討武陵·長沙蠻夷, 有功, 故以吉甫比之.

② 〈"有不吐茹之節"은〉 劉祐가 梁冀의 아우 梁旻을 탄핵하여 아뢰고, 또 司隸校尉가 되었을 적에 권세가 있는 자와 豪强한 자들이 두려워한 것을 말한다. ≪詩經≫ 〈大雅 烝民〉에 "부드러워도 삼키지 않고, 강하여도 토하지 않는다." 하였다.
謂祐奏梁冀弟旻, 又爲司隸校尉, 權豪畏之也. 詩曰"柔亦不茹, 剛亦不吐."

③ 李膺이 漁陽太守와 烏桓校尉로 있었으니 모두 幽州의 部內이다. 度遼將軍은 幷州의 部內에 주둔하니, 이곳은 바로 위엄이 드러나고 사랑이 남아 있는 지역이다.
膺爲漁陽太守·烏桓校尉, 皆幽部也. 度遼將軍, 則屯幷部, 是其著威遺愛之地.

④ "三垂"는 세 방위의 변방이다.
三垂, 三方邊垂也.

【目】 이때 小黃門 張讓의 아우 張朔이 野王令이 되어 탐욕스럽고 잔인하고 無道하였는데, 李膺의 위엄을 두려워하여 京師로 도망쳐 돌아와서 형(張讓)의 집의 合柱 안에 숨어 있었다. 이응이 관리와 병졸들을 거느리고서 즉시 기둥을 부숴 장삭을 잡아서 옥으로 보내 조사를 받자마자 즉시 죽였다.

60) 강하다고……절개 : 원문의 '不吐茹'는 '剛亦不吐 柔亦不茹(강하여도 토하지 않고 부드러워도 삼키지 않음)'를 줄여 쓴 것이다. ≪詩經≫ 〈大雅 烝民〉에서 仲山甫를 칭찬한 말로, 권문세가를 두려워하지 않고 약한 자를 업신여기지 않는 절개를 이른다.

장양이 억울함을 하소연하자, 황제가 이응을 불러 힐책하니, 이응이 다음과 같이 대답하였다.

"옛날 仲尼는 魯나라 司寇가 되신 지 7일 만에 少正卯를 주살하셨는데,[61] 지금 臣은 관직에 부임한 지 이미 열흘이 되었습니다. 죄인을 색출함이 지체되어 죄를 얻게 될까 내심 두려워했었는데, 뜻밖에 신속히 처리했다고 하여 죄를 얻었습니다. 저의 죄가 당장 죽어야 할 것임을 알고 있지만, 청컨대 5일을 유임하여 元惡을 섬멸하고 물러나 끓는 가마솥에 나아가고자 하오니, 바로 이것이 평소의 소원입니다."

황제가 장양을 돌아보고 말하기를 "네 아우의 죄이다. 司隸校尉에게 무슨 잘못이 있는가." 하니, 이로부터 환관들이 모두 몸을 굽히고 숨을 죽여서 휴일에도 감히 宮省을 나가지 못하였다. 황제가 그 이유를 물으니, 모두 머리를 땅에 두드리고 울며 말하기를 "李校尉를 두려워해서입니다." 하였다.

時에 小黃門張讓弟朔이 爲野王令하여 貪殘無道러니 畏膺威嚴하여 逃還京師하여 匿於兄家合柱中①이어늘 膺이 率吏卒하여 破柱取朔하여 付獄하여 受辭畢에 卽殺之하다 讓이 訴冤한대 帝召膺詰之하니 對曰 昔에 仲尼爲魯司寇七日而誅少正卯하시니 今臣到官이 已積一旬이라 私懼以稽留爲愆이러니 不意獲速疾之罪로이다 自知釁(흔)責이 死不旋踵이나 乞留五日하여 剋殄元惡하고 退就鼎鑊(확)이면 始生之願也니이다 帝顧讓曰 汝弟之罪니 司隸何愆고하니 自此로 諸宦官이 皆鞠躬屛氣하여 休沐에 不敢出宮省이라 帝問其故하니 幷叩頭泣曰 畏李校尉라하니라

① 野王縣은 河內郡에 속하였고, 河內郡은 司隸校尉의 部에 속하였다. 張朔은 李膺이 자신의 죄를 살피고 탄핵할까 두려워하였으므로 도망하여 京師로 돌아간 것이다. 合柱는 두 기둥이 서로 만나고 두 지붕이 합하는 곳을 이른다.
野王縣, 屬河內郡, 而河內郡, 屬司部. 畏膺察擧其罪, 故逃還京師也. 合柱, 謂兩柱相直(치), 兩屋相合處也.

【目】 이때 朝廷이 날로 혼란하여 기강이 무너지고 해이해졌으나 李膺이 홀로 風裁(엄격한 풍모와 뛰어난 판별력)를 지켜서 명성으로 스스로를 높이니, 선비 중에 그의 우대를 받는 자가 있으면 登龍門이라고 불렸다.

時에 朝廷이 日亂하여 紀綱頹弛호되 而膺이 獨持風裁하여 以聲名自高①하니 士有被其容接者면

61) 仲尼는…하셨는데 : 仲尼는 孔子의 字이며, 司寇는 국법을 관장한 장관이다. 少正卯는 魯나라의 유명한 大夫였는데 작은 지혜를 믿고 국정을 어지럽혔다. 이에 魯 定公이 공자를 司寇로 임명하자, 공자는 첫 번째로 소정묘의 죄를 열거하여 주살하였다.(≪史記≫ 권47 〈孔子世家〉)

名爲登龍門云②이러라

① 〈"風裁"의〉 風은 기세가 맹렬하고 행동이 빠름을 이르고, 裁는 才代의 切이니 人物에 대한 鑑別을 잘함이다.
風者, 雷厲風飛之謂. 裁, 才代切, 能鑑別也.

② 李賢이 말하기를 "물고기를 가지고 비유한 것이다. 龍門은 河水가 내려가는 어귀이니, 지금의 絳州 龍門縣에 있다. ≪辛氏三秦記≫에 '河津은 일명 龍門이라고 하니, 水勢가 험하여 통과하지 못해서 물고기와 자라의 등속이 올라가지 못한다. 강과 바다의 큰 물고기 수천 마리가 龍門 아래에 이르러 모여들지만 위로 올라가지 못하다가, 올라가면 龍이 된다.' 했다." 하였다.
賢曰 "以魚爲喩也. 龍門, 河水所下之口, 在今絳州龍門縣. 辛氏三秦記曰 '河津, 一名龍門, 水險不通, 魚鱉之屬莫能上. 江海大魚數千, 薄集龍門下, 不得上, 上則爲龍.'"

【綱】 劉寬을 尙書令으로 삼았다.

以劉寬爲尙書令하다

【目】 劉寬이 세 郡을 차례로 맡았는데 온화하고 인자하여 용서하는 일이 많았다. 비록 倉卒間의 급박한 상황에 있더라도 일찍이 말을 빨리하거나 얼굴빛을 갑자기 바꾸지 않고, 관리와 백성들이 잘못했을 때에도 다만 부들 채찍을 사용하여 벌을 주어서 욕을 보일 뿐, 끝내 고통을 가하지 않았다. 공로와 선행이 있으면 아랫사람에게 미루고 災異가 있으면 자신에게 죄를 돌려 自責하였으며, 매번 父老를 보면 鄕里의 이야기를 묻고 소년을 보면 효도하고 공경하는 가르침으로 권면하니, 사람들이 모두 기뻐하여 교화되었다.

寬이 歷典三郡①호되 溫仁多恕하여 雖在倉卒이나 未嘗疾言遽色하고 吏民有過에 但用蒲鞭罰之하여 示辱而已요 終不加苦②러라 有功善이면 推之於下하고 有災異면 則引躬自責하며 每見父老에 慰以農里之言하고 少年은 勉以孝弟之訓하니 人皆悅而化之하니라

① 劉寬은 劉崎의 아들이다.
寬, 崎之子也.

② 옛날에 채찍은 생가죽을 사용하여 만들었다.
古者, 鞭用生皮爲之.

丙午年(166)

【綱】 漢나라 孝桓皇帝 延熹 9년이다. 봄 정월 초하루에 일식이 있으니, 詔令을 내려 지극한 효행이 있는 자를 천거하게 하였다.

九年이라 春正月朔에 日食하니 詔擧至孝하다

【目】 太常 趙典이 지극한 효행으로 천거한 荀爽이 다음과 같이 對策하였다.

"옛날 聖人이 天地의 中을 세우고서 이것을 禮라고 하셨으니, 禮는 福과 祥瑞를 일으키는 근본이요 禍와 亂을 그치게 하는 근원입니다. 여러 禮 가운데에 婚禮가 으뜸이 되니, 陽의 성질은 순수하여 능히 베풀고 陰의 體는 順하여 능히 化育합니다. 禮로써 환락을 다스리고 그 기운을 절제하고 폈으니, 이 때문에 능히 자손을 번성하게 하는 祥瑞를 풍성하게 하고 늙어 장수하는 복을 이루었습니다. 그런데 三代의 말세에 이르러는 음탕하고 절제가 없어서 陽은 위에서 고갈되고 陰은 아래에서 막혔습니다.

그러므로 周公의 경계에 '이로부터 또한 혹시라도 長壽한 이가 없다.' 하였고,[62] 옛 책에 이르기를 '발을 잘라 신에 맞추는 것을 누가 어리석다고 말하는가. 어찌 이 사람이 욕심을 따르다가 몸을 잃는 것만 하겠는가.' 하였으니, 참으로 애통할 만합니다.

太常趙典所擧至孝荀爽이 對策曰 昔者에 聖人이 建天地之中而謂之禮라하시니 禮者는 所以興福祥之本이요 止禍亂之源也라 衆禮之中에 昏禮爲首하니 陽性純而能施하고 陰體順而能化라 以禮濟樂하고 節宣其氣①하니 故로 能豐子孫之祥하고 致老壽之福이러니 及三代之季에 淫而無節하여 陽竭於上하고 陰隔於下라 故로 周公之戒에 曰 時亦罔或克壽라하고 傳曰 截趾適屨 孰云其愚오 何與斯人이 追欲喪軀오하니 誠可痛也②니이다

① 荀爽의 말은 바로 황제에게 內寵(안에 총애하는 여인)이 많음을 지적한 것이다.
爽言, 正指帝多內寵也.

② 截은 자름이요, 適은 걸맞음과 같고 이룸과 같다. 〈"截趾適屨……追欲喪軀"는〉 신이 작아서 발을 잘라 신에 맞추는 것조차 오히려 어리석음이 될 수 없으니, 어찌 음탕한 욕망을 탐하

---

62) 周公의……하였고 : 周公이 成王에게 편안함을 멀리할 것을 경계한 말씀은 ≪書經≫ 〈周書 無逸〉에 "이로부터 그 뒤로 즉위하는 왕들이 태어나면 편안했으니, 태어나면 편안했기 때문에 稼穡(농사)의 어려움을 알지 못하며, 小人(농민)들의 수고로움을 듣지 못하고 오직 耽樂을 따랐습니다. 이로부터 그 뒤로 또한 능히 長壽한 이가 없어 재위한 지가 혹은 10년, 혹은 7, 8년, 혹은 5, 6년, 혹은 3, 4년이었습니다.〔自時厥後 立王生則逸 生則逸 不知稼穡之艱難 不聞小人之勞 惟耽樂之從 自時厥後 亦罔或克壽 或十年 或七八年 或五六年 或四三年〕"라고 보인다.

고 좇느라 자기 몸을 망치는 사람만 하겠느냐고 말한 것이니, 그 어리석음이 발을 자르는 것보다 더욱 심한 것이다.
截, 斷也. 適, 猶稱也, 就也. 言屨小而截趾以就之, 猶未足爲愚, 何如貪逐淫欲, 以喪其軀之人. 其愚尤甚於截趾也.

【目】 臣이 삼가 듣건대, 後宮과 采女가 6,000명이고 그 외에 모시고 심부름하는 자가 있다고 하니, 죄 없는 백성들에게 공연히 賦稅를 거두어서 쓸모없는 여인에게 공급하여, 밖에서는 백성들이 곤궁하고 안에서는 陰陽이 막혀 있습니다. 그러므로 和氣를 자극하여 災異가 자주 이르게 된 것입니다. 어리석은 臣은 생각건대 聖上을 모시지 않은 많은 여인들을 모두 내보내서 그들로 하여금 配合(혼인하여 짝함)을 이루게 해주시면, 이는 진실로 國家의 큰 복일 것입니다."

이에 황제가 詔令을 내려 순상에게 郎中을 제수하였다.

臣이 **切聞後宮采女 六千**이요 **侍使復在其外**①라하니 **空賦不辜之民**하여 **以供無用之女**하여 **百姓**이 **困窮於外**하고 **陰陽**이 **隔塞於內**라 **故**로 **感動和氣**하여 **災異屢臻**이니이다 **臣愚**는 **以爲諸未幸御者**를 **一皆遣出**하여 **使成妃**(배)**合**②하시면 **此誠國家之大福也**니이다 **詔拜郎中**하다

① "侍使"는 后妃와 貴人의 左右를 모시면서 심부름하는 자인데, 작위와 秩이 없는 자를 이른다.
侍使, 謂侍后妃·貴人左右而給使令, (夫)〔未〕[63]有爵秩者也.

② 妃는 配로 읽는다.
妃, 讀曰配.

【綱】 司隷와 豫州에 기근이 들었다.

司隷, **豫州饑**하다

【目】 죽은 자가 10명에 4, 5명이었다.

死者什四五러라

【綱】 皇甫規를 度遼將軍으로 삼았다.

---

63) (夫)〔未〕: 저본에는 '夫'로 되어 있으나, ≪資治通鑑≫ 註에 의거하여 '未'로 바로잡았다.

以皇甫規爲度遼將軍하다

【目】 皇甫規가 물러나고자 하여 자주 병을 칭탁하였으나, 허락을 받지 못하였다. 마침 친구의 상여가 이르자 황보규가 경계를 넘어가서 맞이하고는 인하여 문객으로 하여금 幷州刺史 胡芳에게 "황보규가 멋대로 軍營을 멀리 떠났으니, 마땅히 급히 아뢰어 검거해야 한다."라고 密告하게 하였다. 호방이 말하기를 "威明이 집으로 돌아가 벼슬길을 피하고자 하므로 나를 격발시킨 것이니, 내 마땅히 조정을 위하여 인재를 아껴야 한다. 어찌 이 사람의 계책을 이루어줄 수 있겠는가." 하고는, 마침내 不問에 부쳤다.

規欲求退하여 **數**(삭)**上病**호되 **不見聽**①이라 **會**에 **友人喪至**하니 **規越界迎之**하고 **因令客**으로 **密告幷州刺史胡芳**하여 **言規擅遠軍營**하니 **當急擧奏**②라한대 **芳曰 威明**이 **欲避第仕塗**라 **故**로 **激發我耳**③니 **吾當爲朝廷愛才**라 **何能申此子計邪**아하고 **遂無所問**하니라

① 數은 자주이다. "上病"은 病을 칭탁한다는 말과 같다.
數, 頻也. 上病, 猶言稱病.
② 度遼將軍은 西河의 경계에 주둔하니, 幷州刺史의 관내이다.
度遼將軍, 屯西河界, 幷州刺史所部也.
③ 威明은 皇甫規의 字이다. 〈"威明 欲避第仕塗"는〉 황보규의 뜻이 물러나 집으로 돌아가서 벼슬하는 길을 피하고자 함을 말한 것이다.
威明, 規字. 謂規意欲退歸第宅, 避仕宦之塗也.

【綱】 여름 4월에 黃河가 맑아졌다.

夏四月에 **河水淸**[64)]하다

【綱】 황제가 친히 濯龍宮에서 老子에게 제사하였다.

◑ **帝親祠老子於濯龍宮**[65)]하다

---

64) 河水淸 : "桓帝의 세대에 황하가 맑아졌으니, 이것은 상서롭지 못한 일임이 분명하다. ≪資治通鑑綱目≫에 황하가 맑아졌다고 쓴 것이 두 번인데, 모두 난세이고 말세이다. 漢 桓帝 延熹 9년(166)으로부터 高氏의 齊나라(北齊) 壬午年(562)에 이르기까지 거의 400년이 되었으니, 그렇다면 천 년에 한 번 맑아진다는 說 또한 믿을 것이 못 된다.〔淸於桓世 其爲不祥也審矣 綱目書河淸二 皆亂季也 自漢桓延熹九年 至高齊壬午年 近四百年爾 則千年一淸之說 亦不足信矣〕" ≪書法≫

65) 帝親祠老子於濯龍宮 : "친히 제사함을 쓴 것은 어째서인가. 마땅히 친히 제사해서는 안 되는 경우이기 때문이다. 그러므로 文帝가 五帝의 사당에 제사했을 적에 親이라고 썼고, 武帝가 부엌에 제사

【目】 무늬가 있는 罽(계)로 壇을 만들고, 淳金(純金)으로 그릇의 주둥이를 꾸미고, 華蓋의 자리(황제의 자리)를 설치하고, 하늘에 郊祭하는 음악을 사용하였다.

以文罽爲壇하고 飾淳金釦(구)器하고 設華蓋之坐하고 用郊天樂①하다

① 文은 采色이다. 서쪽 오랑캐들이 털로 짜서 만든 모포를 罽라 한다. 釦는 音이 口이니, 금으로 그릇의 주둥이를 꾸민 것이다. ≪晉書≫ 〈天文志〉에 "天皇大帝[66] 위에 아홉 개의 별을 華蓋라 하니, 大帝의 자리를 덮어 가리는 것이다." 하였다. 그러므로 天子의 華蓋(일산)는 이를 본받아 만든 것이다.
文, 采色也. 西夷織毛爲布曰罽. 釦, 音口, 以金飾器之口. 晉天文志 "天皇大帝上九星曰華蓋, 所以蔽覆大帝之座." 故天子之華蓋, 法而作之.

【綱】 6월에 南匈奴와 烏桓과 鮮卑가 아홉 개의 郡을 침입하여 노략질하였다.

六月에 南匈奴, 烏桓, 鮮卑 寇掠九郡하다

【綱】 가을 7월에 여러 羌族이 다시 배반하였다.

◑ 秋七月에 諸羌이 復反하다

【綱】 다시 張奐을 護匈奴中郎將으로 삼아 幽州와 幷州, 涼州를 감독하게 하였다.

◑ 復以張奐爲護匈奴中郎將하여 督幽, 幷, 涼州하다

【綱】 南陽太守 成瑨(성진)과 太原太守 劉瓆(유질)을 죽이고, 司隷校尉 李膺과 太僕 杜密과 部黨(徒黨) 200여 명을 체포하여 하옥하고, 마침내 책서를 내려 太尉 陳蕃을 면직하였다.

했을 적에 親이라고 썼고, 桓帝가 老子에게 제사했을 적에 親이라고 썼으니, 모두 친히 제사해서는 안 되는데 친히 제사한 경우이다.〔親祠 何 不當親者也 故文帝祠五帝廟 書親 武帝祠竈 書親 桓帝祠老子 書親 皆不當親而親者也〕" ≪書法≫

66) 天皇大帝 : ≪晉書≫ 〈天文志 天文經星〉에 "北極의 다섯 별과 鉤陳의 여섯 별이 모두 紫宮 안에 있으니 北極은 北辰으로 가장 높은 자이다.……鉤陳 가운데에 있는 한 별을 天皇大帝라 한다. 天皇大帝의 위에 있는 아홉 별을 華蓋라 하니 大帝의 자리를 덮어주고 가리는 것이다. 그리고 아래에 있는 아홉 별은 일산〔華蓋〕의 자루를 형상한 것이라."라고 보인다.

◑ 殺南陽太守成瑨과 **太原太守劉瓆**하고 **捕司隷校尉李膺**과 **太僕杜密, 部黨二百餘人**하여 **下獄**하고 **遂策免太尉蕃**[67] 하다

【目】 처음에, 황제가 蠡吾侯로 있을 적에 甘陵 사람 周福에게 受學하였는데, 즉위하자 감복을 발탁하여 尙書로 삼았다. 이때 같은 郡의 房植이 당시 조정에서 명성이 있었는데, 지방 사람들이 동요를 부르기를 "天下의 법도는 房伯武(房植)요, 스승이 되었다는 것으로 인하여 印을 얻음은 周仲進(周福)이다." 하니, 두 집안의 賓客들이 서로 비난하여 마침내 원수가 되었다. 이로 말미암아 甘陵에 南部와 北部가 있게 되니, 黨人의 의논이 이로부터 시작되었다.

初에 帝爲蠡吾侯에 受學於甘陵周福이러니 及卽位에 擢福爲尙書하니 時에 同郡房植이 有名當朝라 鄕人이 爲之謠曰 天下規矩는 房伯武요 因師獲印은 周仲進①이라하니 二家賓客이 互相譏揣(췌)하여 遂成尤隙②이라 由是로 甘陵에 有南北部하니 黨人之議 自此始矣러라

① 伯武는 房植의 字이고, 仲進은 周福의 字이다.
伯武, 植字. 仲進, 福字.

② 揣는 初委의 切이니, 추측함이요 헤아림이다. "譏揣"는 〈두 사람의〉 輕重과 長短을 헤아려서 비난함을 말한 것이다.
揣, 初委切, 度也, 量也. 譏揣, 言度量其輕重長短, 而爲譏議也.

【目】 汝南太守 宗資는 范滂을 功曹로 삼고 南陽太守 成瑨은 岑晊(잠질)을 功曹로 삼아서, 모두 마음을 다하여 따르고 신임해서 그들로 하여금 善한 사람을 표창하고 법을 어긴

---

67) 殺南陽太守成瑨……遂策免太尉蕃 : "≪周易≫ 否卦에, 君子가 밖에 있고 小人이 안에 있으면 '否(비)는 人道가 아니다.' 하였는데, 성인이 〈象傳〉에 쓰기를 '하늘과 땅이 사귀지 않음이 否이니, 君子가 보고서 德을 儉約하여 難을 피하니, 祿으로써 영화롭게 하지 말아야 한다.' 하였다. 이때는 여러 陰(小人)이 用事하여 天下에 나라가 없었으니 바로 否塞(비색)한 때를 당한 것으로, 君子가 입을 다물고 멀리 은둔하여도 禍를 면치 못할까 두렵다. 그런데 마침내 한 삼태기의 적은 흙으로써 하류로 마구 흘러내려오는 물결의 충돌을 힘써 막으려 하였으니, 비록 다시 눈을 크게 뜨고 담력을 키워서 목을 늘이고 죽음에 나아간들 다시 무슨 유익함이 있겠는가. ≪資治通鑑綱目≫에서 成瑨과 劉瓆에 대하여 殺이라고 쓰고 李膺과 杜密에 대하여 捕라고 쓰면서 모두 그들의 官職을 제거하지 않았는데, 部黨에 대하여 下獄이라고 쓰고 太尉 陳蕃에 대하여 策免이라고 쓰면서 모두 그들의 죄를 말하지 않았다. 이는 또한 이들을 슬퍼했을 뿐이니, 어찌 흔쾌히 이들을 인정했겠는가.〔在易之否 君子在外 小人在內 則爲否之匪人 聖人象之曰 天地不交否 君子以 儉德避難 不可榮以祿 當是時也 群陰用事 天下無邦 正當否塞之時 君子括囊遠遁 猶懼不免 乃欲以一簣之微 力障頹波橫流之衝 雖復明目張膽 延頸就戮 夫復何益 綱目於瑨瓆書殺 膺密書捕 皆不去其官 部黨書下獄 太尉書策免 皆不言其罪 蓋亦哀之而已 夫豈樂予之哉〕" ≪發明≫

자를 살펴서 朝府를 정돈하여 깨끗이 하게 하였다. 그런데 범방은 더욱 강하고 굳세어서 악한 사람을 미워하기를 원수와 같이 하였다.

범방의 생질 李頌은 평소 행실이 좋지 못했는데, 唐衡이 그를 종자에게 부탁하여 관리로 등용하게 하였으나 범방이 그를 부르지 않자, 종자가 노하여 書佐인 朱零을 대신 볼기 쳤다. 주령이 우러러보며 말하기를 "범방이 청렴한 절조가 있으니, 내 차라리 볼기를 맞고 죽을지언정 범방을 어길 수 없다." 하자, 종자가 마침내 중지하였다.

이에 두 郡에서 동요를 짓기를 "汝南太守는 范孟博이니 南陽 사람 宗資는 동의하는 일을 주장할 뿐이요, 南陽太守는 岑公孝니 弘農 사람 成瑨은 앉아서 휘파람만 불 뿐이다." 하였다.

汝南太守宗資는 以范滂爲功曹하고 南陽太守成瑨은 以岑晊爲功曹①하여 皆委心聽任하여 使之褒善糾違하여 肅清朝府②하니 滂이 尤剛勁하여 疾惡如讐러라 滂甥李頌이 素無行이러니 唐衡이 以屬資하여 用爲吏③어늘 滂이 不召한대 資捶書佐朱零④하니 零이 仰曰 范滂이 清裁하니 零이 寧受笞而死언정 滂不可違라한대 資乃止⑤하다 於是에 二郡이 爲謠曰 汝南太守는 范孟博이니 南陽宗資는 主畫(획)諾⑥이요 南陽太守는 岑公孝니 弘農成瑨은 但坐嘯⑦라하니라

① 瑨은 卽刃의 切이다. 晊은 音이 質이다.
瑨, 卽刃切. 晊, 音質.

② 朝는 郡朝이다. 公卿과 牧守가 거처하는 곳을 모두 府라 한다.
朝, 郡朝也. 公卿·牧守所居, 皆曰府.

③ 行(행실)은 下孟의 切이다. 屬(부탁하다)은 之欲의 切이다.
行, 下孟切. 屬, 之欲切.

④ ≪後漢書≫ 〈百官志〉에 "郡閣의 아래와 여러 曹에 모두 書佐가 있어서 文書를 주관한다." 하였다.
百官志 "郡閣下及諸曹, 各有書佐, 幹主文書."

⑤ 裁는 才代의 切이니 제재함이다. 〈"清裁"는〉 깨끗하여 제재하는 바가 있음을 말한 것이다.
裁, 才代切, 制也. 言其淸而有制也.

⑥ 孟博은 范滂의 字이다. 諾은 말에 따라 응해서 어기는 바가 없는 것이다. "畫諾(동의하다)"은 畫可라는 말과 같다.
孟博, 滂字. 諾者, 隨言而應, 無所違也. 畫諾, 猶畫可也.

⑦ 公孝는 岑晊의 字이다. 嘯는 읊음이니, 〈"但坐嘯"는〉 앉아서 시를 읊고 휘파람을 불기만 하면서 郡의 일에 관여하는 바가 없음을 말한 것이다.
公孝, 晊字. 嘯, 吟也. 言但坐而吟嘯, 於郡事, 無所預也.

【目】 太學의 여러 생도 3만여 명 중에 郭泰와 賈彪(가표)가 으뜸이었다. 이들은 李膺과 陳蕃, 王暢과 함께 번갈아 칭찬을 받고 소중히 여겨지니, 太學 안에서 말하기를 "天下의 模楷(모범)가 되는 자는 李元禮(李膺)요, 강포한 자를 두려워하지 않는 자는 陳仲擧(陳蕃)요, 天下의 俊秀한 자는 王叔茂(王暢)이다." 하였다. 이에 中外가 그 영향을 받아서 다투어 臧否(장비 : 인물을 평가하는 것)를 숭상하니, 公卿으로부터 이하가 그의 폄하하는 의논을 두려워하여 모두 신을 끌고 그 집 문에 이르지 않는 이가 없었다.

太學諸生三萬餘人에 郭泰, 賈彪 爲其冠이라 與李膺, 陳蕃, 王暢으로 更(경)相褒重①하니 學中이 語曰 天下模楷는 李元禮요 不畏彊禦는 陳仲擧요 天下俊秀는 王叔茂②라하다 於是에 中外承風하여 競以臧否相尙하니 自公卿以下로 莫不畏其貶議하여 屣履到門③이러라

① 冠(으뜸)은 古玩의 切이니, 首와 같다.
冠, 古玩切, 猶首也.
② 元禮는 李膺의 字이고, 仲擧는 陳蕃의 字이고, 叔茂는 王暢의 字이다.
元禮, 膺字. 仲擧, 蕃字. 叔茂, 暢字.
③ "屣履"는 신을 신지 않고 끌고 가는 것이다.
屣履者, 履不躡跟也.

【目】 宛縣에 부자 상인인 張汎이 후궁과 환관들을 믿고서 권세를 이용하여 방종하고 횡포한 짓을 하자, 岑晊이 成瑨에게 권하여 체포하게 하였다. 얼마 후 사면되었으나 성진이 끝내 그를 주살하고 그런 뒤에 마침내 上奏하였다.

小黃門인 晉陽 사람 趙津이 탐욕스럽고 횡포한 짓을 하고 방자하게 굴었는데, 太原太守 劉瓆이 또한 사면이 있은 뒤에 죽였다.

이에 侯覽이 장범의 아내로 하여금 上書하여 억울함을 하소연하게 하고, 환관들이 이를 빌미로 성진과 유질을 참소하였다. 황제가 크게 노하여 성진과 유질을 불러들여 하옥하니, 有司가 황제의 뜻을 받들어서 棄市刑에 해당한다고 아뢰었다.

宛有富賈張汎이 恃後宮, 中官하여 用勢縱橫①이어늘 岑晊이 勸瑨收捕러니 旣而요 遇赦로되 瑨이 竟誅之하고 後乃奏聞하다 小黃門晉陽趙津이 貪橫放恣어늘 太原太守劉瓆이 亦於赦後에 殺之②하다 於是에 侯覽이 使汎妻로 上書訟冤하고 宦官이 因緣하여 譖訴瑨, 瓆한대 帝大怒하여 徵下獄하니 有司承旨하여 奏當棄市하다

① 賈(상인)는 音이 古이다. 張汎은 황제의 후궁과 친분이 있었다.
賈, 音古. 汎與後宮有親.

② 瓆은 職日의 切이다.
瓆, 職日切.

【目】 山陽太守 翟超(적초)가 張儉을 督郵[68]로 삼았는데 侯覽의 집이 防東縣에 있었다. 그가 백성들을 해치고 포악하게 대하고 무덤을 만드는 공사를 크게 일으키자, 장검이 후람을 탄핵하여 아뢰어서 그 무덤을 부수고 물자와 재물을 籍沒하였다.

徐璜의 兄의 아들 徐宣이 下邳令이 되어서 옛 汝南太守 李暠(이고)의 딸을 요구하였으나 얻지 못하자, 마침내 관리와 병졸들을 거느리고 이고의 집에 가서 그녀를 수레에 태워 돌아와서 활로 쏘아 죽였다. 東海相인 黃浮가 서선의 家屬을 체포해서 老少를 막론하고 모두 조사하여 棄市하였다.

이에 환관들이 억울함을 하소연하자, 황제가 크게 노하여 적초와 황부를 모두 처벌하여 머리를 깎고 칼을 씌우고 논죄하여 노역하게 하였다

山陽太守翟超 以張儉爲督郵①러니 侯覽家在防東이라 殘暴百姓하고 大起塋冢②이어늘 儉이 擧奏覽하여 破其冢宅하고 籍沒資財하다 徐璜兄子宣이 爲下邳令하여 求故汝南太守李暠女나 不得이라 遂將吏卒하고 至暠家하여 載其女歸하여 射殺之어늘 東海相黃浮 收宣家屬하여 無少長히 (實)〔悉〕[69]案棄市하다 於是에 宦官이 訴寃한대 帝大怒하여 超, 浮를 幷坐髡鉗(곤겸)輸作하다

① 張儉은 張耳의 후손이다.
儉, 張耳之後.
② ≪後漢書≫ 〈郡國志〉에 "防東縣은 山陽郡에 속한다." 하였다.
郡國志"防東縣, 屬山陽郡."

【目】 陳蕃이 司空 劉茂와 함께 諫하여 네 사람의 죄를 풀어줄 것을 청하자, 황제가 좋아하지 않았다. 유무는 감히 다시 말하지 못하였는데, 진번이 홀로 다음과 같이 上疏하였다.

"지금 寇賊이 밖에 있으니 이는 비유하면 四肢의 병이요, 안의 정사가 다스려지지 못

68) 督郵 : 太守의 屬吏 중 하나이다. 前漢 초기에 郡의 屬縣에 都吏를 보내서 살펴보게 하였다. 이것이 前漢 중엽에 督郵로 발전된 것으로 보인다. 독우는 경내를 순행하여 관리들을 감찰하는 동시에 郵驛(역참)을 감독했던 것으로 보인다. 즉 太守의 耳目의 역할을 한 것이다. 한 郡은 보통 동서남북과 중앙 다섯 部로 나뉘는데, 각각에 독우가 있었던 것으로 보인다.(安作璋・熊鐵基, ≪秦漢官制史稿≫, 齊魯書社, 1984)

69) (實)〔悉〕: 저본에는 '實'로 되어 있으나, ≪後漢書≫・≪資治通鑑≫에 의거하여 '悉'로 바로잡았다.

하니 이는 비유하면 心腹의 근심입니다. 臣은 잠자리에 들어도 잠을 편안히 자지 못하고 음식을 먹어도 배부르게 먹지 못하여, 左右의 측근들이 날로 친해지고 충직한 말이 날로 소원해져서 안의 근심이 점점 쌓이고 밖의 어려움이 더욱 깊어질까 실로 걱정스럽습니다.

모은 재산이 100만 錢이 되는 작은 집안의 子孫들도 자기 선대의 가업을 잃는 것을 부끄러워하는데, 하물며 〈陛下께서는〉 재산은 天下를 겸하여 소유하였고 이것을 先帝에게서 물려받았는데, 태만히 하여 스스로 가볍게 여기고 소홀히 하고자 하신단 말입니까. 진실로 陛下 자신을 사랑하지 않더라도 先帝가 고생하여 천하를 얻은 것을 생각하지 않으신단 말입니까.

陳蕃이 與司空劉茂로 共諫하여 請四人罪①한대 帝不悅하니 茂不敢復言이라 蕃이 乃獨上疏曰 今寇賊在外하니 四支之疾이요 內政不理하니 心腹之患이라 臣이 寢不能寐하고 食不能飽하여 實憂左右日親하고 忠言日疎하여 內患漸積하고 外難方深이니이다 小家畜産百萬之資도 子孫이 尙恥失其先業이온 況乃産兼天下하고 受之先帝어늘 而欲懈怠以自輕忽하시니 誠不愛己나 不當念先帝得之勤苦邪잇가

① 劉茂는 劉愷의 아들이다. 네 사람은 成瑨과 劉瓆, 翟超와 黃浮이다.
茂, 愷之子也. 四人, 瑨・瓆・超・浮.

【目】 劉瓆과 成瑨은 誠心으로 惡을 제거하였는데 그들로 하여금 歐刀70)에 엎드려 죽게 하고, 翟超와 黃浮는 흔들림 없이 公務를 받들었는데 모두 형벌을 받았습니다. 옛날 申屠嘉는 鄧通을 불러 책망하였고 董宣은 公主에게 모욕을 주었는데, 文帝께서는 따라주다가 용서해주길 청하셨고 光武帝께서는 중한 賞을 내리셨으니,71) 두 신하에게 명령을

---

70) 歐刀 : 春秋時代 名劍의 匠人인 歐冶子가 주조했다는 劍으로 후대에는 사람을 형벌하는 칼이나 좋은 검을 널리 가리키게 되었다.

71) 申屠嘉는……내리셨으니 : 申屠嘉는 漢 文帝 때의 승상으로 청렴하고 강직한 사람이었다. 後元 2년(B.C. 162) 문제의 幸臣인 鄧通이 御前에서 무례하게 굴자, 신도가가 그를 불러 斬하려 하였다. 등통은 불려가기 전에 문제에게 구원을 요청하였으나, 문제는 신도가가 등통을 충분히 혼내줄 시간이 흐른 뒤에야 사면장을 보내 그를 풀어주도록 하였다.(≪史記≫ 권96 〈張丞相列傳〉)
董宣은 後漢 光武帝 때의 강직하기로 유명한 신하였는데, 光武帝 建武 19년(43) 洛陽令으로 있을 때에, 대낮에 살인을 한 공주 유모의 노비를 공주가 외출할 때를 기다렸다가 공주가 타고 가는 수레에서 끌어내려 처형하였다. 공주로부터 이 소식을 전해 들은 광무제가 진노하여 그를 잡아오게 하여 신문하자, 그는 법을 집행했을 뿐이라고 말하였다. 그 뒤에 광무제가 공주에게 사과하도록 하였으나, 끝까지 고개를 숙여 잘못을 시인하지 않아 '强項令(목이 꼿꼿한 현령)'이라는 별명을 붙여주었다 한다.(≪後漢書≫ 권77 〈董宣列傳〉)

專斷했다는 벌을 내렸다는 말을 듣지 못했습니다.

陛下께서는 마땅히 깊이 近習(환관)이 정사에 참여하는 근원을 막고, 尙書와 조정에 있는 선비들을 받아들여서 淸高한 사람을 정밀하게 선발하고, 아첨하고 간사한 자들을 배척하여 내치시면, 하늘이 위에서 和하고 땅이 아래에서 다스려질 것입니다."

황제가 그의 말을 받아들이지 않았다. 환관들이 이로 말미암아 진번을 더욱 심하게 미워하여, 진번이 選擧하고 奏議할 때마다 번번이 궁중의 詔令이라며 견책하여 퇴각하였고, 太尉府의 長史 이하 중에 죄에 걸린 자가 많았다.

劉瓆, 成瑨이 誠心去惡이어늘 而令伏歐刀하고 翟超, 黃浮 奉公不撓어늘 幷蒙刑坐하니이다 昔에 申屠嘉는 召責鄧通하고 董宣은 折辱公主로되 文帝從而請之하고 光武加以重賞하시니 未聞二臣有專命之誅니이다 陛下深宜割塞近習與(예)政之源하고 引納尙書朝省之士하여 簡練淸高하고 斥黜佞邪하시면 則天和於上하고 地治於下矣①리이다 帝不納하니 宦官이 由此로 疾蕃彌甚하여 選擧奏議에 輒以中詔譴卻하고 長史已下 多至抵罪②러라

① 〈"近習與政"의〉 與(참여하다)는 豫로 읽는다.
與, 讀曰豫.

② 〈"長史已下 多至抵罪"는〉 太尉府에 長史가 있어서 兵馬를 관장하였는데, 모두 陳蕃으로 인하여 죄를 얻게 된 것이다.
太尉府, 有長史, 掌兵馬, 皆因蕃而抵罪.

【目】 平原 사람 襄楷가 다음과 같이 上疏하였다.

"臣이 들으니, 皇天은 말을 하지 아니하여 象(천문)으로 가르침을 베푼다고 하였습니다. 臣이 삼가 살펴보건대 五帝가 위치한 자리인 太微 天庭[72]에 金星과 火星의 罰星이 이 가운데에서 빛을 내뿜고 있으니, 占卦에 의하면 天子가 凶합니다. 또 모두 房星과 心星으로 들어가 있으니, 算法에 의하면 황제의 繼嗣(후사)가 없습니다. 지난 겨울 날씨가 크게 추워서 대나무와 측백나무가 손상되고 말라 죽었습니다. 臣이 스승에게 들으니, '측백나무가 손상되고 대나무가 말라 죽으면 3년을 지나지 않아서 天子가 화를 당한다.' 하였습니다.

지금 봄과 여름에 서리와 우박이 내리고 큰 비가 내리며 우레와 번개가 치니, 이는

72) 太微 天庭 : 太微宮(太微垣)을 가리킨 것이다. ≪禮記≫ 〈月令〉에 "孟春의 달에 上帝에게 곡식을 잘 성숙할 것을 기원한다.〔孟春之月 祈穀于上帝〕" 하였는데, 孔穎達의 疏에 "上帝는 太微의 帝이다. 太微를 天庭이라 하니 가운데 다섯 개의 帝座星이 있다." 하였다.

신하가 위엄과 福을 만들고[73] 刑罰이 준엄하고 각박한 데서 말미암은 것입니다.

劉瓆과 成瑨은 뜻이 姦邪한 자를 제거하는 데 있었는데 멀리서 체포해 와서 고문하였고, 三公은 그들을 위해 탄원하다가 엄하게 견책을 받았으니, 漢나라가 일어난 이래로 간언을 막고 현자를 주벌하며 너무 심하게 형벌을 시행하기를 지금과 같이 한 적은 있지 않았습니다.

平原襄楷上疏曰① 臣聞皇天不言하여 以象設敎라하니이다 臣切見太微天庭五帝之坐에 而金, 火罰星이 揚光其中하니 於占에 天子凶②이요 又俱入房, 心하니 法無繼嗣③요 前冬大寒하여 竹柏傷枯라 臣聞於師호니 曰 柏傷竹枯는 不出三年에 天子當之라하니이다 今春夏霜雹, 大雨, 雷電하니 臣이 作威作福하고 刑罰急刻之所感也라 劉瓆, 成瑨이 志除姦邪어늘 而遠加考逮하고 三公乞哀어늘 而嚴被譴讓하니 漢興以來로 未有拒諫誅賢하고 用刑太深이 如今者也니이다

① 襄楷는 사람의 姓名이다.
襄楷, 姓名.

② 太白은 金星이고, 熒惑은 火星이다. ≪漢書≫ 〈天文志〉에 "여름의 時令(철에 알맞은 政令)을 거스르고 火氣를 해치면 벌이 熒惑星에 나타나고, 가을의 時令을 거스르고 金氣를 해치면 벌이 太白星에 나타난다." 하였다. 그러므로 金星과 火星을 모두 罰星이라 한 것이다.
太白, 金也. 熒惑, 火也. 天文志 "逆夏令, 傷火氣, 罰見熒惑. 逆秋令, 傷金氣, 罰見太白." 故金·火幷爲罰星也.

③ 〈天文志〉에 "房星 네 별이 明堂이 되니, 天子가 정사를 펴는 宮이다. 心星의 세 별은 天王의 바른 자리인데, 중앙의 별을 明堂이라 하니 天子가 자리하고, 앞의 별은 太子가 되고, 뒤의 별은 庶子가 된다." 하였다.
天文志 "房四星, 爲明堂, 天子布政之宮也. 心三星, 天王正位也, 中星曰明堂, 天子位焉, 前星爲太子, 後星爲庶子."

【目】 살펴보건대 春秋 이래로 옛날 帝王의 세대까지는 황하가 맑은 적이 있지 않았습니다. 臣은 생각건대, 황하는 諸侯의 자리이니, 황하가 맑음은 陽에 속하고 탁함은 陰에 속합니다. 마땅히 탁해야 하는 황하가 도리어 맑은 것은 陰이 陽이 되고자 하고 제후가 황제가 되고자 하는 것입니다. 오직 京房[74]의 ≪易傳≫에만 '河水가 맑아지면 天下가

73) 신하가……만들고 : 위엄은 형벌을 뜻하고 福은 관작을 뜻한다. ≪書經≫ 〈周書 洪範〉에 오직 임금만이 福을 만들고(내리고) 오직 임금만이 위엄을 만들며 오직 임금만이 玉食(쌀밥을 먹음)을 하니……신하가 복을 만들고 위엄을 만들고 옥식을 하면 너의 집에 해로우며 너의 나라에 해로우며 관리들이 기울고 平하지 못하고 公正하지 못하며 백성들이 참람하고 잘못을 저지를 것이다.〔惟辟作福 惟辟作威 惟辟玉食……臣之有作福作威玉食 其害于而家 凶于而國 人用側頗僻 民用僭忒〕"라고 보인다.

太平하다.'라고 하였습니다.

지금 하늘이 災異를 드리우고, 땅이 요망한 것을 토해내고, 사람이 역병이 들어서 세 가지 현상이 동시에 나타나고 있습니다. 그런데 황하가 맑아졌으니, 이는 ≪春秋≫에 麒麟이 나타나서는 안 되는데 나타난 것과 같은바, 孔子께서는 이것을 써서 災異로 여기셨습니다. 조용하고 한가한 때에 불러주시어 아뢴 바를 極言할 수 있기를 원합니다."

글을 아뢰었으나 황제는 살펴보지 않았다.

案春秋以來로 及古帝王에 未有河淸하니 臣以爲河者는 諸侯位也①니 淸者는 屬陽이요 濁者는 屬陰이라 河當濁而反淸者는 陰欲爲陽하고 侯欲爲帝也니이다 唯京房易傳에 曰 河水淸이면 天下平이라하니이다 今天垂異하고 地吐妖하고 人癘疫하여 三者幷時어늘 而有河淸은 猶春秋麟不當見(현)而見하니 孔子書之以爲異也②라 願賜淸閒하여 極盡所言③하노이다 書奏에 不省하다

① ≪孝經援神契≫75)에 "五嶽은 三公에 비견되고, 四瀆은 諸侯에 비견된다." 하였다.
孝經援神契曰 "五嶽視三公, 四瀆視諸侯."

② ≪春秋公羊傳≫ 哀公 28년에 "서쪽으로 사냥을 나가 麒麟을 잡자 이것을 고한 자가 있었는데, 孔子가 말씀하시기를 '어찌하여 잡혀왔는고. 어찌하여 잡혀왔는고.' 하셨다." 하였으니, 그렇다면 공자께서는 기린이 나타난 것을 異變으로 여기신 것이다.
公羊傳 "西狩獲麟, 有以告者, 孔子曰 '孰爲來哉, 孰爲來哉.'" 蓋以爲異也.

③ 〈"願賜淸閒 極盡所言"은〉 조용하고 한가할 때에 召見하여 極言할 수 있게 되기를 원한 것이다.
於淸靜閒暇時, 願賜召見而極言也.

【目】襄楷가 다시 上書하였다.

"黃門과 常侍는 하늘의 형벌을 받은 사람(환관)인데, 陛下께서 이들을 사랑하고 대우함이 보통 사람을 총애하는 것보다 갑절이나 더하시니, 繼嗣의 조짐이 없는 것이 어찌 이 때문이 아니겠습니까.

또 듣건대 宮中에 黃帝·老子와 浮屠(부처)의 사당을 세웠다고 하니, 黃帝·老子는 淸虛함을 주장하여 無爲를 귀하게 여기고 숭상하며, 살려주는 것을 좋아하고 殺生을 미워하며 욕심을 줄이고 사치함을 제거합니다. 그리고 浮屠는 한 뽕나무 아래에 3일을 머물지 아니하여 오랫동안 은혜와 사랑하는 마음을 낳고자 하지 않으니, 정밀함이 지극합니

74) 京房 : 漢나라 元帝 때의 학자로 본성은 李氏이고 자는 君明이다. 焦延壽에게 易學을 배워 今文易學인 '京氏學'의 개창자가 되었다. 저서에는 ≪京氏易傳≫이 있다. 또한 音律에도 뛰어났다.

75) 孝經援神契 : ≪孝經≫의 緯書인데 현재는 逸失되어 전하지 않는다.

다. 그 지킴이 이와 같이 한결같아야 비로소 道를 이룰 수 있습니다.

그런데 지금 陛下께서는 음탕한 여인과 요염한 부인이 모두 천하에서 가장 아름다운 여인들이고, 좋은 음식과 아름다운 술이 모두 천하에서 가장 맛있는 것이며, 嗜欲을 제거하지 않고 사람들을 죽이고 罰하시는 것이 이치에 벗어나시니, 어떻게 黃帝·老子와 浮屠와 같고자 하십니까."

尙書에서 양해가 經典을 어기고 上을 무함했다고 아뢰어서, 司寇[76]의 형벌로 논하였다.

復上書曰 黃門, 常侍는 天刑之人이어늘 陛下愛待가 兼倍常寵하시니 係嗣未兆 豈不爲此①잇가 又聞宮中에 立黃, 老, 浮屠之祠라하니 黃, 老淸虛하여 貴尙無爲하며 好生惡(오)殺하고 省(생)慾去奢하며 浮屠는 不三宿桑下하여 不欲久生恩愛하니 精之至也②라 其守一如此라야 乃能成道니이다 今陛下淫女艶婦 極天下之麗하고 甘肥飮美 單(탄)天下之味③하시며 嗜欲不去하고 殺罰過理하시니 奈何欲如黃, 老, 浮屠乎잇가 尙書奏楷違經誣上하여 司寇論刑④하다

① "天刑之人"은 熏腐의 형벌(고환을 썩히는 궁형)을 받아서 하늘로부터 죄를 얻은 자를 이른다. 爲(때문이다)는 去聲이다.
天刑之人, 謂已受熏腐之刑, 得罪於天者也. 爲, 去聲.

② 〈"浮屠 不三宿桑下 不欲久生恩愛"는〉 浮屠의 사람은 뽕나무 아래에서 유숙한 자가 사흘 밤을 묵지 않고 곧바로 떠나가서 사랑하고 연연해하는 마음을 두지 않음을 보임을 말한 것이다.
言浮屠之人, 寄桑下者, 不經三宿, 便卽移去, 示無愛戀之心也.

③ 單(다하다)은 殫과 같다.
單, 與殫同.

④ 司寇는 2년의 刑이다.
司寇, 二歲刑也.

【目】 永平(漢 明帝 때의 연호) 이래로 신하와 백성 중에 비록 浮屠의 방법(학술)을 익힌 자가 있었으나, 天子가 이것을 좋아하지는 않았다. 그런데 桓帝 때에 이르러 황제가 독실히 좋아하기 시작하여 항상 몸소 기도하고 제사하니, 이로부터 그 법이 점점 성행하였다. 그러므로 襄楷가 언급한 것이다.

自永平以來로 臣民이 雖有習浮屠術者나 而天子未之好러니 至帝하여 始篤好之하여 常躬自禱

76) 司寇 : 漢나라 때 형벌의 하나로, 변방으로 보내져 2년 동안 수자리 살며 외적을 방어하는 것이다.

祠하니 由是로 其法浸盛이라 故로 楷言及之하니라

【目】 成瑨과 劉瓆이 끝내 獄中에서 죽었다. 성진과 유질은 평소 강직하고 經學이 있어서 당세에 이름이 알려졌으므로, 천하 사람들이 애석히 여겼다.

岑晊이 도망하여 숨으니, 친구들이 다투어 숨겨주었으나, 賈彪는 홀로 문을 닫고 받아주지 않고 말하기를 "≪春秋左氏傳≫에 이르기를 '때를 살펴보아 움직여서 後人에게 누를 끼치지 않는다.' 하였다. 公孝(잠질의 字)가 군주에게 강요하여 禍患을 이루어서 스스로 그 허물(禍)을 받게 되었는데, 내 어찌 용납하여 숨겨주겠는가." 하였다. 잠질은 끝내 죽음을 면하였다.

瑨, 瓆이 竟死獄中하다 瑨, 瓆이 素剛直하고 有經術하여 知名當時라 天下惜之하니라 岑晊이 逃竄하니 親友競匿之호되 賈彪獨閉門不納하고 日 傳에 言相時而動하여 無累後人[①]이라하니 公孝以要君致釁하여 自遺其咎어늘 吾可容隱之乎아 晊이 竟獲免하다

① 〈"相時而動 無累後人"는〉 ≪春秋左氏傳≫ 隱公 11년의 글이다. 相은 봄이다.
左傳之文. 相, 視也.

【目】 賈彪가 일찍이 新息長이 되었는데, 당시 백성들이 곤궁하고 가난하여 대부분 자식을 낳아 기르지 않았다. 가표가 이에 관한 제도를 엄하게 만들어서 殺人罪와 똑같이 처벌하였다.

城 남쪽에는 사람을 위협하여 해친 도둑이 있었고 북쪽에는 자식을 죽인 부인이 있었는데, 가표가 조사하러 나갈 적에 掾史가 수레를 이끌어 남쪽으로 가려 하자, 가표가 노하여 말하기를 "도적이 사람을 해치는 것은 통상적으로 있을 수 있는 일이지만, 母子간에 서로 해치는 것은 하늘을 거스르고 道를 어기는 것이다." 하고는 마침내 수레를 몰고 북쪽으로 가서 조사하여 그 罪를 다스리니, 도적이 이 일을 전해 듣고 또한 손을 뒤로 묶고 얼굴을 든 채 자수하였다.

수년 사이에 자식을 낳아 기르는 자가 천 명으로 헤아려졌는데, 말하기를 "이 아이는 賈父가 낳아준 것이다." 하고는, 아이의 이름을 모두 '賈'라고 하였다.

彪嘗爲新息長[①]하니 小民이 困貧하여 多不養子어늘 彪嚴爲其制하여 與殺人同罪러라 城南에 有盜劫害人者하고 北에 有婦人殺子者러니 彪出案驗할새 掾吏欲引南[②]이어늘 彪怒曰 賊寇害人은 此則常理어니와 母子相殘은 逆天違道라하고 遂驅車北行하여 案致其罪하니 賊聞之하고 亦面縛自首라

數年間에 人養子者 以千數하니 曰 此賈父所生也라하고 皆名之爲賈③하다

① 汝南에 新息縣이 있다.
汝南, 有新息縣.
② 〈"掾吏"의〉 吏는 마땅히 史가 되어야 한다. "引南"은 수레를 인도하여 남쪽으로 가서 도적을 조사함을 이른다.
吏, 當作史. 引南, 謂引車南行, 案盜賊也.
③ 〈"皆名之爲賈"는〉 아들을 낳으면 '賈子'라고 이름하고, 딸을 낳으면 '賈女'라고 이름한 것이다.
凡生男則名曰賈子, 生女則名曰賈女.

【目】 河內의 張成이라는 자가 風角[77]을 잘하였는데, 마땅히 사면령이 내릴 것이라는 것을 미루어 점치고는 아들을 시켜 사람을 죽이게 하였다. 李膺이 체포하였는데, 과연 사면이 되었다. 그러나 이응이 끝내 조사하여 죽이니, 환관들이 장성의 제자인 牢脩를 시켜 이응 등이 太學의 遊學하는 선비들을 길러서 함께 部黨(徒黨)을 만들어 조정을 비방하고 풍속을 미혹시켜 어지럽힌다고 上書해서 고발하게 하였다. 이에 天子가 진노하여 郡國에 조서를 내려서 黨人들을 체포하고 천하에 布告하여 천하 사람들로 하여금 함께 분노하고 미워하게 하였다.

河內張成者 善風角이러니 推占當赦하고 敎子殺人이어늘 李膺이 收捕러니 逢宥호되 竟案殺之하니 宦官이 敎成弟子牢脩하여 上書告膺等이 養太學游士하여 共爲部黨하여 誹訕朝廷하고 疑亂風俗이라하니 於是에 天子震怒하여 班下郡國하여 逮捕黨人하고 布告天下하여 使同忿疾하다

【目】 文案(罪案)이 三公府(太尉, 司徒, 司空의 府)를 경유할 적에 陳蕃이 기각하며 말하기를 "지금 죄안에 들어있는 자는 모두 海內의 사람들이 칭찬하는 자로, 나라를 근심하고 公務에 충성스러운 신하들이다. 이들은 장차 10대 자손이 죄를 지어도 용서해야 한다. 그런데 어찌 罪名이 밝게 드러나지 않았는데 잡아 가두고서 볼기 칠 수 있겠는가." 하고 連署하려 하지 않았다.

황제가 더욱 노하여 마침내 李膺 등을 黃門 北寺獄에 하옥하였는데, 獄辭가 太僕 杜密과 陳寔, 范滂의 무리 200여 명에게까지 연루되었다. 혹자는 도망하여 잡히지 않았는데, 모두 현상금을 걸어 수배해서 使者가 사방으로 나갔다. 진식이 말하기를 "내가 옥

77) 風角 : 고대 占術의 하나로, 五音으로 사방의 바람을 점쳐서 吉凶을 정하는 것이다.

에 나아가지 않으면, 여러 사람들이 믿을 곳이 없게 된다." 하고는 마침내 가서 자청하여 옥에 갇혔다.

진번이 다시 글을 올려 지극히 간하자, 황제는 그의 말이 너무 간절하고 곧음을 싫어하여, 그가 천거한 사람이 올바른 사람이 아니라고 칭탁하고는, 策書를 내려 면직하였다.

案經三府①할새 陳蕃이 郤(각)之曰 今所案者는 皆海內人譽로 憂國忠公之臣이라 此等은 猶將十世宥也니 豈有罪名不章而致收掠者乎리오하고 不肯平署②하다 帝愈怒하여 遂下膺等北寺獄③하니 辭連太僕杜密及陳寔, 范滂之徒二百餘人이라 或逃遁不獲하니 皆懸金購募하여 使者四出이어늘 寔曰 吾不就獄이면 衆無所恃라하고 乃往請囚하다 陳蕃이 復上書極諫한대 帝諱其言切하여 託以辟召非人하고 策免之④하다

① 案은 文案이니, 상고하고 조사하는 것을 의의로 삼는다.
案, 文案也, 以考驗爲義.

② 〈"收掠"의〉 收는 잡아 가둠이요 掠은 볼기 치는 것이다. "平署"는 連署(연명하여 서명하다)라는 말과 같다.
收, (擊)〔繫〕78)也. 掠, 笞擊也. 平署, 猶言連署也.

③ 北寺獄은 黃門署에 속하였다.
北寺獄, 屬黃門署.

④ "言切"은 말한 바가 너무 간절하고 곧음을 이른다.
言切, 謂所言太切直也.

【目】이때 黨人의 獄辭에 연루된 자가 모두 天下의 名賢이었다. 皇甫規는 자신이 西州의 豪傑로 여기에 포함되지 못한 것을 부끄럽게 생각해서 마침내 직접 上言하기를 "臣이 전에 옛 大司農 張奐을 천거하였으니 이는 黨人에게 아부한 것이요, 太學生 張鳳 등이 上書하여 신의 억울함을 하소연하였으니 이는 당인이 臣에게 아부한 것입니다. 臣은 마땅히 연좌되어 처벌받아야 합니다." 하였는데, 조정에서는 不問에 부쳤다.

時에 黨獄所染이 皆天下名賢①이라 皇甫規自以西州豪傑로 恥不得與(예)②하여 乃自上言호되 臣이 前薦故大司農張奐하니 是附黨也요 太學生張鳳等이 上書訟臣하니 是爲黨人之所附也라 臣宜坐之니이다 朝廷이 不問하다

78) (擊)〔繫〕: 저본에는 '擊'으로 되어 있으나, ≪御批資治通鑑綱目≫의 ≪集覽≫에 의거하여 '繫'로 바로잡았다.

① 染은 獄辭에 연루된 것을 이른다.
染, 謂獄辭所汙染也.
② 與(참여하다)는 豫로 읽는다.
與, 讀曰豫.

【目】 杜密은 평소 명성과 행실이 李膺과 서로 비등하여 당시 사람들이 '李杜'라고 칭하였다. 두밀이 일찍이 北海의 相이 되어서 봄에 순행할 적에, 高密에 이르러 鄭玄이 鄕의 嗇夫(색부)[79]로 있는 것을 보고, 그가 특별한 器局임을 알고서 즉시 郡의 직책으로 임명하여 太學으로 보내어서 끝내 大儒가 되게 하였다.

密이 素與李膺名行相次라 時人이 謂之李杜①러라 嘗爲北海相하여 行春에 到高密②하여 見鄭玄爲鄕嗇夫하고 知其異器하고 卽署郡職하여 遣就學하여 卒成大儒하다

① 〈"名行"의〉 行(행실)은 下孟의 切이니, 아래 '行春'의 行(순행)도 〈反切音이〉 같다. 一說에 "行(항렬)은 戶浪의 切이니, 等輩이다." 하였다.
行, 下孟切, 下行春同. 一說 "行, 戶浪切, 等輩也."
② 〈"春行"은〉 ≪後漢書≫ 〈百官志〉에 "모든 郡國의 守와 相은 항상 봄에 주관하는 縣을 순행하여 백성들에게 농사일과 누에치기를 권장하고, 궁핍한 자를 구휼한다." 하였다. 高密縣은 北海國에 속하였다.
百官志 "凡郡國守相, 常以春行所主縣, 勸民農桑, 振救乏絶." 高密縣, 屬北海國.

【目】 杜密은 관직을 떠나 집으로 돌아와서는 守令들을 뵐 때마다 陳情하고 부탁하는 바가 많았다. 반면에 같은 郡의 劉勝 또한 蜀郡에서 鄕里로 돌아와 문을 닫고 수레바퀴 자국을 깨끗이 치우고서 세상의 일에 간여하거나 언급하는 바가 없다. 이에 太守 王昱이 〈두 사람을 비교하며〉 말하기를 "劉季陵(劉勝)은 淸高한 선비이다. 公卿들 중에 그를 천거하는 자가 많다." 하였다.

杜密이 대답하기를 "유승은 지위가 大夫로 上賓의 예우를 받고 있으나, 善함을 알면서도 천거하지 않고 악함을 듣고도 말하지 않아서, 실정을 숨기고 자기 몸을 아껴 스스로 가을날 매미처럼 행동하니, 이 사람은 죄인입니다. 이제 의리에 뜻을 두고 善行에 힘쓰는 현자는 제가 현달하게 하고, 道를 어기고 절개를 잃은 선비는 제가 규찰하여, 밝으신 太守로 하여금 상과 벌을 법도에 맞게 시행하여 훌륭한 명성을 드날리게 하겠습

79) 嗇夫(색부) : 漢나라 때 지방 하부 조직인 鄕에 두었던 鄕官으로 소송과 세금의 징수를 담당하였다. 漢나라는 10里에 亭을 두고 10亭에 鄕을 두었다.

니다. 이렇게 하는 것이 萬分의 일의 역량이나마 다하는 것이 아니겠습니까." 하니, 왕욱이 부끄러워하여 복종하고 그를 더욱 후하게 대우하였다.

去官還家하여 每謁守令에 多所陳託이러라 同郡劉勝이 亦自蜀郡으로 告歸鄕里하여 閉門掃軌하여 無所干及[①]하니 太守王昱이 謂曰 劉季陵은 淸高士라 公卿이 多擧之者[②]니라 密對曰 劉勝이 位爲大夫하여 見禮上賓이로되 而知善不薦하고 聞惡無言하여 隱情惜己하여 自同寒蟬하니 此罪人也[③]라 今志義力行之賢은 而密達之하고 違道失節之士는 而密糾之하여 使明府賞刑得中하여 令問休揚이 不亦萬分之一乎[④]아 昱이 慚服하여 待之彌厚러라

① 軌는 수레바퀴 자국이다. 門戶를 닫고 수레바퀴 자국을 깨끗이 치운 것은 남과 교제하지 않음을 보인 것이다.
軌, 車迹也. 閉其門戶而掃除轍迹, 示不與人交也.
② 季陵은 劉勝의 字이다.
季陵, 勝字.
③ "位爲大夫"는 조정의 반열에 있음을 이른다. "見禮上賓"은 郡守가 접견하고 대우함을 이른다. "寒蟬"은 고요하고 침묵함을 이르니, ≪楚辭≫ 〈九辯〉에 이르기를 "슬프다, 가을의 기운이여. 매미가 적막하여 소리가 없도다." 하였다.
位爲大夫, 謂在朝列也. 見禮上賓, 謂郡守接遇之也. 寒蟬, 謂寂默也, 楚詞曰 "悲哉, 秋之爲氣也, 蟬寂寞而無聲."
④ "力行"은 善을 행함에 힘을 다함을 이른다. 問(명성)은 聞과 通한다.
力行, 謂盡力行善也. 問, 與聞通.

【綱】 竇武를 城門校尉로 삼았다.

以竇武爲城門校尉하다

【目】 竇武가 지위에 있을 적에 名士들을 많이 등용하였으며 몸을 깨끗이 하고 惡을 미워하여 뇌물이 통하지 않으니, 妻子들의 衣食이 겨우 충족될 뿐이었다. 그런데도 두 宮으로부터 賞賜를 얻을 적에 모두 太學의 생도들에게 나눠주고 가난한 백성들에게 베풀어 주었다. 이로 말미암아 여러 사람들이 그를 칭찬하였다.

武在位에 多辟名士하고 淸身疾惡하여 禮賂不通하니 妻子衣食이 裁足而已요 得兩宮賞賜에 悉散與太學諸生及匄(개)施貧民하니 由是로 衆譽歸之[①]러라

① "兩宮"은 天子와 皇后를 이른다. 〈"匄施"의〉 匄는 居太의 切이니 줌이다.

兩宮, 謂天子及皇后. 匄, 居太切, 與也.

【綱】 匈奴와 烏桓이 항복하니, 鮮卑가 달아나 변방을 나갔다.

匈奴, 烏桓이 降하니 鮮卑 走出塞하다

【目】 匈奴와 烏桓은 張奐이 부임한다는 말을 듣고 모두 서로 거느리고 와서 항복하였다. 장환이 반항한 괴수만을 주벌하고 위로하여 받아들였는데, 오직 鮮卑가 변방을 나갔다.

조정에서는 檀石槐를 통제하지 못할까 염려해서 使者를 보내 印綬를 가지고 가서 王으로 봉하고 和親하고자 하였는데, 단석괴가 받으려 하지 않고 더욱 심하게 노략질을 하였다. 그리고 스스로 자기 지역을 三部로 나누어서 右北平 동쪽으로부터 遼東에 이르러 夫餘와 濊貊(예맥)에 접하는 지역을 東部로 삼고, 右北平 서쪽으로부터 上谷에 이르는 지역을 中部로 삼고, 上谷 서쪽으로부터 烏孫에 이르는 지역을 西部로 삼고서, 각각 大人을 두어 거느리게 하였다.

匈奴, 烏桓이 聞張奐至하고 皆相率還降이어늘 奐이 誅其首惡하고 慰納之하니 唯鮮卑出塞去라 朝廷이 患檀石槐不能制하여 遣使持印綬하여 封爲王하여 欲與和親이러니 檀石槐不肯受하고 而寇抄滋甚하다 自分其地하여 爲三部하여 從右北平以東으로 至遼東하여 接夫餘, 濊貊을 爲東部하고 從右北平以西로 至上谷을 爲中部하고 從上谷以西로 至烏孫을 爲西部하여 各置大人領之하다

思政殿訓義 資治通鑑綱目 제12권 상

漢 桓帝 永康 元年(167)~漢 靈帝 光和 元年(178)

≪資治通鑑綱目≫ 제12권은 丁未年 漢나라 桓帝 永康 원년(167)부터 시작해서 癸酉年 漢나라 獻帝 初平 4년(193)까지이니, 모두 27년이다.

起丁未漢桓帝永康元年하여 盡癸酉漢獻帝初平四年이니 凡二十七年이라

丁未年(167)

【綱】 漢나라 孝桓皇帝 永康 元年이다. 봄 정월에 東羌이 다시 배반하므로 段熲(단경)이 격파하였다.

永康元年이라 春正月에 東羌이 復反이어늘 段熲이 擊破之하다

【綱】 夫餘가 玄菟(현도)를 침략하였다.

◑ 夫餘寇玄菟하다

【綱】 여름 4월에 羌族이 三輔 지방을 침략하였다.

◑ 夏四月에 羌이 寇三輔하다

【綱】 5월에 땅이 갈라졌다.

◑ 五月에 地裂[1]하다

---

1) 地裂 : "땅이 갈라지는 것은 작은 변고가 아니다. 和帝 永元 7년(95)에 한 번 쓴 뒤로 이때 다시 보인다. 그러므로 ≪資治通鑑≫에는 이것을 쓰지 않았으나 ≪資治通鑑綱目≫에는 특별히 썼으니, ≪자치통감강목≫이 끝날 때까지 땅이 갈라졌다고 쓴 것이 3번이다.〔地裂非小變也 自和帝永元七年一書 於是再見 故通鑑不書 綱目特書之 終綱目 書地裂三〕" ≪書法≫

【綱】 이달 그믐에 일식이 있었다.

◑ 是月晦에 日食하다

【綱】 6월에 黨人을 사면하여 田里로 돌아가게 하고 종신토록 禁錮하였다.

◑ 六月에 赦黨人하여 歸田里하고 禁錮終身하다

【目】 陳蕃이 면직되자, 조정의 신하들이 두려워하여 감히 다시 黨人들을 위해 말하는 자가 없었다. 賈彪(가표)가 말하기를 "내가 서쪽으로 雒陽에 가지 않으면 큰 화가 풀리지 않을 것이다." 하고는 마침내 낙양에 들어가서 竇武와 尙書 霍諝(곽서) 등을 설득하여 〈당인들의 억울함을〉 하소연하게 하였다.

陳蕃이 旣免에 朝臣이 震栗하여 莫敢復爲黨人言者[①]러니 賈彪曰 吾不西行이면 大禍不解라하고 乃入雒陽하여 說(세)竇武及尙書霍諝等하여 使訟之[②]하다

① 爲(위하다)는 去聲이니, 아래의 '亦爲'와 '爲之'의 爲도 같다.
爲, 去聲. 下亦爲・爲之同.

② 賈彪는 潁川 定陵 사람이니, 潁川에서 雒陽에 가려면 서쪽으로 가야 한다. 諝는 私呂의 切이다.
彪, 潁川定陵人, 自潁川至雒陽, 爲西行. 諝, 私呂切.

【目】 이에 竇武가 다음과 같이 上疏하였다.

"李膺 등은 忠節을 세워 굳게 지켜서 뜻이 王室을 받드는 데 있었으니, 이는 진실로 陛下의 后稷과 卨(설), 伊尹과 呂尙과 같은 보좌입니다. 그런데 근거 없이 姦臣과 賊子들의 무함을 당했으니, 天下 사람들이 상심하고 海內가 실망하고 있습니다. 부디 陛下께서는 유념하여 밝게 살피시고 즉시 事理를 잘 분변하여 출옥시켜서 사람과 귀신이 우러러 바라는 마음을 만족시켜주소서.

지금 臺閣에 있는 가까운 신하 중에 尙書 朱寓(주우), 荀緄, 劉祐, 魏朗, 劉矩, 尹勳 등은 모두 나라의 바른 선비요 조정의 어진 보좌이며, 尙書 張陵, 嬀皓(규호), 苑康, 楊喬, 邊韶, 戴恢 등은 文과 質이 찬란하여 국가의 典故에 밝게 통달하였습니다. 그런데 陛下께서는 가깝고 친숙한 환관들에게 위임하고 탐욕스러운 자들만을 등용해서, 밖으로 州郡을 맡게 하고 안으로 심복의 일을 주관하게 하시니, 마땅히 차례로 이들을 貶黜

해서 죄를 상고하여 벌을 내리고 忠良한 신하들을 신임하여 善惡을 공평하게 결정해서 간사한 자와 바른 자, 비난과 칭찬이 각각 제자리를 얻게 해야 합니다. 이와 같이 하면 나쁜 징조를 사라지게 할 수 있고, 하늘의 응험을 기대할 수 있을 것입니다.

근간에 아름다운 곡식과 芝草, 黃龍이 나타났는데, 祥瑞가 생기는 것은 반드시 아름다운 선비에게서 말미암고 福이 이르는 것은 실로 善人에게서 말미암습니다. 덕이 있을 때에 나타나면 상서가 되고 덕이 없을 때에 나타나면 재앙이 되는바, 陛下께서 행하시는 바가 하늘의 뜻에 부합하지 못하시니, 慶賀해서는 안 될 것입니다."

武上疏曰 膺等이 **建忠抗節**하여 **志經王室**하니 **此誠陛下稷, 卨, 伊, 呂之佐**어늘 **而虛爲姦臣賊子所誣枉**하니 **天下寒心**하고 **海內失望**①이라 **惟陛下**는 **留神澄省**하사 **時見理出**하여 **以厭人鬼喁**(옹)**喁之心**②하소서 **今臺閣近臣**에 **尙書朱寓, 荀緄, 劉祐, 魏朗, 劉矩, 尹勳等**은 **皆國之貞士**요 **朝之良佐**며 **尙書張陵, 嬀皓, 苑康, 楊喬, 邊韶, 戴恢等**은 **文質彬彬**하여 **明達國典**③이어늘 **而陛下委任近習**하고 **專樹饕餮**(도철)하사 **外典州郡**하고 **內幹心膂**④하시니 **宜以次貶黜**하여 **案罪糾罰**하고 **信任忠良**하여 **平決臧否**(비)하여 **使邪正毁譽**로 **各得其所**⑤니 **如此**면 **咎徵**을 **可消**요 **天應**을 **可待**리이다 **間者**에 **有嘉禾, 芝草, 黃龍之見**(현)⑥하니 **夫瑞生**은 **必於嘉士**요 **福至**는 **實由善人**이라 **在德爲瑞**요 **無德爲災**니 **陛下所行**이 **不合天意**하시니 **不宜稱慶**이니이다

① 卨은 契의 古字이다.
卨, 古契字.

② 澄은 맑음이요, 省은 살핌이다. 時는 즉시를 이른다. 喁은 魚容의 切이니, "喁喁"은 물고기의 입이 위로 향하는 것으로, 여러 사람들이 우러러 바라기를 물고기들이 입을 위로 향하는 것처럼 함을 비유한 것이다.
澄, 淸也. 省, 察也. 時, 謂卽時也. 喁, 魚容切. 喁喁, 魚口向上也, 以喩仰望如群魚然.

③ 嬀는 俱爲의 切이니, 姓이다.
嬀, 俱爲切, 姓也.

④ "饕餮"은 音이 叨徹이니, 재물을 탐하는 것을 饕라 하고, 음식을 탐하는 것을 餮이라 한다.
饕餮, 音叨徹, 貪財爲饕, 貪食爲餮.

⑤ 平(공평하다)은 音이 病이다.
平, 音病.

⑥ 見(나타나다)은 賢遍의 切이다.
見, 賢遍切.

【目】 **竇武**가 글을 올리면서 동시에 병을 칭탁하여 **城門校尉**와 **槐里侯**의 **印綬**를 올려 반

환하였고, 霍諝 또한 표문을 올려 〈黨人들의 출옥을〉 청하자, 황제의 뜻이 다소 풀려서 中常侍 王甫로 하여금 감옥에 가서 당인들을 심문하게 하였다. 왕보가 詰問하기를 "卿등이 번갈아 서로 선발하여 천거해서 입술과 이처럼 서로 의지하니, 그 의도가 무엇인가?" 하자, 范滂이 다음과 같이 말하였다.

"나는 선한 사람을 좋게 여겨 그 깨끗함을 함께하려 하고, 악한 사람을 미워하여 그 더러움을 함께 미워하려 하였으니, 이는 王政(朝廷)이 듣기 원하는 바라고 생각하였고 다시 黨을 이룬다고 여길 줄은 생각하지 못하였다. 이 몸이 죽는 날 내 시신이 首陽山 곁에 묻혀 위로는 皇天을 저버리지 않고, 아래로는 伯夷와 叔齊에게 부끄럽지 않기를 바란다."

왕보가 가엾게 여겨 용모를 고치고는 마침내 당인들의 桎梏을 모두 풀어주었다.

書奏에 因以病上還城門校尉, 槐里侯印綬하고 霍諝亦爲表請한대 帝意稍解하여 使中常侍王甫로 就獄訊黨人하니 甫詰曰 卿等이 更(경)相拔擧하여 迭爲脣齒하니 其意如何오 范滂曰 滂이 欲使善善同其淸하고 惡惡(오악)同其汙하니 謂王政之所願聞이요 不悟更以爲黨이라 身死之日에 願埋滂於首陽山側하여 上不負皇天하고 下不愧夷齊①하라하니 甫愍然爲之改容하여 乃得幷解桎梏하다

① 伯夷와 叔齊는 首陽山에서 굶어 죽었다.
伯夷・叔齊, 餓死首陽山.

【目】 李膺 등이 또 환관의 子弟를 연루시켜 논박하는 일이 많자, 환관들이 두려워해서 天時가 마땅히 사면을 해야 할 때라고 황제에게 청하니, 마침내 사면하고 改元[2]하였다. 黨人 200여 명을 모두 田里로 돌려보내고서 三公府에 명단을 기록하여 종신토록 禁錮(관직에 나오지 못하게 하는 형벌)하게 하였다.

膺等이 又多引宦官子弟한대 宦官이 懼하여 請帝以天時宜赦라하니 遂赦改元하고 黨人二百餘人을 皆歸田里하여 書名三府하여 禁錮終身하다

【目】 范滂은 霍諝에게 찾아가서 안부만 묻고 사례하지 않았다.[3] 혹자가 이를 꾸짖자, 범방이 말하기를 "옛날 叔向이 祁奚를 만나보지 않았으니, 내 어찌 사례하겠는가." 하였다. 범방이 돌아갈 적에, 그를 환영하는 汝南과 南陽의 사대부들의 수레가 수 천 輛이

2) 改元 : 연호를 延熹에서 永康으로 고친 일을 이른다.
3) 范滂은……않았다 : 霍諝가 표문을 올려 黨人들의 사면을 청한 것에 감사하지 않은 것이다.

었고, 고향 사람인 殷陶와 黃穆은 곁에서 侍衛하면서 賓客들을 응대하였다. 범방이 말하기를 "이렇게 하는 것은 나의 禍를 加重시키는 것이다." 하고는, 마침내 도망쳐 고향으로 돌아갔다.

滂이 **往候霍諝而不謝**어늘 **或**이 **讓之**한대 **滂曰 昔**에 **叔向**이 **不見祁奚**하니 **吾何謝焉**①이리오 **滂歸**②할새 **汝南, 南陽士大夫迎之者 車數千兩**이요 **鄕人殷陶, 黃穆**이 **侍衛於旁**하여 **應對賓客**이어늘 **滂曰 是重吾禍也**라하고 **遂遁還**하다

① 晉나라 范宣子가 叔向을 가두자 祁奚가 청하여 그를 석방시켰는데, 기해는 숙향을 만나보지 않고 돌아갔고 숙향 또한 석방된 것을 고하지 않고 조회하였다.[4)]
晉范宣子囚叔向, 祁奚請而免之, 不見叔向而歸, 叔向亦不告免焉而朝.

② 〈"滂歸"는〉 ≪後漢書≫ 〈范滂傳〉에 "범방이 남쪽으로 돌아가면서 처음 京師를 출발할 적에"라고 하였다.
滂傳 "滂南歸, 始發京師."

【目】 처음에 詔書를 내려 鉤黨(黨與를 끌어모은 것)을 한 자들을 탄핵하게 하니, 郡國에서 아뢴 자가 많게는 100명으로 헤아려졌으나, 오직 平原相 史弼만은 홀로 아뢴 자가 없었다. 이에 또다시 조서를 내려 州郡을 심하게 독촉하여 掾史들의 머리를 깎고 볼기를 쳤다. 靑州從事[5)]가 傳舍(객사)에 앉아서 사필을 책망하기를 "靑州의 여섯 郡 중에 다섯 군에는 黨人이 있는데, 어떻게 다스렸기에 平原郡만 홀로 당인이 없는가?" 하자, 사필이 다음과 같이 말하였다.

"先王이 天下를 나누어 다스려서 구획하여 경계를 나누시니, 水土가 다르고 風俗이 똑같지 않습니다. 다른 郡에는 당인이 본디 있으나 평원군에는 본디 없으니, 어찌 서로 견줄 수 있겠습니까. 만약 上司의 뜻을 받들어서 선량한 사람을 무함한다면 平原 사람

---

4) 晉나라……조회하였다 : 范宣子는 춘추시대 晉나라 執政大臣인 范匄이며, 叔向은 당시 名臣인 羊舌肸의 자이고, 祁奚 역시 명신이었다. 숙향의 아우인 羊舌虎가 죄에 걸려 죽임을 당하자, 범선자가 숙향을 체포하여 감옥에 가두었다. 致仕하고 있던 기해가 범선자를 타일러 석방하게 하였으나, 숙향을 만나보지 않고 그대로 가버렸고, 숙향 또한 기해에게 고맙다고 인사하지 않고 그대로 조회에 나갔다.(≪春秋左氏傳≫ 襄公 21년)

5) 靑州從事 : 從事는 從事史라고도 하는데 州刺史의 막료인 佐史의 하나로 자사의 辟召를 통해 임명된다. 이는 別駕從事, 治中從事, 兵曹從事 등으로 구분된다. 특히 별가종사와 치중종사가 屬吏의 長이 된다. 별가종사는 자사가 部를 순행할 적에 자사를 수행하며 자사의 측근으로 활동하였다. 치중종사는 州의 屬吏의 선발과 諸曹의 일을 주관하였다.(安作璋・熊鐵基, ≪秦漢官制史稿≫, 齊魯書社, 1984) ≪綱目釋義≫에는 종사는 中都官으로 관리들 중에 법을 범한 자를 살펴 적발하는 것을 주관한다고 하였다.

은 집집마다 黨人이 될 것이니, 相인 내가 죽을지언정 이렇게 할 수는 없습니다."

청주종사가 크게 노하고 즉시 사필을 탄핵하여 아뢰었는데, 이때 마침 黨禁이 중간에 풀리니, 黨禍를 벗어난 자들이 매우 많았다.

初에 詔書下擧鉤黨①하니 郡國所奏 多至百數로되 唯平原相史弼이 獨無所上②이라 詔書迫切州郡하여 髡笞掾史③하니 從事坐傳舍하여 責曰④ 靑州六郡에 其五有黨이어늘 平原은 何治而得獨無⑤오 弼曰 先王이 疆理天下하여 畫界分境하시니 水土異齊하고 風俗不同⑥이라 他郡은 自有요 平原은 自無니 胡可相比리오 若承望上司하여 誣陷良善이면 則平原之人이 戶可爲黨이니 相이 有死而已언정 所不能也로라 從事大怒하여 卽擧奏弼이러니 會에 黨禁中解하니 所脫者甚衆⑦이러라

① 擧는 탄핵함이다. "鉤黨"은 서로 자신의 黨與를 끌어모으는 것이다.
擧, 劾也. 鉤黨者, 相鉤引其黨與也.

② 相(太守에 해당하는 관직)은 息亮의 切이니, 아래 "相有"의 相도 같다.
相, 息亮切, 下相有同.

③ 〈"詔書迫切州郡 髡笞掾史"는〉 詔書를 내려 州郡을 독촉해서 掾史의 머리를 깎고 볼기를 치게 하였음을 말한 것이다.
言詔書督迫州郡 至於髡笞掾史

④ 〈"從事坐傳舍責은"〉 靑州從事가 平原의 傳舍에 앉아서 史弼을 책망한 것이다.
靑州從事坐平原傳舍, 而責弼也.

⑤ "六郡"은 濟南, 平原, 樂安, 北海, 東萊, 齊國을 이른다.
六郡, 謂濟南·平原·樂安·北海·東萊·齊國.

⑥ 齊(같다)는 才細의 切이다.
齊, 才細切.

⑦ 뒤에 靈帝 建寧 2년(169)에 다시 鉤黨을 한 사람을 다스리라는 법령이 내려졌으므로 黨禁이 중간에 풀렸다고 말한 것이다.
後靈帝建寧二年, 復治鉤黨令, 故云黨禁中解也.

【目】 竇武가 천거한 楊喬가 용모와 행동거지가 훌륭하고 화려하며 자주 政事를 말하니, 황제는 그의 재주와 용모를 사랑하여 公主를 그에게 시집보내고자 하였다. 그러나 양교는 굳이 사양하여 응하지 않고는 마침내 굶어 죽었다.

竇武所薦楊喬 容儀偉麗하고 數(삭)言政事하니 帝愛其才貌하여 欲妻以公主한대 喬固辭不聽하고 遂不食而死하다

【綱】 가을 8월에 巴郡에서 黃龍이 나타났다고 말하였다.

秋八月에 巴郡이 言黃龍見(현)[6]하다

【目】 처음에, 郡에 사는 사람들이 못에 가서 목욕을 하려 하다가 못 물이 흐린 것을 보고는 농담으로 서로 상대방을 두렵게 하며 말하기를 "이 못 속에 黃龍이 있다." 하였는데, 이 말이 마침내 세상에 떠돌아다녔다.

太守가 이 일을 조정에 올리고자 하자, 郡의 관리인 傅堅이 간하기를 "이것은 하인들의 농담일 뿐입니다." 하였으나, 듣지 않았다.

初에 郡人이 欲就池浴이라가 見池水濁하고 因戱相恐하여 此中에 有黃龍이라한대 語遂行하니 太守欲上之어늘 郡吏傅堅이 諫曰 此走卒戱語耳라한대 不聽하다

【綱】 홍수가 지고 海溢이 있었다.

大水海溢하다

【綱】 겨울 10월에 羌族이 三輔를 침범하므로 張奐이 司馬 董卓을 보내 격파하였다.

◑冬十月에 羌이 寇三輔어늘 張奐이 遣司馬董卓하여 擊破之[7]하다

---

6) 黃龍見 : "建和 원년(147)에 '黃龍이 譙縣에 나타났다.'고 썼었는데, 여기서 '黃龍이 나타났다고 말했다.'고 쓴 것은 어째서인가. 의심하는 말이니, 그 말이 이와 같다고 말한 것과 같다. 이 때문에 光武帝 연간에 郡國에 甘露가 내렸을 적에 '말했다'고 썼고(中元 元年(56)), 桓帝 때에 巴郡에 黃龍이 나타났을 적에 '말했다'고 썼고(이해), 北齊 靑州에 河水가 맑아졌을 적에 '말했다'고 썼다.(陳나라 壬午年(562)) ≪資治通鑑綱目≫이 끝날 때까지 '용이 나타났다.'고 쓴 것이 13번인데, 오직 平帝 때에 '越巂郡에서 올렸다.'고 쓴 것과 여기서 '巴郡에서 말했다.'고 쓴 것은 모두 의심하는 말이다.〔建和初元書黃龍見譙矣 此書曰言黃龍見 何 疑辭也 若曰其言如此云耳 是故光武郡國甘露降 則書言(中元元年) 桓帝巴郡黃龍見 則書言(是年) 齊靑州河水淸 則書言(陳壬午年) 終綱目 書龍見十有三 惟平帝書越巂郡上 此書巴郡言 皆疑之之辭也〕" ≪書法≫

7) 張奐……擊破之 : "'張奐이 보냈다.'고 쓴 것은 어째서인가. 장환에게 功을 돌린 것이다. 그런데 마침내 환관을 잘 섬기지 않았다는 이유로 그 功을 내치고 董卓에게 상을 주었으니, 그 사사로움이 심하다. 이에 ≪資治通鑑綱目≫에서 '장환이 보냈다.'고 특별히 쓴 것이니, 漢나라를 나쁘게 여긴 것이다. 이 때문에 동탁이 침입한 羌族들을 격파했을 적에 '장환이 보냈다.'고 썼고, 田神功이 史朝義를 격파했을 적에 '李光弼이 시켰다.'고 썼으니(唐 肅宗 寶應 원년(762)), 이는 모두 보낸 자에게 공을 돌린 것이다.〔書張奐遣 何 歸功奐也 乃以不事宦官 黜其功而賞董卓 其私甚矣 此綱目特書張奐遣 病漢也 是故董卓之破羌寇也 書張奐遣 田神功之破史朝義也 書李光弼使(唐肅宗寶應元年) 皆歸功遣之者也〕" ≪書法≫

【目】張奐이 공로에 따라 마땅히 封爵을 받아야 했는데, 宦官을 섬기지 않았다는 이유로 봉하지 않고 董卓을 郎中으로 제수하였다. 동탁은 隴西 사람인데 성품이 거칠고 사나우며 지모가 있으니, 羌族과 胡族들이 두려워하였다.

奐이 論功當封이러니 以不事宦官이라 故로 不果하고 拜董卓爲郎中하다 卓은 隴西人이라 性粗猛有謀하니 羌, 胡畏之러라

【綱】12월에 황제가 崩하였다. 皇后(竇后)를 높여 皇太后라 하고, 太后가 臨朝하였다.

十二月에 帝崩①8)하다 尊皇后曰皇太后라하고 太后臨朝하다

① 향년이 36세였다.

---

8) 帝崩 : "賀善의 贊에 말하였다. '桓帝가 즉위한 지 22년 동안 延熹 2년(159) 이전에는 기록한 내용이 대부분 梁冀에 관한 것이었다.(「策書로 太尉 李固를 면직했다.」고 쓴 것은 양기가 전횡했기 때문이고, 「定策한 功을 논했다.」고 쓴 것은 양기가 功을 자랑했기 때문이고, 「皇后를 세웠다.」고 쓴 것은 양기가 거만했기 때문이고, 「策書로 太尉 杜喬를 면직했다.」고 쓴 것은 양기가 부추겼기 때문이고, 「淸河王을 강등시키고 李固와 杜喬를 죽였다.」고 쓴 것은 양기가 무함했기 때문이고, 「淸河를 〈甘陵이라고〉 고쳤다.」고 쓴 것은 양기가 사사로이 〈청하를 싫어했기〉 때문이고, 「〈孫壽를〉 襄城君에 봉했다.」고 쓴 것은 양기가 〈손수를〉 총애하였기 때문이고, 「張陵이 〈양기를〉 탄핵하여 아뢰었다.」고 쓴 것은 양기가 예를 범했기 때문이고, 「〈양기에게〉 특별한 예를 가하고 〈네 縣을〉 더 봉해주었다.」고 쓴 것은 양기가 교만했기 때문이고, 「陳龜를 불러 돌아오게 했다.」고 쓴 것은 양기가 그를 미워했기 때문이다.)

2년 이후로 기록한 내용은 대부분 宦閹들에 관한 것이었다.(「五侯를 봉했다.」고 쓴 것은 환관이 모의에 참여하였기 때문이고, 「單超(선초)를 車騎將軍으로 삼았다.」고 쓴 것은 환관에 대한 총애가 지나쳤기 때문이고, 「楊秉을 논죄하여 〈左校에서〉 노역하게 했다.」고 쓴 것은 환관이 탐욕스럽고 방종했기 때문이고, 「선초가 卒했다.」고 쓴 것은 부의를 보내고 장송한 것이 제도에 지나쳤기 때문이고, 「皇甫規를 하옥했다.」고 쓴 것은 환관이 그를 원수로 여겨 모함하였기 때문이고, 「馮緄이 면직되었다.」고 쓴 것은 환관이 미워하였기 때문이고, 「朱穆이 卒했다.」고 쓴 것은 그가 환관을 미워하다가 죽었기 때문이고, 「李膺 등이 논죄를 당하여 〈左校에서〉 노역하였다.」고 쓴 것은 그들이 환관을 탄핵하여 아뢰었기 때문이고, 「成瑨을 죽이고 李膺 등을 체포했다.」고 쓴 것은 환관들이 미워하였기 때문이다.)

그 나머지는 災變과 변방의 일을 쓴 것 외에는 사사로운 은혜를 갚은 것이 아니면 놀고 사냥하는 것을 일삼고 세금 거두는 것을 급히 한 것이다. 무릇 세 번 황후를 세웠는데 두 명은 굶어 죽었다. 비록 일찍이 지진이 있고 일식이 있다 하여 세 차례 賢良을 천거하게 하고 한 차례 處士를 불렀으나, 이따금 모두 문식만 갖춘 것이었다. 여러 淫祀를 없앤 것으로 말하면, 황제에게 훌륭한 견해가 있는 듯하다. 그러나 거듭 老子에게 제사하였으니, 그렇다면 이 또한 어쩌다가 그렇게 한 것일 뿐이다. 이것이 桓帝가 桓帝가 된 이유이다.'〔賀善贊曰 桓帝卽位二十二年 自延熹二年以前 所書多爲梁冀(書策免太尉固 冀專也 論定策功 冀伐也 立皇后 冀伉也 策免太尉喬 冀忤也 貶淸河 殺李杜 冀誣也 改淸河 冀私也 封襄城君 冀嬖也 張陵劾奏 冀犯也 殊禮增封 冀泰也 徵陳龜還 冀惡之也) 二年以後 所書多爲宦閹(書封五侯 宦官與謀也 單超將軍 宦官寵過也 楊秉論作 宦官貪縱也 卒單超 贈送過制也 獄皇甫規 宦官仇陷也 免馮緄 宦官所惡也 卒朱穆 憤疾宦官也 膺等輸作 劾奏宦官也 殺成瑨捕膺等 宦官所疾也) 其餘自書災變邊事外 非報私恩 則事遊畋 急征斂 凡三立后 兩不食死 雖嘗三以震食擧賢 一徵處士 往往皆具文 其壞諸淫祀 若有見者 然再祀老子 則亦偶然而已 此桓之所以爲桓也〕" ≪書法≫

壽, 三十六.

【目】 처음에, 竇后가 세워졌을 적에 황제를 뵙는 경우가 매우 드물었고, 오직 采女인 田聖 등이 총애를 입었다. 竇后는 평소 시기가 많고 잔인하여, 황제의 梓宮(棺)이 아직 正殿에 있는데도 마침내 田聖을 죽였다.

初에 竇后旣立에 御見(현)甚稀①하고 唯采女田聖等이 有寵이러니 后素忌忍이라 帝梓宮尙在前殿이로되 遂殺田聖하다

① 見(알현하다)은 賢遍의 切이다.
見, 賢遍切.

【綱】 使者를 보내 解瀆亭侯 劉宏을 맞이하여 京師로 오게 하였다.

遣使하여 迎解瀆亭侯宏하여 詣京師①하다

① 李賢이 말하기를 "解瀆亭은 지금 定州 義豐縣 동북쪽에 있었다." 하였다.
賢曰 "解瀆亭, 在今定州義豐縣東北."

【目】 竇武가 侍御史인 河間 사람 劉儵(유숙)을 불러 國中의 宗室 중에 어진 자를 묻자, 유숙은 孝王의 曾孫 劉宏을 추천하였다. 두무는 太后에게 아뢰어 禁中에서 음밀히 황제를 정하고〔定策〕 유숙을 守光祿大夫[9]로 삼고서 節을 가지고 가서 유굉을 맞이하게 하니, 이때 유굉의 나이가 12세였다.

竇武召侍御史河間劉儵①하여 問以國中宗室之賢者한대 儵稱孝王曾孫宏②이어늘 武白太后하여 定策禁中하고 以儵守光祿大夫하여 持節奉迎宏하니 時年十二러라

① 儵은 式竹의 切이다.
儵, 式竹切.
② 孝王은 이름이 開이니, 肅宗(章帝)의 아들이다. 劉宏의 祖父인 劉淑과 父親인 劉萇(유장)이 대를 이어 解瀆亭侯에 封해졌다.

---

9) 守光祿大夫 : 보통 알려진 行守職은 관직이 관품보다 낮을 경우에는 行職을, 관직이 품계보다 높은 경우에는 守職을 주었다. 그러나 漢代 行守職은 이와 좀 다르다. 行職은 해당 관직에 관리가 부재시 임시로 다른 관리가 해당 직을 겸임하는 것이다. 이는 관직이 관리의 秩보다 낮거나 높거나 동등한 경우 모두 포함된다. 守職은 1년 동안 임시로 관직을 맡아서 그 재능을 시험해보고 합당하면 그 관직에 임명하는 것이다.(大庭脩, ≪秦漢法制史の硏究≫, 倉文社, 1982)

孝王, 名間, 肅宗子也. 宏祖淑, 父(其)〔萇〕10)世封解瀆亭侯.

戊申年(168)

【綱】 漢나라 孝靈皇帝 建寧 원년이다. 봄 정월에 竇武를 大將軍으로 삼고 陳蕃을 太傅로 삼아 司徒 胡廣과 함께 세 사람을 錄尙書事로 삼았다.

孝靈皇帝建寧元年이라 **春正月**에 **以竇武爲大將軍**하고 **陳蕃爲太傅**하여 **與司徒胡廣**으로 **參錄尙書事**①하다

① 三人을 參이라 이른다.
三人, 謂之參.

【目】 이때 막 國喪을 만나고 나라의 嫡統이 확립되지 못하였다. 여러 尙書들이 두려워하여 대부분 병을 칭탁하고 조회하지 않았다. 이에 陳蕃이 편지를 보내 책망하기를 "옛사람은 충절을 중시하여 죽은 군주를 섬기기를 살아 있는 군주와 똑같이 하였다. 지금 새로운 황제가 아직 서지 않았는데 諸君들은 어찌하여 荼蓼(씀바귀와 여뀌)와 같은 국가의 어려운 처지를 버려두고 편안히 침상에 누워 있는가?" 하니, 여러 尙書들이 황공하여 모두 일어나 나와 정사를 보았다.

時에 **新遭大喪**하고 **國嗣未立**이라 **諸尙書畏懼**하여 **多託病不朝**어늘 **陳蕃**이 **移書責之曰 古人立節**에 **事亡如存**①하니 **今帝祚未立**이어늘 **諸君**이 **奈何委荼蓼**(도료)**之苦**하고 **息偃在牀乎**②아하니 **諸尙書惶怖**하여 **皆起視事**하다

① 〈"事亡如存"은〉 人主가 비록 사망하였으나 섬기기를 생존한 것과 똑같이 함을 말한 것이다.
言人主雖死亡, 事之如生存也.

② ≪詩經≫ 〈國風 谷風〉에 "누가 씀바귀가 쓰다고 말하는가. 달기가 냉이와 같도다." 하였고, 〈周頌 小毖〉에 "집에 어려움이 많은 것을 견디지 못하였는데, 나는 또 독한 여뀌풀에 걸렸도다." 하였으며, 〈小雅 北山〉에 "혹은 편안히 쉬면서 침상에 누워 있다." 하였다.
詩國風曰 "誰謂荼苦. 其甘如薺." 周頌曰 "未堪家多難, 予又集于蓼." 小雅曰 "或息偃在牀."

【綱】 解瀆亭侯 劉宏이 京師에 와서 들어와 卽位하였다.

---

10) (其)〔萇〕: 저본에는 '其'로 되어 있으나, ≪資治通鑑≫에 의거하여 '萇'으로 바로잡았다.

解瀆亭侯宏이 **至**하여 **入卽位**하다

【綱】 2월에 桓帝를 宣陵에 장례하였다.

◑ **二月**에 **葬宣陵**①하다

① 宣陵은 雒陽 동남쪽 30리 지점에 있다.
陵在雒陽東南三十里.

【綱】 段熲이 東羌을 高平에서 공격하여 大破하니, 단경을 破羌將軍으로 삼았다.

◑ **段熲**이 **擊東羌於高平**하여 **大破之**하니 **以熲爲破羌將軍**하다

【目】 처음에, 段熲이 西羌을 평정하였는데 東羌인 先零(선련) 등의 종족이 복종하지 않으니, 皇甫規와 張奐이 수년 동안 이들을 불러 歸附하게 하였는데, 항복하였다가 또다시 배반하였다. 桓帝가 詔令을 내려 단경에게 묻자, 단경이 다음과 같이 上言하였다.

"황보규에게 항복한 東羌이 이미 2만 개의 부락이 되어서 남은 적은 얼마 되지 않습니다. 그런데 지금 장환이 오랫동안 주저하며 진격하지 않으니, 이는 응당 羌族이 겉으로는 이산되었으나 안으로는 연합하여 우리 군대가 쳐들어가면 반드시 놀라서 배반할까 염려해서요, 또 강족의 사람과 말이 피폐하여 스스로 망할 형세가 있기 때문에 다시 이들을 불러 항복시켜서 가만히 앉아 강한 적을 제압하고자 하는 것입니다.

그러나 臣은 생각건대 이리의 새끼와 같이 길들이기 어려운 오랑캐의 마음은 은혜로 招諭하기가 어렵습니다. 형세가 궁하면 비록 항복하나 우리 군대가 떠나오면 다시 동요합니다. 헤아려보건대 남은 3만여 개의 부락이 가까이 변방 안에 살면서 길이 험하거나 막힌 곳이 없어서 오랫동안 幷州와 涼州를 어지럽히고 여러 번 三輔 지방을 침략하였습니다. 그리하여 西河와 上郡의 백성들은 이미 각각 내지로 옮겨왔고 安定과 北地는 다시 孤單하고 위태로운 지경에 빠져서, 雲中과 五原으로부터 서쪽으로 漢陽에 이르기까지 2,000여 리를 匈奴와 여러 羌族이 그 땅을 모두 차지하고 있습니다. 이것은 종기와 몸속에 숨어 있는 병이 갈비뼈 밑에 머물고 있는 것과 같으니, 만약 주벌을 가하지 않으면 점점 더 커질 것입니다.

만약 5,000명의 기병과 10,000명의 보병과 3,000대의 兵車를 동원한다면, 겨울 세 번과 여름 두 번이 지날 동안에 충분히 이들을 격파하여 안정시킬 수 있는데, 비용이 대

략 54만 錢이 됩니다. 이와 같이 하면 여러 강족들이 깨끗이 다 격파되고 흉노가 오래도록 복종하여, 內地의 郡縣으로 옮겨왔던 자들이 다시 本土로 돌아갈 수 있을 것입니다.

初에 熲이 旣定西羌이로되 而東羌先零等種이 猶未服하니 皇甫規, 張奐이 招之連年이로되 旣降又叛이라 桓帝詔以問熲한대 熲이 上言曰 東羌이 降於皇甫規者 已二萬落이라 餘寇無幾어늘 今張奐이 躊躇久不進者는 當慮外離內合하여 兵往必驚[1]이요 且羌虜人畜疲羸(리)하여 有自亡之勢라 欲更招降하여 坐制彊敵耳니이다 臣은 以爲狼子野心을 難以恩納이라 勢窮雖服이나 兵去復動[2]이니이다 計所餘三萬餘落이 近居塞內하여 路無險折하여 而久亂幷, 涼하고 累侵三輔하니 西河, 上郡이 已各內徙하고 安定, 北地 復至單危하여 自雲中, 五原으로 西至漢陽二千餘里를 匈奴, 諸羌이 幷擅其地하니 是爲癰疽(옹저)伏疾이 留滯脅下[3]라 如不加誅하면 轉就滋大하리니 若以騎五千, 步萬人, 車三千兩이면 三冬, 二夏에 足以破定이니 無慮用費爲錢이 五十四億이라 如此면 則可令群羌破盡하고 匈奴長服하여 內徙郡縣이 得反本土하리이다

① "躊躇"란 주저하며 결단하지 못하는 것이다.
躊躇者, 猶豫也.
② "狼子野心"은 豺狼의 새끼는 마음이 山野에 있기 때문에 길들여 복종시킬 수 없음을 말한 것이다.
狼子野心, 言豺狼之子, 心在山野, 不可馴服.
③ "伏疾"은 몸속에 숨어 있는 병과 같은 것이다.
伏疾, 猶疾之隱伏在身.

【目】 삼가 계산해보건대, 永初 연간에 여러 羌族들이 배반하자 14년 동안 240억 錢을 사용하였고, 永和 말년에 다시 7년 동안 전쟁하느라 80여억 錢을 사용하였습니다. 비용을 이와 같이 허비했는데도 아직 다 주벌하지 못했으니, 이제 잠깐 동안 백성을 피로하게 하지 않으면 영원히 편안할 시기가 없습니다. 臣은 노둔하고 용렬한 재주를 다하기를 바라면서, 삼가 節度(지휘)를 기다리겠습니다."

황제가 이를 허락하였다.

伏計永初中에 諸羌이 反叛이어늘 十有四年에 用二百四十億[1]하고 永和之末에 復經七年하여 用八十餘億[2]하니 費耗若此호되 猶不誅盡이라 今不暫疲民이면 則永寧無期라 臣이 庶竭駑劣하여 伏待節度하노이다 帝許之하다

① 永初(107~113)는 安帝 때의 연호이다.
永初, 安帝年號.

② 永和(136~141)는 順帝 때의 연호이다.
永和, 順帝年號.

【目】段熲은 이에 10,000여 명의 병력을 거느리고 15일 동안의 군량을 갖고서 彭陽에서 곧바로 高平을 향하여 가면서 先零 등의 여러 종족과 싸웠는데, 이때 오랑캐의 군대가 强盛하니 장병들이 모두 두려워하였다.

단경은 이에 軍中에 명하여 긴 화살촉과 예리한 칼날, 긴 창을 쓰는 부대를 삼중으로 배치하고, 강한 궁노부대를 좌우에 두고 경무장한 기병을 나열하여 左右翼으로 삼은 다음, 장병들에게 이르기를 "지금 우리가 집에서 수천 리 멀리 떠나와 있으니, 용감하게 진격하면 일이 이루어질 것이요, 패주하면 반드시 다 죽을 것이다. 노력하여 함께 功名을 세우자." 하고는 이어서 크게 고함을 치니, 병사들이 모두 고함소리에 응하여 함성을 지르며 적진으로 달려갔다. 단경이 말을 타고 옆에서 치달려 나가 적진을 향해 突擊하니, 오랑캐 병사들이 크게 무너졌다. 이에 8,000여 명의 수급을 베었다.

熲이 於是에 將兵萬餘人하고 齎(재)十五日糧하여 從彭陽하여 直指高平하여 與先零諸種戰①할새 虜兵盛하니 衆皆恐이라 熲이 乃令軍中長鏃利刃과 長矛三重에 挾以彊弩하고 列輕騎爲左右翼②하고 謂將士曰 今去家數千里하니 進則事成이요 走必盡死라 努力共功名하라하고 因大呼하니 衆皆應聲騰赴어늘 馳騎於傍[11]하여 突而擊之하니 虜衆이 大潰라 斬首八千餘級하다

① 彭陽과 高平은 모두 縣의 이름이니, 安定郡에 속하였다.
彭陽·高平, 幷縣名, 屬安定郡.
② 鏃은 화살촉이다. 重(중첩하다)은 直龍의 切이다.
鏃, 鏑也. 重, 直龍切.

【目】太后는 조서를 내려 段熲을 칭찬하고 20만 錢을 하사하였으며, 집안 식구 중에 한 사람을 郎中으로 삼고 中藏府에 명하여 軍費를 더 돕게 하였으며, 단경을 破羌將軍으로 제수하였다.

太后賜詔褒美하고 賜錢二十萬하고 以家一人爲郎中하고 勅中藏府하여 增助軍費하고 拜熲破羌將軍①하다

① ≪後漢書≫ 〈百官志〉에 "中藏府의 令은 少府에 속하였으니, 궁중의 幣帛과 金銀 등의 여러

11) 馳騎於傍 : ≪後漢書≫ 〈段熲傳〉에는 "熲馳騎於傍"이라 하였다.

貨物을 관장한다." 하였다.
百官志"中藏府令, 屬少府, 掌中幣帛金銀諸貨物."

【綱】 윤달에 皇祖(解瀆亭侯 劉淑)를 추존하여 孝元皇이라 하고 夫人을 孝元后라 하였으며, 考를 孝仁皇(劉萇)이라 하고 어머니 董氏를 높여 愼園貴人이라 하였다.

閏月에 **追尊皇祖**하여 **爲孝元皇**하고 **夫人爲孝元后**하고 **考爲孝仁皇**하고 **尊母董氏**하여 **爲愼園貴人**①하다

① 李賢이 말하기를 "愼園은 지금의 瀛州 樂壽縣 동남쪽에 있다." 하였다.
賢曰"愼園, 在今瀛州樂壽縣東南."

【綱】 여름 5월 초하루에 일식이 있었다.

◑**夏五月朔**에 **日食**하다

【綱】 6월에 홍수가 졌다.

◑**六月**에 **大水**하다

【綱】 定策한 功을 기록하여 竇武를 봉해 聞喜侯로 삼았다.

◑**錄定策功**하여 **封竇武爲聞喜侯**[12]하다

12) 錄定策功 封竇武爲聞喜侯 : "定策한 功(황제를 옹립한 功)을 쓴 것은 어째서인가. 사사로움을 비판한 것이니, 이는 梁冀로부터 시작되었다. 竇武는 충성스럽고 어진 사람이었는데 어찌하여 양기와 똑같이 썼는가. 두무가 侯를 사양하지 못했으니, 그렇다면 또한 귀하게 여길 것이 못 되고, 靈帝는 굳이 나쁘게 여길 것이 없다. 그러므로 아래에 '陳蕃을 봉했으나 받지 않았다.'고 써서 특별히 대우한 것은 진번을 좋게 여긴 것이니, 두무를 부끄럽게 하려는 것이다.〔定策功 何 譏私也 自梁冀始矣 竇武忠賢也 則曷爲書之如梁冀 武不能辭 則亦不足貴矣 靈帝不足病也 故下書封陳蕃不受而殊之 善蕃 所以愧武也〕" ≪書法≫

"竇武는 東都(동한)시대에 있어서 황제의 친척 중에 어진 자이다. 그런데도 끝내 화를 면치 못한 것은 어째서인가. 이때 漢나라 國統이 여러 번 끊겨서 대부분 嫡親 이외의 支屬이 들어와 大統을 이었는데, 두무가 마침 그 기회를 만나서 封爵을 받았으니, 또한 참람하지 않은가. 그러나 만일 그가 盧植의 말을 따라 봉작을 사양하고 받지 않았다면 그나마 혹 화를 면할 수 있었을 텐데, 두무가 그 말을 따르지 못하였다. '定策한 功을 기록했다.'고 쓴 것은 진실로 찬미한 것이 아니요, 바로 두무를 위하여 애석히 여긴 것이다.〔竇武在東都 爲戚屬之賢 然終亦不免 何耶 于時漢統屢絕 率以旁支入繼 武適逢其機 迺以此受封 不亦僭哉 然使其聽植之言 推而弗居 猶或庶幾 而武則不能用也 書錄定策功 固非美之 正所以

【目】 涿郡 사람 盧植이 竇武를 다음과 같이 설득하였다.

"足下께서 聖主를 세우시어 四海의 인심이 다 모여 있으니, 의논하는 자들이 말하기를 '그대의 功은 이것이 가장 重하다.'라고 합니다. 그러나 같은 종친이 서로 뒤를 이어, 圖를 펴보고 譜牒을 상고해서 차례로 세운 것이니, 무슨 공이 있겠습니까. 마땅히 큰 상을 사양하여 몸과 명예를 온전히 해야 합니다."

두무는 그의 말을 따르지 못하였다.

涿郡盧植이 說(세)武曰 足下建立聖主하여 四海有繫하니 論者以爲吾子之功이 於斯爲重이니이다 夫同宗相後하여 披圖案牒하여 以次建之하니 何勳之有①리오 宜辭大賞하여 以全身名하라호되 武不能用하다

① 圖는 遠近의 族屬을 써서 그림으로 만든 것이고, 牒은 宗族의 世系를 기술한 것이다. 和帝가 후사가 없어서 安帝가 肅宗(章帝)의 손자로 들어와 즉위한 이후로, 沖帝와 質帝가 단명하여 桓帝가 肅宗의 曾孫으로 들어와 즉위하였으며, 桓帝가 후사가 없어서 또다시 肅宗의 玄孫(靈帝)이 들어와 즉위하였으니, 이는 同宗이 서로 뒤를 이어 차례로 세운 것이다.
圖, 以族屬之遠近, 寫爲圖也. 牒, 譜第之也. 自和帝無嗣, 安帝以肅宗之孫入立, 沖質短祚, 桓帝以肅宗曾孫入立, 桓帝無嗣, 又以肅宗玄孫入立, 是同宗相後, 以次建之也.

【目】 盧植은 신장이 8尺 2寸이고 음성이 큰 종소리처럼 우렁찼으며, 성품이 강하고 굳세어 큰 절개가 있었다. 젊어서 馬融을 師事하였는데, 마융은 성품이 호방하고 사치하여 妓女들을 앞에 세워놓고 노래하고 춤을 추게 하는 경우가 많았으나, 노식이 마융을 모시고 講習한 여러 해 동안 한 번도 기녀들을 돌아보지 않으니, 마융이 이 때문에 그를 존경하였다.

植은 身長八尺二寸이요 音聲如鐘하고 性剛毅하여 有大節이러라 少事馬融하니 融性豪侈하여 多列女倡하여 歌舞於前호되 植이 侍講積年에 未嘗轉眄(면)하니 融이 以是敬之①러라

① "轉眄"은 돌아봄이다.
轉眄, 顧眄也.

【綱】 陳蕃을 봉하여 高陽鄕侯로 삼았는데, 받지 않았다.

封陳蕃爲高陽鄕侯하니 不受하다

爲武惜耳]" ≪發明≫

【目】 太后가 陳蕃이 예전에 베푼 은덕이 있다[13] 하여 특별히 봉했는데, 진번이 굳이 사양하고 받지 않았다.

太后以蕃舊德이라하여 特封之러니 蕃이 固讓不受하다

【綱】 段熲이 東羌을 추격하여 연달아 싸워 격파하였다.

段熲이 追擊東羌하여 連戰破之하다

【目】 段熲이 경무장한 군대를 거느리고 羌族을 추격하여 橋門을 나가서 밤낮으로 행군하여 행군 속도를 倍加해서 강족과 싸워 연달아 격파하였다. 또 靈武 골짜기에서 싸워 강족이 마침내 大敗하니, 남은 적 4천 개의 부락이 모두 흩어져 漢陽의 산골짜기로 들어갔다.

段熲이 將輕兵追羌하여 出橋門하여 晨夜兼行하여 與戰連破之①하고 又戰於靈武谷하여 羌遂大敗②하니 餘寇四千落이 悉散入漢陽山谷間이러라

① ≪東觀記≫를 살펴보면 橋門은 골짜기 이름이다. ≪水經註≫에는 "橋門은 바로 橋山의 長城門이다." 하였다.
按東(幣)〔觀〕[14]記, 橋門谷名. 水經註云 "卽橋山之長城門也."

② ≪漢書≫ 〈地理志〉를 근거해보면 北地郡에 靈武縣이 있다. 그렇다면 靈武谷은 마땅히 이 縣의 경계에 있을 것이니, 唐나라 靈州의 靈武縣이 아니다.
據前書地理志, 北地郡有靈武縣. 靈武谷, 當在此縣界, 非唐靈州之靈武縣也.

【目】 張奐이 上言하기를 "東羌이 비록 격파되었으나 남은 종족을 다 없애기 어려우니, 마땅히 은혜로 항복시켜야 후회가 없을 것입니다." 하였다. 이에 詔書를 段熲에게 내리니, 단경이 다시 다음과 같이 上言하였다.

"臣은 본래 東羌의 종족이 비록 많기는 하나 유약하여 제재하기 쉬울 줄로 알고 있습니다. 이 때문에 자주 어리석은 생각을 아뢰어 길이 편안할 수 있는 계책을 생각하였습니다. 장환은 말하기를 '오랑캐가 강하여 격파하기 어려우니, 마땅히 불러 항복시켜야 한다.'고 하였으나, 聖朝에서는 밝게 굽어 살피시어 저의 어리석은 말을 믿고 받아들이

13) 太后가……있다 : 桓帝가 田聖을 총애하여 皇后로 삼고자 하였으나 陳蕃이 전성의 출신이 미천하다고 간쟁하여 환제가 竇氏를 황후로 삼았다. 자세한 내용은 본서 144쪽에 보인다.

14) (幣)〔觀〕 : 저본에는 '幣'로 되어 있으나, ≪資治通鑑≫ 註에 의거하여 '觀'으로 바로잡았다.

셨습니다. 장환은 마침내 이것을 시기하고 원망하여 말하기를 '羌族들도 같은 기운을 받고 태어났기 때문에 다 죽일 수가 없고, 피가 흘러 들을 더럽히면 和氣를 손상하여 재앙을 불러일으킨다.'라고 합니다.

臣이 삼가 생각건대, 先零의 여러 종족이 누차 反覆하여 州郡을 공격해서 노략질을 하고 무덤을 파헤쳐서 禍가 산 사람과 죽은 사람에게 미치고 있으니, 上天이 震怒하여 우리의 손을 빌려 주벌을 행하는 것입니다. 〈臣이〉 군대를 출동하여 여름을 지내는데 연이어 단비가 내려서 농사가 풍년이 들고 사람들도 염병이 없으니, 위로 하늘의 마음을 점쳐봄에 하늘이 災傷을 내리지 않고, 아래로 사람의 일을 살펴봄에 사람들이 화목하여 군대가 이길 수 있습니다.

張奐이 上言호되 東羌雖破나 餘種難盡하니 宜以恩降이라야 可無後悔리이다 詔書下熲하니 熲이 復上言호되 臣本知東羌雖衆이나 而輭(연)弱易(이)制①라 所以比陳愚慮하여 思爲永寧之算②이러니 而張奐이 說虜彊難破하니 宜用招降이나 聖朝明監하사 信納瞽言하시니 奐遂猜恨하여 言 羌은 一氣所生이라 不可誅盡이요 血流汙野하면 傷和致災③라하니이다 臣이 伏念先零雜種이 累以反覆하여 攻剽發冢하여 禍及生死하니 上天震怒하여 假手行誅니이다 動兵涉夏에 連獲甘澍하여 歲時豐稔하고 人無疵疫하니 上占天心에 不爲災傷이요 下察人事에 衆和師克이니이다

① 輭은 乳兗의 切이니, 유약함이다.
輭, 乳兗切, 柔也.
② 比는 자주라는 뜻이다. "陳愚慮"는 어리석은 충정을 하소연한다는 말과 같다.
比, (類)〔頻〕15)數(삭)也. 陳愚慮, 猶言訴愚衷也.
③ "羌一氣所生"은 東羌 또한 天地 陰陽의 기운을 받고 태어났음을 말한 것이다.
羌一氣所生, 謂東羌亦是稟天地陰陽之氣而生者.

【目】 옛날 先零이 침략하자 趙充國이 이들을 內地로 옮겨 살게 하였고, 煎當羌이 변방을 어지럽히자 馬援이 이들을 三輔 지방으로 옮겨 살게 하였는데, 처음에는 복종하였으나 끝내는 배반하여 지금까지 폐해가 되고 있습니다.

지금 변방의 각 郡의 戶口가 적어서 자주 오랑캐들에게 침해를 입고 있는데, 항복한 오랑캐들로 하여금 우리 백성들과 뒤섞여 살게 하고자 하니, 이는 탱자나무와 가시나무를 좋은 밭에 심고, 구렁이와 뱀을 실내에서 기르는 것과 같습니다. 그러므로 臣이 大

15) (類)〔頻〕: 저본에는 '類'로 되어 있으나, ≪御批資治通鑑綱目≫의 ≪集覽≫에 의거하여 '頻'으로 바로잡았다.

漢의 위엄을 받들어 長久한 계책을 세워 禍의 근본을 끊어서 그들로 하여금 더 이상 번식하지 못하게 하고자 하는 것입니다.

본래 계산할 때에는 3년의 비용이 54억 錢이 될 것이라고 여겼는데, 지금 마침 1년이 지났는데 소모한 것이 절반이 되지 못하였고, 적의 잔당은 이미 불타고 남은 재와 같아서 곧 섬멸될 것입니다. 臣은 매번 詔書를 받들 때마다, 〈陛下께서〉 軍中의 일은 조정에서 통제하지 않는다고 하셨습니다. 원컨대 끝내 이 말씀처럼 하시어 한결같이 臣에게 맡겨주시기 바랍니다. 그렇게 해주신다면 때에 따라 마땅하게 헤아려서 유리한 기회를 잃지 않겠습니다."

昔에 先零作寇에 趙充國이 徙令居內하고 煎當亂邊에 馬援이 遷之三輔러니 始服終叛하여 至今爲鯁①하니이다 今傍郡戶口 單少하여 數(삭)爲羌所創毒이어늘 而欲令降徒로 與之雜居②하니 是猶種枳棘於良田하고 養虺(훼)蛇於室內也라 故로 臣이 奉大漢之威하고 建長久之策하여 欲絶其本根하여 不使能殖③이니이다 本規三歲之費 用五十四億이러니 今適期年에 所耗未半이로되 而餘寇殘燼이 將向殄滅④하니이다 臣이 每奉詔書에 軍不內御⑤라하시니 願卒斯言하여 一以任臣하시면 臨時量宜하여 不失權便이리이다

① 宣帝 때 趙充國이 西羌을 공격하였는데, 항복한 자 3만여 명을 金城으로 옮기고는 金城屬國을 설치하여 이들을 거처하게 하였다. 令은 音이 零이니, '하여금……하게 하다'이다. 鯁은 梗과 같으니, 병폐이다.
宣帝時, 趙充國擊西羌, 降者三萬餘人, 徙之金城, 置金城屬國以處之. 令, 音零, 使也. 鯁, 與梗同, 病也.

② 創은 初良의 切이니, 해침이다.
創, 初良切, 傷也.

③ 殖은 번식함이다.
殖, 生也.

④ 燼은 불타고 남은 재이다.
燼, 火餘木也.

⑤ 〈"軍不內御"는〉 軍中의 일은 한결같이 主將의 명령을 따르고 궁중에서 통제하지 않음을 말한 것이다.
言軍中事, 一聽主將之命, 不從中制御也.

【綱】 가을 9월에 太傅 陳蕃과 大將軍 竇武가 太后에게 아뢰어 환관 曹節 등을 주살하려 하였는데, 조절 등이 이들을 죽이고 마침내 太后를 南宮으로

옮겼다.

秋九月에 **太傳陳蕃**과 **大將軍竇武 奏誅宦者曹節等**하니 **節等**이 **殺之**[16)]하고 **遂遷太后於南宮**하다

【目】 처음에 竇太后가 〈皇后에〉 책봉될 때에 陳蕃이 공로가 있었다. 竇太后가 臨朝하게 되자 정사의 크고 작은 것을 막론하고 모두 진번에게 맡기니, 진번이 竇武와 함께 합심하고 협력하여 王室을 보좌하고 天下의 名賢인 李膺, 杜密, 尹勳, 劉瑜 등을 불러서 모두 조정에 서서 함께 정사에 참여하게 하였다.

이에 천하의 선비들이 모두들 목을 늘이고 태평성대를 바라지 않는 이가 없었다. 그러나 황제의 乳母인 趙嬈(조뇨)와 女尙書들이 아침저녁으로 太后의 곁에 있었고, 中常

---

16) 太傅陳蕃……殺之 : "'奏誅(아뢰어 주살하다)'라고 쓴 것은 어째서인가. 자기들 마음대로 하지 않은 것이니, '謀誅(주살할 것을 도모하다)'라고 쓴 것과 다르다.(唐 文宗 太和 9년(835)) '曹節 等'이라고 쓴 것은 어째서인가. 지나친 것이 아니니, 일괄적으로 '환관을 주살했다.'고 쓴 것과는 다르다.(唐 文宗 太和 9년) '조절 등이 이들을 죽였다.'는 것은 쉽게 이루었음을 나타내는 말이다. 앞에서 '竇武와 陳蕃을 아무 관직으로 삼았다.'고 썼는데, 여기서 어찌하여 다시 관직을 썼는가. 애석히 여긴 것이다. 太傅와 大將軍의 중한 권력으로 아뢰어 환관을 주살하는 것은 형세가 순하고 명분이 바른데, 환관들이 이들을 죽이기 쉬움이 이와 같음을 말하였으니, 이로써 조절 등이 강하고 진번과 두무가 치밀하지 못함을 나타낸 것이다. ≪資治通鑑綱目≫에서 이를 매우 애석히 여겼다. ≪자치통감강목≫에서 '誅宦官'이라고 쓴 것이 4번인데, 성공하지 못한 것이 2번이다.(이해와 唐 文宗 太和 9년)〔書奏誅 何 非專也 與書謀誅者異矣(唐文宗太和九年) 書曹節等 何 非濫也 與概書誅宦官者異矣(同上) 節等殺之 易辭也 前書以竇武陳蕃爲某官矣 此則曷爲復書官 惜之也 若曰以太傅大將軍之重 奏誅宦者 其勢順 其名正 而殺之之易如此 以見節等之强而陳竇爲不密矣 綱目所深惜也 綱目書誅宦官四 而不克者二(是年 唐文宗太和九年)〕" ≪書法≫

"利害를 가지고 말하면, 陳蕃과 竇武는 幾微의 일을 은밀하게 하지 못해서 마침내 화가 집안과 나라에까지 뻗쳤으니, 참으로 깊이 애석하게 여길 만하다. 그러나 ≪資治通鑑綱目≫에서 진번과 두무 두 사람에 대해서는 그 관직을 쓰고, 환관들에 대해서는 '奏誅'라고 써서, 그 허여한 뜻이 애당초 일의 成敗를 따지지 않고, 오직 이치의 옳고 그름을 돌아본 것이니, 진실로 진번과 두무의 뜻은 나라를 위함에 있었고, 당시에 환관들이 제거되지 않으면 漢나라의 정치는 끝내 해볼 만한 것이 없다고 여긴 것이다. 그런데 불행히도 진번과 두무 두 사람은 충성은 충분하였으나 지모가 부족하여, 한번 차질이 생기자 수습하지 못하였고, 漢나라 또한 이로써 멸망하였다. 그렇다면 이는 진실로 하늘이 폐한 것이지 인력으로 능히 할 수 있는 바가 아닌 것이다. 書法이 이와 같으니, 이 또한 의리를 바르게 하고 이익을 도모하지 않으며, 도를 밝히고 공을 계산하지 않는 뜻이다.

그러나 '太傅'라고 썼으니 上公의 존귀함을 볼 수 있고, 大將軍이라고 썼으니 本兵(兵權의 총책임자)의 중함을 볼 수 있는데, 大臣인 장수와 정승이 계책을 합하여 협력하였는데도 宮刑을 받은 환관들을 제거하지 못했으니, 한갓 무익할 뿐만 아니라 더욱 심하게 화를 끼쳤다. 군주가 이것을 보면 또한 어찌 기미를 삼가지 않을 수 있겠는가.〔以利害言之 蕃武幾事不密 遂至禍延家國 誠可深惜 然綱目於二人 則書其官 於宦者 則書奏誅 其予之之意 初不計事之成敗 而惟顧理之是非 誠以蕃武之志在於爲國 而當時閹宦不去 漢治終無可爲之理 不幸二人忠有餘而謀不足 一跌不收 漢亦以亡 此固天之所廢 有非人力所能爲者 書法若此 是亦正誼不謀利 明道不計功之意耳 雖然書太傅 則見上公之尊 書大將軍 則見本兵之重 以將相大臣合謀協力 而不能去刀鋸之賤 非徒無益 貽患愈深 人主觀此 盍亦謹其微哉〕" ≪發明≫

侍인 曹節과 王甫 등이 서로 朋黨을 맺어서 아첨하며 태후를 섬기니, 태후가 이들의 말을 믿고서 자주 詔命을 내려 〈마음대로〉 작위를 封하고 관직을 제수하였다.

初에 竇太后之立也에 陳蕃이 有力焉이라 及臨朝에 政無大小히 皆委於蕃하니 蕃이 與竇武로 同心戮力하여 以奬王室하고 徵天下名賢李膺, 杜密, 尹勳, 劉瑜等하여 皆列於朝廷하여 與共參政事하다 於是에 天下之士 莫不延頸想望太平이로되 而帝乳母趙嬈(뇨)及諸女尙書 旦夕在太后側①하고 中常侍曹節, 王甫等이 共相朋結하여 詔事太后하니 太后信之하여 數(삭)出詔命하여 有所封拜러라

① 嬈는 乃了의 切이다. 女尙書는 궁중의 內官(女官의 등속)이다.
嬈, 乃了切. 女尙書, 宮內官也.

【目】 陳蕃과 竇武가 이를 미워하였다. 한번은 두 사람이 함께 朝堂에 모였는데, 진번이 은밀히 두무에게 말하기를 "曹節과 王甫가 나라의 정권을 잡고 희롱하여 海內를 혼탁하게 하고 어지럽히니, 지금 이들을 주벌하지 않으면 뒤에 반드시 도모하기 어려울 것이다."라고 하자, 두무가 그 말을 매우 옳게 여겼다. 진번이 크게 기뻐하여 손으로 자리를 밀치고 일어나니, 두무는 마침내 尙書令 尹勳을 데려다가 함께 計策을 정하였다.

蕃, 武疾之러니 嘗共會朝堂하여 蕃이 私謂武曰 曹節, 王甫操弄國柄하여 濁亂海內하니 今不誅之면 後必難圖리라 武深然之어늘 蕃이 大喜하여 以手推(퇴)席而起하니 武乃引尙書令尹勳하여 共定計策하다

【目】 마침 日食의 변고가 있자, 陳蕃은 竇武에게 다음과 같이 말하였다.
"옛날 蕭望之가 한 명의 石顯에게 곤궁을 당했으니,[17] 하물며 지금 수십 명의 석현이 있는 경우이겠는가. 내 80의 나이로 將軍을 위하여 국가의 폐해를 제거하고자 하니, 지금 이 일식의 변고를 이용해서 환관들을 배척하여 내보내서 하늘의 변고를 막아야 한다."
두무는 마침내 太后에게 다음과 같이 아뢰었다.
"故事에, 黃門과 常侍는 다만 省內(宮內)의 門戶를 맡고 황제와 가까운 부서의 재물을

17) 蕭望之가……당했으니 : 소망지는 太子太傅로 漢 宣帝의 遺詔를 받아 어린 임금인 元帝를 보필했던 重臣이다. 원제 즉위 초에 劉向 등과 함께 당시에 정권을 농락하던 환관인 石顯 등을 제거하려다가 일이 누설되는 바람에 도리어 석현 등에게 黨人이라는 탄핵을 받아, 소망지는 음독자살하고 유향은 10여 년 동안 廢錮되었던 일을 이른다.

관장할 뿐이었는데, 지금은 그들로 하여금 정사에 참여하게 해서 중한 권력을 맡기고 그의 자제들이 조정에 두루 포진하여 오로지 탐욕스럽고 포악한 짓을 자행하고 있으니, 천하가 원성으로 들끓는 것은 바로 이 때문입니다. 마땅히 모두 이들을 주살하고 폐출해서 조정을 깨끗이 해야 합니다."

그러나 太后는 말하기를 "故事에 대대로 환관이 있었다. 마땅히 그중에 죄가 있는 자만을 주벌할 뿐이니, 어찌 그들 모두를 폐출하겠는가." 하였다.

會에 **有日食之變**이어늘 **蕃**이 **謂武曰 昔**에 **蕭望之困一石顯**하니 **況今石顯數十輩乎**아 **蕃**이 **以八十之年**으로 **欲爲將軍除害**하노니 **今可因此**하여 **斥罷宦官**하여 **以塞天變**이니라 **武乃白太后曰 故事**에 **黃門, 常侍 但當給事省內門戶**하고 **主近署財物耳**①러니 **今乃使與政事**하여 **任重權**하고 **子弟布列**하여 **專爲貪暴**하니 **天下匈匈**이 **正以此故**②라 **宜悉誅廢**하여 **以清朝廷**이니이다 **太后曰 故事**에 **世有宦官**하니 **但當誅其有罪者**니 **豈可盡廢耶**아

① "省內"는 禁中을 이른다. "近署"는 少府에서 관장하는 中藏府와 尙方과 內者[18] 등의 여러 官署를 이른다.
省內, 謂禁中也. 近署, 謂少府所掌中藏府・尙方・內者諸署也.

② 與(참여하다)는 預로 읽는다. 匈은 許容의 切이다. "匈匈"은 시끄럽게 소요한다는 뜻이니, 〈匈(시끄럽다)은〉 또 上聲이다.
與, 讀曰預. 匈, 許容切. 匈匈, 喧擾之意, 又上聲.

【目】 이때 中常侍 管霸가 자못 재주와 지략이 있어서 오로지 省內를 통제했는데 竇武는 먼저 太后에게 아뢰어 관패와 蘇康 등을 체포하여 모두 죄에 붙여 죽게 하였다. 두무가 다시 여러 번 曹節 등을 주살할 것을 아뢰었으나 太后는 猶豫하고 차마 결행하지 못하였다.

時에 **中常侍管霸 頗有才略**하여 **專制省內**러니 **武先白收霸及蘇康等**하여 **皆坐死**하고 **武復數**(삭) **白誅節等**호되 **太后猶豫未忍**이러라

【目】 陳蕃이 上疏하기를 "侯覽, 曹節, 公乘昕(공승흔), 王甫, 鄭颯(정삽) 등이 趙夫人과 女尙書들과 함께 천하를 어지럽히니, 이제 급히 이들을 주벌하지 않으면 반드시 변란이 생길 것입니다. 원컨대 臣의 글을 左右 신하들에게 내보여서 천하의 여러 간사한 자들

18) 中藏府와……內者 : 中藏府는 금은보화를 관장한다. 尙方은 刀劍 및 아름다운 기물을 만드는 것을 관장한다. 內者는 帷帳 등을 관장한다.

로 하여금 臣이 자기들을 미워한다는 것도 함께 알게 하소서.” 하였으나, 太后는 그의 말을 받아들이지 않았다.

蕃이 上疏言호되 侯覽, 曹節, 公乘昕, 王甫, 鄭颯等이 與趙夫人, 諸尙書로 幷亂天下①하니 今不急誅면 必生變亂이라 願出臣章하여 宣示左右하여 幷令天下諸姦으로 知臣疾之하소서 太后不納하다

① 昕은 許斤의 切이다. 趙夫人은 바로 趙嬈이다. 尙書는 바로 女尙書이다.
昕, 許斤切. 趙夫人, 卽趙(妹)〔嬈〕[19]也. 尙書, 卽女尙書.

【目】8월에 太白星이 房星의 上將星을 침범하여 太微宮으로 들어갔다. 劉瑜가 이를 보고 꺼려하여 皇太后에게 上書하기를 “占星書를 살펴보건대, 〈이런 星象이 나타나면〉 宮門이 닫히고 장수와 정승이 이롭지 못합니다. 간사한 사람이 군주의 곁에 있으니, 원컨대 급히 막으소서.” 하였으며, 또 竇武와 陳蕃에게 편지를 보내어 속히 큰 계책을 결단하라고 권하였다.

이에 두무와 진번은 朱寓를 司隷校尉로, 劉祐를 河南尹으로, 虞祈를 雒陽令으로 삼고는 아뢰어 黃門令[20] 魏彪를 면직시키고 자기와 친한 小黃門 山冰으로 대신하게 하였으며, 長樂尙書 鄭颯을 체포하여 北寺獄으로 보냈다.

진번이 말하기를 “이들은 마땅히 체포하여 죽여야 하니, 어찌 다시 조사하고 심문할 것이 있겠는가.” 하였으나, 두무는 山冰과 尹勳으로 하여금 함께 죄를 조사하게 하였다. 供招의 말이 曹節과 王甫에게까지 연루되니, 윤훈과 산빙은 즉시 조절 등을 체포할 것을 아뢰고, 또 유유로 하여금 태후에게 아뢰는 글을 올리게 하였다.

八月에 太白이 犯房之上將하여 入太微①하니 劉瑜惡(오)之하여 上書皇太后曰 案占書에 宮門當閉요 將相不利라 姦人在主傍하니 願急防之하소서 又與武, 蕃書하여 勸以速斷大計하다 於是에 武, 蕃이 以朱寓爲司隷校尉하고 劉祐爲河南尹하고 虞祈爲雒陽令하고 奏免黃門令魏彪하고 以所親小黃門山冰代之하고 收長樂尙書鄭颯하여 送北寺獄②하다 蕃曰 此曹子를 便當收殺이니 何復考爲리오 武令冰與尹勳雜考하니 辭連曹節, 王甫라 勳, 冰이 卽奏收節等하고 使劉瑜內(납)奏③하다

① ≪晉書≫ 〈天文志〉에 “房星의 네 별을 明堂이라 하니 天子가 정사를 펴는 집이고 또한 四輔(네 보좌하는 신하)이다. 第一星은 上將이고, 다음은 次將이고, 다음은 次相이고, 위에 있는

19) (妹)〔嬈〕: 저본에는 ‘妹’로 되어 있으나, ≪資治通鑑≫ 註에 의거하여 ‘嬈’로 바로잡았다.
20) 黃門令 : 秩이 六百石으로 궁중의 여러 환관을 주관한다.(≪後漢書≫ 〈百官志〉)

별은 上相이다." 하였다. 太微는 天子(天帝)의 뜰이다.
晉書天文志"房四星爲明堂, 天子布政之宮也, 亦四輔也. 第一星, 上將也. 次, 次將也. 次, 次相也. 上星, 上相也." 太微, 天子庭也.

② 山冰은 사람의 姓名이다. 長樂尙書는 아마도 太后가 臨朝하면서 설치하여, 外朝의 文書와 여러 일을 아뢰고 하달하는 것을 관장한 듯하다.
山冰, 姓名. 長樂尙書, 蓋以太后臨朝置之, 以掌奏下外朝文書衆事也.

③ 內(들이다)은 納으로 읽는다.
內, 讀曰納.

【目】 9월에 竇武가 宮에서 나와 府로 돌아가니, 中書(宮中의 장서)를 맡은 자가 먼저 長樂宮의 五官史인 朱瑀에게 아뢰었다. 주우는 두무가 아뢴 글을 훔쳐보고는 꾸짖기를 "放縱한 자들은 마땅히 죽여야 하지만, 우리들이 무슨 죄가 있기에 모두 멸족을 당해야 하는가." 하였다. 이어서 크게 고함치기를 "陳蕃과 竇武가 太后에게 아뢰어 황제를 폐위시키려 하니, 大逆無道하다." 하고는, 밤중에 자기와 친한 共普 등 17명을 불러서 입에 피를 바르고 함께 맹세하였다.

曹節이 황제에게 正殿으로 나오도록 청하고는 황제로 하여금 검을 뽑아 뛰게 하였으며, 趙嬈 등으로 하여금 황제의 左右에서 호위하게 하였다. 또 모든 宮門을 닫고 尙書의 官屬들을 불러 흰 칼날로 협박해서 詔版(詔書)을 만들게 하여 王甫를 黃門令으로 제수하고는, 왕보로 하여금 節을 가지고 北寺獄에 가서 尹勳과 山冰을 체포해 죽이고 鄭颯을 출옥시키게 하였다. 왕보는 돌아와 병기로 太后를 위협하여 玉璽와 印綬를 빼앗고, 정삽 등으로 하여금 節을 가지고 가서 두무 등을 체포하게 하였다.

九月에 武出宿歸府하니 典中書者 先以告長樂五官史朱瑀①한대 瑀盜發武奏하고 罵曰 放縱者는 自可誅耳어니와 我曹何罪완대 而當盡見族滅고하고 因大呼曰 陳蕃, 竇武 奏白太后廢帝하니 爲大逆이라하고 乃夜召所親共普等十七人하여 歃血共盟②하다 曹節이 請帝出御前殿하고 拔劍踊躍하고 趙嬈等이 擁衛左右하여 閉諸禁門하고 召尙書官屬하여 挾以白刃하고 使作詔版③하여 拜王甫하여 爲黃門令하여 持節至北寺獄하여 收勳, 冰殺之하고 出颯하다 還兵劫太后하여 奪璽綬④하고 使颯等으로 持節收武等하다

① 長樂은 太后의 宮이다. 太后의 宮에 女尙書 다섯 명이 있는데 五官史가 이들을 주관하였다.
長樂, 太后宮也. 太后宮, 有女尙書五人, 五官史主之.

② 共은 音이 龔이니, 共普는 사람의 姓名이다.
共, 音龔. 共普, 姓名.

③ 詔版은 木簡으로 만드는데, 그 길이가 1尺 1寸이다.
詔版, 木簡爲之, 其長尺一.
④ "兵劫"은 ≪後漢書≫ 〈竇武傳〉에는 共劫(함께 겁박하다)으로 되어 있다.
兵劫, 竇武傳, 作共劫.

【目】 竇武가 步兵의 軍營으로 달려 들어가서 北軍 五校의 병사 수천 명을 불러 모아 都亭에 주둔시키고는, 병사들에게 명령을 내리기를 "黃門과 常侍가 모반을 하였으니, 힘을 다하여 토벌하는 자는 侯로 봉하고 중한 상을 내리겠다." 하였다.

陳蕃은 난리가 났다는 말을 듣고는 官屬과 諸生 80여 명을 거느리고서 함께 칼을 뽑아들고 尙書門으로 突入하여 팔뚝을 걷어붙이고 고함치기를 "大將軍은 충성으로 나라를 호위하고 黃門은 반역을 하였는데, 어찌하여 竇氏가 대역무도하다고 말하는가." 하였다.

王甫가 劍士들로 하여금 진번을 체포하게 하니, 진번은 劍을 뽑아 왕보를 꾸짖으면서 말소리와 얼굴빛이 더욱 엄하였다. 진번은 마침내 체포를 당하였는데, 北寺獄으로 압송되어 卽日로 살해되었다.

武馳入步兵營하여 召會北軍五校士數千人하여 屯都亭①하고 下令軍士曰 黃門, 常侍反하니 盡力者는 封侯重賞하리라 陳蕃이 聞難하고 將官屬諸生八十餘人하여 幷拔刃突入尙書門하여 攘臂呼曰② 大將軍이 忠以衛國하고 黃門反逆이어늘 何云竇氏不道耶오 王甫使劍士收蕃하니 蕃이 拔劍叱甫하여 辭色愈厲라 遂被執하니 送北寺獄하여 卽日殺之하다

① 五校는 바로 五營이다. ≪後漢書≫ 〈百官志〉에 "屯騎, 越騎, 步兵, 長水, 射聲의 다섯 校尉는 모두 宿衛兵을 관장한다." 하였다. 都亭은 雒陽의 都亭이다.
五校, 卽五營也. 百官志"屯騎·越騎·步兵·長(木)〔水〕[21]·射聲五校尉, 皆掌宿衛兵." 都亭, 雒陽都亭也.
② 소매를 걷어올려 팔뚝을 내놓는 것을 攘이라 한다.
揎袖出臂曰攘.

【目】 이때 張奐이 부름을 받고 돌아오니, 曹節 등은 장환이 막 돌아와서 자기들의 본래의 계책을 알지 못한다고 여기고는 황제의 명을 사칭해서 장환으로 하여금 五營의 병사를 거느리고 竇武를 토벌하게 하였다.

---

21) (木)〔水〕: 저본에는 '木'으로 되어 있으나, ≪資治通鑑≫ 註에 의거하여 '水'로 바로잡았다.

王甫는 1,000여 명의 병사를 거느리고 나와서 장환과 연합하고, 그 병사들로 하여금 두무의 병사들에게 "두무가 모반하였다. 너희들은 모두 禁兵으로서 宮省을 宿衛해야 하는데, 무슨 연고로 모반한 자를 따르는가."라고 크게 소리치게 하였다.

營府의 병사들은 평소 中官(환관)들을 두려워하여 복종하였다. 이에 두무의 군대가 차츰 왕보에게 돌아가니, 새벽부터 아침밥을 먹을 때까지 병사들이 거의 다 항복하였다.

두무가 자살하자 都亭에 梟首하고 두무의 宗親과 賓客을 체포하여 다 죽였으며, 劉瑜와 馮述은 滅族시켰다. 皇太后를 南宮으로 옮기고 두무의 가솔들을 日南으로 귀양 보내고, 그들의 門生과 예전의 부하들은 모두 관직을 파면하고 禁錮시켰다.

時에 張奐이 徵還하니 節等이 以奐新至하여 不知本謀라하여 矯制하여 使奐으로 率五營士討武하고 甫將千餘人出하여 與奐合하고 使其士로 大呼武軍曰 竇武反하니 汝皆禁兵으로 當宿衛宮省이어늘 何故隨反者乎아 營府素畏服中官①이라 於是에 武軍이 稍稍歸甫하니 自旦至食時에 兵降略盡이라 武自殺이어늘 梟首都亭하고 收捕宗親賓客하여 悉誅之하고 及劉瑜, 馮述은 皆夷其族하고 遷皇太后於南宮하고 徙武家屬於日南하고 門生故吏 皆免官禁錮하다

① 營府는 5營의 校尉府를 이른다.
營府, 謂五營校尉府也.

【目】 議郎 巴肅이 처음 竇武의 모의에 동참하였는데, 曹節 등이 이를 알지 못하고 다만 연좌시켜 禁錮刑에 처하였다가 뒤에 비로소 알고 체포령을 내리니, 파숙은 스스로 수레를 타고 縣으로 나왔다. 縣令이 자신의 印綬를 풀고 함께 도망가려 하자, 파숙이 말하기를 "남의 신하가 된 자는 모의가 있으면 감히 숨기지 않고 죄가 있으면 형벌을 피하지 않는다." 하고는, 마침내 죽임을 당하였다.

조절이 長樂宮의 衛尉[22]로 승진되어 王甫 등 6명과 함께 모두 列侯로 봉해졌다.

議郎巴肅이 始同謀①호되 節等이 不知하고 但坐禁錮러니 後에 乃知而收之하니 肅이 自載詣縣②한대 縣令이 解印綬하고 欲與俱去어늘 肅曰 爲人臣者는 有謀不敢隱이요 有罪不逃刑이라하고 遂被誅하다 曹節이 遷長樂衛尉하여 與王甫等六人으로 皆封列侯하다

① 巴肅은 사람의 姓名이다.
巴肅, 姓名.

22) 衛尉 : 궁궐문을 지키는 병사를 관장하는 벼슬 이름이다.

② 巴肅은 勃海 高城縣 사람이다.
肅, 勃海高城縣人.

【目】陳蕃의 친구인 朱震은 진번의 시신을 거두어 장례하고 진번의 아들 陳逸을 숨겨주었는데, 일이 발각되어 獄에 갇히게 되었다. 주진은 고문을 받았으나 죽기를 맹세하고 말하지 않으니, 진일이 이 때문에 죽음을 면하였다.

竇武의 掾史인 胡騰 또한 두무의 시신을 거두어 빈소를 차리고 상을 치렀다가 연좌되어 禁錮刑에 처해졌다. 두무의 손자 竇輔가 이때 두 살이었는데, 호등이 거짓으로 자기 아들이라 하여 令史인 張敞(장창)과 함께 숨겨주어서, 두보 또한 죽음을 면하였다.

張奐은 大司農으로 승진하고 侯로 봉해졌는데, 曹節 등에게 속은 것을 몹시 치욕스럽게 여겨 굳이 사양하고 받지 않았다.

蕃友朱震이 收葬蕃屍하고 匿其子逸이러니 事覺繫獄이라 震이 受考掠호되 誓死不言하니 逸이 由是得免하다 武掾胡騰이 殯斂武屍하여 行喪이라가 亦坐禁錮하다 武孫輔年二歲러니 詐以爲己子하여 與令史張敞으로 共匿之하여 亦得免①하다 張奐이 遷大司農封侯하니 奐이 深病爲節等所賣하여 固辭不受②하다

① 〈百官志〉에 "大將軍府에는 令史와 御屬[23] 30여 명이 소속되었다." 하였다.
百官志 "大將軍府, 令(女)〔史〕[24]及御屬三十一人."
② 病(치욕스럽게 여기다)은 患이다.
病, 患也.

【目】楊氏(楊時)가 다음과 같이 평하였다.

"曹節과 王甫가 황제의 지위를 도둑질하고 희롱하였으니, 진실로 天下가 함께 미워하는 바였다. 竇武가 황제의 至親으로 막중한 권력을 잡고서 나이가 많고 덕이 있는 사람들을 불러 맞이해서 서로 협력하여 도모하였으니, 姦凶을 제거하는 것은 형편상 쉬운 일이었다. 그런데도 몸이 망가지고 공이 훼손되고 나라에 후환을 끼쳤으니, 이는 幾微의 일을 은밀하게 하지 못하고 禍가 머뭇거림에서 이루어졌기 때문이다.

張奐은 北州의 호걸로 평소 中人(환관)의 당이 아니었는데, 두무가 기회를 틈타 계책

23) 令史와 御屬 : 令史는 漢代 蘭臺尙書의 속관으로 문서사무를 담당하였다. 御屬은 錄事 등의 하급관료이다.
24) (女)〔史〕: 저본에는 '女'로 되어 있으나, ≪資治通鑑≫ 註에 의거하여 '史'로 바로잡았다.

을 결단하여 거두어 써서 자신을 위하게 하지 못하고, 마침내 날이 새도록 머뭇거려서 역적으로 하여금 장환을 속여 부리게 하였으니, 어찌 애석하지 않겠는가.

楊氏曰 曹節, 王甫竊弄神器하니 固天下所同疾이라 竇武以至親操重柄하고 招延耆德하여 相與協謀하니 勦(초)除姦凶이 其勢易(이)矣로되 然而身敗功頹하고 貽國後患者는 幾事不密而禍成於冘(유)豫也[①]일새라 張奐은 北州人豪로 素非中人之黨이어늘 武不能乘機決策하여 收爲己用하고 而乃遲回達旦하여 使逆賊으로 得以欺奐而使之하니 豈不惜哉[②]리오

① 冘는 猶와 통한다.
冘, 通作猶.
② "遲回"는 뜻을 결단하지 못하는 모양이다. 아마도 모두 去聲인 듯하니, 기다리며 회피하는 것이다.
遲回, 不決意貌. 或幷去聲, 遲待回避也.

【綱】 겨울 10월 그믐에 일식이 있었다.

冬十月晦에 日食하다

【綱】 12월에 鮮卑와 濊貊이 幽州와 幷州를 침략하였다.

◑ 十二月에 鮮卑, 濊貊이 寇幽, 幷하다

【綱】 烏桓이 王을 칭하였다.

◑ 烏桓이 稱王하다

【目】 烏桓 大人인 上谷 사람 難樓는 9,000여 부락의 무리를 소유하였고, 遼西의 丘力居는 5,000여 부락의 무리를 소유하고서 스스로 왕을 칭하였다. 遼東의 蘇僕延은 1,000여 부락의 무리를 소유하고서 스스로 峭王이라 칭하고, 右北平의 烏延은 800여 부락의 무리를 소유하고서 스스로 汗魯王이라 칭하였다.

烏桓大人上谷難樓 有衆九千餘落하고 遼西丘力居 有衆五千餘落하여 自稱王[①]하고 遼東蘇僕延이 有衆千餘落하여 自稱峭王하고 右北平烏延이 有衆八百餘落하여 自稱汗魯王하다

① ≪後漢書≫ 〈烏桓傳〉에 "모두 왕을 칭했다." 하였다.

烏桓傳"皆自稱王."

己酉年(169)

【綱】 漢나라 孝靈皇帝 建寧 2년이다. 봄 정월에 愼園貴人 董氏를 높여 孝仁皇后라 하고, 그 오라비의 아들 董重을 五官中郞將으로 삼았다.

二年이라 **春正月**에 **尊愼園貴人董氏**하여 **爲孝仁皇后**하고 **以其兄子重爲五官中郞將**[25]하다

【綱】 여름 4월에 황제가 앉는 자리 위에 푸른 뱀이 나타나고, 큰 바람이 불고 비가 내리며 우레가 치고 우박이 내리니, 公卿에게 詔令을 내려서 정사를 말하게 하였다.

◑**夏四月**에 **靑蛇見**(현)**御座上**하고 **大風雨雷雹**하니 **詔公卿言事**[26]하다

【目】 張奐이 다음과 같이 上疏하였다.

"옛날 周公의 장례를 禮에 맞지 않게 하자, 하늘이 마침내 노하여 위엄을 보였습니다. 지금 충성스럽고 올곧은 竇武와 陳蕃이 밝은 용서를 받지 못하고 있으니, 요망한 재앙이 나타나는 것은 모두 이 때문입니다. 마땅히 급히 이들을 위해 改葬을 하고 유배된 家屬들을 옮겨 돌아오게 하며, 연좌되어 禁錮된 자들을 모두 방면해주어야 합니다. 또

---

25) 尊愼園貴人董氏……以其兄子重爲五官中郞將 : "오라비의 아들이라고 쓴 것은 어째서인가. 사사로움을 비난한 것이다.〔兄子 何 譏私也〕" ≪書法≫

"이전에는 董氏를 높여 貴人이라 하였는데 이번에는 높여 皇后라 하였다. 貴人은 宮嬪의 직책이니 진실로 자식이 자신의 어머니에게 관직을 내릴 수가 없고, 皇后는 천하의 어머니의 칭호이니 또한 그 실제가 없이 그 이름을 차지할 수 없는 것이다. 그런데 이때 제멋대로 횡행하는 여러 소인들이 군주에게 환심을 얻을 방법이 없었다. 그러므로 禮가 아닌 禮를 만들어 아첨했을 뿐이다. 이것을 곧바로 책에 썼으니, 그 잘못이 저절로 나타난다.〔前此尊之爲貴人 今此尊之爲皇后 夫貴人乃宮嬪之職 固不可以子而職其母也 皇后乃母天下之號 亦不可無其實而居其名也 是時群小恣橫 無以取悅其君 故爲非禮之禮以媚之耳 直書于冊 其失自見〕" ≪發明≫

26) 靑蛇見(현)御座上……詔公卿言事 : "뱀이 황제가 앉는 자리에 나타난 것은 큰 이변이니, ≪資治通鑑綱目≫이 끝날 때까지 1번 보일 뿐이다. '詔令을 내려 정사를 말하게 했다.'고 쓴 것이 이때 시작되었으니, ≪자치통감강목≫이 끝날 때까지 '詔令을 내려 일을 말하게 했다.'고 쓴 것이 4번이다.〔蛇見御座 大異也 終綱目 一見而已 書詔言事始此 終綱目 書詔言事四〕" ≪書法≫

皇太后가 비록 南宮에 거처하고 계시나 황제의 은덕과 예우가 제대로 이어지지 못하니, 마땅히 大義에 따라 양육해준 은혜[27]에 보답할 것을 생각해야 합니다."

上은 그 말을 매우 가상하게 여겼으나 환관들에게 제재를 당하여 따르지 못하였다. 장환이 또다시 尙書 劉猛 등과 함께 王暢과 李膺이 三公의 선임에 참여할 만하다고 천거하자, 曹節 등은 그의 말을 미워해서 마침내 〈황제로 하여금〉 詔令을 내려 매우 꾸짖게 하였다. 이에 장환 등은 모두 스스로 廷尉의 옥에 갇혔다가 며칠이 지난 뒤에야 석방되고 봉급으로 贖罪하였다.

張奐이 上疏曰 昔에 周公이 葬不如禮에 天乃動威①하니이다 今武, 蕃忠貞이 未被明宥하니 妖眚之來는 皆爲此也②라 宜急爲改葬하고 徙還家屬하며 其從坐禁錮를 一切蠲除니이다 又皇太后 雖居南宮이나 而恩禮不接하니 宜思大義顧復之報니이다 上이 深嘉其言이로되 而爲宦者所制하여 不得從也하다 奐이 又與尙書劉猛等으로 共薦王暢, 李膺이 可參三公之選이라한대 節等이 疾其言하여 遂下詔切責之하니 皆自囚廷尉하여 數日得出하고 以俸贖罪하다

① ≪尙書大傳≫에 "周公이 薨하자 成王이 그를 成周(洛陽)에 장례하고자 하였는데, 하늘에서 우레가 치고 비가 내리면서 바람이 불어서 벼가 모두 다 쓰러지고 큰 나무가 뽑히니, 國人들이 크게 두려워하였다. 이에 왕이 周公을 畢 땅에 장례하니, 감히 신하로 삼지 못함을 보인 것이다." 하였다.
尙書大傳 "周公薨, 成王欲葬之於成周, 天乃雷雨以風, 禾卽盡偃, 大木斯拔, 國人大恐. 王葬周公於畢, 示不敢臣也."

② 爲(때문이다, 위하다)는 去聲이니, 아래 '急爲'의 爲도 같다.
爲, 去聲, 下急爲同.

【目】 郎中 謝弼이 다음과 같이 封事를 올렸다.

"皇太后가 빈 궁궐에 유폐되어 있으니, 만약 안개와 이슬로 인하여 병이 생기시면 陛下께서 무슨 면목으로 천하 사람들을 보시겠습니까. 孝和皇帝가 자신을 양육해준 竇氏(두태후)의 은혜를 끊지 않으니, 前代에 이것을 美談으로 여겼습니다. 禮에 남의 양자가 된 자는 그의 아들이 되는 것입니다. 지금 桓帝를 아버지로 삼으셨으니, 어찌 太后를 어머니로 여기지 않을 수 있겠습니까.

---

27) 양육해준 은혜 : 원문의 '顧復'은 부모가 양육해준 은혜를 비유하는 말로, ≪詩經≫ 〈小雅 蓼莪〉에 "아버지 나를 낳으시고 어머니 나를 기르셨네. 나를 다독이시고 나를 기르시며 나를 자라게 하고 나를 키우셨네. 나를 돌아보시고 나를 다시 살피시며 출입할 땐 나를 품어주셨네. 이 은혜를 갚고자 하나 하늘 같아 한량이 없도다.〔父兮生我 母兮鞠我 拊我畜我 長我育我 顧我復我 出入腹我 欲報之德 昊天罔極〕"라고 보이는데, 이 중 '顧我復我'의 구절을 차용한 것이다.

台宰(宰相)의 지위를 맡은 重臣은 국가의 운명이 달려 있는 사람입니다. 지금 四公 중에 오직 劉寵만이 정성스럽고 한결같이 善을 지키고, 나머지는 모두 공밥만 먹고 도둑을 불러오는 사람이니, 반드시 솥의 발이 부러져서 公上에게 바칠 음식을 뒤엎는 흉함[28]이 있을 것입니다. 이번의 災異를 빌미로 모두 파면하여 내치고, 王暢과 李膺을 불러와서 함께 政事에 참여하게 하면, 거의 災變이 사라지고 國運이 영원할 것입니다."

左右의 측근들이 그의 말을 미워하여, 다른 죄로 사필을 체포해서 고문하다가 옥중에서 죽게 하였다.

郎中謝弼이 上封事曰 皇太后幽隔空宮하니 如有霧露之疾이면 陛下當何面目以見天下리잇가 孝和皇帝不絶竇氏之恩하시니 前世以爲美談하니이다 禮에 爲人後者는 爲之子라 今以桓帝爲父하시니 豈得不以太后爲母哉리오 台宰重器는 國命所繫라 今之四公에 惟劉寵이 斷斷守善①하고 餘皆素餐致寇之人이니 必有折足覆餗之凶②이라 可因災異하여 幷皆罷黜하고 徵王暢, 李膺하여 幷居政事하면 庶災變可消요 國祚惟永이리이다 左右惡(오)之하여 以他罪收弼하여 掠死于獄하다

① "四公"은 太尉, 司徒, 司空, 太傅를 이른다. "斷斷"은 성실하고 한결같은 모양이다.
四公, 謂太尉・司徒・司空・太傅也. 斷斷, 誠一之貌.

② ≪詩經≫ 〈魏風 伐檀〉에 이르기를 "공밥을 먹지 않는다." 하였고, ≪周易≫ 解卦 六三爻辭에 이르기를 "지고 있어야 하는데 또 타고 있어 도둑을 오게 한다."[29] 하였고, 또 鼎卦 九四爻辭에 이르기를 "솥이 발이 부러져 公上에게 바칠 음식을 뒤엎었다." 하였다.
詩曰 "不素(粲)(餐)[30]兮." 易曰 "負且乘, 致寇至." 又曰 "鼎折足, 覆公餗."

【目】 光祿勳 楊賜가 다음과 같이 말하였다.

---

28) 솥의……흉함 : 大臣의 지위에 거하여 천하의 임무를 담당하고서, 훌륭하지 못한 사람을 등용하여 국가의 일을 잘못되게 함을 비유한 것이다. ≪周易≫ 鼎卦 九四爻辭에 "솥이 발이 부러져서 公上에게 바칠 음식을 뒤엎었으니, 형벌이 무겁다. 흉하다.〔鼎折足 覆公餗 其形渥 凶〕" 하였는데, 伊川 程頤의 ≪易傳≫에 "九四는 大臣의 지위이니 천하의 일을 맡은 자이다.……初六은 陰柔의 小人이니, 九四가 그를 등용하면 자신이 맡은 책임을 감당하지 못해서 일을 실패함이, 마치 솥이 발이 부러져서 公上에게 바칠 음식을 뒤엎은 격이다."라고 풀이하였다.

29) 解卦 六三爻辭……한다 : ≪周易≫ 解卦 六三爻辭에 "짊어지고 있어야 하는데도 수레를 타고 있으므로 도둑이 빼앗으러 오게 하니, 바르게 얻었더라도 부끄럽다.〔負且乘 致寇至 貞 吝〕"라고 보이는데, 〈繫辭傳 上〉에 孔子는 다음과 같이 풀이하였다. "≪주역≫을 지은 자는 도둑이 오는 이유를 알았을 것이다. ≪주역≫에 '짐을 짊어지고 있어야 하는데도 수레를 타고 있다. 도둑이 빼앗으러 오도록 만든다.' 하였으니, 짐을 짊어지는 것은 小人의 일이요, 탈 것은 君子의 기물이니, 小人으로서 君子의 기물을 타고 있으면 도둑이 그것(탈 것)을 빼앗을 것을 생각한다."라고 해석하였다.

30) (粲)(餐) : 저본에는 '粲'으로 되어 있으나, 本文과 ≪詩經≫ 〈魏風 伐檀〉에 의거하여 '餐'으로 바로잡았다.

"王者는 마음에 생각하는 바가 있으면 비록 얼굴빛에 나타나지 않더라도, 五星이 이 때문에 자리를 옮겨가고 陰陽이 그 度數를 바꿉니다. 皇極이 제대로 서지 못하면 용과 뱀의 재앙이 있습니다. ≪詩經≫ 〈小雅 斯干〉에 이르기를 "구렁이와 뱀은 여자를 낳을 祥瑞이다." 하였으니, 陛下께서는 乾剛의 道를 생각하고 內外의 마땅함을 분별하시며, 皇甫[31]의 권세를 억제하고 妻妾에 대한 사랑을 끊으시면, 뱀의 변고가 반드시 사라지고 좋은 상서가 당장 응할 것입니다."

양사는 楊秉의 아들이다.

光祿勳楊賜曰 王者心有所想이면 雖未形顔色이나 而五星이 以之推移하고 陰陽이 爲其變度하니이다 夫皇極不建이면 則有龍蛇之孽이라 詩云 惟虺(훼)惟蛇는 女子之祥①이라하니 惟陛下는 思乾剛之道하고 別內外之宜하며 抑皇甫之權하고 割艶妻之愛하시면 則蛇變可消요 禎祥立應②하리이다 賜는 秉之子也라

① 용과 뱀은 陰의 類이다. 孽은 본래 蠥로 되어 있으니, 새와 짐승과 벌레의 괴이함을 蠥이라 이른다.
龍蛇, 陰類也. 孽, 本作蠥, 禽獸蟲蝗之怪, 謂之蠥.

② ≪詩經≫ 〈小雅 十月之交〉에 이르기를 "皇甫가 卿士이다." 하였고, 또 이르기를 "豔妻(요염한 아내)가 치성하여 그대로 거처하고 있다." 하였는데, ≪集傳≫에 "皇甫는 지위가 낮으면서 권력이 무거웠다. 豔妻는 바로 褒姒[32]이다. 小人이 권력을 행사하고 총애하는 첩이 왕의 마음을 고혹하여 주장이 됨을 말한 것이다" 하였다.
詩云 "皇甫卿士." 又云 "豔妻煽方處." 傳 "皇甫位卑而權重. 豔妻, 卽褒姒也. 言小人用事, 而嬖妾蠱惑王心, 以爲主之也."

【綱】 6월에 劉囂(유효)를 司空으로 삼았다.

六月에 以劉囂爲司空하다

---

31) 皇甫 : 周나라 幽王 때 卿士를 지낸 사람으로, 흔히 총애를 받는 신하를 비유하는 말로 쓰인다. 卿士는 卿의 士라는 뜻으로, 六官을 겸하여 총괄하므로 지위는 낮지만 권력은 막강한 자리이다. 참고로 ≪詩經≫ 〈小雅 十月之交〉에는 '皇甫'가 '皇父'로 되어 있다.

32) 豔妻는 바로 褒姒 : 豔妻는 요염한 아내이고 褒姒는 周 幽王의 총애하던 여인이다. 幽王은 원래 申后를 맞이하여 太子 宜臼를 낳았는데, 포사를 얻고는 그녀에게 빠져 신후를 내치고 태자 의구를 폐위하고 포사가 낳은 伯服을 태자로 세웠으며 향락에 빠져 있다가 결국 犬戎에게 살해당하였다. 제후들이 의구를 세우니, 이가 바로 平王인데 국력이 약화되어 더 이상 버틸 수가 없으므로 결국 洛邑으로 遷都하였다. 이후 周나라는 유명무실한 天子國이 되었다.

【目】 劉囂가 평소 常侍들에게 아부하였으므로 公輔의 지위에 올랐다.

囂素附諸常侍라 故로 致位公輔하다

【綱】 가을 7월에 段熲이 東羌을 大破하여 평정하니, 단경을 新豐侯로 봉하였다.

秋七月에 段熲이 大破東羌平之하니 封熲爲新豐侯하다

【目】 詔令을 내려 謁者 馮禪을 보내 漢陽에 흩어져 있는 羌族들을 설득하여 항복하게 하니, 段熲은 생각하기를 '羌族들이 비록 잠시 항복하더라도 반드시 다시 도둑질을 할 것이다. 그들이 허약한 틈을 타서 군대를 풀어 공격하는 것만 못하니, 형세가 반드시 羌族을 섬멸할 수 있을 것이다.' 하고는, 이에 전진하여 강족이 주둔하고 있는 4, 50리 거리에 진영을 설치하고, 田晏과 夏育을 보내 5,000명의 병사를 거느리고 먼저 출동하여 적을 격파하게 하였다.

강족의 무리가 동쪽 射虎谷으로 도망하여 군대를 나누어 골짜기의 위아래 입구를 지키자, 단경은 일거에 멸망시켜서 다시는 흩어져 달아나지 못하게 하고자 하였다. 그리하여 병사 1,000명을 西縣으로 보내 나무를 묶어 너비 20步, 길이 40里의 木柵을 만들어 강족을 막게 하였다. 그리고 전안과 하육 등을 나누어 보내 7,000명의 병력에게 입에 재갈을 물리고 밤에 서쪽 산으로 올라가서 진영을 만들고 참호를 파게 하였는데, 오랑캐 진영과 1리쯤 떨어지게 하였다. 또 張愷를 보내 3,000명의 병사를 거느리고서 동쪽 산으로 올라가게 하니, 오랑캐가 그제야 이 사실을 깨달았다.

詔遣謁者馮禪하여 說降(세항)漢陽散羌하니 段熲이 以羌雖暫降이나 必復爲盜라 不如乘虛放兵이니 勢必殄滅①이라하고 於是에 進營하여 去羌所屯四五十里하고 遣田晏, 夏育하여 將五千人하여 先進擊破之하다 羌衆이 東犇(분)射虎谷하여 分兵守谷上下門②이어늘 熲이 規一擧滅之하여 不欲復令散走하여 遣千人於西縣하여 結木爲柵호되 廣二十步요 長四十里하여 遮之③하고 分遣晏, 育等하여 將七千人하여 銜枚하고 夜上西山하여 結營穿塹호되 去虜一里許하고 又遣張愷하여 將三千人하여 上東山하니 虜乃覺之러라

① "放兵"은 군대를 풀어 羌族을 공격함을 이른다.
放兵, 謂縱兵擊羌也.

② 射虎谷은 西縣의 동북쪽에 있다.

射虎谷, 在西縣東北.

③ 西縣은 前漢에는 隴西郡에 속하였는데, 後漢에는 漢陽郡에 속하였다.
西縣, 前漢屬隴西郡, 後漢屬漢陽郡.

【目】段熲이 인하여 張愷 등과 동쪽 산과 서쪽 산을 끼고서 군대를 풀어 맹공을 가하고 골짜기 위아래 입구까지 추격하여 궁벽한 산과 깊은 골짜기 곳곳마다 격파하고, 그 渠帥(首領) 이하 19,000명의 수급을 베었다. 馮禪 등이 불러 항복시킨 4,000명을 安定, 漢陽, 隴西 세 郡에 나누어 배치하니, 이에 東羌이 모두 평정되었다.

熲이 因與愷等으로 挾東西山하여 縱兵奮擊하고 追至谷上下門하여 窮山深谷之中에 處處破之하고 斬其渠帥以下萬九千級하다 馮禪等所招降四千人을 分置安定, 漢陽, 隴西三郡하니 於是에 東羌이 悉平하다

【目】段熲이 모두 180차례를 싸워 38,000여 명의 수급을 베고 여러 가축 42만 4천여 마리를 노획하였는데, 여기에 소비된 비용이 44억 錢이고 병사 중에 죽은 자가 400여 명이었다. 이에 단경을 다시 新豐縣侯로 봉하고 10,000戶의 食邑을 더하였다.

熲이 凡百八十戰에 斬三萬八千餘級하고 獲雜畜四十二萬四千餘頭하니 費用四十四億이요 軍士死者 四百餘人이러라 更封新豐縣侯하고 邑萬戶하다

【目】司馬溫公(司馬光)이 다음과 같이 평하였다.

"蠻夷와 戎狄은 氣類가 비록 다르나, 이익에 나아가고 해로움을 피하며 사는 것을 좋아하고 죽는 것을 싫어하는 것은 또한 보통 사람(漢나라 사람)과 똑같다. 이들을 어거함에 옳은 방도를 얻으면 순히 귀의하여 복종하며, 옳은 방도를 잃으면 이반하고 소요를 일으키는 것은 진실로 당연하다. 이 때문에 先王의 정사에는 배반하면 토벌하고 복종하면 회유하여 四裔(네 변방)에 거처하게 해서 禮義의 나라를 어지럽히지 않게 했을 뿐이다.

만약 善과 惡을 구분하지 않으며 순종하여 오고 배반하여 가는 것을 구분하지 않고서 모두 베어 죽인다면, 어찌 이것이 백성의 父母가 된 뜻이겠는가.

또 羌族들이 배반하는 이유는 郡縣에서 억울하게 침탈을 당했기 때문이요, 배반을 하는데도 즉시 주벌하지 못하는 것은 장수가 훌륭한 사람이 아니기 때문이다. 만일 훌륭한 장수가 이들을 몰아 변방 밖으로 내보내고 어진 수령을 가려 이들을 다스렸다면, 이

들 또한 疆場(변방)의 신하가 되었을 것이니, 어찌 오로지 많이 죽이는 것을 통쾌하게 여길 수 있겠는가.

어거함에 옳은 방도를 얻지 못하면 비록 華夏의 백성들이라도 장차 봉기하여 도둑질을 할 것이니, 또 어찌 다 죽일 수 있겠는가. 그렇다면 段紀明(段熲)이 장수가 되어서 비록 승리하여 공이 있었으나, 군자가 인정하지 않는 바이다."

司馬公曰 蠻夷戎狄이 氣類雖殊나 其就利避害하고 樂生惡(오)死는 亦與人同耳라 御之得其道則附順服從하고 失其道則離叛侵擾는 固其宜也라 是以로 先王之政에 叛則討之하고 服則懷之하여 處之四裔하여 不使亂禮義之邦而已라 若不分臧否(비)하고 不辨去來하고 悉艾(예)殺之하면 豈作民父母之意哉[1]리오 且夫羌之所以叛者는 爲郡縣所侵寃故也[2]요 叛而不卽誅者는 將帥非其人故也라 苟使良將이 驅而出之塞外하고 擇良吏而牧之면 則疆埸(강역)之臣也[3]니 豈得專以多殺爲快邪아 夫御之不得其道면 雖華夏之民이라도 亦將蠭起而爲寇리니 又可盡誅耶아 然則段紀明之爲將하여 雖克捷有功이나 君子所不與也[4]니라

① 艾(베다)는 刈로 읽는다.
艾, 讀曰刈.
② "侵寃"은 침탈을 당하여 원한을 품고 있는 것이다.
侵寃者, 爲所侵刻而銜寃.
③ 埸(변경)은 音이 亦이니, 疆埸은 邊境이다.
埸, 音亦, 疆埸, 邊境也.
④ 紀明은 段熲의 字이다.
紀明, 熲字.

【綱】9월에 江夏의 蠻이 배반하자, 州郡이 토벌하여 평정하였다.

九月에 江夏蠻이 反이어늘 州郡이 討平之하다

【綱】丹陽의 山越이 배반하자 郡의 군대가 격파하였다.

◑ 丹陽山越이 反이어늘 郡兵이 擊破之[1]하다

① 山越 또한 본래 越나라 사람인데, 산의 험함을 믿고서 王(천자)의 조세를 바치지 않았으므로 山越이라 한 것이다.
山越, 本亦越人, 依阻山險, 不納王租, 故曰山越.

【綱】 겨울 10월에 다시 鉤黨(黨與를 끌어모은 것)을 한 자들을 다스려서 前 司隷校尉 李膺 등 100여 명을 죽였다.

◑冬十月에 復治鉤黨하여 殺前司隷校尉李膺等百餘人[33)]하다

【目】 처음에, 李膺 등이 비록 폐출되어 禁錮되었으나 천하의 士大夫가 모두 그들의 道를 고상하게 여기고 朝廷을 더럽게 여겼으며, 그들은 번갈아 서로 標榜해서 각자에게 稱號를 부여하였다. 그리하여 竇武와 陳蕃, 劉淑을 三君이라 하였으니 君은 한 세상이 높이는 자를 말한 것이요, 李膺, 荀昱(순욱), 杜密, 王暢, 劉祐, 魏朗, 趙典, 朱寓를 八俊이라 하였으니 俊은 사람 중에 英俊한 자를 말한 것이요, 郭泰, 范滂, 尹勳, 巴肅, 宗慈, 夏馥, 蔡衍, 羊陟을 八顧라 하였으니 顧는 德行으로 남을 인도할 수 있는 자를 말한 것이요, 張儉, 翟超, 岑晊(잠질), 苑康, 劉表, 陳翔, 孔昱(공욱), 檀敷를 八及이라 하였으니 及은 사람들을 인도하여 〈賢者를〉 따르고 높이게 할 수 있는 자를 말한 것이요, 度尙, 張邈, 王孝, 劉儒, 胡毋班, 秦周, 蕃嚮, 王章을 八廚라 하였으니 廚는 재물을 가지고 남을 구원할 수 있는 자를 말한 것이다.

진번과 두무가 권력을 잡게 되자 다시 이응 등을 천거하여 선발하였는데, 진번과 두무가 죽임을 당하자 이응 등이 다시 폐출되었다.

初에 李膺等이 雖廢錮나 天下士大夫 皆高尙其道而汙穢朝廷하고 更(경)相標榜하여 爲之稱號①라 以竇武, 陳蕃, 劉淑爲三君하니 君者는 言一世之所宗也요 李膺, 荀昱, 杜密, 王暢, 劉祐, 魏朗, 趙典, 朱寓爲八俊하니 俊者는 言人之英也요 郭泰, 范滂, 尹勳, 巴肅, 宗慈, 夏馥, 蔡衍, 羊陟爲八顧하니 顧者는 言能以德行引人者也요 張儉, 翟超, 岑晊, 苑康, 劉表, 陳翔, 孔

33) 復治鉤黨 殺前司隷校尉李膺等百餘人 : "李膺이 이미 폐출되었는데 '前 司隷校尉'라고 쓴 것은 어째서인가. 죄로 폐출되지 않았기 때문이니, 죽인 것은 너무 심하다. 그렇다면 여러 군자들에게는 비판할 것이 없는가. 앞에서는 '部黨'이라고 쓰고 뒤이어 '黨人'이라고 쓰고 여기서는 '鉤黨'이라고 썼으니, ≪資治通鑑綱目≫은 진실로 이것을 빌려 경계를 드리우지 않을 수가 없었던 것이다.〔膺已廢矣 書前司隷校尉 何 廢不以罪也 殺之甚矣 然則諸君子無譏歟 前書部黨 繼書黨人 此書鉤黨 綱目固不能不假此以垂戒矣〕" ≪書法≫

"李膺이 이미 폐출되어 禁錮가 되었는데도 '前 司隷校尉'라고 쓴 것은 죄로 폐출되지 않았기 때문이다. 폐출된 것을 인정하지 않았는데, 하물며 죽임에 있어서랴. 저 小人들이 남의 나라를 텅 비게 하고자 할 적에, 朋黨이라고 모함하지 않으면 賢人의 부류를 다 죽일 수가 없으니, 漢나라가 이에 이르러 진실로 이미 망한 것이다. 그러나 范滂과 張儉 등을 책에 나열하여 쓰지 않은 것은 이는 또 ≪資治通鑑綱目≫에서 諸賢들에게 불만하는 뜻이 있었기 때문이다. 배우는 자가 마땅히 깊이 상고하고 묵묵히 살펴야 하니, 이렇게 하면 그 本旨를 알게 될 것이다.〔膺已廢錮 而猶書前司隷者 廢不以罪故也 廢猶不予 況殺之乎 彼小人欲空人之國 非誣以朋黨 則不足以盡賢人之類 漢室至是 固已亡矣 然范滂張儉等不得列書于冊者 此又綱目有不滿諸賢之意耳 學者要當深考而默察之 則得其旨矣〕" ≪發明≫

昱, 檀敷爲八及하니 及者는 言其能導人追宗者也②요 度尙, 張邈, 王孝, 劉儒, 胡毋班, 秦周, 蕃嚮, 王章爲八廚하니 廚者는 言能以財救人者也③라 及陳, 竇用事에 復擧拔膺等이러니 陳, 竇誅에 膺等이 復廢하다

① "汙穢朝廷은" 朝廷을 더럽다고 여기는 것을 이른다. 表를 세워 사람들에게 보이는 것을 標라 하고, 글을 써 붙여서 사람들에게 보이는 것을 榜이라 하니, 標榜은 表揭라는 말과 같다.
汙穢朝廷, 謂以朝廷爲汙穢也. 立表以示人曰標, 揭書以示人曰榜. 標榜, 猶言表揭也.

② 劉表는 景帝의 아들인 魯恭王의 후손이다. 導는 인도함이다. 宗은 높이고 우러르는 자를 이른다.
表, 景帝子魯恭王之後也. 導, 引也. 宗, 謂所宗仰者.

③ 毋는 音이 無이니 胡毋는 複姓이다. 蕃는 音이 皮이니 姓이다.
毋, 音無. 胡毋, 複姓. 蕃, 音皮, 姓也.

【目】 환관들은 李膺 등을 몹시 미워하여, 매번 황제가 詔書를 내릴 때마다 번번이 黨人에 대한 禁令을 거듭하게 하였다. 侯覽은 張儉을 더욱 심하게 원망하였는데, 후람의 고향 사람인 朱幷이 글을 올려 "장검이 同鄕 사람 24명과 특별히 서로 칭호를 만들어 부르고 함께 部黨(붕당)을 해서 社稷을 위태롭게 할 것을 도모한다."라고 고발하였다. 이에 詔令을 내려 글에서 〈上書한 사람(주병)의〉 이름을 삭제하고서 장검 등을 체포하게 하였다.

宦官이 疾惡(오)膺等하여 每下詔書에 輒申黨人之禁하고 侯覽이 怨張儉尤甚이러니 覽鄕人朱幷이 上書告儉이 與同鄕二十四人으로 別相署號하여 共爲部黨하여 圖危社稷이라한대 詔刊章捕儉等①하다

① 刊은 삭제함이니, 〈上書한 사람의〉 이름을 함께 드러내고자 하지 않았으므로 삭제하고, 張儉 등만을 체포한 것이다. ≪集覽≫[34]에는 "刊章은 인쇄하여 돌리는 글이니, 지금의 板榜과 같다." 하였다.
刊, 削也. 不欲宣露幷名, 故削除之, 而直捕儉等. 集覽"刊章, 印行之文, 如今板榜."

【目】 10월에 曹節이 有司에게 넌지시 말하여 虞放, 李膺, 杜密, 朱寓, 荀昱, 翟超, 劉儒, 范滂 등 鉤黨을 한 자들을 아뢰어 州郡에 내려 조사하여 治罪할 것을 청하였다. 이때 上

34) 集覽 : 元나라의 王幼學이 지은 것으로 현재 ≪御批資治通鑑綱目≫에 ≪書法≫·≪發明≫ 등과 함께 수록되었다.

의 나이가 14세였는데, 조절 등에게 묻기를 "黨人들이 무슨 나쁜 짓을 하기에 죽이려 하는가?" 하니, 대답하기를 "그들은 서로 자기 무리들을 천거하여 不軌를 하려고 합니다." 하였다. 上이 말하기를 "不軌는 어찌 하고자 하는 것인가?" 하니, 대답하기를 "社稷(황제)을 도모하고자 하는 것입니다." 하니, 上이 비로소 아뢴 대로 할 것을 허락하였다.

十月에 曹節이 諷有司하여 奏諸鉤黨者虞放, 李膺, 杜密, 朱寓, 荀昱, 翟超, 劉儒, 范滂等하여 請下州郡考治하니 是時에 上年十四라 問節等曰 黨人이 何用爲惡而欲誅之邪아 對曰 相擧群輩하여 欲爲不軌니이다 上曰 不軌欲如何오 對曰 欲圖社稷이니이다 上이 乃可其奏[①]하다

① 軌는 法度이니, 임금은 임금 노릇 하고 신하는 신하 노릇 하는 것이 이른바 法이라는 것이다. 신하가 되어서 社稷을 위태롭게 할 것을 도모하려 하는 것을 不法이라고 하는 것은 진실로 옳지만, 여러 환관들이 이 죄를 君子에게 덮어씌우는데도 황제가 깨닫지 못하였다.
軌, 法度也. 君君臣臣, 所謂法也. 爲人臣而欲圖危社稷, 謂之不法, 誠是也, 而諸閹以此罪加之君子, 帝不之悟.

【目】 혹자가 李膺에게 이르기를 "도망갈 만합니다." 하자, 이응은 대답하기를 "군주를 섬길 적에 어려운 일을 사양하지 않고 죄가 있을 적에 형벌을 피하지 않는 것이 신하의 절개이다. 내 나이가 이미 60이 되었고 죽고 사는 것은 천명에 달려 있으니, 도망가면 장차 어디로 가겠는가." 하고는 마침내 詔獄에 나아가 고문을 받다가 죽으니, 門生과 예전의 부하들이 모두 禁錮를 당하였다.

侍御史 景毅의 아들 景顧가 이응의 門徒였는데 문도를 기록한 譜牒에 그의 이름이 들어 있지 아니하여 譴責을 받지 않았다. 경의는 서글퍼하며 말하기를 "본래 이응이 어질다고 생각해서 아들을 보내어 師事하게 하였는데, 어찌 名籍에서 빠져 있다 하여 구차히 편안하겠는가." 하고는, 마침내 스스로 표문을 올려 면직하고 고향으로 돌아갔다.

或이 謂李膺曰 可去矣로다 對曰 事不辭難하고 罪不逃刑이 臣之節也[①]라 吾年已六十이요 死生有命하니 去將安之리오하고 乃詣詔獄考死하니 門生故吏 幷被禁錮하다 侍御史景毅子顧 爲膺門徒러니 未有錄牒하여 不及於譴[②]이라 毅慨然曰 本謂膺賢하여 遣子師之하니 豈可以漏脫名籍으로 苟安而已리오하고 遂自表免歸하다

① ≪春秋左氏傳≫ 襄公 3년에 "군주를 섬길 때에는 어려운 일을 피하지 않고, 죄가 있을 때에는 형벌을 피하지 않는다." 하였다.
左傳 "事君不辟(피)難, 有罪不逃刑."

② 錄은 기록이고, 牒은 문서이다. 이때 문도를 모아 가르쳐서 많은 경우에는 1,000명으로 헤아려졌는데, 각각 그 성명을 譜牒에 기록하였다.
錄, 記也. 牒, 籍也. 時聚徒敎授, 多者以千計, 各錄記其姓名於譜牒.

【目】 汝南의 督郵인 吳導가 范滂 등을 체포하라는 詔書를 받고 征羌縣에 이르렀으나, 詔書를 안고 客舍의 문을 닫고는 床에 엎드려 우니, 온 縣이 어찌할 바를 알지 못하였다.

범방은 이 말을 듣고 말하기를 "반드시 나 때문일 것이다." 하고는 즉시 스스로 옥에 나아갔다. 縣令 郭揖이 크게 놀라서 나와 자신의 印綬를 풀고 범방을 붙들고 함께 도망할 것을 권하여 말하기를 "천하가 큰데 그대는 무엇 때문에 여기에 있는가?" 하니, 범방이 말하기를 "내가 죽으면 화가 끝날 것인데, 어찌 감히 나의 죄로 그대에게 누를 끼치며 또 老母로 하여금 流離하게 하겠는가." 하였다.

범방의 어머니가 와서 범방과 영결할 적에 "네가 이제 李膺, 杜密과 명성이 나란하니, 내 죽은들 무슨 한이 있겠는가." 하니, 범방이 무릎을 꿇고 가르침을 받고는 再拜하고 하직하였다.

汝南督郵吳導 受詔捕范滂하여 至征羌하여 抱詔書하고 閉傳舍하여 伏牀而泣하니 一縣이 不知所爲[①]러니 滂이 聞之하고 曰 必爲我也라하고 卽自詣獄[②]하다 縣令郭揖이 大驚하여 出解印綬하고 引與俱亡曰 天下大矣니 子何爲在此오 滂曰 滂死則禍塞이니 何敢以罪累君하고 又令老母流離乎아하다 其母就與之訣할새 曰 汝今得與李, 杜齊名하니 死亦何恨[③]이리오 滂이 跪受敎再拜而辭하다

① 征羌縣은 汝南郡에 속하였다.
征羌縣, 屬汝南郡.
② 爲(위하다, 때문에)는 去聲이니, 아래 "私爲"의 爲도 같다.
爲, 去聲, 下私爲同.
③ "李杜"는 李膺과 杜密을 이른다.
李杜, 謂李膺・杜密.

【目】 무릇 黨人으로서 죽은 자가 100여 명이고 처자식이 모두 변경으로 귀양 갔으며, 천하의 豪傑과 훌륭한 행실이 있는 儒學者를 환관들이 모두 지목하여 黨人이라고 하였다. 이에 원망과 틈이 있는 자들이 인하여 서로 모함하고 해쳐서 눈 한번 흘긴 데서 생긴 작은 원한이 지나쳐 黨人으로 몰아넣기도 하였다. 또 혹은 일찍이 이들과 사귄 적이 없는데도 禍毒에 걸려서 죽거나 귀양 가거나 폐출되어 禁錮된 자가 또 6, 7백 명

이었다.

凡黨人死者 百餘人이요 妻子皆徙邊하고 天下豪傑及儒學有行義者를 宦官이 一切指爲黨人하니 有怨隙者 因相陷害하여 睚眦(애자)之忿이 濫入黨中하다 或有未嘗交關에 亦離[35] 禍毒하여 其死徙廢禁者 又六七百人①이러라

① "廢禁"은 廢棄하여 禁錮함을 이른다.
廢禁, 謂廢棄而禁錮.

【目】 郭泰가 〈黨人들이 화를 당했다는〉 말을 듣고 내심 애통해하기를 "≪詩經≫ 〈大雅 瞻卬(첨앙)〉에 '훌륭한 사람이 다 죽으니 나라가 병들도다.' 하였으니, 漢나라가 멸망하게 되었도다. 다만 저 까마귀를 보건대 누구의 집에 앉을지를 알지 못할 뿐이다."[36] 하였다. 곽태는 비록 인물을 평하기를 좋아하였으나 강직한 말과 각박한 의논을 하지 않았다. 그러므로 혼탁한 세상에 처해서도 원망과 禍를 피할 수 있었다.

郭泰聞之하고 私爲之慟曰 詩云 人之云亡에 邦國이 殄瘁라하니 漢室이 滅矣로다 但未知瞻烏爰止于誰之屋耳로다 泰雖好臧否(비)而不爲危言覈論이라 故로 能處濁世而怨禍不及焉①하다

① 覈은 그 실제를 깊이 탐구함을 이르니, 각박하게 조사하는 것이다.
覈, 謂深探其實也, 刻覈也.

【目】 張儉이 亡命할 적에 곤궁하고 급박하여 남의 집 문을 바라보고는 뛰어들어가 留宿을 청하였는데, 사람들이 모두 그의 명망과 행실을 소중히 여겨서 집안을 망치는 위험을 무릅쓰고 그를 용납해주었다. 뒤에 東萊 지방을 떠돌다가 李篤의 집안에 유숙하였는데, 黃令 毛欽이 병기를 들고 문에 이르렀다.

이독이 모흠을 데리고 자리로 나아가 말하기를 "장검이 죄를 졌으니, 내 어찌 숨겨줄 수 있겠습니까. 그리고 만약 참으로 우리 집에 있다 하더라도 이 사람은 名士이니, 밝으신 縣令〔明廷〕께서 어찌 차마 그를 잡겠습니까." 하였다. 모흠이 이에 일어나 이독을 어루만지며 말하기를 "蘧伯玉은 홀로 군자가 되기를 부끄러워했으니, 足下는 어이하여 혼

35) 離 : ≪資治通鑑≫ 註에 "離는 罹와 같으니 만난다는 뜻이다.〔離 與罹同 遭也〕"라고 하였다.

36) 漢나라가……뿐이다 : ≪詩經≫ 〈小雅 正月〉에 "슬프다, 우리 사람들은 어디를 따라 복을 받을까. 저 까마귀가 앉는 곳을 보건대 누구의 지붕에 앉을까.〔哀我人斯 于何從祿 瞻烏爰止 于誰之屋〕"라고 하였다. 여기 朱子의 註에 "불행히도 나라가 장차 망할 때를 만나서 이 죄 없는 백성들과 함께 장차 모두 갇히고 포로가 되어 함께 臣僕이 될 것이니, 장차 다시 어느 사람을 따라 복을 받을지 모르겠다. 마치 까마귀가 날아가는 것을 보매 장차 누구의 지붕에 앉을지 모르는 것과 같다."고 하였다.

자서만 仁義를 취하고자 하는가." 하였다. 이독이 말하기를 "내가 이제 仁義를 나누어 가지고자 하니, 밝으신 현령께서 반을 싣고 가십시오." 하니, 모흠이 탄식하고 떠나갔다.

이독은 장검을 인도하여 변방을 나갔다. 그러나 장검이 지나가는 곳에 무거운 형벌을 받은 자가 열 명으로 헤아려지고 연좌되어 체포되고 고문을 당한 자가 천하에 가득하였다.

張儉이 亡命困迫하여 望門投止[①]하니 莫不重其名行하여 破家相容[②]이러라 後에 流轉東萊라가 止李篤家하니 (外)黃令毛欽이 操兵到門[③]이어늘 篤이 引欽就席曰 張儉이 負罪하니 豈得藏之리오 若審在此라도 此人은 名士라 明廷이 寧宜執之乎[④]아하니 欽이 因起撫篤曰 蘧伯玉이 恥獨爲君子[⑤]하니 足下如何專取仁義오 篤曰 今欲分之하노니 明廷이 載半去矣[⑥]하라하니 欽이 歎息而去하다 篤이 導儉出塞하니 其所經歷에 伏重誅者 以十數요 連引收考 徧天下러라

① 〈"望門投止"는〉 곤궁하고 급박한 가운데 남의 집 문을 보고는 즉시 들어가 유숙하면서 숨겨주기를 요구하는 것이다.
窘迫之中, 見門, 卽投歸而止宿, 求隱匿也.

② 〈"破家相容"은〉 차라리 家業을 망칠지언정 張儉을 용납하여 숨겨준 것이다.
寧破壞其家業, 而容隱張儉.

③ ≪漢書≫와 ≪後漢書≫의 〈郡國志〉를 상고해보면, 外黃縣은 東留郡에 속하고, 黃縣은 東萊郡에 속한다. 毛欽은 아마도 黃縣令이었던 듯하니 外字는 衍字이다.
考兩漢志, 外黃縣屬東留郡, 黃縣屬東萊郡. 毛欽, 蓋爲黃縣令, 外字衍.

④ 明廷(縣令에 대한 敬稱)은 明府(밝으신 太守)라는 말과 같다. "寧宜執之"는 '어찌 그를 체포하려 하겠는가.'라는 말과 같다.
明廷, 猶言明府也. 寧宜執之, 猶言豈肯執捕之.

⑤ 〈"蘧伯玉 恥獨爲君子"라는〉 이 말은 출전이 자세하지 않으니, 세상 사람들이 서로 전하는 말인 듯하다.
此語, 未詳所出, 蓋世人相傳之辭.

⑥ 〈"明廷 載半去矣"는〉 張儉을 잡지 아니하여 仁義의 절반을 나누어 가져갈 수 있게 됨을 말한 것이다.
言不執儉, 得分仁義之半去也.

【目】 張儉은 魯나라의 孔褒와 오랜 교분이 있었다. 도망하여 공포의 집에 갔으나 만나지 못하였는데, 나이 16세인 공포의 아우 孔融이 장검을 숨겨주었다가 이 사실이 발각되어 장검이 도망하였다.

國相이 공포와 공융을 체포하여 옥으로 보냈는데, 누구를 죄에 붙일지 알지 못하였

다. 공융은 말하기를 "장검을 우리 집에 받아주어 보호하고 감춰 준 사람은 나이다." 하였고, 공포는 말하기를 "저 장검은 나에게 도움을 청하러 온 것이니, 아우의 죄가 아니다." 하였다. 아전이 그 어머니에게 묻자, 어머니가 말하기를 "집안의 일은 어른이 책임지는 것이니, 내가 마땅히 그 죄를 받아야 한다." 하였다. 그리하여 한 가문이 죽기를 다투니, 郡縣이 머뭇거리고 결단하지 못해서 마침내 上奏하여 죄를 청하자, 詔令을 내려 공포만을 처벌하게 하였다. 黨禁이 풀리자 장검이 마침내 鄕里로 돌아왔다.

孔融

儉이 與魯國孔褒로 有舊라 亡抵褒로되 不遇①하니 褒弟融이 年十六에 匿之라가 事泄하여 儉이 亡走하다 國相이 收褒, 融送獄하여 未知所坐라 融曰 保納舍藏者는 融也②라하고 褒曰 彼來求我하니 非弟之過라하다 吏問其母한대 母曰 家事任長이니 妾當其辜③라하여 一門이 爭死하니 郡縣이 疑不能決하여 乃上讞(얼)之한대 詔獨坐褒④러니 及黨禁解에 儉이 乃還鄕里하다

① 孔褒는 孔子의 22世孫이다. 抵는 이름(감)이다.
褒, 孔子二十世孫也. 抵, 至也.

② 〈"保納舍藏"은〉 공융 자신이 별 문제가 없을 것임을 보장하여 張儉을 받아주어서 머물게 하고 감춰주었다는 말이다.
謂自保無它而納儉, 因舍止而藏匿之.

③ 任(맡기다)은 音이 壬이고, 長(우두머리)은 知兩의 切이니, "任長"은 집안의 어른에게 맡겨 따름을 말한 것이다.
任, 音壬. 長, 知兩切. 任長, 謂任從家之長也.

④ 上는 上奏함이요, 讞은 請함이다.
上, 奏也. 讞, 請也.

【目】 夏馥은 張儉이 亡命했다는 말을 듣고 탄식하기를 "재앙이 자기로부터 일어났는데 공연히 선량한 사람이 연루되게 하는구나. 한 사람이 죽음을 피함에 禍가 만 명의 집에 이르니, 어찌 이렇게 살겠는가." 하고는, 마침내 직접 수염을 깎고 변장하고서 林慮山 속에 들어가서 姓名을 숨기고 대장간의 머슴이 되었다. 가마에서 친히 불을 때고 숯을 태워 모습이 초췌해지니, 2, 3년이 되자 그를 알아보는 사람이 없었다.

하복의 아우 夏靜이 비단을 싣고 뒤쫓아가서 음식을 먹이려 하자, 하복은 받지 않으며 말하기를 "아우는 어찌하여 화를 싣고 와서 내게 먹이는가." 하였다.

夏馥이 聞儉亡命하고 歎曰 孽自己作이어늘 空汙良善이로다 一人逃死에 禍及萬家하니 何以生爲리오하고 乃自翦須變形하고 入林慮山中①하여 隱姓名하고 爲冶家傭하여 親突煙炭하여 形貌毁瘁하니 積二三年에 人無知者러라 馥弟靜이 載縑帛追餉之한대 馥이 不受曰 弟奈何載禍相餉乎아하니라

① 須는 鬚와 같다. 林은 본래 隆으로 되어 있었는데, 漢나라가 殤帝의 諱(劉隆)를 피하였으므로 〈隆慮를〉 林慮라고 고쳤는바, 〈慮는〉 音이 廬이다.
須, 與鬚同. 林, 本作隆, 漢避殤帝諱, 故改曰林慮, 音廬.

【目】 처음에, 中常侍 張讓이 아버지가 죽자 潁川에 돌아가 장례하였는데, 비록 온 고을 사람이 다 왔으나 名士 중에는 조문을 온 자가 없었다. 장양이 이를 부끄러워하였는데, 진식이 홀로 조문하였다. 뒤에 黨人들을 주벌하게 되자, 진식 때문에 장양이 사면하여 목숨을 보전해준 사람이 많았다.

初에 中常侍張讓이 父死에 歸葬潁川하니 雖一郡이 畢至나 而名士無往者라 讓이 恥之어늘 陳寔이 獨弔焉이러니 及誅黨人에 讓이 以寔故로 多所全宥러라

【目】 처음에, 太尉 袁安의 아들 袁敞이 司空을 지냈고 손자 袁湯이 다시 太尉가 되었다. 원탕의 세 아들은 袁成, 袁逢, 袁隗(원외)인데, 원성은 袁紹를 낳고 원봉은 袁術을 낳았다. 이때 원봉이 司空이 되고 원외 또한 높은 벼슬을 하니, 中常侍 袁赦는 원봉과 원외가 정승의 집안으로서 자기와 同姓이라 하여 특별히 높여 외부의 援助로 삼았다. 그러므로 袁氏는 세상에서 총애받는 權貴가 되었으며 매우 부유하고 사치하여 다른 公族과 똑같지 않았다.

袁紹는 체격이 健壯하여 위엄스러운 용모가 있고 선비를 사랑하여 명성을 기르니, 賓

客들이 모여들었고, 원술 또한 俠氣로 알려졌다.

初에 太尉袁安子敞이 爲司空하고 孫湯이 復爲太尉하고 湯三子成, 逢, 隗니 成生紹하고 逢生術[①]이러니 至是하여 逢爲司空하고 隗亦顯官하니 中常侍袁赦 以逢, 隗相家로 與之同姓이라하여 推崇以爲外援이라 故로 袁氏貴寵於世하고 富奢甚하여 不與他公族同이러라 紹壯健有威容하고 愛士養名하니 賓客이 輻湊[②]하고 術이 亦以俠氣聞[③]이러라

① ≪後漢書≫〈袁紹傳〉注에 "袁紹는 司空 袁逢의 庶子인데, 伯父인 袁成의 양자로 나갔다." 하였다.
紹傳注 "紹, 司空逢之孽子, 出後伯父成."

② "輻湊"는 수레 바큇살이 모두 안으로 轂에 모여 있음을 가지고 비유한 것이다. 30개의 바큇살이 한 轂에 함께 모이니, 轂은 여러 바큇살이 모여드는 곳이다.
輻湊者, 蓋以車輻皆內湊於轂爲諭. 三十輻, 共一轂. 轂者, 衆輻聚湊之所.

③ 〈"以俠氣聞"은〉 俠氣가 있다는 명성이 사람들에게 알려짐을 말한 것이다.
謂俠氣之名, 見聞於人也.

【目】 袁逢의 從兄의 아들 袁閎(원굉)은 젊어서부터 操行이 있어서 농사지으며 학문하는 것을 업으로 여겼는데, 袁逢과 袁隗가 자주 선물을 주었으나 받지 않았다. 원굉은 세상이 한창 험난한데 家門이 부유하고 흥성함을 보고는 항상 형제들을 마주하여 탄식하기를 "우리 先公의 복록을 後世가 덕으로 지켜내지 못하고, 다투어 교만하고 사치하여 亂世의 사람들과 권력을 다투니, 이는 바로 晉나라의 三郤이다." 하였다.

黨錮의 일이 일어나자, 원굉은 깊은 산속으로 자취를 감추고자 하였다. 그러나 모친이 연로한 까닭에 차마 떠나가지 못하고서 마침내 뜰 가운데에 사방이 둘러싸인 土室을 쌓았는데 문을 내지 않고 창문으로 飮食을 받아먹었다. 老母가 원굉이 그리우면 때로 가서 만나보았는데, 어머니가 가면 곧 창문을 닫으니, 兄弟와 妻子도 그를 만나보지 못하였다. 몸을 숨긴 지 18년 만에 土室에서 별세하였다.

逢의 從兄子閎이 少有操行하여 以耕學爲業하니 逢, 隗數(삭)饋之호되 無所受라 閎이 見時方險亂而家門富盛하고 常對兄弟歎曰 吾先公福祚를 後世不能以德守之하고 而競爲驕奢하여 與亂世爭權하니 此卽晉之三郤矣[①]로다 及黨事起에 閎이 欲投迹深林호되 以母老로 不忍去하여 乃築土室四周於庭호되 不爲戶하고 自牖納飮食이라 母思閎이면 時往就視러니 母去면 便自掩閉하니 兄弟妻子 莫得見也러라 潛身十八年에 卒於土室하니라

① 先公은 袁安을 이른다. 三郤은 춘추시대 晉나라 大夫인 郤錡(극의), 郤犨(극주), 郤至를 이

른다. 郤氏가 대대로 晉나라의 卿이 되어 세 사람이 대대로 이어온 권력을 믿고서 교만하고 사치하여 권력을 침범하다가 晉 厲公에게 살해되었다.
先公, 謂袁安也. 三郤, 謂晉大夫郤錡, 郤犨, 郤至也. 郤氏世爲晉卿, 三子者憑藉世資, 驕奢侵權, 爲厲公所殺.

【目】 처음에 范滂 등이 조정의 정사를 비난하니, 公卿으로부터 이하가 모두 자신을 굽혀 그에게 낮추고 太學生들이 다투어 그의 풍모를 사모하였다. 그러나 申屠蟠(신도반)은 홀로 탄식하기를 "옛날 戰國시대에 處士가 멋대로 의논하니, 列國의 王이 심지어는 빗자루를 들고 길을 청소하여 선비를 앞에서 인도하였는데, 끝내 선비를 구덩이에 묻어죽이고 책을 불태우는 화가 있었으니, 지금과 같은 때를 말한 것이다." 하고는, 마침내 梁나라 碭縣(탕현)의 사이에서 자취를 끊고서 나무를 집으로 삼고 스스로 품팔이하는 사람과 똑같이 생활하였다. 2년 만에 과연 범방 등이 黨錮의 화에 걸렸다.

初에 范滂等이 非訐朝政하니 自公卿以下로 皆折節下之하고 太學生이 爭慕其風[①]호되 申屠蟠이 獨歎曰 昔戰國之世에 處士橫議하니 列國之王이 至於擁篲(옹수)先驅러니 卒有坑儒燒書之禍하니 今之謂矣[②]라하고 乃絶迹於梁碭之間하여 因樹爲屋하여 自同傭人[③]이러니 居二年에 滂等이 果罹黨錮之禍하니라

① ≪資治通鑑≫에는 "그 풍모를 다투어 사모해서 文學이 장차 일어나고 處士가 다시 등용될 것이라고 여겼다." 하였다.
通鑑 "爭慕其風, 以爲文學將興, 處士復用."
② ≪史記≫ 〈孟子荀卿列傳〉에 "騶衍이 燕나라에 가자, 昭王이 빗자루를 들고 길을 청소하고서 먼저 앞에서 인도하였고, 弟子의 자리를 나열하고서 受業하기를 청하였으며, 碣石宮을 짓고 몸소 친히 가서 그를 스승으로 섬겼다." 하였다.
史記, 騶衍如燕, 昭王擁篲先驅, 請列弟子之座而受業, 築碣石宮, 身親往師之.
③ 碭은 徒浪의 切이고 또 音이 唐이니, 梁나라에 碭縣이 있다.
碭, 徒浪切, 又音唐. 梁國有碭縣.

【目】 司馬溫公(司馬光)이 평하였다.
"천하에 道가 있을 때에는 君子가 왕의 조정에서 드날리면서 小人의 죄를 바로잡으면 감히 복종하지 않는 이가 없고, 천하에 道가 없을 때에는 군자가 주머니를 묶듯이 입을 다물고 말하지 않아서 소인의 화를 피하여도 혹 죽음을 면치 못한다. 黨人들은 혼란한 세상에 태어나서 지위에 있지 않았는데도 四海가 혼란해지자 口舌로써 세상을 구원하

고자 하여, 자신은 혹독한 형벌을 받고 화가 朋友에게까지 미쳐서 士類가 殲滅되고 나라가 따라 망하게 되었으니, 또한 슬프지 않은가. 오직 郭泰만은 밝고 또 지혜로워서 자기 몸을 보전하였고,[37] 申屠蟠은 기미를 보고 하루가 마치기를 기다리지 않고 떠나갔으니,[38] 드높아 미칠 수가 없도다."

司馬公이 曰 天下有道에 君子揚于王庭하여 以正小人之罪而莫敢不服하고 天下無道에 君子囊括不言하여 以避小人之禍而猶或不免이라 黨人이 生昏亂之世하여 不在其位어늘 四海橫流에 而欲以口舌救之하여 以至身被淫刑하고 禍及朋友하여 士類殲滅而國隨以亡하니 不亦悲乎아 夫惟郭泰旣明且哲하여 以保其身하고 申屠蟠이 見幾而作하여 不俟終日하니 卓乎其不可及已로다

【綱】 이달 그믐에 일식이 있었다.

是月晦에 日食하다

【綱】 鮮卑가 幷州를 침략하였다.

◑鮮卑寇幷州하다

庚戌年(170)

【綱】 漢나라 孝靈皇帝 建寧 3년이다. 봄 3월 그믐에 일식이 있었다.

三年이라 春三月晦에 日食하다

【綱】 段熲을 불러 侍中으로 삼았다.

◑徵段熲爲侍中하다

---

37) 밝고……보전하였고 : 이 내용은 ≪詩經≫ 〈大雅 烝民〉에 보이는바 仲山甫를 찬미한 말이다.

38) 기미를……떠나갔으니 : ≪周易≫ 豫卦 六二爻辭에 "절개가 돌과 같아 하루가 마치기를 기다리지 않고 떠나가니 바르고 길하다.〔介于石 不終日 貞吉〕" 하였는데, 〈繫辭傳 上〉에 이것을 해석하여 "군자가 기미를 보고 일어나서(떠나가서) 하루가 마치기를 기다리지 않는다. ≪주역≫에 '절개가 돌과 같아 하루가 마치기를 기다리지 않고 떠나가니, 바르고 길하다.' 하였다. 절개가 돌과 같으니, 어찌 하루가 끝나기를 기다리겠는가. 결단함을 알 수 있다.〔君子見幾而作 不俟終日 易曰 介于石 不終日 貞吉 介如石焉 焉用終日 斷可識矣〕"라고 하였다. '기미를 본다'는 것은 나쁜 조짐이나 낌새를 봄을 이른다.

【目】段熲은 변경에 있는 10여 년 동안에 일찍이 하루도 침상에서 자지 아니하여 장병들과 苦樂을 함께하였다. 그러므로 장병들이 모두 기꺼이 그를 위하여 결사적으로 싸워서, 단경의 군대가 향하는 곳마다 功이 있었다.

熲이 在邊十餘年에 未嘗一日蓐(욕)寢하여 與將士同甘苦①라 故로 皆樂爲死戰하여 所嚮有功이러라

① 蓐은 침상과 요이다.
蓐, 牀褥也.

辛亥年(171)

【綱】漢나라 孝靈皇帝 建寧 4년이다. 봄 정월에 황제가 冠禮를 행하고 사면하였다.

四年이라 春正月에 帝冠하고 赦[39]하다

【目】오직 黨人만은 사면하지 않았다.

唯黨人을 不赦하다

【綱】2월에 지진과 海溢이 있었다.

二月에 地震海溢하다

【綱】3월 초하루에 일식이 있었고, 역병이 크게 유행하였다.

---

39) 春正月 帝冠赦 : "사면한 것을 자세히 쓰지 않은 것이 前漢의 元帝 때부터 시작되었다. 그런데 桓帝 永康(167)의 사면을 쓴 것은 黨人을 사면했기 때문이고, 금년의 사면을 쓴 것은 당인만 사면하지 않았기 때문이며, 靈帝 中平 원년(184)의 사면을 쓴 것은 다시 당인을 사면했기 때문이다. 黨錮의 顚末을 ≪資治通鑑綱目≫에서 신중하게 썼으니, 그 서법을 살펴보건대 여러 君子를 깊이 죄책할 수 없었던 것이 매우 분명하다.〔赦不悉書 自元帝以來矣 書永康赦 以赦黨人也 書今年赦 以惟黨人不赦也 書中平赦 又以赦黨人也 黨錮顚末 綱目謹書之 觀其所書 諸君子之不可深罪 益明矣〕" ≪書法≫
"≪資治通鑑綱目≫에서 元帝 初元 원년(B.C. 48) 이래로 일에 義理가 없이 사면한 것은 으레 모두 쓰지 않았는데 여기서 특별히 썼으니, 이는 유독 黨人만 사면하지 않은 것을 드러내려는 것이다. 아, 당인은 모두 賢人, 君子로 나라에 큰 해악을 끼친 사람들이 아닌데 미워하기를 이와 같이 하였으니, 漢나라가 멸망하지 않으려 한들 가능했겠는가.〔綱目自元帝(永)〔初〕元元年以後 凡赦之無事義者 例皆不書 而此特書之者 著其獨不赦黨人故也 嗚呼 黨人皆賢人君子 非有大惡於國 而惡之若此 漢氏雖欲不亡 得乎〕" ≪發明≫

◑ 三月朔에 日食하고 大疫하다

【綱】 가을 7월에 貴人 宋氏를 세워 皇后로 삼았다.

◑ 秋七月에 立貴人宋氏하여 爲皇后하다

【綱】 겨울 10월 초하루에 황제가 南宮에서 太后를 朝見(조현)하였다.

◑ 冬十月朔에 帝朝太后於南宮[40)]하다

【目】 황제는 竇太后가 자기를 데려다가 세운 공로가 있다 하여, 신하들을 거느리고 南宮에 가서 朝見하고 친히 음식을 올리고 祝壽를 올렸다. 黃門令 董萌이 이로 인하여 자주 太后를 위해 억울함을 하소연하자, 황제가 그의 말을 깊이 받아들여 태후를 공양하고 재물을 받들어 올리는 것이 예전보다 더 융숭하였다. 曹節과 王甫가 이것을 싫어하여 동맹이 永樂宮을 비방하였다고 모함해서 하옥하여 죽게 하였다.

帝以竇太后有援立之功이라하여 率群臣하여 朝南宮하고 親饋上壽①하다 黃門令董萌이 因此하여 數(삭)爲太后訴冤②한대 帝深納之하여 供養資奉이 有加於前하니 曹節, 王甫疾之하여 誣萌以謗訕永樂宮이라하여 下獄死③하다

① 饋는 음식을 올리는 것이다.
饋, 進食也.
② 爲(위하다)는 去聲이다.
爲, 去聲.
③ 永樂宮은 황제의 어머니인 孝仁皇太后가 거처하는 곳이다.
永樂宮, 帝母孝仁皇太后所居也.

【綱】 鮮卑가 幷州를 침략하였다.

鮮卑寇幷州하다

---

40) 帝朝太后於南宮 : "太后를 朝見하는 것을 쓰지 않았는데, 여기서는 어찌하여 썼는가. 거처를 옮긴 태후이기 때문이다. ≪資治通鑑綱目≫에서 황제가 자식의 義를 보존한 것을 인정하였기 때문에 특별히 쓴 것이다. 이 때문에 順帝가 閻太后를 조현한 것을 썼고 靈帝가 竇太后를 조현한 것을 썼으니, 이들은 모두 거처를 옮긴 태후인데 오래지 아니하여 喪을 당했다고 썼다.〔朝太后不書 此何以書 遷后也 綱目予存義 故特書之 是故順帝朝太后書 靈帝朝太后書 皆遷后也 不久皆以喪書矣〕" ≪書法≫

壬子年(172)

【綱】 漢나라 孝靈皇帝 熹平 원년이다. 봄 정월에 황제가 原陵(光武帝의 능)에 배알하였다.

熹平元年이라 春正月에 帝謁原陵하다

【目】 司徒의 아전인 蔡邕(채옹)이 다음과 같이 말하였다.

“제가 들으니 옛날에는 墓祭를 지내지 않았다고 합니다. 朝廷(황제)이 陵에 올라가 배알하는 禮가 있는데, 저는 처음에 이것을 줄여야 한다고 생각하였습니다. 그런데 이제 그 威儀를 보고 그 本意를 살펴보니, 비로소 孝明皇帝의 지극히 효성스럽고 측은히 여기신(인자한) 마음을 쉽게 빼앗을 수 없음을 알았습니다. 禮에는 번거로워도 줄일 수 없는 것이 있으니, 이것을 말한 것입니다.”[41]

蔡邕

司徒掾蔡邕曰 吾聞古不墓祭라하니이다 朝廷이 有上陵之禮하니 始謂可損이러니 今見威儀하고 察其本意하니 乃知孝明皇帝의 至孝惻隱을 不易(이)奪也①라 禮有煩而不可省(생)者하니 此之謂也니이다

---

41) 제가……것입니다 : 墓祭는 秦 始皇이 墓 옆에 寢을 세우고 제사하였는데, 漢나라가 그대로 따라서 여러 陵寢에 그믐과 보름, 24절기, 三伏 등에 밥을 올린 것을 말한다. 天子는 정월에 原陵에 올라가 배알하였다. 光武帝의 아들 明帝가 백관을 거느리고 원릉에 배알할 때 정월 초하루에 조회하는 의식과 똑같이 하였다. 그러나 이 예는 宗廟에서 행하는 예와 뒤바뀐 것으로 蔡邕이 예법에 어긋난다고 보았지만 그 예를 막상 보니 명제의 효성이 절실하다고 여긴 것이다. 자세한 내용은 思政殿訓義 ≪資治通鑑綱目≫ 제9권 하 漢 明帝 永平 원년(58)에 보인다.

① ≪後漢書≫ 〈禮儀志〉를 근거해보면 西都(前漢)에는 예전에 陵에 올라가는 의식이 있었는데, 東都(後漢)에 이르러서는 그 예의와 형식이 더욱 구비되었다.
據禮儀志, 西都舊有上陵, 至東都, 則其儀文愈備.

【目】 胡氏(胡寅)가 다음과 같이 평하였다.
"墓에는 體魄을 모시는데 산 자에 대한 禮로 지극히 대하면 이는 지혜롭지 못한 것이요, 사당에는 神(영혼)을 모시는데 죽은 자에 대한 예로 지극히 대하면 이는 仁하지 못한 것이다.[42] 그러므로 聖人이 예를 제정할 적에 사당에 제향하는 것만을 오로지하고 墓에는 제사하지 않았으니, 그 의리에 있어서 정밀하다. 明帝의 擧措와 蔡邕의 의논은 아마도 이것을 상고하지 못하여 잘못되었는가 보다."

胡氏曰 墓藏體魄而致生之면 是不智也요 廟以宅神而致死之면 是不仁也라 故로 聖人制禮에 專於廟享而不祭於墓하니 其於理義에 精矣라 明帝之擧와 蔡邕之議는 豈其不考於此而失之與인저

【綱】 3월에 太傅 胡廣이 卒하였다.

三月에 太傅胡廣이 卒하다

【目】 胡廣은 30여 년 동안에 四公(司空, 司徒, 太尉, 太傅)을 두루 거치면서 여섯 황제를 차례로 섬겼는데, 황제들의 예우와 신임이 매우 융성하였다. 그가 천거하여 임용한 사람들은 대부분 천하의 名士로서 故事에 숙달하고 조정의 법을 잘 알았다. 그리하여 京師의 속담에 이르기를 "萬事가 제대로 다스려지지 않을 때에는 伯始에게 물어보라, 천하의 中庸은 胡公에게 있다네." 하였다. 그러나 성품이 온화하고 유순하고 삼가서 항상

42) 산 자에……것이다 : 원문의 '致生之'는 죽은 자에게 살아 있는 자의 禮로 지극히 대하는 것이고, '致死之'는 살아 있는 자에게 죽은 자의 예로 지극히 대함을 이른다. ≪禮記≫ 〈檀弓 上〉에 "죽은 자를 보내면서 죽은 자의 禮로 지극히 대함은 仁하지 못한 것이어서 할 수 없고, 죽은 자를 보내면서 살아 있는 자의 예로 지극히 대함은 지혜롭지 못한 것이어서 할 수 없다.〔之死而致死之 不仁而不可爲也 之死而致生之 不知而不可爲也〕"라고 한 孔子의 말씀이 보이는데, 陳澔의 ≪集說≫에 "죽은 자를 보내면서 죽은 자의 禮로 지극히 대하는 것은 어버이를 사랑하는 마음이 없어서 仁하지 못함이 되므로 행할 수가 없고, 죽은 자를 보내면서 살아 있는 자의 예로 지극히 대함은 이치를 아는 밝음이 없어서 지혜롭지 못함이 되므로 또한 행할 수가 없는 것이다."라고 풀이하였다. 여기서는 이것을 원용하여 죽은 자의 體魄을 모신 陵墓에 제사를 지극히 지내면 이는 이치에 어두워 지혜롭지 못한 것이고, 죽은 자의 靈魂을 모신 사당에 제사를 극진히 지내지 않으면 이는 조상을 사랑하는 마음이 없어 仁하지 못한 것이라 한 것이다.

말을 겸손히 하고 얼굴빛을 공손히 하여 당시 사람들에게 호감을 살 뿐 충직한 기풍이 없으니, 천하 사람들이 이 때문에 그를 하찮게 보았다.

廣이 周流四公三十餘年①에 歷事六帝하니 禮任極優②하고 所辟이 多天下名士로 練達故事하고 明解朝章③이라 京師諺曰 萬事不理엔 問伯始요 天下中庸은 有胡公④이라하니라 然이나 溫柔謹愨하여 常遜言恭色하여 以取媚於時하고 無忠直之風하니 天下以此薄之러라

① ≪後漢書≫ 〈胡廣傳〉에 "무릇 한 번 司空을 거치고, 두 번 司徒가 되고, 세 번 太尉에 오르고, 또 太傅가 되었다." 하였다.
本傳 "凡一履司空, 再作司徒, (二)〔三〕[43]登太尉, 又爲太傅."
② 여섯 황제는 安帝, 順帝, 沖帝, 質帝, 桓帝, 靈帝이다.
六帝, 安·順·沖·質·桓·靈.
③ 解는 밝게 앎이다.
解, 曉也.
④ 伯始는 胡廣의 字이다.
伯始, 廣字.

【綱】 여름에 환관 侯覽이 죄가 있어 자살하였다.

夏에 宦者侯覽이 有罪自殺하다

【目】 侯覽이 長樂宮의 太僕으로 있었는데, 권력을 독단하고 교만하고 사치한 죄에 걸려서 策書로 印綬를 거두니, 자살하였다.

覽이 爲長樂太僕이러니 坐專權驕奢하여 策收印綬하니 自殺①하다

① 長樂宮의 太僕은 太后宮의 관원이다. 말 모는 것을 주관하였는데 환관을 시켰으니, 秩이 二千石이다.
長樂太僕, 太后宮官也. 主馭, 宦者爲之, 秩二千石.

【綱】 6월에 홍수가 졌다.

六月에 大水하다

43) (二)〔三〕: 저본에는 '二'로 되어 있으나 ≪後漢書≫에 의거하여 '三'으로 바로잡았다.

【綱】 皇太后 竇氏가 崩하였다. 가을 7월에 桓思皇后(竇太后)를 장례하였다.

◑ 皇太后竇氏崩하다 秋七月에 葬桓思皇后하다

【目】 竇太后의 어머니가 귀양 간 比景에서 별세하니, 太后가 근심하고 그리워하다가 병이 나서 雲臺에서 崩하였다. 환관들은 竇氏에게 원한이 쌓였으므로 衣車[44]에 태후의 시신을 실어서 城의 남쪽 시장 객사에 며칠 동안 두고, 曹節과 王甫가 貴人의 禮로 빈소를 마련하고자 하였는데, 황제가 허락하지 않았다. 이에 喪을 발표하고 태후를 장례하는 예를 갖추었다.

竇太后母 卒於比景①하니 太后憂思感疾하여 崩於雲臺②하다 宦者積怨竇氏라 以衣車載其尸하여 置城南市舍數日하고 曹節, 王甫 欲用貴人禮殯이어늘 帝不可하니 於是에 發喪成禮③하다

① 比景은 縣의 이름이니 日南郡에 속하였다. 建寧 원년(168)에 竇武의 가솔을 日南으로 귀양 보냈다.
比景, 縣名, 屬日南郡. 建寧元年, 徙竇武家屬於日南.
② 雲臺는 南宮에 있다.
臺在南宮.
③ "成禮"는 예를 갖춤이니, 장례하는 예를 낮추지 않음을 말한 것이다.
成禮, 具禮也, 言不降其葬禮.

【目】 曹節 등이 太后를 다른 곳에 장례하고 馮貴人을 桓帝와 祔廟하고자 하였는데, 황제가 詔令을 내려 公卿을 조정에 크게 모으고 中常侍 趙忠으로 하여금 의논을 감독하게 하였다. 太尉 李咸이 이때 病을 앓고 있었는데 억지로 부축을 받고 일어나서는 山椒를 찧어 몸에 지니고 처자식에게 이르기를 "만약 皇太后가 桓帝와 配食하지 못하게 되면, 내 살아서 돌아오지 않을 것이다." 하였다.

의논할 적에 자리에 있는 자들이 中官(환관)들을 바라보면서 아무도 먼저 말하려고 하지 않았는데, 廷尉 陳球가 다음과 같이 말하였다.

"皇太后는 덕이 훌륭한 양가집 처자로 국모가 되어 천하를 다스렸는데, 친정 집안이 좋지 못한 때를 만나서 聖明한 군주를 모셔 세웠습니다. 그런데 큰 獄事를 만남으로 인하여 비어 있던 宮으로 옮겨 거처하게 되었습니다. 친정 집안이 비록 죄를 얻었으나,

---

44) 衣車 : 옛날 귀족의 부녀자가 타던 수레로, 전면에는 문이 있고 후면에는 휘장 등을 설치하여 가려 눕고 휴식할 수 있었으며 의복 등을 겸하여 실었다.

이 일은 太后가 한 것이 아닙니다. 지금 만약 태후를 다른 곳에 따로 장례한다면 진실로 천하 사람들이 실망할 것이요, 또 馮貴人은 나라에 功이 없으니, 어떻게 위로 至尊에 배합이 될 수 있겠습니까."

이함이 말하기를 "臣은 본래 당연히 이와 같이 해야 한다고 생각했으니, 이는 진실로 저의 뜻과 부합합니다." 하니, 이에 公卿 이하가 모두 진구의 의논을 따랐다.

節等이 欲別葬太后而以馮貴人配祔①어늘 詔公卿하여 大會朝堂하고 令中常侍趙忠으로 監議하다 太尉李咸이 時病이러니 扶輿而起하여 擣(도)椒自隨②하고 謂妻子曰 若皇太后不得配食桓帝면 吾不生還矣라하다 旣議에 坐者瞻望中官하여 莫肯先言이어늘 廷尉陳球曰 皇太后以盛德良家로 母臨天下러니 遭時不造하여 援立聖明③하시니이다 因遇大獄하여 遷居空宮하니 家雖獲罪나 事非太后④라 今若別葬이면 誠失天下之望이요 且馮貴人이 無功於國하니 何宜上配至尊이리오 李咸曰 臣이 本謂宜爾러니 誠與意合이라한대 於是에 公卿以下 皆從球議하다

① 祔는 새로 죽은 사람의 신주를 먼저 죽은 자의 사당에 모셔 제사함을 이르니, 부인은 남편에 祔하고, 祔해야 할 妃妾은 妾祖姑에 祔한다.[45)]
祔, 謂新死之主, 祔於先死者之廟, 婦祔於其夫, 所祔之妃妾, 祔於妾祖姑也.

② 산초는 맛이 맵고 독이 있으니, 산초를 빻아 가루를 만들어서 몸에 지닌 것은 산초가루를 먹고서 숨이 막혀 죽으려 한 것이다.
椒, 味辛有毒, 擣椒爲末, 以自隨者, 欲以椒塞口而死也.

③ 造는 이룸이니, ≪詩經≫ 〈周頌 閔予小子〉에 "집안이 좋지 못한 때를 만났다." 하였다.
造, 成也, 詩"遭家不造."

④ 〈'家雖獲罪'의〉 家는 태후의 집안을 이르니, 竇武이다.
家, 謂其家, 竇武也.

【目】 그런데도 曹節과 王甫가 여전히 논쟁을 하자, 李咸이 다시 다음과 같이 上疏하였다.

"章德皇后는 恭懷皇后를 잔혹하게 박해하였고, 安思皇后는 친정집에서 惡逆을 범하였습니다. 그러나 和帝가 장덕황후를 따로 장례한다는 의논을 하지 않았고, 順帝 때에도 안사황후를 폄하하는 글이 없었습니다. 지금 長樂宮[46)]은 황태후의 尊號가 몸에 있었고

45) 祔해야……祔한다 : 妃妾은 신분이 미천하여 夫君의 사당에 祔할 수가 없으므로 죽은 妾祖姑(첩인 시할머니)에게 祔하고 없으면 다시 한 대를 건너 뛰어 妾高祖姑에게 祔한다. 祔廟한 神位는 제사 때에 配食한다.

46) 長樂宮 : 漢나라 때 天子의 母親을 칭하던 말로, 여기서는 竇太后를 가리킨 것이다.

일찍이 직접 稱制(代理聽政)를 하였으며, 聖明한 군주를 모셔다가 세워서 皇帝의 국통을 빛나게 하고 높였습니다. 太后는 陛下를 아드님으로 삼으셨는데, 폐하께서 어찌 태후를 어머니로 여기지 않을 수 있겠습니까. 아들은 어머니를 내치지 않고 신하는 군주를 폄하하지 않으니, 마땅히 宣陵(환제의 릉)에 合葬하여 한결같이 옛 제도와 같이 하여야 합니다."

황제가 그의 말을 따랐다.

節, 甫猶爭之어늘 咸이 復上疏曰 章德이 虐害恭懷하고 安思家犯惡逆이로되 而和帝無異葬之議하고 順朝無貶降之文①하니이다 今長樂이 尊號在身하고 親嘗稱制하며 援立聖明하여 光隆皇祚하니 太后以陛下爲子어늘 陛下豈得不以太后爲母리오 子無黜母요 臣無貶君이니 宜合葬宣陵하여 一如舊制니이다 帝從之하다

① 章德은 章帝의 后인 竇氏이고, 恭懷는 和帝의 어머니인 梁貴人이고, 安思는 安帝의 皇后인 閻氏이다.
章德, 章帝后竇氏. 恭懷, 和帝母梁貴人. 安思, 安帝后閻氏.

【綱】 詔令을 내려 司隷校尉 劉猛을 논죄해서 左校에서 노역하게 하였다.

詔司隷校尉劉猛 論輸左校[47]하다

【目】 어떤 사람이 朱雀闕(雒陽 北宮의 남문)에 글을 써서 말하기를 "曹節과 王甫가 太后를 유폐하여 죽였다." 하니, 詔令을 내려 司隷校尉 劉猛에게 〈글을 쓴 사람을〉 쫓아 체포하게 하였으나, 유맹은 그 말이 정직하다 하여 급히 체포하려 하지 않았다. 이에 조령을 내려 段熲으로 유맹을 대신하게 하니, 단경이 마침내 사방으로 나가 追捕하여 太學의 유학생으로서 옥에 갇힌 자가 1,000여 명에 이르렀다. 유맹을 아뢰어 논죄해서 左校에

47) 詔司隷校尉劉猛 論輸左校 : "이때 朱雀闕에 글을 써서 曹節과 王甫가 太后를 유폐하여 죽였다고 말한 자가 있었는데, 司隷校尉 劉猛에게 詔令을 내려 글을 쓴 사람을 체포하게 하였으나, 유맹은 그 말이 정직하다 하여 급히 체포하지 않았다. 段熲이 아뢰어서 유맹을 論罪하여 左校에서 노역하게 하였는데, 곧바로 '詔'라고 쓴 것은 어째서인가. 오로지 靈帝를 나쁘게 여긴 것이다. 어찌하여 영제를 나쁘게 여겼는가. 사람들이 조절과 왕보가 태후를 유폐하여 죽였다고 말했는데, 조절과 왕보의 죄를 다스리지 않고 사예교위를 죄주었으니, 황제는 진실로 무슨 마음인가. 이것을 가지고 황제의 병통으로 여겼기 때문에 특별히 '詔'라고 쓴 것이다. ≪資治通鑑綱目≫이 끝날 때까지 '詔令을 내려 논죄하여 노역하게 했다.'라고 쓴 것은 2번으로 李膺과 劉猛인데, 모두 그 임금을 나쁘게 여긴 것이다.〔於是有書朱雀闕 言曹節王甫幽殺太后者 詔司隷逮捕 猛以其言直 緩之 段熲奏猛論輸左校 則其直書詔 何 專病靈也 曷爲病之 人言節甫幽殺太后 不治節甫而罪司隷 帝誠何心哉 以是爲帝病 故特書詔 終綱目 書詔輸作二 李膺劉猛 皆病其上也〕" ≪書法≫

서 노역하게 하였다.

有人이 書朱雀闕하여 言曹節, 王甫 幽殺太后①라하니 詔司隸劉猛하여 逐捕한대 猛이 以其言直이라하여 不肯急捕라 詔以段熲代猛하니 乃四出逐捕하여 及太學游生繫者千餘人이러라 奏猛論輸左校하다

① ≪古今註≫[48]에 "永平 2년(59) 11월에 처음 北宮을 지었는데, 朱雀은 남쪽 司馬門이니, 宮門의 밖에 있었다." 하였다.
古今註 "永平二年十一月, 初作北宮. 朱雀, 南司馬門闕, 在宮門之外."

【綱】 겨울 10월에 渤海王 劉悝(유회)를 죽였다.

冬十月에 殺渤海王悝하다

【目】 처음에 渤海王 劉悝가 대역무도한 죄로 貶黜되어 廮陶王(영도왕)이 되었었는데,[49] 王甫를 통하여 나라를 되찾을 것을 요구하면서 사례로 5,000만 錢을 주기로 약속하였다.

얼마 후, 桓帝가 遺詔를 내려 나라를 되돌려주니, 유회는 왕보의 功이 아니라고 하여 사례하는 돈을 주지 않았다. 왕보는 中常侍 鄭颯 등이 유회와 서로 내통했다 하여, 마침내 段熲으로 하여금 정삽 등을 체포하게 하고, 정삽 등이 유회를 맞이하여 황제로 세울 것을 도모했다고 아뢰었다. 이에 詔令을 내려 冀州刺史에게 유회를 체포해서 위협하여 자살하게 하였고, 妃妾과 子女와 傅, 相 이하 100여 명이 모두 죽임을 당하였다. 왕보 등 12명은 功으로 列侯에 봉해졌다.

初에 渤海王悝 以不道로 貶爲廮陶王①이러니 因王甫하여 求復國하여 許謝錢五千萬하다 旣而요 桓帝遺詔復之하니 悝以非甫功이라하여 不與한대 甫以中常侍鄭颯等이 與悝交通이라하여 乃使段熲으로 收颯等하고 而奏颯等이 謀迎立悝라하니 詔冀州刺史收悝하여 迫令自殺하고 妃妾子女傅相以下百餘人이 皆被誅하다 甫等十二人이 以功封列侯하다

① 劉悝는 桓帝의 아우이니, 桓帝 建和 원년(147)에 渤海王에 봉해졌다가 延熹 8년(165)에 폄출되어 廮陶王이 되었다. 廮은 於逞의 切이니, 廮陶縣은 鉅鹿郡에 속하였다.

---

48) 古今註 : 晉나라 崔豹(?~?)가 撰한 것으로 모두 3권인바 服輿, 都邑, 音樂, 鳥獸 등에 대한 考證이다.
49) 처음에……되었었는데 : 桓帝 延熹 8년(165)에 渤海王 劉悝가 불법을 저지르고 끝내 반란을 도모했는데, 有司가 폐출할 것을 청하였다. 환제가 유회를 廮陶王으로 강등시켰다.

悝, 桓帝弟, 桓帝建和元年, 封渤海王, 延熹八年, 貶爲廮陶王. 廮, 於郢切. 廮陶縣, 屬鉅鹿郡.

【綱】 11월에 會稽의 요망한 도적인 許生이 황제를 칭하였다.

十一月에 會稽妖賊許生이 稱帝하다

【綱】 鮮卑가 幷州를 침략하였다.

◑鮮卑寇幷州하다

癸丑年(173)

【綱】 漢나라 孝靈皇帝 熹平 2년이다. 봄 정월에 역병이 크게 유행하였다.

二年이라 春正月에 大疫하다

【綱】 여름 6월에 지진이 있었다.

◑夏六月에 地震하다

【綱】 가을 7월에 唐珍을 司空으로 삼았다.

◑秋七月에 以唐珍爲司空하다

【目】 唐珍은 中常侍 唐衡의 아우이다.

珍은 中常侍衡之弟也라

【綱】 겨울 12월에 鮮卑가 幽州와 幷州를 침략하였다.

冬十二月에 鮮卑寇幽, 幷하다

【綱】 이달 그믐에 일식이 있었다.

◑ **是月晦**에 **日食**하다

甲寅年(174)

【綱】 漢나라 孝靈皇帝 熹平 3년이다. 겨울 11월에 吳郡의 司馬인 孫堅이 許生을 토벌하여 참수하였다.

三年이라 **冬十一月**에 **吳郡司馬孫堅**이 **討許生斬之**① 하다

① ≪後漢書≫ 〈百官志〉에 의하면, 郡에는 丞과 長史가 있으나 司馬가 없으니, 아마도 이때 도적이 일어난다 하여 〈임시로〉 司馬를 두어서 兵權을 주관하게 한 듯하다. 孫堅은 孫武의 후손이다.
百官志, 郡有丞・長史, 而無司馬, 蓋是時以盜起, 置司馬, 以主兵也. 堅, 蓋孫武之後也.

【目】 孫堅은 富春 사람이다. 정예롭고 용맹한 자들을 모집하여 1,000여 명을 얻어 州郡을 도와 許生을 토벌해서 大破하고 참수하였다.

堅은 **富春人**이라 **召募精勇**하여 **得千餘人**하여 **助州郡討許生**하여 **大破斬之**① 하다

① 富春縣은 吳郡에 속하였다.
富春縣, 屬吳郡.

【綱】 12월에 鮮卑가 北地를 침입하고 또 幷州를 침략하였다.

十二月에 **鮮卑入北地**하고 **又寇幷州**하다

乙卯年(175)

【綱】 漢나라 孝靈皇帝 熹平 4년이다. 봄 3월에 太學의 문밖에 石經을 세웠다.

四年이라 **春三月**에 **立石經于太學門外**하다

【目】 詔令을 내려 학자들에게 五經의 文字를 바로잡게 하고, 議郎 蔡邕에게 명해서 古文

과 篆書, 隷書의 세 書體로 經書를 쓰게 하고 돌에 새겨서 太學의 문밖에 세워 後學들로 하여금 이를 모범으로 삼게 하니, 石碑를 처음 세웠을 적에 구경하고 模寫하는 자의 수레가 하루에 1,000여 輛이었다.

詔諸儒하여 **正五經文字**하고 **命議郎蔡邕**하여 **爲古文, 篆, 隷三體書之**하고 **刻石**하여 **立于太學門外**하여 **使後學取正焉**①하니 **碑始立**에 **觀模寫者 車乘**이 **日千餘兩**②이러라

① 古文은 科斗의 書體를 이른다. 篆書와 隷書는 모두 秦나라에서 程邈(정막)으로 하여금 만들게 한 것이다. 篆書는 大篆이 있고 小篆이 있으며, 隷書는 徒隷(하급 관리)들이 주로 사용하였는데 간략하고 쉬움을 따른 것이다. ≪雒陽記≫[50]에 "太學은 雒陽城 남쪽 開陽門 밖에 있으니, 講堂은 길이가 10丈이고 너비가 2丈이다. 강당 앞에 있는 石經 네 部는 본래 모두 46개의 碑가 있었다. 서쪽 줄은 ≪尙書≫와 ≪周易≫과 ≪春秋公羊傳≫인데, 16개의 비는 보존되어 있고 12개의 비는 훼손되었다. 남쪽 줄은 ≪禮記≫인데, 15개의 비가 모두 붕괴되었다. 동쪽 줄은 ≪論語≫인데, 3개의 비가 훼손되었다. ≪예기≫의 비 위에 諫議大夫 馬日磾와 議郎 蔡邕의 이름이 있다." 하였다.
古文, 謂科斗書也. 篆・隷, 皆秦使程邈所作. 篆有大篆, 有小篆. 隷書, 主於徒隷, 從簡易也. 雒陽記曰"太學, 在雒陽城南開陽門外. 講堂, 長十丈, 廣二丈. 堂前石經四部, 本碑凡四十六枚. 西行, 尙書・周易・公羊傳, 十六碑存, 十二碑毁. 南行, 禮記, 十五碑悉崩壞. 東行, 論語, 三碑毁. 禮記碑上, 有諫議大夫馬日磾・議郎蔡邕名."

② 〈"觀模寫"는〉 ≪資治通鑑≫에 '구경하는 자와 摹寫하는 자'라고 되어 있다.
通鑑, 其觀視及摹寫者.

【綱】 여름 4월에 홍수가 졌다.

夏四月에 **大水**하다

【綱】 鮮卑가 幽州를 침략하였다.

◐**鮮卑寇幽州**하다

【目】 처음에 조정의 의논은 州郡이 서로 黨을 만들고 人情이 서로 무리 지어 사사로움

50) 雒陽記 : 일반적으로 ≪洛陽記≫라고 한다. 雒陽은 後漢 때 洛陽을 바꾼 명칭인데 그 뒤에 다시 환원하였다. 晉나라의 文人인 陸機(261~303)가 撰한 것인데 完本이 전하지 않아 자세히 알 수 없으나 당시 낙양성 안에 있던 궁궐을 비롯한 각종 건축물 및 일반 백성들의 생활상 등을 자세하게 설명한 자료로 추측한다.

을 취한다 하여, 마침내 制命을 내리기를 혼인관계가 있는 집안과 두 州의 人士가 서로 상대방을 監察하지 못하게 하였다. 그런데 이때에 이르러서 다시 三互法이 생겨 禁忌가 더욱 치밀해서 사람을 선발하여 등용하는 것이 매우 어려웠다. 유주와 기주 두 주는 관원이 오랫동안 결원인데도 보임이 되지 못하였다. 이에 蔡邕이 다음과 같이 上疏하였다.

"삼가 보건대 幽州와 冀州의 옛 지역은 갑옷과 말이 나오는 곳이었는데, 근년에 전쟁과 기근으로 점점 소모되어 텅 비게 되었습니다. 지금 관원이 결원이 된 지 오래되어 관리와 백성들이 목을 늘이고 새로 부임하는 관리를 바라고 있으나, 三公府에서는 관리를 천거할 적에 三互를 피한다고 합니다. 11개 州에 모두 禁令(三互法)이 있는데, 유주와 기두 두 州에서만 실행할 뿐입니다. 그리고 또 두 州의 선비들은 혹 다시 재임기간의 제한을 받아 의심하여 머뭇거리고 지체하니, 두 州가 텅 비어서 만 리가 쓸쓸하여 관리할 사람이 없습니다.

옛날 韓安國은 죄수 가운데에서 起用되었고 朱買臣은 천한 무리에서 나왔으나, 모두 재주가 합당하다 하여 돌아가 자기 本郡을 맡게 하였으니, 어찌 다시 三互法을 따르느라 지엽적인 제도에 얽매이겠습니까. 臣은 원컨대 최근에 제정된 禁令을 제거하여 여러 州의 刺史 중에 재능이 있어서 교대할 수 있는 자를 재임기간과 三互法에 구애받지 말고 그 가운데서 차임하소서."

황제는 그의 말을 따르지 않았다.

初에 朝議以州郡相黨하고 人情比周라하여 乃制婚姻之家及兩州人士 不得對相監臨이러니 至是하여 復有三互法하여 禁忌轉密하여 選用艱難하니 幽, 冀二州 久缺不補[①]라 蔡邕이 上疏曰 伏見幽, 冀舊壤은 鎧(개)馬所出[②]이러니 比年兵饑하여 漸至空耗하니이다 今者에 闕職經時하여 吏民延屬(촉)이어늘 而三府選擧에 云避三互[③]라하니이다 十一州有禁로되 當取二州而已어늘 又二州之士를 或復限以歲月하여 狐疑遲淹하니 兩州縣空하여 萬里蕭條하여 無所管繫[④]니이다 昔에 韓安國은 起自徒中[⑤]하고 朱買臣은 出於幽賤[⑥]이로되 幷以才宜로 還守本邦하니 豈復顧循三互하여 繫以末制乎잇가 臣願蠲除近禁하여 其諸州刺史器用可換者를 無拘日月, 三互하여 以差厥中하노이다 不從하다

① "三互"는 혼인관계가 있는 집안과 두 주의 사람들은 서로 그 지방의 관원이 될 수 없게 한 것을 이른다.
三互, 謂婚姻之家及兩州人, 不得交互爲官也.

② 鎧는 갑옷이다. ≪周禮≫ 〈考工記〉에 "燕 지방에는 갑옷〔函〕을 만드는 공인이 따로 없다." 하였으니, 函 또한 갑옷으로, 幽州와 燕 지방에는 집집마다 모두 갑옷을 만들기 때문에 갑

옷 만드는 공인이 따로 없음을 말한 것이다. ≪春秋左氏傳≫ 昭公 4년에 이르기를 "冀州의 북쪽 지역은 말이 생산되는 곳이다." 하였다.
鎧, 甲也. 周禮考工記曰 "燕無函." 函, 亦甲也. 言幽・燕之地, 家家皆能爲函, 故無函匠也. 左傳曰 "冀之北土, 馬之所生."

③ 屬은 之欲의 切이니, "延屬"은 목을 늘이고 바라는 것이다.
屬, 之欲切, 延屬者, 延頸而屬望也.

④ 縣(걸다)은 懸으로 읽는다.
縣, 讀曰懸.

⑤ 韓安國은 梁나라 사람으로 법에 걸려서 죄를 받고 있었는데, 梁나라의 內史가 결원이 되자, 天子가 사자를 보내 梁나라의 內史로 임명하니, 죄수에서 기용되어 二千石이 되었다.
安國, 梁人, 坐法抵罪, 梁內史缺, 天子遣使, 拜爲梁內史, 起徒中, 爲二千石.

⑥ 朱買臣은 吳나라 사람으로 집이 가난하여 섶나무를 팔아 스스로 생계를 유지하였는데, 뒤에 計吏를 따라 長安에 가서 會稽太守에 제수되었다.
買臣, 吳人, 家貧賣薪以自給, 後隨計吏至長安, 拜會稽太守.

【目】 司馬溫公(司馬光)이 다음과 같이 평하였다.

"叔向이 말하기를 '나라가 망하려 할 적에는 반드시 제도가 많다.' 하였다. 현명한 왕의 정사는 충성스럽고 선량한 사람을 삼가 선발하여 맡겨서, 中外의 신하가 공이 있으면 상을 주고 죄가 있으면 처벌해서 阿附하는 바가 없으니 法制가 번거롭지 않아도 천하가 크게 다스려졌다. 그런데 쇠퇴할 때에 이르러는 百官을 임용하는 것이 인물을 제대로 선발하지 못하고, 禁令이 더욱 많아져서 막고 제한하는 것이 더욱 치밀해진다. 그리하여 공이 있는 자가 법조문에 막혀 상을 받지 못하고, 간악한 짓을 행하는 자가 공교로운 법으로 주벌을 면하여 윗사람과 아랫사람이 수고로워서 天下가 크게 혼란하다. 孝靈皇帝의 때에 刺史와 二千石이 시랑과 호랑이처럼 탐욕스러워서 백성들을 포악하게 대하였는데 조정에서는 여전히 三互의 금령을 지켰으니, 지금 보건대 어찌 충분히 비웃음거리가 되어서 깊이 경계할 만한 일이 아니겠는가."

司馬公曰 叔向이 有言호되 國將亡에 必多制①라하니 明王之政이 謹擇忠良而任之하여 中外之臣이 有功則賞하고 有罪則誅하여 無所阿附하여 法制不煩이로되 而天下大治러니 及其衰也엔 百官之任이 不能擇人하고 而禁令이 益多하여 防閑益密하여 有功者以閡(애)文不賞하고 爲姦者以巧法免誅하여 上下勞擾而天下大亂矣②라 孝靈之時에 刺史, 二千石이 貪如豺虎하여 暴殄烝民이어늘 而朝廷이 方守三互之禁하니 以今視之컨대 豈不適足爲笑而深可爲戒哉리오

① 〈"國將亡 必多制"는〉 ≪春秋左氏傳≫ 昭公 6년에 叔向이 子産에게 준 편지에 있는 말이다.
左傳, 叔向詒子産書之言也.
② 閡(막히다)는 礙와 通한다. 文은 법조문이다.
閡, 與礙通. 文, 法也.

【綱】 6월에 蟲害가 있었다.

六月에 螟하다

丙辰年(176)

【綱】 漢나라 孝靈皇帝 熹平 5년이다. 여름에 益州의 오랑캐가 배반하였다.

五年이라 夏에 益州夷反하다

【綱】 기우제를 지냈다.

◑ 大雩하다

【綱】 永昌太守 曹鸞을 죽이고, 다시 黨人을 조사하여 五服의 친족을 禁錮하였다.

◑ 殺永昌太守曹鸞하고 更考黨人하여 禁錮五屬[51)]하다

【目】 永昌太守 曹鸞이 다음과 같이 上書하였다.

"黨人들은 나이가 많고 덕이 높거나, 혹은 선비 중에 英俊하고 賢能한 자들입니다. 이들은 모두 王室의 股肱이 되어 국가의 큰 계책을 도와야 할 자들인데, 오랫동안 禁錮를 당하여 욕되이 진흙 속에 매몰되어 있습니다. 謀反한 大逆의 죄인도 오히려 용서를 받

51) 殺永昌太守曹鸞……禁錮五屬 : "'다시 黨人을 조사하여 五服의 친족을 禁錮했다.'고 썼는데, 글에 폄하하는 말이 없다. 그러나 당시에 黨人을 미워한 뜻이 은연중 書法의 사이에 저절로 나타난다. 당시에 미워한 바가 이와 같음을 보면 曹鸞이 비록 당인들을 위해 신원하여 설욕해주고자 하나 어찌 될 수 있었겠는가. 죽였다고 쓰고 그 관직을 제거하지 않은 것은 또한 그를 가엾게 여긴 것이다.〔書更考黨人 禁錮五屬 文無貶詞 然當時忿嫉黨人之意 隱然自見於書法之間 觀當時所惡如此 則曹鸞雖欲爲之申理 其可得乎 書殺而不去其官 亦哀之也〕" ≪發明≫

는데, 당인들은 무슨 죄를 졌기에 유독 용서를 받지 못합니까. 災異가 자주 나타나고 水災와 旱害가 거듭 발생하는 것은 모두 이 때문입니다. 마땅히 크게 용서하여 天心에 부응해야 합니다."

황제가 크게 노해서 檻車로 조란을 체포하여 옥으로 보내, 고문을 하여 죽였다. 이에 州郡에게 詔令을 내려 당인을 다시 조사하게 해서 당인의 門生과 예전의 部下, 父子와 兄弟로서 아직 지위에 있는 자를 모두 파면하여 禁錮를 시키고, 이어서 五服의 친족에게까지 범위를 확대하였다.

永昌太守曹鸞이 上書曰① 夫黨人者는 或耆年淵德이요 或衣冠英賢이라 皆宜股肱王室하여 左右大猷者也어늘 而久被禁錮하여 辱在塗泥하니 謀反大逆도 尙蒙赦宥어든 黨人何罪로 獨不開恕乎잇가 所以災異屢見(현)하고 水旱荐臻이 皆由於斯하니 宜加沛宥하여 以副天心이니이다 帝大怒하여 檻車收鸞하여 送獄掠殺之하다 於是에 詔州郡하여 更考黨人하여 門生, 故吏, 父子, 兄弟在位者를 悉免官禁錮하고 爰及五屬②하다

① 永昌郡은 益州에 속하였다.
永昌郡, 屬益州.

② 屬은 친족이니, "五屬"은 斬衰(참최), 齊衰(자최), 大功, 小功, 緦麻의 五服 안의 친족을 이른다.[52]
屬, 族也. 五屬, 謂斬衰・齊衰・大功・小功・緦麻五服內之親.

【綱】 鮮卑가 幽州를 침략하였다.

鮮卑寇幽州하다

丁巳年(177)

【綱】 漢나라 孝靈皇帝 熹平 6년이다. 여름 4월에 크게 가뭄이 들고 충해가 있었다.

六年이라 夏四月에 大旱, 蝗하다

---

52) 斬衰……이른다 : 斬衰는 3년으로 아버지나 남편에 대한 服制이고, 齊衰는 3년부터 3월까지인데, 자최 3년은 어머니에 대한 복제이며 나머지는 大功 9월, 小功 5월, 緦麻 3월인데 이를 五服의 친족이라 한다.

【目】 가뭄과 충해가 있다 하여 詔令을 내려서 三公에게 長吏 중에 가혹하고 탐욕스러운 자를 조목조목 아뢰어서 파면하게 하니, 平原相 陽球가 너무 엄하고 가혹하다는 죄에 걸려서 廷尉에게 불려왔다. 그러나 황제는 양구가 전에 九江太守로 있을 적에 山賊을 토벌하여 공을 세웠다 하여, 특별히 사면하고 議郎을 제수하였다.

以旱, 蝗으로 詔令三公하여 條奏長吏苛酷貪汙者하여 罷免之하니 平原相陽球 坐嚴酷하여 徵詣廷尉①러니 帝以球前爲九江太守하여 討賊有功으로 特赦之하고 拜議郎②하다

① 陽은 姓이다.
陽, 姓也.

② ≪後漢書≫ 〈陽球傳〉에 "九江에 산적이 일어나자, 三公府에서는 陽球가 간악한 적을 다스리는 재주가 있다고 천거하여 九江太守를 제수하였다. 양구가 부임하여 方略을 마련하니, 흉적들이 괴멸되었다." 하였다.
球傳 "九江山賊起, 三府上球有理姦才, 拜九江太守. 球到, 設方略, 凶賊殄破."

【綱】 鮮卑가 세 변경을 침략하였다.

鮮卑寇三邊①하다

① 鮮卑가 강성하여 동쪽, 서쪽, 북쪽의 세 변경이 모두 침략을 당한 것이다.
鮮卑强盛, 東·西·北三邊皆被寇也.

【綱】 宣陵孝子를 太子舍人으로 삼았다.

◑ 以宣陵孝子爲太子舍人[53]하다

【目】 시장에서 장사하는 백성 중에 서로 모여 宣陵孝子라고 말하는 자가 수십 명이었다. 이에 詔令을 내려 모두 太子舍人을 제수하였다.

市賈小民이 有相聚爲宣陵孝子者數十人이라 詔皆除太子舍人①하다

① 宣陵은 桓帝의 陵이다. ≪後漢書≫ 〈百官志〉에 "太子舍人은 秩이 二百石이니, 번갈아 宿直

53) 以宣陵孝子爲太子舍人 : "宣陵孝子는 누구인가. 시장에서 물건을 파는 백성들이 스스로 이름한 것이다. 스스로 이름하였는데 어찌하여 선릉효자라고 썼는가. 그들이 칭하는 말을 따라 선릉효자라고 칭하였으니, 속임수임을 드러내기 위해서이다. 그런데 太子舍人으로 삼았으니, 그 意義가 없음을 심하게 여긴 것이다.〔宣陵孝子 何 市賈小民自名也 自名也 曷爲以爲宣陵孝子書 因其稱而稱之 所以著其誣也 而以爲太子舍人 其無義謂甚矣〕" ≪書法≫

하며 侍衛하기를 三署의 郎中과 똑같이 한다." 하였다.
宣陵, 桓帝陵. 百官志"太子舍人, 秩二百石, 更直宿衛, 如三署郎中."

【目】 황제는 文學을 좋아하여 스스로 ≪皇羲篇≫ 50章을 짓고, 諸生 중에 문장과 詩賦를 잘하는 자를 데려다가 鴻都門 아래에서 制命이 내리기를 기다리게 하였다. 뒤에 또 尺牘과 鳥篆의 글씨를 잘 쓰는 자들을 모두 불러다가 만나보니, 마침내 수십 명에 이르렀다.

侍中祭酒인 樂松과 賈護는 행실이 없고 세력을 따르는 무리를 많이 데려다가 그 사이에 두어서 항간의 하찮은 일을 아뢰기를 좋아하니, 황제가 매우 기뻐하여 파격적인 지위로 대우하였다. 황제는 또 오랫동안 郊廟의 禮를 친히 행하지 않았다.

帝好文學하여 自造皇羲篇五十章하고 引諸生能爲文賦者하여 幷待制鴻都門下하고 後에 諸爲尺牘及工書鳥篆者를 皆加引召하니 遂至數十人①이라 侍中祭酒樂松, 賈護 多引無行趣(추)勢之徒하여 置其間하여 憙陳閭里小事②하니 帝甚悅之하여 待以不次之位하고 又久不親行郊廟之禮하다

① 尺牘은 木簡이니, 辭賦를 쓰는 것인데 길이가 한 자이기 때문에 尺牘이라 한 것이다. 鳥篆은 글자가 벌레와 새의 형상으로 된 것이다.
尺牘, 木簡, 以書辭賦也, 一尺之長, 故曰尺牘. 鳥篆, 字爲蟲鳥之形.
② ≪後漢書≫ 〈百官志〉에 "侍中에 僕射(복야) 1명이 있었는데, 漢나라가 中興함에 祭酒(좨주)로 바뀌었다." 하였다. 趣(따르다)는 七逾의 切이다. 憙(좋아하다)는 喜와 통한다.
百官志"侍中有僕射一人. 中興, 轉爲祭酒." 趣, 七逾切. 憙, 通作喜.

【目】 때마침 詔令을 내려 신하들에게 각각 정사의 요점을 아뢰게 하자, 蔡邕이 封事를 올려 다음과 같이 말하였다.

"五郊에서 氣를 맞이하여 제사하고 淸廟(宗廟)에서 제사를 올리고 辟雍에서 養老의 禮를 행하는 것은 모두 황제의 큰일이고 祖宗朝에서 공경히 받들어온 것입니다. 그런데 有司가 자주 藩國(제후국)의 먼 친족의 喪과 宮內의 출산, 관리와 병졸들의 질병이나 사망을 이유로 제사를 폐하고 행하지 않아서 禮와 敬의 큰 것을 잊고, 禁忌하는 책을 따라 작은 變故에 얽매이고 지나치게 믿어서 큰 典禮를 어지럽히고 있습니다. 지금부터는 齋戒하는 제도를 마땅히 옛 전례와 같이 해야 합니다. 나라가 장차 흥하려 할 적에는 지극한 말이 자주 陳達되어 군주가 안으로 자신의 政事의 得失을 알고 밖으로 백성들의 實情을 알게 되니, 마땅히 忠心을 간직한 신하로 하여금 구애받지 말고 솔직하게 말할

수 있게 해야 합니다.

會에 詔群臣하여 各陳政要어늘 蔡邕이 上封事曰 夫迎氣五郊하고 淸廟祭祀하고 養老辟雍은 皆帝者之大業이요 祖宗所祗奉也①어늘 而有司數(삭)以藩國疎喪과 宮內産生及吏卒小汙로 廢闕不行②하여 忘禮敬之大하고 任禁忌之書하여 拘信小故하여 以虧大典하니 自今齋制를 宜如故典③이니이다 國之將興에 至言이 數(삭)聞하여 內知己政하고 外見民情이니 當使抱忠之臣으로 展其狂直이니이다

① ≪續漢書≫[54]에 "五郊의 兆(祭壇)에서 氣를 맞이하니, 四方의 兆는 각각 그 방위에 따르고 中央의 兆는 未方(西南)에 있는데, 壇은 모두 3尺이다. 立春의 날에 東郊에서 봄을 맞이하여 靑帝 勾芒에게 제사하고, 立夏의 날에 南郊에서 여름을 맞이하여 赤帝 祝融에게 제사하고, 立秋의 18일 전에 中兆에서 黃靈을 맞이하여 黃帝 后土에게 제사하고, 立秋의 날에 西郊에서 가을을 맞이하여 白帝 蓐收에게 제사하고, 立冬의 날에 北郊에서 겨울을 맞이하여 黑帝 玄冥에게 제사한다." 하였다.
續漢書曰"迎氣五郊之兆, 四方之兆各依其位, 中央之兆在未, 壇皆三尺. 立春之日, 迎春於東郊, 祭靑帝勾芒. 立夏之日, 迎夏於南郊, 祭赤帝祝融, 先立秋十八日, 迎黃靈於中兆, 祭黃帝后土. 立秋之日, 迎秋於西郊, 祭白帝蓐收. 立冬之日, 迎冬於北郊, 祭黑帝玄冥.

② "疎喪"은 소원한 친족의 喪을 이른다. "小汙"는 질병이나 죽음을 이른다.
疎喪, 謂疎屬之喪也. 小汙, 謂病及死也.

③ 漢나라 제도에, 齋戒는 天地에 제사할 적에는 7일, 宗廟와 山川에는 5일, 작은 제사에는 3일이니, 재계하는 날에 나쁜 일이 있으면 재계를 풀고 副官이 예를 행하며, 재계하기 하루 전에 나쁜 일과 재변이 있으면 재계하고 제사하기를 의식과 같이 한다.
漢制, 凡齋, 天地七日, 宗廟山川五日, 小祀三日, 齋日內, 有汚染, 解齋, 副倅行禮, 先齋一日, 有汚穢災變, 齋祀如儀.

【目】 또 옛날에 선비를 뽑을 적에는 반드시 諸侯로 하여금 매년 선비(인재)를 천거하게 하였습니다. 孝武帝 때에는 郡에서 孝廉을 천거하였고 또 賢良과 文學의 선발이 있었습니다. 이에 名臣이 배출되어 文德과 武功이 함께 흥성하였습니다. 漢나라에서 인재를 뽑는 것은 이상의 몇 가지뿐이었습니다.

書畫와 辭賦는 작은 재주이니, 나라를 바로잡고 정사를 다스리는 데에는 별 작용을 하지 못합니다. 그런데 陛下께서는 篇章에 뜻을 두셔서 겨우 장기와 바둑 대신 소일거

---

54) 續漢書 : 晉나라 司馬彪가 撰한 것으로 모두 80권이 있는데 오래전에 逸失되었고 范曄의 ≪後漢書≫에 여덟 종류의 志가 빠져 있었는데 南朝의 宋나라 사람들이 이 책에서 채록하여 志를 보충하였다.

리로 삼으시니, 이는 教化하여 선비를 뽑는 근본이 아닙니다.

그런데도 諸生들은 名利를 다투어서 서화와 사부를 짓는 자가 솥에 물이 끓듯 기세가 대단합니다. 對句와 俗語를 사용하여 배우와 유사하거나 혹 표절하여 문장을 이루고서 거짓으로 명성을 차지해도, 모두 발탁되어 관직에 제수되었습니다. 제수한 命을 다시 거두어 바꾸기는 어렵지만, 그러나 다시 백성들을 다스리게 하고 州郡에서 벼슬하게 해서는 안 됩니다.

又古者取士에 必使諸侯歲貢①하니이다 孝武之世에 郡擧孝廉하고 又有賢良, 文學之選이라 於是에 名臣輩出하여 文武幷興하니 漢之得人이 數路而已②니이다 夫書畵(화)辭賦는 才之小者니 匡國治政이 未有其能이라 陛下游意篇章하사 聊代博奕하시니 非以爲敎化取士之本이어늘 而諸生競利하여 作者鼎沸(비)라 連偶俗語하여 有類俳優하고 或竊成文하여 虛冒名氏호되 皆見拜擢하니 難復收改어니와 但不可復使治民及在州郡③이니이다

① ≪尙書大傳≫에 "옛날에 諸侯는 天子에게 3년에 한 번씩 선비를 천거했다." 하였다.
尙書大傳 "古者, 諸侯之於天子, 三歲一貢士."
② "數路"는 孝廉과 賢良, 文學의 따위를 이른다.
數路, 謂孝廉・賢良・文學之類也.
③ ≪後漢書≫ 〈蔡邕傳〉에는 '在'가 '仕'로 되어 있다.
蔡邕傳, 在作仕.

【目】 옛날 孝宣帝는 儒生들을 石渠館에 모으고 章帝는 學士들을 白虎館에 모아서 經書의 뜻을 해석하고 의리를 밝혔습니다. 그 일이 매우 훌륭하였으니, 文武의 道는 마땅히 이를 따라야 합니다. 宣陵孝子는 虛僞의 小人으로 본래 骨肉之親이 아닙니다. 이들은 山陵에 모여서 효자라는 이름을 빌려 칭하니, 의리에 근거한 바가 없고 심지어는 간악한 사람들이 그 가운데에 용납되고 있습니다. 太子의 官屬은 마땅히 훌륭한 德이 있는 자를 잘 가려 뽑아야 하는데, 어찌 한갓 丘墓의 흉악한 사람들을 취한단 말입니까. 그 상서롭지 못함이 이보다 더 큰 것이 없으니, 마땅히 田里로 돌려보내 그들이 허위의 소인임을 밝혀야 합니다."

글을 아뢰자 황제는 마침내 친히 北郊에서 제사하여 氣를 맞이하고 辟雍의 禮를 행하였으며, 또 詔令을 내려 宣陵孝子 중에 舍人이 된 자들을 모두 尉와 丞으로 바꿔 임명하게 하였다.

昔에 孝宣이 會諸儒于石渠하고 章帝集學士於白虎하사 通經釋義하니 其事優大라 文武之道를

所宜從之니이다 宣陵孝子는 虛僞小人이요 本非骨肉이라 群聚山陵하여 假名稱孝하니 義無所依하고 至有姦軌之人이 通容其中하니이다 太子官屬은 宜搜選令德이니 豈有但取丘墓凶醜之人이리오 其爲不祥이 莫大焉이니 宜遣歸田里하여 以明詐僞니이다 書奏에 帝乃親迎氣北郊하고 及行辟雍之禮하고 又詔宣陵孝子爲舍人者를 悉改爲丞, 尉焉①하다

① 漢나라의 縣에는 丞과 尉를 설치하였으니, 丞은 文書를 관장하고 倉庫와 獄을 맡아 주관하며, 尉는 盜賊을 체포하는 일을 주관하였다.
漢縣, 置丞・尉. 丞, 署文書, 典知倉獄. 尉, 主盜賊.

【綱】 가을 8월에 校尉 夏育 등을 보내 鮮卑를 공격하게 하였는데, 크게 패하였다.

秋八月에 遣校尉夏育等하여 擊鮮卑러니 敗績하다

【目】 護烏桓校尉 夏育이 上言하기를 "鮮卑가 봄부터 30여 차례나 변경을 침략하였습니다. 청컨대 幽州 여러 郡의 병력을 징발하여 변경을 나가 공격하면, 겨울 한 번과 봄 두 번이 지날 사이에 반드시 적을 사로잡아 멸망시킬 수 있습니다." 하였다.

護烏桓校尉夏育이 上言호되 鮮卑寇邊이 自春以來로 三十餘發이라 請徵幽州諸郡兵하여 出塞擊之하면 一冬, 二春에 必能禽滅이리이다

【目】 이보다 앞서 護羌校尉 田晏이 일에 걸려 論罪를 당하여 刑을 받게 되었는데, 功을 세워 스스로 속죄하려고 王甫를 통해 요청하여 장수가 되고자 하였다. 그리하여 전안을 破鮮卑中郎將으로 임명하니, 大臣들 중에 찬동하지 않는 자가 많았다. 이에 百官을 불러 의논하니, 蔡邕이 다음과 같이 의논을 올렸다.

"匈奴가 멀리 도망한 뒤로부터 鮮卑가 강성해져서 흉노의 옛 지역을 점거하고 병력이 10만이 된다고 하는데, 병사들의 재능이 날렵하고 강건하여 意氣와 智謀가 점차 더합니다. 게다가 우리의 關門과 변경이 엄격하지 못하고 禁網에 소략함이 많아서 좋은 금과 쇠가 모두 적의 소유가 되었습니다. 또 漢나라 사람이 도망가서 그들의 謀主가 되었으며, 병기의 예리함과 말의 신속함이 匈奴보다도 더합니다.

지금 夏育과 田晏이 근거 없이 두 해를 계산하여 성공이 있을 것이라고 자부하니, 만약 兵禍가 이어지고 戰亂이 계속되면 어찌 중간에 그칠 수 있겠습니까. 마땅히 다시 군

대를 징발하여 끝없이 軍糧을 수송해야 할 것이니, 이는 중국을 고갈되게 하고 오랑캐에게 힘을 더해주는 것이 됩니다.

先是에 護羌校尉田晏이 坐事論刑이러니 欲立功自效하여 因請王甫하여 求得爲將한대 乃拜晏爲破鮮卑中郞將하니 大臣이 多不同者라 乃召百官議하니 蔡邕이 議曰 自匈奴遁逃로 鮮卑彊盛하여 據其故地①하고 稱兵十萬하니 才力勁健하여 意智益生하고 加以關塞不嚴하고 禁網多漏하여 精金良鐵이 皆爲賊有하며 漢人逋逃하여 爲之謀主하고 兵利馬疾이 過於匈奴니이다 今育, 晏이 慮計二載하여 自許有成하니 若禍結兵連이면 豈得中休리오 當復徵發하여 轉運無已하리니 是爲耗竭諸夏하고 幷力蠻夷니이다

① 〈"自匈奴遁逃……據其故地"는〉 이 일이 和帝 永元 5년(93)에 보인다.
事見和帝永元五年.

【目】 변경의 폐해는 비유하면 손과 발에 있는 가려운 옴이요, 中國의 곤궁함은 가슴과 등의 종기입니다. 현재 郡縣의 도적도 제대로 막지 못하는데, 하물며 이 추악한 오랑캐를 굴복시킬 수 있겠습니까. 하늘이 山과 江河를 만들어서 內外를 구별하였으니, 진실로 나라의 영토를 잃는 폐해가 없으면 되는 것입니다. 어찌 개미와도 같은 오랑캐와 오고 가는 術數를 따질 수 있겠습니까. 그런데 지금 마침내 백성을 추악한 오랑캐와 바꾸고 황제의 위엄으로 오랑캐에게 辱을 당하고자 하시니, 만약 그들(夏育과 田晏)의 말과 같더라도 너무 위태로운데, 하물며 得失을 헤아릴 수 없는 경우이겠습니까."

그러나 황제는 그의 말을 따르지 않았다.

夫邊垂之患은 手足之(瘠)〔疥〕[55]搔①요 中國之困은 胸背之瘭疽②라 方今郡縣盜賊도 尙不能禁이어든 況此醜虜를 而可伏乎잇가 天設山河하여 以別內外하니 苟無蹙國之患則可矣라 豈與蟲螘(의)之虜로 校往來之數哉③리잇가 今乃欲以齊民易醜虜하고 皇威辱外夷하니 就如其言이라도 猶已危矣어든 況得失을 不可量耶잇가 帝不從하다

① 疥(옴)는 瘡이다. 搔는 본래 瘙로 되어 있으니, 音이 噪로 가려움증이다.
疥, 瘡也. 搔, 本作瘙, 音噪, 痒也.
② 瘭는 卑道의 切로 疽病(瘡毒)이니, 疽는 종기이다.
瘭, 卑道切, 疽病也, 疽, 癰也.
③ 螘(개미)는 蟻와 같다.

55) (瘠)〔疥〕: 저본에는 '瘠'으로 되어 있으나, ≪資治通鑑≫과 아래 訓義에 의거하여 '疥'로 바로잡았다.

蟻, 與蟻同.

【目】 8월에 군대를 보내 夏育은 高柳에서 출동하고 田晏은 雲中에서 출동하여 각각 10,000명의 기병을 거느리고 변방에서 2,000여 리를 나갔다. 鮮卑의 檀石槐가 三部(東部, 中部, 西部)의 大人에게 명하여 각각 군대를 거느리고 〈하육과 전안의 군대를〉 맞아 싸우게 하니, 하육 등이 크게 패하여 符節과 傳과 輜重을 잃고 각각 수십 명의 기병을 거느리고 도망해 돌아왔는데, 죽은 자가 10에 7, 8이었다. 檻車로 불러 下獄하였는데, 하육 등은 贖罪하여 庶人이 되었다.

八月에 遣育出高柳하고 晏出雲中하여 各將萬騎하여 出塞二千餘里하다 檀石槐命三部大人하여 各率衆逆戰하니 育等이 大敗하여 喪其節傳輜重①하고 各將數十騎犇(분)還하니 死者什七八이라 檻車徵下獄하여 贖爲庶人하다

① 傳(關門 등을 출입할 때 사용하던 證憑)은 株戀의 切이다.
傳, 株戀切.

【綱】 겨울 10월 초하루에 일식이 있었다.

冬十月朔에 日食하다

【綱】 지진이 있었다.

◑ 地震하다

【綱】 鮮卑가 遼西를 침략하자, 太守 趙苞가 격파하였다.

◑ 鮮卑寇遼西어늘 太守趙苞破之[56]하다

【目】 遼西太守 趙苞가 관청에 부임한 뒤에, 사자를 보내 어머니를 遼西로 모셔오게 하였는데, 길이 柳城을 경유하게 되었다. 그런데 마침 鮮卑族 10,000여 명이 변방을 침입

56) 鮮卑寇遼西 太守趙苞破之 : "趙苞가 國事를 급하게 여겨서 마침내 어머니의 목숨을 보전하지 못함에 이르렀다. 그러므로 비록 그가 피를 토하고 죽었으나 ≪資治通鑑綱目≫에서 또한 생략하고 쓰지 않았으니, 이는 輕重을 저울질하여 교훈을 보인 것이다. 아, 筆法이 은미하다.〔趙苞急於王事 遂至不能全其母 故雖歐血而死 綱目亦略而不書 所以權輕重而示訓也 嗚呼 微矣〕" ≪發明≫

하여 노략질을 하는 상황을 만나서, 〈선비족이〉 조포의 어머니를 협박하여 인질로 삼고는 수레에 태우고 遼西郡을 공격하였다.

조포가 출전하여 對陣할 적에, 賊이 어머니를 나오게 하여 조포에게 보여주자, 조포가 슬피 울부짖으며 어머니에게 다음과 같이 말하였다.

"자식이 불초하여 적은 녹봉으로 아침저녁을 봉양하고자 하였는데, 저 때문에 어머니에게 화를 끼치게 될 것을 생각하지 못했습니다. 예전에는 어머니의 아들이었는데 지금은 왕(황제)의 신하가 되었으니, 의리상 사사로운 은혜를 돌아보아 충절을 훼손할 수가 없습니다. 오직 마땅히 만 번 죽어야 할 뿐이니, 죄를 보상할 길이 없습니다."

어머니가 멀리서 이르기를 "사람은 각각 命이 있으니, 어찌 나를 돌아보아 忠義를 훼손하겠는가. 너는 부디 충의에 힘써라." 하였다.

조포가 즉시 나와 싸워서 적이 모두 격파되었으나, 그의 어머니는 적에게 살해당하였다.

遼西太守趙苞到官하여 遣使迎母하여 道經柳城①이러니 值鮮卑萬餘人이 入塞寇鈔하여 劫質苞母하여 載以擊郡②이라 苞出戰對陳③에 賊이 出母示苞한대 苞悲號하고 謂母曰 爲子無狀하여 欲以微祿으로 奉養朝夕이러니 不圖爲母作禍④니이다 昔爲母子러니 今爲王臣하니 義不得顧私恩하여 毁忠節이라 唯當萬死니 無以塞罪로이다 母遙謂曰 人各有命하니 何得相顧하여 以虧忠義리오 爾其勉之하라 苞卽時進戰하여 賊悉摧破호되 其母는 爲賊所害하다

① 柳城縣은 遼西郡에 속하였다.
柳城縣, 屬遼西郡.

② 質(인질)는 音이 致이니, "劫質"은 겁박하여 인질로 삼는 것이다.
質, 音致. 劫質, 劫以爲質也.

③ 陳(군대의 隊形)은 陣으로 읽는다.
陳, 讀曰陣.

④ 爲(때문이다)는 去聲이다.
爲, 去聲.

【目】 趙苞는 돌아가 장례를 마친 다음 고향 사람에게 이르기를 "나라의 祿을 먹으면서 亂을 피하는 것은 충성이 아니요, 어머니를 돌아가시게 하면서 義를 온전히 하는 것은 孝가 아니다. 이와 같다면 내 무슨 면목으로 천하에서 살겠는가." 하고는 마침내 피를 토하고 죽었다.

苞歸葬訖에 謂鄕人曰 食祿而避難은 非忠也요 殺母以全義는 非孝也라 如是인댄 有何面目立於天下리오하고 遂歐血而死하다

【目】 程子(程頤)가 다음과 같이 評하였다.

"임금의 城을 가지고 적에게 항복하여 자신의 어머니를 살리려고 해서는 진실로 안 된다. 그러나 또한 마땅히 어머니를 살리는 방법을 강구해야 하니, 어찌 돌아보지 않고 대번에 싸운단 말인가. 만일 부득이하다면 자신만 가서 항복하는 것이 옳다. 徐庶는 이러한 경우에 잘 대처하였다."

程子曰 以君城降賊而求生其母는 固不可矣어니와 然亦當求所以生母之方이니 奈何不顧而遽戰乎아 必不得已인댄 身往降之可也라 徐庶於此에 蓋得之矣①니라

① 獻帝 建安 13년(208)에 曹操가 劉備를 추격하여 當陽의 長阪에 이르렀는데, 徐庶의 어머니가 조조에게 붙잡혔다. 서서가 유비에게 하직인사를 하기를 "지금 老母를 잃어서 마음이 어지러우니, 청컨대 이로부터 작별하겠습니다." 하고는 마침내 조조에게로 갔다.
獻帝建安十三年, 曹操追劉備, 及於當陽之長阪, 徐庶母爲操所獲, 庶辭備曰 "今失老母, 方寸亂矣, 請從此別." 遂詣操.

戊午年(178)

【綱】 漢나라 孝靈皇帝 光和 원년이다. 봄 정월에 合浦와 交阯의 烏滸蠻(오호만)이 배반하였다.

光和元年이라 春正月에 合浦, 交阯의 烏滸蠻이 反①하다

① 滸는 音이 虎이니, 烏滸는 南方 오랑캐의 칭호이다. 그 지방 풍속은 사람을 잡아먹고, 코로 물을 마시면서 입으로는 계속 음식을 먹는다.
滸, 音虎. 烏滸, 南方夷號也. 其俗, 食人, 以鼻飮水, 口中進噉(담)如故.

【綱】 2월 초하루에 일식이 있었다.

◑ 二月朔에 日食하다

【綱】 지진이 있었다.

◑ 地震하다

【綱】 鴻都門學을 설치하였다.

○ 置鴻都門學[57)]하다

【目】 州郡과 三公에게 명하여 鴻都門學의 여러 생도들을 모두 천거하여 등용하고 불러 쓰게 해서, 혹은 나가 刺史와 太守가 되고 혹은 조정에 들어와 尙書와 侍中이 되었으며, 侯에 封해지고 爵位를 하사받은 자가 있으니, 士君子들이 모두 그들과 같은 반열에 서는 것을 부끄러워하였다.

얼마 있다가 詔令을 내려서 鴻都門學의 樂松 등을 위하여 畵像을 그리고 贊을 쓰게 하니, 尙書令 陽球가 다음과 같이 諫하였다.

"악송 등은 모두 미천하고 보잘것없는 집안의 출신입니다. 식견이 짧고 기량이 협소한 小人이 공손하게 눈매를 숙이고 임금의 눈썹(안색)을 받들어서 청명한 시대에 발탁되어 승진하기를 바랐는데, 그들의 얼굴을 丹靑으로 그리니, 식견이 있는 자들이 입을 가리고 비웃습니다. 지금 太學과 東觀[58)]은 聖上의 교화를 베풀어 밝히기에 충분하니, 鴻都의 선발을 罷하여 天下의 비방을 사라지게 하기를 원합니다."

글을 아뢰었으나 황제는 살펴보지 않았다.

鴻都門學諸生을 皆勅州郡, 三公하여 擧用辟召하여 或出爲刺史, 太守하고 入爲尙書, 侍中하고 有封侯, 賜爵者하니 士君子皆恥與爲列焉①이러라 旣而요 詔爲鴻都門學樂松等하여 圖像立贊②하니 尙書令陽球諫曰 松等이 皆出於微蔑이라 斗筲小人이 俛眉承睫(첩)하여 徼進明時어늘

57) 置鴻都門學 : "鴻都門學을 쓴 것은 비난한 것이다. 학교를 설치하는 것은 아름다운 일인데 어찌하여 비난하였는가. 이때 여러 생도들이 모두 부름에 나가서 도처에 행실이 없이 권세에 붙는 무리들이 많았다. 그들이 취한 것은 文賦와 尺牘으로 아래로는 鳥篆에 이르렀으니, 과연 敎化에 무슨 유익함이 있었겠는가. 이 때문에 樂松 등의 畵像을 그리고 贊을 쓴 것을 여기에 쓰지 않고 삭제한 것이다. ≪資治通鑑綱目≫에 학교를 세운 것을 쓴 것은 모두 찬미한 것인데, 오직 鴻都門學과 劉表가 학교를 세운 것과 南朝 宋나라에서 四學을 세운 것은 비난하는 말이다.〔書 譏也 置學 美事也 則何譏 於是 諸生皆出辟擧 往往多無行趨勢之流 其所取者 文賦尺牘 下至鳥篆 果何益於敎化哉 是故樂松等圖像立贊 不書削之也 綱目書立學 皆美也 惟鴻都門學及劉表立學 宋立四學 爲譏辭〕" ≪書法≫

58) 東觀 : 後漢시대 雒陽의 南宮 안에 있던 樓觀의 이름으로, 明帝가 班固에게 명하여 이곳에서 漢記를 편수하게 하고 책이 이루어지자 ≪東觀漢記≫라 이름하였다. 章帝와 和帝 때에 황제의 책을 수집, 정리, 보관하는 곳으로 쓰였는데, 이후 궁중의 藏書閣을 지칭하는 말로 쓰이게 되었다.

而形圖丹靑하니 **有識**이 **掩口**③라 **今太學, 東觀**이 **足以宣明聖化**④니 **願罷鴻都之選**하여 **以銷天下之謗**하소서 **書奏**에 **不省**하다

① 〈"封侯賜爵은"〉 關內侯 이하의 爵位를 하사한 것이다.
賜爵關內侯以下也.
② 爲(위하다)는 去聲이다.
爲, 去聲.
③ 蔑은 매우 적어서 거의 아무것도 없는 것이다. 睫은 卽涉의 切이니, 눈썹이다. "掩口"는 입을 가리고 비웃음을 이른다.
蔑者, 微之甚, 幾於無也. 睫, 卽涉切, 目旁毛. 掩口, 謂掩口而笑也.
④ 東觀은 南宮에 있다.
東觀, 在南宮.

【綱】 張顥(장호)를 太尉로 삼았다.

以張顥爲太尉[59]하다

【目】 張顥는 中常侍 張奉의 아우이다.

顥는 **中常侍奉之弟也**라

【綱】 여름 4월에 지진이 있었다.

夏四月에 **地震**하다

【綱】 侍中寺[60]의 암탉이 수탉으로 변하였다.

---

59) 以張顥爲太尉 : "唐珍은 中常侍 唐衡의 아우이고, 張顥는 中常侍 張奉의 아우이다. 司空과 太尉가 모두 이와 같은 사람이었으니, 道를 논하고 나라를 다스리는 사업을 알 만하다.〔唐珍 中常侍衡弟也 張顥 中常侍奉弟也 司空太尉皆若人 而論道經邦之事業 可知矣〕" ≪書法≫

60) 侍中寺 : ≪通典≫과 ≪通志≫에서는 왕명의 출입을 맡아보던 관서인 門下省의 시초로 보고 있는데, 문하성의 장관이 侍中이기 때문이다. 侍中은 秦나라 때부터 존재하였는데, 前漢 시기에는 加官으로 名儒나 귀척 자제 중에서 임명하여 궁중에 출입하고 황제의 시종을 담당하게 하였다. 특히 漢武帝 때부터 그 권한이 강화되었다. 後漢 시기에는 秩 比二千石의 실직이 되었으며, 그 권한이 더욱 강화되어 황제의 여러 업무에 조언하고 응대하는 역할을 담당하면서 侍中寺가 형성된 것으로 보이나, 시중시에 대한 자료가 적어 정확한 역할을 알 수 없다.(安作璋・熊鐵基, ≪秦漢官制史稿≫, 齊魯書社, 1984).

◑ 侍中寺雌鷄化爲雄[61] 하다

【綱】 6월에 검은 구름이 溫德殿의 뜰 가운데에 떨어졌다.

○ 六月에 有黑氣墮溫德殿庭中하다

【目】 구름은 龍과 비슷하고 길이가 10여 丈이었다.

氣如龍하고 長十餘丈이러라

【綱】 가을 7월에 푸른 무지개가 玉堂의 궁전 뜰 가운데에 나타났다.

秋七月에 青虹이 見(현)玉堂殿庭中[①62] 하다

① 〈"玉堂"은〉 洛陽에 있는 宮殿의 이름이니, 南宮에 玉堂의 前殿과 後殿이 있었다.
洛陽宮殿名. 南宮有玉堂前後殿.

【目】 上이 災異로 인하여 詔令을 내려서 재변을 사라지게 하여 正常을 회복하게 하는 방법을 묻자, 光祿大夫 楊賜가 다음과 같이 대답하였다.

"지금 媵妾(잉첩)과 환관이 함께 조정을 농단하고 鴻都門學의 여러 소인들이 모두 각각 발탁되어, 樂松이 常伯의 자리에 있고 任芝가 納言의 자리에 있으니, 용모를 잘 꾸며

---

61) 侍中寺雌鷄化爲雄 : "侍中寺는 무엇인가. 內署(궁내의 의복과 음식을 관장하던 內侍府)이다. 옛 제도에 侍中과 中常侍는 〈모두 일반 관리로〉 禁中에 출입하였는데, 東漢 때 이르러서 중상시가 모두 환관이었다. 이에 환관이 권력을 행사하여 암탉이 새벽에 울었으니, 변고가 까닭 없이 생긴 것이 아니다. 암탉이 변하여 수탉이 된 것은 이변이요, 여자가 변하여 남자가 된 것은 더욱 심한 이변이다(南朝 宋나라 乙丑年(425)). 암탉이 변하여 수탉이 된 것은 《資治通鑑綱目》에 1번 썼을 뿐이다.〔侍中寺何 內署也 舊制侍中中常侍出入禁中 至東漢而中常侍皆宦者 於是閹竪用事 牝鷄而晨 變不虛生矣 雌化爲雄 異也 女化爲男 甚哉(宋乙丑年) 雌鷄化爲雄 綱目一書而已〕" 《書法》

62) 秋七月……見玉堂殿庭中 : "무지개를 쓴 것이 이때 처음 시작되었으니, 《資治通鑑綱目》이 끝날 때까지 무지개를 쓴 것이 2번이다.(陳나라 甲申年(564)에 흰 무지개가 해를 꿰뚫었다.)〔書虹始此 終綱目書虹二(陳甲申年白虹貫日)〕" 《書法》

"災異의 변고가 이에 이르러 지극하였다. 책에 나열하여 썼으나 군주가 행실을 닦고 잘못을 반성했다는 실제를 듣지 못하였다. 비록 당시에 詔令을 내려 여러 신하들에게 물었으나 다 삭제하고 쓰지 않았으니, 이는 신하들이 말하여도 군주가 받아들이지 않으면 敗亡을 막는 데 유익함이 없기 때문이다. 아, 하늘의 경계가 이와 같은데도 경계할 줄을 알지 못해서 위태로움을 편안히 여기고 재앙을 이롭게 여겨서 멸망하는 방법을 좋아하였으니, 仁하지 못한 사람과 더불어 말할 수 있겠는가.〔災異之變 至是極矣 列書于冊 而不聞修省之實 雖當時詔問群臣 然皆削而不書者 言而不用 無益敗亡故也 嗚呼 天戒若此 尙不知警 安其危而利其菑 樂其所以亡者 不仁而可與言哉〕" 《發明》

아첨하는 性情으로 파격적인 총애를 받고 있습니다. 그리하여 搢紳의 무리들이 밭두둑에 엎드려 입으로 堯舜의 말을 외우고 몸으로 세속에 뛰어난 행실을 행하여도, 溝壑에 버려져서 벼슬이 미치지 않으니, 이는 冠과 신이 도치되고 丘陵과 골짜기가 뒤바뀌어 있는 것입니다. 다행히 皇天이 象을 드리워 譴責을 고하니, ≪周書≫에 이르기를 '天子가 괴이함을 보면 덕을 닦고, 諸侯가 괴이함을 보면 정사를 닦고, 卿大夫가 괴이함을 보면 직책을 닦고, 士庶人이 괴이함을 보면 몸을 닦는다.' 하였습니다.

바라건대 陛下께서는 아첨하고 말 잘하는 신하를 배척하여 멀리하시고, 몸을 닦고 말을 실천하여 세상에서 칭찬받는 선비들을 속히 부르시며, 尺一(詔令)을 끊어 함부로 내지 마시고 지나친 즐거움을 억제하소서. 그리하시면 上天이 위엄을 되돌려서 여러 재변을 그치게 하기를 바랄 수 있을 것입니다."

양사는 楊秉의 아들이다.

上이 以災異로 詔問消復之術[①]한대 光祿大夫楊賜對曰 今妾媵, 閹尹이 共專國朝하고 鴻都群小 幷各拔擢[②]하여 樂松이 處常伯하고 任芝 居納言[③]하니 以便辟之性으로 受不次之寵하여 而令搢紳之徒로 委伏畎畝하여 口誦堯舜之言하고 身蹈絶俗之行호되 委捐溝壑하여 不見逮及[④]하니 冠履倒易하고 陵谷代處[⑤]라 幸賴皇天이 垂象譴告하니 周書曰 天子見怪則修德하고 諸侯見怪則修政하고 卿大夫見怪則修職하고 士庶人見怪則修身[⑥]이라하니이다 唯陛下는 斥遠佞巧之臣하시고 速徵鶴鳴之士[⑦]하시며 斷絶尺一하시고 抑止槃游하시면 冀上天還威하여 衆變을 可弭[⑧]로이다 賜는 秉之子也라

① "消復"은 재변을 사라지게 하여 正常을 회복하게 하는 것이다.
消復者, 消變而復其常也.

② 閹은 奄과 통한다. 환관을 칭하여 閹이라 하는 것은 그 정기가 奄閉되어 밖으로 빠져나가지 못함을 말한 것이다. 尹은 正이니, 奄尹은 奄豎(환관)를 주관하여 맡은 관직이다.
閹, 與奄通. 稱宦人爲閹者, 言其精氣奄閉不泄也. 尹, 正也. 奄尹, 主領奄豎之官.

③ 常伯은 바로 侍中이고, 納言은 바로 尙書이다.
常伯, 卽侍中. 納言, 卽尙書.

④ 〈"不見逮及"은〉 任用이 미치지 않음을 이른다.
謂任用不及也.

⑤ 〈"冠履倒易 陵谷代處"는〉 君子가 아랫자리에 있고 小人이 윗자리에 있음을 말한 것이다.
言君子居下, 小人處上也.

⑥ ≪周書≫는 逸書이다.
此逸書也.

⑦ ≪周易≫ 中孚卦 九二爻辭에 이르기를 "우는 학이 음지에 있으니, 그 새끼가 화답하도다. 내 좋은 관작을 소유하여 내 그대와 함께 이를 생각하노라." 하였는데, 〈繫辭傳〉에 이르기를 "君子가 방 안에 거처할 때에 말이 善하면 천 리의 밖에서 응한다." 하였다. "鶴鳴之士"는 몸을 닦고 말을 실천하여 세상으로부터 칭찬을 받는 선비를 이른다.
易曰 "鳴鶴在陰, 其子和之. 我有好爵, 吾與爾縻之." 繫辭曰 "君子居室, 言善則千里之外應之." 鶴鳴之士, 言士之修身踐言, 爲時所稱者也.

⑧ "斷絶"은 謹愼하여 함부로 發하지 않음을 이른다. "尺一"은 길이가 1尺인 판이니, 詔策을 이른다.
斷絶, 謂謹愼不輕發也. 尺一, 謂尺一之板, 詔也.

【目】 蔡邕은 다음과 같이 대답하였다.

"臣이 삼가 생각하건대 여러 災異는 모두 나라를 망하게 할 괴이한 현상입니다. 하늘은 우리 大漢에 대하여 간곡한 마음이 그침이 없어서 여러 번 요망한 변고를 내어 譴責하여, 군주로 하여금 감동하고 깨닫게 해서 위태로움을 바꾸어 편안함에 나아가게 하려는 것입니다.

무지개가 궁중에 떨어지고 암탉이 수탉으로 변하니, 이는 모두 부인이 정사에 관여하기 때문입니다. 예전에 乳母 趙嬈(조뇨)가 참소하고 아첨하여 교만 방자하였으며, 永樂宮의 門史인 霍玉이 권세를 의지하여 간악한 짓을 자행하였는데, 지금 道路에서 紛紛하여 다시 말하기를 '程大人(宦者 程璜)이란 자가 있다.' 하니, 그의 聲色과 행동거지를 살펴보건대 장차 국가의 환란이 될 것입니다. 마땅히 높게 隄防을 만들고 禁令을 분명하게 설치해서 조뇨와 곽옥을 깊이 생각하여 지극한 경계로 삼아야 할 것입니다.

蔡邕對曰 臣이 伏思諸異호니 皆亡國之怪也라 天於大漢에 殷勤不已라 故로 屢出祆變하여 以當譴責①하여 欲令人君感悟하여 改危即安하니 蜺墮, 鷄化는 皆婦人干政之所致也②니이다 前者乳母趙嬈 讒諛驕溢하고 門史霍玉이 依阻爲姦③이러니 今道路紛紛하여 復云 有程大人者라하니 察其風聲하니 將爲國患④이라 宜高爲隄防하고 明設禁令하여 深惟趙, 霍하여 以爲至戒⑤니이다

① 祆(요망하다)는 妖와 같다.
祆, 與妖同.

② 蜺(무지개)는 霓와 통한다.
蜺, 通作霓.

③ 門史는 永樂宮의 門史이니, 董大后 宮의 관원이다.
門史, 永樂門史也, 董大后宮官.

④ 宮中의 나이 많은 사람을 모두 中大人이라고 칭한다.
宮中耆宿, 皆稱中大人.

⑤ 趙·霍은 趙嬈와 霍玉을 이른다.
趙·霍, 謂趙嬈·霍玉.

【目】 지금 太尉 張顥는 霍玉에 의해 등용되었고, 光祿勳 偉璋은 탐욕스럽고 혼탁하기로 이름이 났으며, 또 長水校尉 趙玹과 屯騎校尉 蓋升(갑승)은 모두 당시에 과분하게 총애를 받아서 영화와 부귀가 너무 지나칩니다.

廷尉 郭禧는 純厚하고 老成하며, 光祿大夫 橋玄은 총명하고 통달하고 단정하고 정직하며, 예전의 太尉 劉寵은 충실하여 正道를 지키니, 모두 마땅히 謀主로 삼아서 자주 引見하여 諮問을 하셔야 할 것입니다.

宰相과 大臣은 군주의 四體와 같습니다. 대신에게 직책을 위임하여 성공을 책임지우면 優劣이 이미 분명해지니, 작은 관리의 참소하는 말을 받아들여 大臣을 무함하여 해쳐서는 안 됩니다. 聖朝(황제)께서 스스로 조심하고 힘쓰시면 左右의 신하들도 마땅히 따라 교화될 것이니, 사람들이 스스로 자신을 억제하여 〈하늘이 내리는〉 재해와 경계에 부응한다면, 天道는 가득한 것을 덜어내고 鬼神은 겸손한 자에게 복을 내릴 것입니다."

글을 올리자, 황제가 보고 탄식하고는 일어나 옷을 갈아입었는데, 曹節이 뒤에서 훔쳐보고는 이 내용을 모두 左右 측근들에게 말하였다.

今太尉張顥는 爲玉所進하고 光祿勳偉璋은 有名貪濁①하고 又長水趙玹과 屯騎蓋升이 幷叨時幸하여 榮富優足②이니이다 廷尉郭禧는 純厚老成하고 光祿大夫橋玄은 聰達方直③하고 故太尉劉寵은 忠實守正하니 幷宜爲謀主하여 數(삭)見訪問이니이다 夫宰相大臣은 君之四體라 委任責成에 優劣已分이니 不宜聽納小吏하여 雕琢大臣也④니이다 聖朝旣自約厲하시면 左右亦宜從化리니 人自抑損하여 以塞咎戒하면 則天道虧滿하고 鬼神福謙矣⑤리이다 章奏에 帝覽而歎息하고 因起更(경)衣러니 曹節이 於後에 竊視之하고 悉宣語左右하다

① 偉璋은 사람의 姓名이다.
偉璋, 姓名.

② 蓋는 公盍의 切이니, 蓋升은 사람의 姓名이다.
蓋, 公(蓋)〔盍〕63)切. 蓋升, 姓名.

---

63) (蓋)〔盍〕: 저본에는 '蓋'로 되어 있으나, ≪廣韻≫에는 "古盍의 切"로 되어 있고 ≪資治通鑑≫ 註에는 "古合의 切"로 되어 있으며, 다른 책에도 姓으로 쓸 때 "古闔의 切"로 표기된 곳이 있는바 '蓋'와 '盍'은 字形이 비슷하여 잘못된 것으로 보이므로 이들 책에 의거하여 '盍'으로 바로잡았다.

③ 橋는 姓이다.
橋, 姓也.

④ "雕琢"은 무함하여 깎아내려 죄를 이룸을 이른다.
雕琢, 謂鐫削以成其罪也.

⑤ ≪周易≫ 謙卦 〈彖傳〉에 이르기를 "天道는 가득한 것을 덜어내어 겸손한 것에 보태주고, 귀신은 가득한 것을 해쳐 겸손한 것에 복을 준다." 하였으니, 盈을 滿으로 바꾼 것은 惠帝의 諱(劉盈)를 피해서이다.[64]
易曰"天道虧盈而益謙, 鬼神害盈而福謙." 以盈爲滿者, 避惠帝諱也.

【目】中常侍 程璜이 사람을 시켜 익명의 글을 올려서 蔡邕의 사사로운 일을 말하여 雒陽의 獄에 하옥하고는 '大不敬'[65]이라고 탄핵하여 棄市하려 하였다.

中常侍인 河南 사람 呂彊은 채옹이 죄 없이 탄핵당하는 것을 민망히 여겨서 강력히 伸寃하고 청하자, 詔令을 내려 사형에서 한 등급을 감하고 가솔들과 함께 머리를 깎고 목에 형틀을 씌워서 朔方으로 귀양 보내되 赦免令이 있더라도 죄를 면제받지 못하게 하였다.

정황의 딸의 남편인 陽球가 또 채옹의 숙부와 틈이 있었는데, 자객을 보내 채옹을 찔러 죽이게 하였다. 그러나 자객이 채옹의 의리에 감동하여 도리어 그 실정을 고해주니, 이로 말미암아 채옹은 죽음을 면하였다.

中常侍程璜이 使人飛章하여 言邕私事하여 下雒陽獄하고 劾大不敬하여 棄市①러니 中常侍河南呂彊이 愍邕無罪하여 力爲伸請②한대 詔減死一等하고 與家屬으로 髡鉗(곤겸)徙朔方하여 不得以赦令除하다 璜女夫陽球 又與邕叔父로 有隙이라 遣客刺邕이러니 客이 感其義하여 反以其情告之하니 由是得免하다

① 程璜이 宮中에서 권력을 행사하니, 이른바 程大人이다.
璜用事宮中, 所謂程大人也.

② 爲(위하다)는 去聲이다.
爲, 去聲.

【綱】8월에 孛星이 天市[66]에 나타났다.

---

64) 盈을……피해서이다 : 본문의 "天道虧滿"은 ≪周易≫에 따라 "天道虧盈"이 되어야 하나 피휘하여 盈을 滿으로 바꿨다는 뜻이다.

65) 大不敬 : 十惡 중의 하나로 王室에 대해 큰 무례를 저지르는 것을 이른다. 십악은 謀反·謀大逆·謀叛·惡逆·不道·大不敬·不孝·不睦·不義·內亂이다.

八月에 有星孛于天市하다

【綱】 겨울 10월에 皇后 宋氏를 廢하고서 유폐하여 죽였다.

◑冬十月에 廢皇后宋氏하여 幽殺之[67]하다

【目】 皇后는 황제의 총애를 받지 못하였고, 그의 고모가 渤海王 劉悝(유회)의 妃가 되었다. 王甫는 황후가 자기를 원망할까 두려워해서[68] 인하여 참소하기를 "황후가 左道(異端의 간사한 道)를 이용하여 황제를 저주했다."고 참소하니, 황제가 그의 말을 믿고서 책서를 내려 옥새와 인수를 거두었다. 황후는 스스로 暴室에 가서 근심하다가 죽고, 친정 아버지 宋酆(송풍)과 兄弟(오라비)들은 모두 죽임을 당하였다.

后無寵하고 而姑爲渤海王悝妃라 王甫恐后怨之하여 因譖后挾左道祝詛(주저)한대 帝信之하여 策收璽綬하니 后自至暴室하여 以憂死하고 父酆及兄弟 竝被誅하다

【綱】 이달 그믐에 일식이 있었다.

是月晦에 日食하다

【目】 尙書 盧植이 다음과 같이 上言하였다.

"黨錮의 禍를 입은 자들은 대부분 그의 죄가 아니니 용서하여 사면해야 하고, 宋后의

66) 天市 : 별자리의 이름으로 房星과 心星의 동북쪽에 있으며, 23개의 별로 되어 있다. 帝座星을 中樞로 삼고 담 모양을 하고 있어 天市垣이라고도 칭하는데, 시장에서 물건을 交易하는 일과 殺戮의 일을 주관한다고 한다.(≪晉書≫ 〈天文志〉)

67) 廢皇后宋氏 幽殺之 : "이에 책서를 내려 황후의 印綬를 거두자 황후가 스스로 暴室에 가서 근심으로 죽었는데, '유폐하여 죽였다.'고 쓴 것은 어째서인가. 황제가 참소하는 말을 믿은 것을 죄책한 것이다. ≪資治通鑑綱目≫이 끝날 때까지 폐위된 황후에게 '殺'이라고 쓴 것이 세 번이다.〔於是策收后印綬 后自至暴室以憂死耳 書幽殺之 何 罪信讒也 終綱目 廢后書殺三〕" ≪書法≫

"漢나라 때 폐위된 황후가 많았으나 만일 큰 惡이 있는 경우가 아니면 모두 始終을 보전하였는데, 桓帝와 靈帝 두 군주에 이르러는 비로소 그 위엄과 사나움을 지극히 하였다. 그러므로 앞의 鄧后와 여기의 宋后를 모두 '유폐하여 죽였다.'고 쓰고, 그 죄를 말하지 않은 것이다. 혼란하고 멸망하는 세상에는 귀한 國母의 신분이라도 오히려 화를 면치 못하니, 하물며 다른 사람에 있어서랴. 아, 슬프다.〔漢時廢后多矣 苟非大惡 皆能保全始終 至桓靈二君 乃始極其威虐 故前之鄧后與此宋后 皆以幽殺書之 而不言其罪 夫亂亡之世 貴爲國母 猶且不免 況他人乎 噫〕" ≪發明≫

68) 王甫는……두려워해서 : 왕보가 曹節과 함께 모의하여 渤海王 劉悝가 모반한다고 무고해서 죽게 하였으므로 두려워한 것이다. 이에 대한 자세한 내용은 본서 220쪽 참조.

가솔들은 죄가 없는데도 斂하여 장례하지 못했으니 마땅히 勅令을 내려 해골을 수습해서 떠돌아다니는 魂을 편안하게 해주어야 합니다. 郡守와 刺史가 한 달에도 여러 번 바뀌니, 비록 9년을 연임하지는 못하나 3년은 채워야 할 것이요, 청탁과 요구를 일절 금하고 막아야 하며, 인재를 선발하여 등용하는 일은 주관하는 관리에게 성공을 책임 지워야 합니다. 天子는 사사로움이 없으니, 마땅히 큰 사무를 넓히고 작은 일을 소략히 해야 합니다."

황제는 그의 글을 살펴보지 않았다.

尙書盧植이 上言호되 黨錮多非其罪니 可加赦宥요 宋后家屬이 無辜어늘 不得斂葬하니 宜勅收拾하여 以安遊魂이니이다 郡守, 刺史 一月數(삭)遷하니 縱不九載나 可滿三歲①요 請謁, 希求를 一宜禁塞하며 選擧之事를 責成主者②니이다 天子無私하니 宜弘大務하고 蠲(견)略細微니이다 不省③하다

① ≪書經≫ 〈虞書 舜典〉에 "3년 만에 공적을 상고하여, 세 번 상고함에 공적이 어둡고 분명한 자를 내치고 올린다." 하였다.
書"三載考績, 三考, 黜陟幽明."

② "主者"는 일을 주관하는 관리이다.
主者, 管事之吏.

③ 蠲은 제거함이다.
蠲, 除也.

【綱】 鮮卑가 酒泉을 침략하였다.

鮮卑寇酒泉하다

【綱】 처음으로 西邸를 열어서 관직을 팔았다.

◑ 初開西邸하여 賣官[69]하다

【目】 처음으로 西邸를 열어서 관직을 판매하니, 二千石은 2천만 錢이고, 四百石은 4백만 錢이고, 덕과 지위의 차례에 따라 당연히 선발될 자는 절반을 내거나 혹은 3분의

69) 初開西邸 賣官 : "桓帝의 때에 '關內侯 이하의 관직을 팔았다.'라고 썼었는데, 이때에 西邸를 열어서 마치 시장에서 물건을 파는 것처럼 〈매관매직을 하여〉 비록 公卿의 높은 지위라도 일정한 값이 있었으니, 이것을 말하여 무엇하겠는가. '처음으로 西邸를 열었다.'라고 썼으니, 이는 또 桓帝 때에도 일찍이 있지 않은 것이다.〔桓帝之世 書賣關內侯以下官矣 於是而開西邸 若市肆然 雖公卿 有常價 謂之何哉 書初開西邸 是又桓帝之所未有也〕" ≪書法≫

1을 내게 하였고, 縣의 令과 長은 縣의 재정의 풍부하고 궁핍함에 따라 값에 차등이 있었는데, 부유한 자는 먼저 바치고 가난한 자는 관청에 부임하여 倍로 갚게 하였다. 또 은밀히 左右로 하여금 公卿의 지위를 팔게 하여 公은 천만 錢을 받고 卿은 5백만 錢을 받았다.

上이 일찍이 侍中 楊奇에게 묻기를 "朕이 桓帝와 비교하여 어떠한가?" 하니, 대답하기를 "陛下를 桓帝에 비교하는 것은 또한 虞舜을 唐堯의 德에 비견하는 것과 같습니다." 하였다. 황제는 기뻐하지 않으며 말하기를 "卿은 목이 꼿꼿하니, 참으로 楊震의 子孫이다. 죽은 뒤에 반드시 다시 큰 새가 올 것이다."[70] 하였으니, 양기는 楊震의 曾孫이다.

西邸에서 官爵을 팔다

---

70) 죽은……것이다 : 安帝 때에 楊震이 大鴻臚 耿寶와 中常侍 樊豐 등의 간악한 행위를 아뢰자, 이들이 참소하여 양진의 관직을 박탈하고 本郡으로 돌아가게 하였다. 양진이 도중에 여러 아들과 문인들에게 말하기를 "내 奸臣의 교활한 행위를 미워하면서도 목을 베지 못하고 총애를 받는 여인의 문란한 짓을 금지하지 못했으니, 무슨 면목으로 해와 달을 보겠는가." 하고는 酖毒을 마시고 죽었다. 順帝 때에 門人들이 신원을 청하자 조서를 내려 禮葬하게 하였는데, 장사 지내기 10여 일 전에 한 길이 넘는 큰 새가 양진의 喪柩 앞에 앉아서 슬피 울며 눈물을 흘려 땅을 적셨다. 그 새는 장례가 끝나자 날아갔는데, 이에 사람들이 양진의 묘소에 石鳥像을 세웠다.(≪後漢書≫ 권84)

初開西邸하여 賣官①하니 二千石은 二千萬이요 四百石은 四百萬이요 其以德次應選者는 半之어나 或三分之一이요 令長은 隨縣豐約有賈②호되 富者는 先入하고 貧者는 到官倍輸하다 又私令左右로 賣公卿하여 公은 千萬이요 卿은 五百萬③이러라 嘗問侍中楊奇曰 朕이 何如桓帝오 對曰 陛下之於桓帝엔 亦猶虞舜을 比德唐堯니이다 帝不悅曰 卿이 彊項하니 眞楊震子孫이라 死後에 必復致大鳥矣④로다 奇는 震의 曾孫也라

① 西園에 邸舍(客店)를 열고 인하여 西邸라 이름하였다.
開邸舍於西園, 因謂之西邸.

② 賈(값)는 價로 읽는다.
賈, 讀曰價.

③ 처음에 황제가 侯가 되었을 적에 항상 고달프고 가난하였다. 즉위하게 되자 매번 桓帝가 家居(家産)를 만들지 못하여 일찍이 私錢이 없었던 것을 한탄하였다. 그러므로 관직을 팔아 돈을 모아서 사사로이 보관한 것이다.
初帝爲侯時, 常苦貧. 及卽位, 每歎桓帝不能作家居, 曾無私錢, 故賣官聚錢, 以爲私藏.

④ "彊項"은 몸을 낮추어 굽히지 않음을 말한 것이다.
彊項, 言不低屈也.

思政殿訓義 資治通鑑綱目 제12권 중

漢 靈帝 光和 2년(179)~漢 靈帝 中平 6년(189)

己未年(179)

【綱】 漢나라 孝靈皇帝 光和 2년이다. 봄에 역병이 크게 유행하였다.

二年이라 春에 大疫하다

【綱】 太尉 橋玄이 파면되었다.

◑ 太尉橋玄이 罷하다

【目】 橋玄의 어린 아들이 문 앞에서 놀다가 어떤 사람에게 협박을 당하여 〈인질로 붙들려〉 누대에 올라가 재물을 요구받았으나 교현이 주지 않았다. 司隷校尉와 河南尹이 교현의 집을 포위하고 지켰으나 감히 누대에 다가가지 못하였다. 교현이 눈을 부릅뜨고 고함치기를 "간사한 사람이 형편없이 나쁜 짓을 하니, 내 어찌 한 아들의 목숨 때문에 국가의 적을 풀어주겠는가." 하고는 즉시 공격하도록 재촉하니, 마침내 아들이 죽었다.

교현이 이 일로 인하여 上言하기를 "天下에 무릇 사람을 위협하여 인질로 삼는 자를 모두 죽이고, 재화와 보물로써 속죄하게 하여 간사한 길을 열어놓아서는 안 됩니다." 하니, 이로 말미암아 위협하여 인질로 삼는 일이 마침내 사라졌다.

玄幼子遊門次라가 爲人所劫하여 登樓求貨어늘 玄이 不與하니 司隷, 河南이 圍守玄家호되 不敢迫이라 玄이 瞋目呼曰 姦人이 無狀하니 玄이 豈以一子之命而縱國賊乎아하고 促令攻之하니 子死하다 玄이 因上言호되 天下에 凡有劫質者를 皆幷殺之하고 不得贖以財寶하여 開張姦路라하니 由是로 劫質遂絶하다

【綱】 地震이 있었다.

地震하다

【綱】 여름 4월 초하루에 日食이 있었다.

◑ **夏四月朔**에 **日食**하다

【綱】 환관인 王甫가 伏誅되었다.

◑ **宦者王甫伏誅**하다

【綱】 太尉 段熲이 죄가 있어 자살하였다.

◑ **太尉段熲**이 **有罪自殺**[1)]하다

【目】 王甫와 曹節 등이 간사하고 포악한 짓을 자행하면서 권력을 농단하니, 段熲이 이들에게 재화를 바치고 太尉의 벼슬을 얻고서 그들에게 아부하였다.

조절과 왕보의 父兄과 子弟 중에 卿과 校尉, 州牧과 郡守가 된 자가 천하에 널려 있어 도처에서 탐욕스럽고 포악한 짓을 자행하였고, 왕보의 養子인 王吉이 沛國의 相이 되어서 몹시 잔혹하였는데, 재임한 지 5년 동안에 모두 10,000여 명을 살해하였다.

尙書令 陽球가 항상 넓적다리를 치면서 울분을 터뜨리며 말하기를 "만약 내가 司隷校尉가 된다면 이 환관들의 자식이 어찌 용납될 수 있겠는가." 하였는데, 얼마 후 과연 司隷校尉로 승진하였다.

王甫, 曹節等이 **姦虐弄權**하니 **段熲**이 **以輸貨**로 **得太尉**하여 **阿附之**하고 **節, 甫父兄子弟 爲卿,**

---

1) 宦者王甫伏誅……有罪自殺 : "王甫가 고문으로 죽었는데 '伏誅'라고 쓴 것은 그 죄를 바로잡은 것이다. 무릇 위에 사건을 쓰고 아래에 관명을 쓴 것은 그 일에 관직을 준 것이요, 위에 사건을 쓰고 아래에 죄를 쓴 것은 그 일을 죄책한 것이다. 梁冀를 伏誅했다고 썼는데 胡廣 등이 죄가 있다고 썼으면 호광이 양기의 黨임이 분명한 것이요, 왕보를 伏誅했다고 썼는데 段熲이 죄가 있다고 썼으면 단경이 왕보의 黨임이 분명한 것이다.〔甫死考掠 書伏誅 正其罪也 凡上書事 下書官 官其事也 上書事 下書罪 罪其事也 梁冀書伏誅 胡廣等書有罪 則廣爲冀黨明矣 王甫書伏誅 段熲書有罪 則熲爲甫黨明矣〕" ≪書法≫

"段熲은 漢나라에 있어서 功이 또한 적지 않았다. 그러나 '죄가 있다.'고 씀을 면치 못했으니, 이는 그의 잘못이 환관들에게 아부하여 재물을 바치고 관직을 얻음에 있는 것이다. 이때를 당하여 正道를 지키다가 죽은 자들에 대해서도 君子가 그들이 조정을 일찍 떠나가지 않은 것을 한하였는데, 하물며 단경의 무리에 있어서랴. 〈죄가 있다고〉 써서 폄하함이 당연하다.〔段熲在漢 功亦不少 然不免書有罪者 失在阿附宦寺 輸貨得官耳 當是之時 守正而斃者 君子猶恨其去之不早 況熲輩乎 書以貶之 宜矣〕" ≪發明≫

校, 牧, 守者 布滿天下하여 所在貪暴하고 養子吉이 爲沛相하여 尤殘酷하니 視事五年에 凡殺萬餘人이라 尙書令陽球 常拊髀發憤曰 若陽球作司隷면 此曹子安得容乎아하더니 既而요 果遷司隷하다

【目】 王甫가 門生을 시켜 京兆尹의 경계에서 관청의 재물을 부정한 방법으로 착취한 것이 7천여 만 錢이었는데, 京兆尹 楊彪가 이 사실을 밝히니, 양표는 楊賜의 아들이다. 陽球가 王甫와 段熲 등의 죄악을 아뢰어서 그들을 모두 체포하여 洛陽의 獄으로 보내고, 왕보의 아들인 王萌과 王吉을 자신이 직접 고문하여 '다섯 가지 혹독한 형벌〔五毒〕'을 모두 적용하였다. 왕맹이 마침내 양구에게 욕을 하기를 "예전에는 네가 종처럼 우리 父子를 받들어 섬기더니, 이제는 종이 감히 네 주인을 배반하는가." 하였다.

왕보의 부자가 모두 곤장을 맞고 죽었고 단경 또한 자살하니, 마침내 夏城門 밖에서 왕보의 시신을 淩遲하고 크게 榜을 써 붙이기를 '賊臣 王甫'라 하였다. 왕보의 재산을 모두 몰수하고 처자식은 모두 比景으로 귀양 보냈다.

甫使門生으로 於京兆界에 辜榷官財物七千餘萬이어늘 京兆尹楊彪發之①하니 彪는 賜之子也라 球奏甫, 熲等罪惡하여 悉收送洛陽獄하고 及甫子萌, 吉을 自臨考之하여 五毒備極하니 萌이 乃罵曰 前에 奉事吾父子如奴러니 奴敢反汝主乎아 父子悉死杖下하고 熲이 亦自殺하니 乃僵磔(책)甫尸於夏城門하고 大署榜曰 賊臣王甫라하고 盡沒入其財産하고 妻子皆徙比景②하다

① 京兆는 司隷部에 소속되었다.[2]
京兆, 屬司隷所部.

② 磔(찢다)은 陟格의 切이다. 洛陽의 12개의 城門 중에 夏門은 亥方에 자리하였다.
磔, 陟格切. 洛陽十二城門, 夏門位在亥.

【目】 陽球가 차례로 表文을 올려 曹節 등을 주벌하고자 하여 마침내 中都官從事[3]에게 명하기를 "우선 먼저 權貴 중에 크게 간악한 자들을 제거해야 하니, 公卿 중의 豪右(세력을 부리는 자)는 從事가 직접 다스려라. 어찌 굳이 校尉인 내가 나설 것이 있겠는가." 하였다. 조절 등은 이 말을 듣고 감히 휴가를 가지 못하였다.

마침 虞貴人의 장례를 치렀는데, 이때 조절이 王甫의 시신이 淩遲당하는 것을 보고는

2) 京兆는……소속되었다 : 司隷校尉는 京師인 洛陽과 그 주변인 河南尹, 河內郡, 弘農郡, 河東郡, 그리고 長安과 그 주변인 京兆尹, 左馮翊, 右扶風을 관장한다.(≪後漢書≫ 〈百官志〉)

3) 中都官從事 : 都官從事로 司隷校尉의 屬吏 중 하나이다. 사예교위의 직책은 京師와 그 부근의 불법을 규찰하지만 동시에 중앙의 관리들을 감찰하는 역할을 맡았다. 그 아래 從事가 12명이 있는데, 그중 하나인 도관종사는 백관의 위법을 규찰을 담당하였다.(≪後漢書≫ 〈百官志〉)

慨然히 눈물을 닦고 곧바로 궁궐에 들어가서 황제에게 아뢰기를 "양구는 예로부터 혹독하고 포악한 관리입니다. 망녕된 행동을 좋아하니 그를 司隸校尉의 자리에 두어서 멋대로 혹독하고 포악한 짓을 하게 해서는 안 됩니다." 하였다. 황제가 마침내 양구를 옮겨 衛尉로 삼으니, 이에 曹節과 朱瑀 등의 권세가 다시 盛해졌다.

球遂欲以次로 表誅節等하여 乃勅中都官從事曰① 且先去權貴大猾이니 若公卿豪右는 從事自辦之하라 何須校尉邪아하니 節等이 聞之하고 不敢出沐이러라 會에 送虞貴人葬②할새 節이 見磔甫尸하고 慨然拭淚하고 直入省하여 白帝曰 陽球는 故酷暴吏라 好妄作하니 不宜使在司隸하여 以騁毒虐이니이다 帝乃徙球爲衛尉하니 於是에 曹節, 朱瑀等의 權勢復盛이러라

① 中都官從事는 바로 都官從事로 百官 중에 法을 범하는 자를 조사하여 검거하는 일을 주관하였는데, 漢나라가 中興한 이후로는 오로지 貴戚만을 비판하게 하였다.
中都官從事, 卽都官從事, 主察擧百官犯法者, 中興以後, 專令掊擊貴戚.

② 虞貴人은 順帝의 어머니이다.
虞貴人, 順帝母.

【目】郎中 審忠이 글을 올려 朱瑀 등의 죄악을 지극히 말하고, 그들을 조사하여 진상을 밝히되 자신의 말과 같지 않으면 끓는 솥에 삶아 죽이는 주벌을 받기를 원한다고 청하였다. 그러나 황제는 답하지 않았다.

郎中審忠이 上書하여 極言瑀等罪惡하고 請與考驗호되 有不如言이면 願受湯鑊(확)之誅라한대 不報①하다

① 審은 姓이다.
審, 姓也.

【綱】中常侍 呂强을 봉하여 都鄕侯를 삼았는데, 받지 않았다.

封中常侍呂强爲都鄕侯하니 不受[4)]하다

4) 封中常侍呂强爲都鄕侯 不受 : "무릇 爵位를 봉하고 관직을 제수함에 '받지 않았다.'고 쓴 것은 찬미하는 말인데 中常侍에게서 이를 보니, ≪資治通鑑綱目≫에서 깊이 인정한 것이다. 그러므로 趙高로부터 환관에게 '宦者'라고 쓰지 않은 적이 없었는데, 오직 呂强에게는 쓰지 않고 관직을 쓴 것이다. ≪자치통감강목≫에 작위를 봉하고 관직을 제수함에 '받지 않았다.'고 쓴 것이 19번인바, 謝恩肅拜하지 않은 것이 두 번이고 사양하여 돌려준 것이 한 번인데, 환관 중에 능히 사양한 자는 呂强뿐이다. ≪자치통감강목≫이 끝날 때까지 환관 중에 취할 만한 자가 세 사람이니, 여강은 어질었고 唐나라의 楊復光은 공로가 있었고 後唐의 張承業은 충성이 있었으니, 이들 말고는 취할 자가 없다.〔凡封拜書不受 美辭也 而於中常侍見之 綱目所深予也 故自趙高以來 未有不書宦者 惟呂强不書 書其官 綱目封拜書

【目】 呂强이 청렴하고 충성스럽고 공정하게 奉職하니, 황제는 여러 사람의 준례에 따라 그를 都鄕侯로 봉하였는데 여강은 굳이 사양하고 받지 않고는 인하여 다음과 같이 상소하였다.

“宦官은 人品이 낮고 천한데, 함부로 띠풀과 흙을 주어서[5] 나라를 열고 집안을 받음에 소인을 등용하니,[6] 陰陽의 잘못됨이 모두 여기에서 연유합니다. 采女 수천 명이 입고 먹는 비용이 하루에 수백 金이고, 또 1년 동안 이러한 비용이 모여 쌓여가니, 어찌 근심과 원망이 없겠습니까. 蔡邕이 폐하의 질문에 대답하여 귀한 大臣을 비방하고 환관들을 비난하였는데, 폐하께서는 그 말을 비밀스레 지켜주지 않으시어 여러 간사한 자들로 하여금 이를 갈며 그를 미워하게 해서, 결국 채옹이 형벌과 죄를 받게 되었습니다. 지금 여러 신하들이 모두 채옹을 경계로 삼고 있으니, 臣은 장담컨대 조정에서 다시는 忠言을 듣지 못할 것입니다.

段熲은 武勇이 당대에 제일이고 功烈이 유독 찬란하였는데, 한 몸이 죽자 처자식이 멀리 귀양을 가니, 天下 사람들이 서글퍼하고 功臣들이 실망하고 있습니다. 마땅히 채

不受 十有九 不拜二 讓還一 宦官能讓者 呂强而已 終綱目 宦官可取者三人 呂强以賢 楊復光以功 張承業以忠 舍是 無取焉耳〕”≪書法≫

“똑같이 內臣(환관)인데도, 이보다 앞서 單超 등에게 侯를 봉했을 때에는 宦者를 드러내어 썼는데, 지금 여기에서 呂强에게 ‘中常侍’라고 쓴 것은 어째서인가. 여강은 청렴하고 충성스럽고 공정하게 奉職한 충절이 있었고, 또 글을 올려 스스로 나열해서 환관에게 爵位를 봉하는 잘못을 자세히 말했으니, 진실로 조정의 기강을 혼탁하게 하고 어지럽힌 선초 등에 비할 자가 아니다. ≪資治通鑑綱目≫에서 구별하여 다르게 여기고 특별히 ‘받지 않았다.’고 써서 그 아름다움을 드러냈으니, 남이 선행을 하는 것을 좋아하고 허여한 뜻이 관직이나 지위에 차별을 두지 않은 것이 이와 같다. 이에 환관들의 옳고 그름을 따지지 않고 한결같이 죽이려 한 것이 지나친 것임을 알 수 있다.〔曰均之內臣也 前此單超等封侯 則揭宦者書之 今此呂强 乃書中常侍 何哉 强有淸忠奉公之節 且抗詞自列 備言封爵宦寺之非 固非超等濁亂朝綱之比 綱目別而異之 特書不受 以著其美 其樂予人爲善之意 不間流品如此 乃知不問是否 欲一槪殺之者過矣〕”≪發明≫

5) 띠풀과 흙을 주어서 : 王이나 侯로 봉하는 것을 이른다. 옛날 天子가 王이나 侯를 分封할 때, 代表되는 方位의 다섯 가지 색깔의 흙을 사용해서 壇을 쌓았는데, 封地가 있는 방위의 흙을 흰 띠풀에 싸서 주어서 봉작을 받은 사람이 나라를 소유하고 사직을 세우는 징표로 삼은 데서 유래하였다.

6) 나라를……등용하니 : 나라를 엶은 侯를 봉하여 제후를 삼는 것이고, 집안을 받음은 大夫를 삼음을 이른다. ≪周易≫ 師卦 上九爻辭에 “上九는 大君이 論功行賞의 命을 둠이니, 나라를 열고 집안을 받음에 小人을 쓰지 말라.〔大君有命 開國承家 小人勿用〕” 하였는데, 程伊川의 ≪易傳≫에 “이는 大君(제왕)이 爵命으로 功이 있는 자에게 賞을 주는 것이다. ‘開國’은 봉하여 제후를 삼는 것이요, ‘承家’는 卿大夫를 삼는 것이다. 承은 받음이다. 小人은 비록 功이 있더라도 등용해서는 안 된다. 그러므로 쓰지 말라고 경계한 것이다.……小人이 功이 있을 경우……金銀과 비단, 녹봉과 지위로 賞을 주는 것은 괜찮지만, 나라와 집안을 소유하여 政事를 하게 해서는 안 된다.〔大君 以爵命賞有功也 開國 封之爲諸侯也 承家 以爲卿大夫也 承 受也 小人者 雖有功 不可用也 故戒使勿用也……小人有功……賞之以金帛祿位可也 不可使有國家而爲政也〕” 하였다. 여기서는 이 ≪주역≫의 말을 원용하여 환관들에게 侯를 봉하고 높은 벼슬을 주는 잘못을 말한 것이다.

옹을 불러 職任를 맡기고 단경의 家屬들을 돌아오게 해야 하니, 이렇게 하면 충성되고 바른길이 열리고 여러 원망이 사라질 것입니다."

황제는 그의 충성스러움을 알았으나 말을 채용하지는 못하였다.

强이 淸忠奉公하니 帝以衆例로 封爲都鄕侯한대 强이 固辭不受하고 因上疏曰 宦官이 品卑人賤이어늘 妄授茅土하여 開國承家에 小人是用하니 陰陽乖剌(괴랄)이 罔不由玆[①]니이다 采女數千衣食之費가 日數百金이요 終年積聚에 豈無憂怨이리오 蔡邕이 對問하여 毁刺(자)貴臣하고 譏呵宦官이어늘 陛下不密其言하사 令群邪咀嚼(저작)하여 致邕刑罪하니이다 今群臣이 皆以邕爲戒하니 臣知朝廷이 不復得聞忠言矣니이다 段熲은 武勇冠世하고 勳烈獨昭러니 一身旣斃에 而妻子遠播하니 天下惆悵하고 功臣失望[②]이라 宜徵邕受任하고 反熲家屬이면 則忠貞路開하고 衆怨弭矣리이다 帝知其忠而不能用하다

① 剌은 來曷의 切로 어그러짐이니, 〈"乖剌"은〉 陰陽이 고르고 순하지 못함을 이른다.
剌, 來曷切, 戾也. 謂陰陽不調順也.

② 播는 귀양 감이다.
播, 遷也.

【綱】 詔令을 내려서 從祖 이하의 黨錮를 모두 풀어주게 하였다.

詔黨錮從祖以下를 皆釋之하다

【目】 上祿縣長 和海가 上言하기를 "禮에 從祖兄弟들은 따로 살고 재물을 달리하니, 恩義가 가볍고 또 五服[7])을 입는 親屬 중에 소원합니다. 그런데 지금 黨人들은 禁錮가 五服을 입는 親族에게까지 미치니, 떳떳한 법에 위배됩니다." 하였다. 이에 從祖 이하의 黨錮가 모두 풀리게 되었다.

上祿長和海上言[①]호되 禮에 從祖兄弟 別居異財하니 恩義已輕이요 服屬疎末이어늘 而今黨人이 錮及五族하니 乖謬常法이라한대 於是에 黨錮自從祖以下로 皆得解釋[②]하다

① 上祿縣은 武都郡에 속하였다. 和海는 사람의 姓名이다.

---

7) 五服 : 親族의 멀고 가까움에 따른 다섯 가지 服을 입는 제도로, 첫 번째는 斬衰 3년과 齊衰 3년, 두 번째는 期年, 세 번째는 大功 9월, 네 번째는 小功 5월, 다섯 번째는 緦麻 3월이다. 대체로 부모에게는 3년, 조부모와 형제에게는 기년, 從兄弟(사촌형제)에게는 대공 9월, 再從兄弟(육촌형제)에게는 소공 5월, 三從兄弟(팔촌형제)에게는 시마 3월을 입는바, 위의 從祖兄弟는 재종형제로 소원한 친족에 해당한다.

上祿縣, 屬武都郡. 和海, 姓名.

② 從祖는 緦麻服이다.
從祖, 緦麻服.

【綱】 中郎將 張脩가 匈奴의 單于를 죽였는데, 가을 7월에 불려와 하옥되어 죽었다.

中郎將張脩 殺匈奴單于러니 **秋七月**에 **徵下獄死**① 하다

① 미리 조정에 청하지 않고 제멋대로 誅殺한 죄에 걸린 것이다.
坐不先請而擅誅殺.

【綱】 겨울 10월에 司徒 劉郃(유합), 少府 陳球, 尙書 劉納, 衛尉 陽球를 죽였다.

◐冬十[8]**月**에 **殺司徒劉郃, 少府陳球, 尙書劉納, 衛尉陽球**[9]하다

【目】 처음에 劉郃의 형인 侍中 劉儵(유숙)이 陳蕃과 竇武의 난에 죽었는데, 이때에 永樂少府 陳球가 다시 유합을 설득하기를 "曹節 등이 放縱하여 나라의 폐해가 되고 있으니, 表文을 올려 衛尉 陽球를 옮겨서 司隸校尉로 삼아 차례로 조절 등을 구속하여 誅殺해야 한다." 하였다. 유합이 말하기를 "흉악한 환관들은 정탐하는 耳目이 많으니, 일이 이뤄지기 전에 먼저 화를 입게 될까 두렵다." 하였다.

尙書 劉納이 말하기를 "나라의 棟梁이 되어서 나라가 위태로운데도 扶持하지 못한다면 저 相(대신)의 직책이 무슨 소용이 있겠는가."[10] 하니, 유합이 허락하고는 陽球와 계책을 도모하였다. 양구의 小妻는 程璜의 딸이었다. 조절 등이 그녀를 통해 이 사실을 들어 알고는 함께 황제에게 아뢰기를 "유합 등이 편지를 서로 주고받으며 不軌를 도모합니다."

---

8) 十 : 저본에는 '十'으로 되어 있으나 ≪御批資治通鑑綱目≫의 武英殿本과 四庫全書本에는 '十二'로 되어 있다. 그러나 ≪後漢書≫ 〈靈帝本紀〉와 ≪資治通鑑≫에는 모두 '十月'로 되어 있다.

9) 殺司徒劉郃少府陳球尙書劉納衛尉陽球 : "司徒 劉郃 등을 죽였다고 말하지 않고 일일이 나열하여 쓴 것은 그들의 죽음이 죄 때문이 아니고 또 그 직책을 잃지 않았음을 슬퍼한 것이요, 또 당시 군주의 잘못을 심하다고 여긴 것이다.〔不曰殺司徒劉郃等 而列敍之者 哀其死不以罪 不失其職 且以甚當時之惡也〕" ≪發明≫

10) 나라가……있겠는가 : 相은 大夫에게 있어서는 家相(家臣)이고 제왕에게 있어서는 정승이다. ≪論語≫ 〈季氏〉에 冉有와 季路가 季孫氏의 家臣이 되었는데, 季孫氏가 顓臾(전유)라는 附庸國을 공격하여 그 땅을 차지하려 하였다. 孔子가 冉有와 季路에게 이것을 만류하라고 말씀하였으나 불가하다고 아뢰라 경계하신 말씀이다.

하니, 황제가 크게 노하였다. 이에 유합과 진구, 유납, 양구가 모두 하옥되어 죽었다.

初에 郃兄侍中鯈 死於陳, 竇之難이러니 至是하여 永樂少府陳球 復說(세)郃曰[①] 曹節等이 放縱爲害하니 可表徙衛尉陽球하여 爲司隸하여 以次收節等誅之니라 郃曰 凶豎多耳目하니 恐事未會에 先受其禍로라 尙書劉納曰 爲國棟梁하여 傾危不持하면 焉用彼相邪아 郃이 許諾하고 與陽球結謀러니 球小妻는 程璜之女라 由是로 節等이 聞知하고 共白帝曰 郃等이 交通書疏하여 謀議不軌라한대 帝大怒하여 郃及陳球, 劉納, 陽球 皆下獄死하다

① 永樂少府는 董太后의 宮의 관원이다.
永樂少府, 董太后宮官也.

【綱】 巴郡의 板楯蠻이 배반하였다.

巴郡板楯蠻이 反하다

【綱】 鮮卑가 幽州와 幷州를 침략하였다.

◑ 鮮卑寇幽, 幷하다

庚申年(180)

【綱】 漢나라 孝靈皇帝 光和 3년이다. 여름 4월에 江夏의 蠻族이 배반하였다.

三年이라 夏四月에 江夏蠻이 反하다

【綱】 가을에 지진이 있었다.

◑ 秋에 地震하다

【綱】 겨울에 孛星이 狼星과 弧星에 나타났다.

◑ 冬에 有星孛于狼, 弧[①]하다

① ≪晉書≫ 〈天文志〉에 "狼星 한 별은 東井의 동남쪽에 있고, 弧星 아홉 별은 낭성 동남쪽에 있다." 하였다.

晉書天文志 "狼一星, 在東井東南. 弧九星, 在狼東南."

【綱】 鮮卑가 幽州와 幷州를 침략하였다.

◑ 鮮卑寇幽, 幷하다

【綱】 12월에 貴人 何氏를 세워 皇后로 삼았다.

◑ 十二月에 立貴人何氏하여 爲皇后하다

【目】 皇后는 본래 南陽의 도살하는 집안 출신이었는데 선발되어 궁중에 들어와서 皇子 劉辯을 낳았다. 이 때문에 그녀를 황후로 세우고 오라비 何進을 불러 侍中으로 삼았다. 뒤에 王美人이 皇子 劉協을 낳았는데 황후가 鴆毒으로 왕미인을 죽이니, 황제가 노하여 황후를 폐하고자 하였다. 그러나 환관들이 굳이 청하자, 마침내 중지하였다.

后는 本南陽屠家러니 以選入掖庭하여 生皇子辯이라 故로 立之하고 徵其兄進하여 爲侍中하다 後에 王美人이 生皇子協이어늘 后酖殺美人하니 帝怒하여 欲廢后러니 中官이 固請한대 乃止하다

【綱】 畢圭苑(필규원)과 靈昆苑을 만들었다.

作畢圭, 靈昆苑①하다

① 畢은 壁吉의 切이다. 畢圭苑에는 두 苑이 있으니, 東畢圭苑은 둘레가 1,500步로 가운데에 魚梁臺가 있고, 西畢圭苑은 둘레가 3,300步인데, 모두 雒陽의 宣平門 밖에 있었다. 畢, 壁吉切. 畢圭苑有二, 東畢圭苑, 周一千五百步, 中有魚梁臺. 西畢圭苑, 周三千三百步. 幷在雒陽宣平門外.

【目】 司徒 楊賜가 다음과 같이 간하였다.

"先王은 동산을 만들 적에 겨우 三驅[11]의 禮를 닦을 만하게 하여 섶나무를 채취하고 꼴을 베고 짐승을 기르는 자들이 모두 그리로 갔습니다. 그리고 先帝께서는 왼쪽에 鴻池를 만들고 오른쪽에 上林苑을 만들었는데 사치하지도 않고 검약하지도 않았습니다. 그런데 지금 백성들의 田園을 폐하고 거주하는 백성들을 몰아내고서 새와 짐승을 기르

11) 三驅 : 고대에 왕이 사냥을 하던 제도로, 짐승을 몰 때 반드시 한쪽은 도망갈 길을 열어주고 나머지 三面으로만 몰아, 생명을 살려주기 좋아하는 王者의 德을 보였음을 이른다.

니, 자못 백성을 赤子처럼 보호하는 意義가 아닙니다. 마땅히 禹임금이 궁실을 낮추고[12] 文帝가 露臺를 만들려고 하시다가 그만둔 뜻[13]을 생각하여 백성들의 수고로움을 위로해야 합니다."

황제가 두 苑의 建造를 그만두려 하였는데, 侍中 任芝와 樂松(악송)이 말하기를 "옛날 文王의 동산은 100리였는데도 사람들이 작다고 여겼고, 齊 宣王의 동산은 5리였는데도 사람들이 크다고 하였습니다.[14] 지금 백성들과 더불어 동산을 공유하시면 정사에 해로움이 없습니다." 하니, 황제가 기뻐하여 마침내 〈畢圭苑과 靈昆苑을〉 만들었다.

司徒楊賜諫曰 先王이 造囿에 裁足以修三驅之禮하여 薪(茱)〔采〕芻牧이 皆悉往焉①하니이다 先帝左開鴻池하고 右作上林호되 不奢不約②이러니 今廢田園하고 驅居人하여 畜禽獸하니 殆非若保赤子之義라 宜惟卑宮露臺之意하여 以慰民勞③니이다 帝欲止러니 侍中任芝, 樂松曰 昔에 文王之囿百里로되 人以爲小하고 齊宣五里로되 人以爲大하니 今與百姓共之하시면 無害於政也니이다 帝悅하여 遂爲之하다

---

12) 禹임금이……낮추고 : ≪論語≫ 〈泰伯〉에 "禹임금은 내 흠잡을 데가 없으시다. 자신이 먹는 음식은 박하게 하면서도 조상의 귀신에게는 孝를 지극히 하셨으며, 자신이 입는 의복은 나쁘게 하면서도 黻과 冕의 祭服에는 아름다움을 지극히 하셨으며, 자신이 거처하는 궁실은 낮게 하면서도 도랑의 治水에는 힘을 다하셨으니, 禹임금은 내 흠잡을 데가 없으시다.〔禹 吾無間然矣 非飮食而致孝乎鬼神 惡衣服而致美乎黻冕 卑宮室而盡力乎溝洫 禹 吾無間然矣〕"라고 한 孔子의 말씀이 보인다.

13) 文帝가……뜻 : 露臺는 樓臺의 이름으로, 漢 文帝가 일찍이 노대를 만들고자 하여 匠人을 불러 비용이 얼마나 되는지를 물으니, 百金이 필요하다고 하였다. 문제가 "百金은 中等(중산층)의 백성 열 가호의 재산이다. 내가 先帝의 궁실을 받들어 사용하는데 항상 지나치게 하여 선제를 욕되게 할까 두려우니, 어찌 누대를 만들겠는가.〔百金 中人十家之産也 吾奉先帝宮室 常恐羞之 何以臺爲〕"라 하였다.(思政殿訓義 ≪資治通鑑綱目≫ 제3권 하 漢 文帝 後元 7년(B.C. 157))

14) 文王의……하였습니다 : 동산〔囿〕은, 옛날에 군사훈련을 하기 위하여 四時에 사냥을 하였는데, 사냥을 위해 農地가 아닌 空閑地를 정하여 야생동물을 방목한 곳을 이른다. ≪孟子≫ 〈梁惠王 下〉에 다음과 같이 보인다. "齊 宣王이 묻기를 '文王의 동산은 사방 70리라 하니, 이러한 일이 있었습니까?' 하자, 孟子는 대답하기를 '옛 기록에 있습니다.' 하였다. 宣王이 '이와 같이 컸습니까?' 하고 되묻자, 맹자는 '백성들이 오히려 작다고 여겼습니다.'라고 대답하였다. 선왕은 '寡人의 동산은 사방 40리인데도 백성들이 오히려 크다고 비난하는 것은 어째서입니까?' 하니, 맹자는 다음과 같이 대답하였다. '문왕의 동산은 사방 70리에 꼴을 베고 섶나무를 채취하는 자가 그리로 가고, 꿩을 잡고 토끼를 잡는 자가 그리로 가서 백성들과 동산을 함께 소유하였으니, 백성들이 작다고 여기는 것이 당연하지 않습니까.……신이 들으니, 齊나라에는 郊關의 안에 사방 40리의 동산이 있는데, 이 안에 있는 사슴을 죽이는 자를 사람을 죽인 죄와 똑같이 처벌한다 하였습니다. 그렇다면 이는 사방 40리의 동산으로 나라(도성) 안에 함정을 만들어놓은 것이니, 백성들이 크다고 비난하는 것이 당연하지 않습니까.〔齊宣王 問曰 文王之囿 方七十里 有諸 孟子對曰 於傳有之 曰 若是其大乎 曰 民猶以爲小也 曰 寡人之囿 方四十里 民猶以爲大 何也 曰 文王之囿 方七十里 芻蕘者往焉 雉兎者往焉 與民同之 民以爲小 不亦宜乎……臣聞郊關之內 有囿方四十里 殺其麋鹿者 如殺人之罪 則是方四十里 爲阱於國中 民以爲大 不亦宜乎〕"

위의 내용으로 살펴보건대 周 文王의 동산이 100리이고 齊 宣王의 동산이 5리라고 한 본문의 내용은 ≪맹자≫의 내용과 다르다.

① ≪周易≫ 比卦 九五爻辭에 "왕이 三面에서 몲에 앞에 있는 짐승을 잃는다." 하였다.
易"王用三驅, 失前禽."
② 鴻池는 洛陽의 동쪽에 있고, 上林苑은 서쪽에 있다.
鴻池在洛陽東, 上林在西.
③ 惟는 생각함이다. 禹임금은 衣服을 허름하게 하고 宮室을 낮추었으며, 文帝는 露臺를 만들려고 하다가 百金의 비용을 아끼려고 중지하였다.
惟, 思也. 禹惡衣服, 卑宮室. 文帝欲作露臺, 惜百金之費.

【綱】 蒼梧와 桂陽의 賊이 零陵을 공격하자, 大守 楊琁(양선)이 이들을 격파하였다.

蒼梧, 桂陽賊이 **攻零陵**이어늘 **大守楊琁**이 **擊破之**[①]하다

① 楊琁은 楊喬의 아우이다.
琁, 喬之弟也.

【目】 蒼梧와 桂陽의 賊이 郡縣을 공격하자, 零陵太守 楊琁이 馬車 수십 乘을 만들어서 포대에 석회를 담아 수레 위에 싣고 삼베끈을 말꼬리에 매달았으며, 또 兵車를 만들어 오로지 弓弩를 당기게 하였다.

전투할 때에 馬車를 앞에 포진시키고 바람이 부는 방향을 따라 석회를 뿌리니, 賊이 눈을 뜨고 보지 못하였다. 이 틈을 타서 말꼬리의 삼베끈에 불을 놓으니, 삼베끈에 불이 붙자 말들이 놀라서 적진으로 돌진하였다. 이어서 뒤에 있는 兵車로 하여금 弓弩를 어지러이 쏘게 하고 징과 북을 울려 진동하니, 도적 떼가 물결이 움직이듯 놀라 흩어졌다. 추격하여 무수히 참수하고 그 渠帥(우두머리)를 梟示(효시)하니, 郡의 경내가 깨끗해졌다.

蒼梧, 桂陽賊이 **攻郡縣**이어늘 **零陵太守楊琁**이 **制馬車數十乘**하여 **以排囊**으로 **盛石灰於車上**호되 **繫布索於馬尾**[①]하고 **又爲兵車**하여 **專彀**(구)**弓弩**[②]하다 **及戰**에 **令馬車居前**하고 **順風鼓灰**하니 **賊不得視**라 **因以火燒布然**하니 **馬驚**하여 **犇突賊陣**이어늘 **因使後車**로 **弓弩亂發**하고 **鉦鼓鳴震**하니 **群盜波駭破散**이라 **追斬無數**하고 **梟其渠帥**하니 **郡境以淸**[③]하다

① 排는 蒲拜의 切이니, "排囊"은 바로 포대이다.
排, 蒲拜切. 排囊, 卽囊袋也.
② 彀는 公候의 切이니, 궁노를 당기는 것이다.
彀, 公候切, 張弩也.

③ "波駭"는 물건으로 물을 치면 한 물결이 動함에 모든 물결이 따라서 놀라 움직이는 것을 비유한 것이다.
波駭者, 蓋喻以物擊水, 一波動, 萬波隨而駭動.

辛酉年(181)

【綱】 漢나라 孝靈皇帝 光和 4년이다. 봄 정월에 郡國의 말을 징발하고 騄驥廐(녹기구)의 丞을 설치하여 이를 주관하게 하였다.

四年이라 **春正月**에 **調郡國馬**하고 **置騄驥廐丞**하여 **以領之**①하다

① 調는 徒弔의 切이니, 徵發함이다. 騄은 龍玉의 切이니, 騄驥는 騄耳와 騏驥로, 좋은 말의 이름이다.
調, 徒弔切, 徵發也. 騄, 龍(王)〔玉〕[15]切. 騄驥, 騄耳·騏驥, 良馬名.

【目】 이때 豪右들이 馬匹의 교역을 독점하여 말 1匹이 200만 錢에 이르렀다.

時에 **豪右辜榷**하여 **馬匹**이 **至二百萬**①이러라

① ≪資治通鑑≫에는 '匹'자 위에 '一'자가 있다.
通鑑, 匹字上, 有一字.

【綱】 여름에 交阯의 梁龍이 배반하자, 朱儁(주준)을 刺史로 삼아서 공격하여 참수하였다.

夏에 **交阯梁龍**이 **反**이어늘 **以朱儁爲刺史**하여 **擊斬之**하다

【綱】 6월에 우박이 내렸다.

◑**六月**에 **雨雹**하다

【綱】 가을 9월 초하루에 일식이 있었다.

◑**秋九月朔**에 **日食**하다

---

15) (王)〔玉〕: 저본에는 '王'으로 되어 있으나, ≪廣韻≫에 의거하여 '玉'으로 바로잡았다.

【綱】 鮮卑의 檀石槐가 죽었다.

◑鮮卑檀石槐死[16)]하다

【目】檀石槐의 아들 和連이 대신하여 즉위하였는데, 재주와 힘이 아비에게 미치지 못했으며 탐욕스럽고 음탕하였다. 나가 北地를 공격하자 北地 사람들이 그를 쏘아 죽였는데, 아들 騫曼(건만)이 어리므로 형의 아들 魁頭가 즉위하였다. 뒤에 건만이 괴두와 나라를 다투어서 무리가 마침내 離散되었는데, 괴두가 죽자 아우 步度根이 즉위하였다.

子和連이 代立하니 才力이 不及父而貪淫이라 出攻北地어늘 人射殺之하니 子騫曼이 幼하여 兄子魁頭立하다 後에 騫曼이 與魁頭爭國하여 衆遂離散이러니 魁頭死에 弟步度根이 立하다

【綱】 後宮에 여러 가게를 만들었다.

作列肆於後宮[17)]하다

【目】이해에 황제가 後宮에 여러 가게를 만들고 采女들로 하여금 물건을 팔게 하니, 채녀들이 번갈아 도둑질하고 서로 다투었다. 황제는 장사꾼의 옷을 입고 채녀들과 함께 술을 마시고 잔치하며 즐거워하였다.

또 西園(上林苑)에서 개를 희롱하면서 신하들이 황제를 朝見할 때 쓰는 進賢冠을 개에게 씌우고 관복의 띠와 인끈을 채워주었으며, 또 네 필의 나귀를 멍에하여 황제가 직

---

16) 鮮卑檀石槐死 : "匈奴의 單于는 '死'라고 쓰고 '立'이라고 썼지만 鮮卑는 쓴 적이 있지 않았는데, 이때에 한 번 쓰면서 특별히 '死'라고 쓴 것은 어째서인가. 다행으로 여긴 것이다. 鮮卑가 世祖(光武帝) 21년(45)에 처음 ≪資治通鑑綱目≫에 보인 뒤로부터 和帝 永元 5년(93)에 '옮겨 匈奴의 땅을 점거했다.'라고 썼으니 이때 처음으로 盛해졌고, 桓帝 永壽 2년(156)에 이르러 檀石槐가 처음으로 더욱 강해졌으니, 변경의 근심이 된 지 26년이 되었다.〔匈奴單于 書死 書立 鮮卑未有書者 於是一書 則特書死何 幸之也 鮮卑自世祖二十一年 始見綱目 和帝永元五年 書徙據匈奴地 始盛 至桓帝永壽二年 檀石槐始益强 蓋爲邊患二十六年矣〕" ≪書法≫

17) 作列肆於後宮 : "무릇 宮室을 지었다고 한 것은 비난한 것이고, 여러 가게를 만들었다고 한 것은 더더욱 비난한 것이다. 이 때문에 靈帝가 함부로 놀기를 좋아하자 '여러 가게를 後宮에 만들었다.'라고 썼고, 唐 肅宗이 불교를 좋아하자 '道場을 三殿에 설치했다.'라고 썼으니,(唐나라 上元 2년(761)) 올바른 자리가 아님을 말한 것이다.〔凡作宮室 譏也 作列肆 甚譏之也 是故靈帝好狎 則書作列肆於後宮 肅宗好佛 則書置道場於三殿(唐上元二年) 言非地也〕" ≪書法≫

"天子가 되어서 後宮에 여러 가게를 만들었으니, 이는 天子가 여염집의 천한 사람이 되는 것을 달게 여긴 것이다. 그러고도 皇極을 차지하고서 大寶의 지위에 임할 수 있겠는가. 사실에 근거하여 곧바로 쓰니, 폄하하고 끊지 않더라도 악이 저절로 드러난다.〔爲天子而作列肆於後宮 是甘爲閭閻猥賤之人矣 尙可據皇極而臨大寶乎 據事直書 不待貶絶 惡自見矣〕" ≪發明≫

접 고삐를 잡고 수레를 모니, 京師의 사람들이 다투어 이것을 본받아서, 나귀 값이 마침내 말의 값과 똑같게 되었다.

是歲에 帝作列肆於後宮하고 使諸采女販賣하니 更(경)相盜竊爭鬪하다 帝著(착)商賈服하고 從之하여 飮宴爲樂하고 又於西園에 弄狗호대 著進賢冠帶綬①하고 又駕四驢하여 躬自操轡하니 京師轉相倣效하여 驢價遂與馬齊러라

① 昌邑王이 꿈에 개가 方山冠을 쓴 것을 보았는데, 龔遂가 말하기를 "왕의 左右 신하들은 모두 개에게 冠을 씌운 자들입니다." 하였다.[18]
昌邑王, 見狗冠方山冠, 龔遂曰"王之左右, 皆狗而冠."

후궁에 여러 가게를 만들다

18) 昌邑王이……하였다 : 창읍왕은 劉賀의 봉호이다. 昭帝가 後嗣 없이 죽자, 대장군 霍光이 태황후의 詔令으로 유하를 迎立하였는데, 유하는 荒淫無道하고 좌우에 있는 자들이 모두 善良하지 못하였다. 한번은 왕이 꿈에 목 이하가 사람과 똑같은 큰 白狗가 方山冠을 썼는데 꼬리가 없는 것을 보고 龔遂에게 묻자, 공수가 대답하기를 "이는 하늘의 경계로 군주의 좌우에 있는 자가 모두 〈禮義를 알지 못하여〉 개에게 冠을 쓰고 있는 것과 같음을 말한 것입니다. 이들을 제거하면 나라가 보존되고 제거하지 않으면 나라가 망할 것입니다.〔王嘗見大白犬 頸以下似人 冠方山冠而無尾 以問龔遂 遂曰 此天戒 言在側者 盡冠狗也 去之則存 不去則亡矣〕" 하였다. 방산관은 五采의 비단으로 만드는데 앞은 높고 뒤는 낮아 산 모양과 같다 하여 붙여진 이름으로, 음악에 맞춰 춤추는 자들이 착용하였는바, 이 내용은 思政殿訓義 《資治通鑑綱目》 제5권 중 漢 宣帝 元平 원년(B.C. 74)에 보인다.

【目】 황제는 사사로이 저축하기를 좋아하여 매양 郡國에서 바치는 貢物을 먼저 中署로 수송하게 하고는 이름을 '導行費'라 하였다. 呂强이 上疏하여 다음과 같이 간하였다.

"天下의 재물이 모두 陰과 陽에서 나와서 陛下에게로 돌아가니, 어찌 公과 私의 구분이 있겠습니까. 지금 中尙方은 여러 郡의 보물을 거둬들이고 中府에는 天下의 비단이 쌓여 있으며, 西園은 大司農의 寶藏을 끌어 모으고 中廐에는 太僕의 말이 모여 있는데, 이것들을 府庫로 수송할 적에는 번번이 導行費가 발생합니다. 그리하여 징발하는 물자가 많아 백성들이 곤궁하고 지출하는 비용이 많아 바치는 공물이 적으니, 간사한 아전들이 이를 틈타 이익을 취하고 백성들이 그 폐해를 받고 있습니다.

好爲私稸(축)하여 每郡國貢獻을 先輸中署하고 名爲導行費①라하니 呂(彊)〔强〕[19]이 上疏諫曰 天下之財 莫不生之陰陽하여 歸之陛下②하니 豈有公私리오 今中尙方이 斂諸郡之寶하고 中府積天下之繒③하고 西園이 引司農之藏하고 中廐聚太僕之馬④어늘 而所輸之府에 輒有導行之財하여 調廣民困하고 費多獻少하니 姦吏因其利하고 百姓受其敝니이다

① 稸은 蓄과 통하니, 쌓음이다. 中署는 內署(황실 창고의 물건을 관리하는 부서)이다. 導는 인도함이니, 〈"導行費"는〉 바치는 貢物 외에 별도로 먼저 납입하여, 바치는 물건의 引導로 삼은 것이다.
稸, 通作蓄, 積也. 中署, 內署也. 導, 引也. 貢獻外, 別有所入, 以爲所獻物之導引也.

② 〈"天下之財 莫不生之陰陽"은〉 萬物이 陰과 陽을 받고 만들어져 나오는 것이다.
萬物稟陰陽而生.

③ 中尙方과 中御府는 모두 少府에 속하였으니, 天子의 사사로운 창고이다.
中尙方·中御府, 皆屬少府, 天子私藏也.

④ 藏(저장된 진기한 물건)은 才浪의 切이다. 中廐는 바로 騄驥廐이다.
藏, 才浪切. 中廐, 卽騄驥廐.

【目】 옛법에는 사람을 선발하여 등용하는 것을 三公府에 위임하고, 尙書는 다만 삼공부가 아뢰는 것을 받아 황제에게 올렸습니다. 〈三公府가 사람을〉 시험하여 임용해서 성공을 책임 지우고서 살필 만한 功이 없는 뒤에야 〈그 사람을〉 尙書에 맡겨 잘못을 들어 탄핵하고 廷尉에게 회부하여 죄를 살피게 하였습니다.

이때에 三公이 매번 사람을 선발할 적에 아전들과 서로 의논해서 그들의 행실의 내용

19) (彊)〔强〕: 彊과 强은 同字이나 光和 2년(179) 綱에 '中常侍 呂强'으로 표기하였고 ≪書法≫과 ≪發明≫ ≪資治通鑑≫에도 모두 '呂强'으로 표기되어 있으므로 뒤에 '彊'으로 표기된 것이 있을 경우 '强'으로 바로잡았음을 밝혀둔다.

을 묻고 器局과 능력을 헤아렸습니다. 그런데도 오히려 관직을 제대로 수행하지 못하는 자가 있어서 政事가 황폐해져 다스려지지 못하는 경우가 있었습니다.

그런데 지금은 인물의 등용을 다만 尙書에게 맡기고 혹은 폐하께서 직접 詔書를 내려 등용하시기도 하니, 이와 같다면 三公은 사람을 선발하여 등용하는 책임을 면하고, 尙書 또한 이로 인해 다시 죄에 걸리지 않아서, 賞과 罰이 돌아갈 곳이 없으니, 누가 공연히 스스로 수고하고자 하겠습니까.”

글을 아뢰었으나, 황제가 살펴보지 않았다.

舊典에 選擧를 委任三府하고 尙書는 但受奏御①하여 受試任用하여 責以成功하여 功無可察然後에 付尙書擧劾하고 下廷尉案罪하니이다 於是에 三公이 每有所選에 參議掾屬하여 咨其行狀하고 度(탁)其器能②이로되 然猶有曠職廢官하여 荒穢不治하니이다 今但任尙書하고 或有詔用③하니 如是면 三公이 得免選擧之負하고 尙書亦復不坐하여 責賞無歸라 豈肯空自勞苦乎잇가 書奏에 不省하다

① 〈“選擧 委任三府 尙書 但受奏御”는〉 三公府에서는 적임자를 선발하여 천거하고 尙書는 삼공부가 아뢴 것을 받아 황제에게 올린 것이다.
三府, 選其人而擧之. 尙書, 受其奏以進御.

② 咨는 도모(상의)함이다. 行(행실)은 去聲이다.
咨, 謀也. 行, 去聲.

③ “詔用”은 三公과 尙書를 경유하지 않고 황제가 곧바로 詔書를 내려 등용하는 것이다.
詔用者, 不由三公·尙書, 徑以詔書用之也.

壬戌年(182)

【綱】 漢나라 孝靈皇帝 光和 5년이다. 봄 정월에 詔令을 내려 公卿에게 刺史와 二千石(太守와 國相) 중에 백성들의 폐해가 되는 자를 들어 탄핵하게 하였다.

五年이라 春正月에 詔公卿하여 擧刺史, 二千石爲民害者[20)]하다

---

20) 詔公卿 擧刺史二千石爲民害者 : “이때 刺史와 二千石이 豺狼과 호랑이와 같이 탐욕스러워서 도처에서 횡포를 부렸는데, 마침 詔令을 내려 公卿들에게 백성들의 폐해가 되는 자를 들어 탄핵하게 한 것은 어째서인가. 이것을 책에 썼으니, 千古의 웃음을 자아내기에 충분하다.〔是時 刺史二千石 貪如豺虎 所在縱橫 方且詔公卿擧爲民害者 何哉 書之於冊 足以發千古之一笑耳〕” ≪發明≫

【目】 太尉 許馘(허욱)과 司空 張濟가 환관의 뜻에 영합하여 뇌물을 받으니, 환관들의 子弟와 賓客들의 탐욕스럽고 부정한 행위를 모두 감히 묻지 못하고, 도리어 변방 작은 郡의 품행이 깨끗하고 은혜로운 교화가 있는 관원 26명을 근거도 없이 고발하자, 郡의 관리와 백성들이 대궐에 나와 하소연하였다.

司徒 陳耽(진탐)이 上言하기를 "公卿들의 擧措가 대부분 자신의 私黨을 비호하니, 이른바 솔개와 올빼미를 놓아주고 난새와 봉황새를 가둔다는 것입니다." 하였다. 이에 황제가 허욱과 장제를 꾸짖고는, 변방 고을에서 불려와 책망을 받은 자들을 모두 議郞에 제수하였다.

太尉許馘과 司空張濟 承望內官하여 受取貨賂[①]하니 其宦者子弟, 賓客의 貪穢를 皆不敢問하고 而虛糾邊遠小郡淸修有惠化者二十六人한대 吏民이 詣闕陳訴라 司徒陳耽이 上言호되 公卿所擧 率黨其私하니 所謂放鴟鴞(치효)而囚鸞鳳이로이다 帝以讓馘, 濟하고 諸坐徵者를 悉拜議郞하다

① 馘은 許六의 切이다.
馘, 許六切.

【綱】 2월에 역병이 크게 유행하였다.

二月에 大疫하다

【綱】 여름 4월에 가뭄이 들었다.

◑ 夏四月에 旱하다

【綱】 가을 7월에 孛星이 太微星에 나타났다.

◑ 秋七月에 有星孛于太微하다

【綱】 板楯蠻이 巴郡을 침략하였는데, 曹謙을 太守로 삼아서 항복시켰다.

◑ 板楯蠻이 寇巴郡이어늘 以曹謙爲太守하여 降之하다

【目】 板楯蠻이 巴郡을 침략하여 어지럽혔는데, 해를 연이어 토벌하였으나 승리하지 못하였다. 황제가 군대를 크게 징발하고자 하여 益州의 計吏인 程包에게 묻자, 정포가 다

음과 같이 대답하였다.

"板楯의 일곱 姓은 秦나라 때부터 功을 세워서 租稅와 賦役을 면제받았는데, 이 지역 사람들은 용맹하여 전투를 잘합니다. 永初와 建和 연간에 羌族이 침입하여 도둑질할 적에 모두 板楯에게 힘입어 연달아 이들을 격파하였고, 馮緄이 남쪽을 정벌할 때에도 이들에게 의지하여 성공하였으며, 근래 益州郡에서 반란이 일어나자 판순을 거느리고 토벌하여 평정시켰습니다.

忠誠과 功이 이와 같고 본래 나쁜 마음이 없었는데, 長吏와 鄕亭의 관원[21]이 更賦(경부)[22]를 지극히 무겁게 거두고, 부역을 시키고 때리기를 노예나 포로보다도 더 심하게 하니, 〈판순은 고통을 이기지 못하여〉 아내를 시집보내고 자식을 팔아먹는 경우도 있고, 혹 심지어는 스스로 목을 찔러 죽고 自害하는 경우도 있었습니다.

그러나 州郡에 억울함을 아뢰어도 그들을 위해 해결해주지 않고, 대궐은 아득히 멀어서 스스로 보고할 수가 없습니다. 이 때문에 邑과 聚落의 오랑캐가 서로 모여서 배반하게 되었으니, 謀主가 있어서 참람하게 帝王을 칭하고 不軌를 도모한 것이 아닙니다. 지금 다만 현명하고 유능한 州牧과 郡守를 선발해 보내시면 자연히 편안해질 것이니, 번거롭게 정벌할 필요가 없습니다."

황제가 그의 말을 따라 太守 曹謙을 선발하여 등용하고 그를 보내 詔令을 내려 죄를 사면하니, 즉시 모두 항복하였다.

板楯蠻이 寇亂巴郡하니 連年討之호되 不能克이라 帝欲大發兵하여 以問益州計吏程包한대 對曰 板楯七姓이 自秦世立功하여 復(복)其租賦하니 其人이 勇猛善戰①이라 永初, 建和에 羌虜入寇에 皆賴板楯하여 連摧破之②하고 馮緄이 南征에 倚以成功③하고 近에 益州郡亂이어늘 以板楯討而平之하니이다 忠功이 如此하고 本無惡心이러니 長吏, 鄕亭이 更賦至重하고 僕役箠楚 過於奴虜④하니 亦有嫁妻賣子하고 或乃至自剄割하여 陳寃州郡호되 不爲通理하고 闕庭悠遠하여 不能自聞⑤이라 故로 邑落相聚하여 以至叛戾하니 非有謀主僭號하여 以圖不軌라 今但選明能牧守하면 自然安集이니 不煩征伐也니이다 帝從其言하여 選用太守曹謙하고 遣宣詔赦之하니 卽時皆降하다

① 板楯의 일곱 姓은 羅氏, 朴氏, 督氏, 鄂氏(악씨), 度氏, 夕氏, 龔氏이니, 모두 渠帥(지역의 추장들)이다. 秦 昭襄王 때, 白虎 한 마리가 항상 여러 호랑이를 거느리고 秦나라의 蜀과 巴와 漢中의 경내를 자주 돌아다니며 1,000여 명의 사람을 해쳤다. 昭襄王은 마침내 萬家의

---

21) 鄕亭의 관원 : 鄕과 亭은 漢代에 있었던 지방 구획의 이름으로 10리를 향, 10향을 정이라 하였는바, 정에는 長이 있었고 향에는 三老가 있었다.

22) 更賦 : 漢나라 때 변방에 戍자리 살아야 하는 更役을 대신하여 돈으로 바치던 賦稅를 이른다.

邑과 百鎰의 상금을 내걸고 國中에서 이 호랑이를 죽일 수 있는 자를 모집하였다. 이때 巴郡의 閬中에 사는 오랑캐 한 사람이 능히 白竹으로 쇠뇌를 만들어서 마침내 누대에 올라가 白虎를 쏘아 죽였다. 昭襄王은 가상히 여겼으나, 그가 오랑캐 사람이므로 봉작을 내리지 않고자 하여, 마침내 오랑캐 사람들의 田地에서 조세를 거두지 않고, 10명의 아내에게서 口算錢(사람에게서 징수하는 人頭稅)을 거두지 않으며, 사람을 傷害한 자는 법에 따라 죄를 논하고, 사람을 죽인 자는 倓錢(담전)으로 사형을 속죄할 것을 돌에 새겨 맹약하였다. 또 맹세하기를 "秦나라가 오랑캐를 침범하면 黃龍[23] 한 쌍을 바치고, 오랑캐가 秦나라를 침범하면 淸酒 한 鍾(동이)을 바친다." 하니, 오랑캐 사람들이 편안해하였다. 倓은 徒濫의 切이니, 蠻夷의 속죄하는 돈이다.

板楯七姓, 羅・朴・督・鄂・度・夕・龔, 皆渠帥也. 秦昭襄王時, 有一白虎常從群虎, 數(삭)游秦蜀・巴・漢之境, 傷害千餘人. 昭王乃重募國中有能殺虎者, 賞邑萬家, 金百鎰. 時有巴郡閬中夷人, 能作白竹之弩, 乃登樓射殺白虎, 昭王嘉之, 而以其夷人, 不欲加封, 乃刻石盟要, 復夷人頃田不租, 十妻不算, 傷人者論, 殺人者得以倓錢贖死. 盟曰"秦犯夷, 輸黃龍一雙, 夷犯秦, 輸淸酒一鍾." 夷人安之. 倓, 徒濫切, 蠻夷贖罪貨也.

② 永初는 安帝의 연호이고, 建和는 桓帝의 연호이다.
永初, 安帝年號. 建和, 桓帝年號.

③ 〈"南征"은〉 ≪資治通鑑≫에는 "남쪽으로 武陵을 정벌했다."로 되어 있다.
通鑑 "南征武陵."

④ 更(번갈아)은 工衡의 切이다.
更, 工衡切.

⑤ 爲(위하다)는 去聲이다.
爲, 去聲.

【綱】 8월에 400尺의 樓觀을 일으켰다.

八月에 **起四百尺觀**하다

【綱】 겨울에 황제가 上林苑에서 校獵을 하였다.

◑ **冬**에 **帝校獵上林苑**[24]하다

---

23) 黃龍 : 黃銅으로 주조하여 만든 龍으로, 옛날 盟約할 때 信標로 삼았다.

24) 帝校獵上林苑 : "校獵이라고 쓴 것은 어째서인가. 禽荒(사냥하는 재미에 빠짐)을 비난한 것이다. 이 행차에 황제가 돌아와서 太學에 간 것은 쓰지 않았으니, 삭제한 것이다.〔書校獵 何 譏禽荒也 是行也 還幸太學 不書 削之也〕" ≪書法≫

【綱】 桓典을 侍御史로 삼았다.

◑ 以桓典爲侍御史[25)]하다

【目】 桓典이 侍御史가 되니 환관들이 그를 두려워하였다. 환전이 항상 驄馬를 타고 다니니, 京師에서 말하기를 "길을 가다가 우선 멈추어서 驄馬를 탄 御史를 피하라." 하였다.

典이 爲御史하니 宦官이 畏之①러라 典이 常乘驄馬하니 京師爲之語曰 行行且止하여 避驄馬御史②라하니라

① 桓典은 桓榮의 玄孫이다.
典, 榮之玄孫也.

② 青色과 白色의 털이 섞인 말을 驄이라 한다.
青白雜毛曰驄.

癸亥年(183)

【綱】 漢나라 孝靈皇帝 光和 6년이다. 여름에 가뭄이 크게 들었다.

六年이라 夏에 大旱하다

【綱】 가을에 金城에 黃河가 넘쳤다.

◑ 秋에 金城河溢하다

【綱】 五原의 산언덕이 무너졌다.

◑ 五原山岸이 崩하다

---

25) 以桓典爲侍御史 : "侍御史를 설치한 지 오래되었으나 쓴 적이 있지 않았는데 처음으로 桓典을 썼으니, 환전이 직책을 잘 수행함을 가상하게 여긴 것이다.〔侍御史之設久矣 未有書者 始書桓典 嘉擧職也〕" ≪書法≫

甲子年(184)

【綱】 漢나라 孝靈皇帝 中平 元年이다. 봄 2월에 黃巾賊인 張角 등이 일어났다.

中平元年이라 春二月에 黃巾賊張角等이 起하다

【目】 처음에 鉅鹿 사람 張角이 黃帝와 老子를 섬겨 요망한 방법으로 사람들을 가르치고 太平道라고 칭하였으며, 스스로 大賢良師라 칭하고는 기원하는 말과 符水[26]로 병을 치료하여 病者로 하여금 무릎 꿇고 절하며 자신의 잘못을 스스로 고백하게 하였다.

또 弟子를 보내 사방으로 돌아다니면서 서로 속이고 유인하게 하니, 10여 년 사이에 무리가 수십만에 이르렀다. 靑州, 徐州, 幽州, 冀州, 荊州, 揚州, 兗州, 豫州에서 모두 호응하여 도로를 꽉 메웠다. 그런데도 郡縣에서는 도리어 말하기를 "장각이 善한 道로 사람들을 敎化해서 백성들이 귀의한다." 하였다.

初에 鉅鹿張角이 事黃老하여 以妖術敎授하여 號太平道하고 自稱大賢良師하고 呪符水以療病하여 令病者로 跪拜首過①하고 遣弟子遊四方하여 轉相誑誘하니 十餘年間에 徒衆이 數十萬이라 自靑, 徐, 幽, 冀, 荊, 揚, 兗, 豫로 莫不畢應하여 塡塞(진색)道路하니 郡縣이 反言角以善道敎化하여 爲民所歸라하니라

① 首는 式救의 切이니, 〈"首過"는〉 자기의 잘못을 스스로 자백함을 이른다.
首, 式救切, 謂自狀其過也.

【目】 楊賜가 上言하기를 "마땅히 州郡에 조령을 내려 流民들을 선별해서 보호하여 本郡으로 돌려보내 張角의 무리를 외롭고 약하게 만든 뒤에 그 渠帥(우두머리)를 주벌하면, 수고롭지 않고도 평정할 수 있습니다." 하였으나, 이 일이 궁중에 稽留되어 시행되지 못하였다.

司徒의 掾인 劉陶가 다시 上疏하여 양사가 예전에 한 의논을 거듭하였는데, 황제는 전혀 개의하지 않고 바로 유도에게 조령을 내려 ≪春秋條例≫를 編次하게 하였다.

楊賜上言호되 宜勅州郡하여 簡別流民하여 護歸本郡하여 以孤弱其黨하니 然後에 誅其渠帥하면 可不勞而定이라호되 事留中①하다 司徒掾劉陶 復上疏하여 申賜前議어늘 帝殊不爲意하고 方詔

26) 符水 : 무당이나 도사가 부적을 태워 그 재를 물에 타거나, 직접 물에 대고 주문을 외며 부적을 그린 것을 이른다. 이것을 복용하면 병이 치료된다고 여겼다.

陶하여 次第春秋條例②러라

① 〈"事留中"은〉 楊賜가 의논한 일을 禁中에 계류시키고 시행하지 않음을 이른다.
謂所論事, 留在禁中, 未施用之.
② 劉陶가 ≪春秋≫에 밝아서 訓詁를 지었으므로 그에게 조령을 내려 ≪春秋條例≫를 編次하게 한 것이다.
陶, 明春秋, 爲之訓(誥)〔詁〕,[27] 故詔之次第條例.

【目】 張角이 마침내 36方을 설치하였다. 方은 將軍이란 말과 같으니, 大方은 무리가 10,000여 명이고 小方은 6, 7천 명이었는데, 각각 渠帥를 세웠다. 유언비어를 퍼뜨려 말하기를 "甲子年에 天下가 크게 吉하다." 하고는, 白土로 京城의 여러 官寺의 門과 州郡의 官府에 써 붙였는데 모두 '甲子' 두 글자였다.

大方인 馬元義 등이 먼저 荊州와 揚州의 신도 수만 명을 수합하여 中常侍 封諝와 徐奉 등으로 하여금 內應이 되게 하고, 3월 5일 궁의 안팎에서 함께 일어나기로 약속하였다.

角이 遂置三十六方하니 方은 猶將軍也라 大方은 萬餘人이요 小方은 六七千이라 各立渠帥(수)하고 訛言歲在甲子에 天下大吉이라하여 以白土로 書京城寺門及州郡官府하니 皆作甲子字①하다 大方馬元義等이 先收荊, 揚數萬人하여 以中常侍封諝, 徐奉等으로 爲內應②하고 約以三月五日로 內外俱起하다

① "寺門"은 京城에 있는 여러 官寺의 문이다.
寺門, 在京城諸官寺舍之門.
② 封은 姓이다.
封, 姓也.

【目】 이때에 張角의 弟子 唐周가 이 사실을 고발하자, 이에 馬元義를 체포하여 車裂刑에 처하였다. 또 詔令을 내려 三公과 司隸校尉에게 宮省에서 숙위하는 자와 백성 중에 장각의 도를 신봉하는 자들을 조사해서 밝혀 1,000여 명을 주살하게 하였다.

그리고 冀州에 명령을 내려 黃巾賊을 추격하여 체포하게 하니, 장각 등은 일이 이미 탄로된 것을 알고는 급히 여러 方에 명하여 한때에 함께 일어나게 하였는데, 모두 黃巾을 머리에 써서 표지로 삼게 하였다. 장각은 스스로 天公將軍이라 칭하고 아우 張寶는

27) (誥)〔詁〕: 저본에는 '誥'로 되어 있으나, ≪資治通鑑≫ 註에 의거하여 '詁'로 바로잡았다.

地公將軍이라 칭하고 張梁은 人公將軍이라 칭하고서 가는 곳마다 放火를 하고 노략질을 하니, 長吏(州縣의 관리)가 모두 도망하였다. 그리하여 한 달 사이에 天下가 호응하였다.

至是하여 角弟子唐周告之한대 於是에 收元義하여 車裂하고 詔三公, 司隷하여 案驗宮省直衛及百姓事角道者하여 誅殺千餘人하다 下冀州逐捕하니 角等이 知事已露하고 馳勅諸方하여 一時俱起호되 皆著(착)黃巾爲幟[①]하고 角은 自稱天公將軍하고 弟寶는 稱地公將軍하고 梁은 稱人公將軍하여 所在燔劫하니 長吏逃亡이라 旬月之間에 天下響應[②]이러라

① 幟(표지)는 尺志의 切이요, 또 音이 誌이다.
幟, 尺志切, 又音誌.

② "燔劫"은 官府를 불태우고 聚落과 고을을 노략질함을 이른다.
燔劫, 謂燔燒官府, 劫掠聚邑也.

【綱】 3월에 何進을 大將軍으로 삼아 都亭에 주둔시키고, 黨人들을 사면하였다. 中郎將 盧植을 보내 張角을 토벌하게 하고, 皇甫嵩(황보숭)과 朱儁(주준)을 보내 潁川의 黃巾賊을 토벌하게 하였다.

三月에 以何進爲大將軍하여 屯都亭하고 赦黨人하다 遣中郎將盧植하여 討張角하고 皇甫嵩, 朱儁으로 討潁川黃巾[①]하다

① 都亭에 주둔하여 京師를 鎭定하게 한 것이다.
屯都亭, 以鎭京師也.

【目】 황제가 여러 신하들을 불러 회의하니, 北地太守 皇甫嵩은 말하기를 "마땅히 黨人의 禁錮를 풀고 中藏府의 돈과 西園의 마구간(騄驥廐)에 있는 말들을 더 내어 軍士들에게 나누어주어야 합니다." 하고, 또 呂强은 말하기를 "黨錮가 오랫동안 지속되어 사람들이 원망하고 분노하니, 만약 사면하여 용서하지 않으면 張角과 모의하여 변란이 더욱 커질 것입니다. 청컨대 먼저 左右의 탐욕스럽고 혼탁한 자들을 주벌하고 黨人들을 크게 사면하며, 州牧과 郡守의 능력을 살펴서 선발하면, 도적이 모두 평정될 것입니다." 하였다.

이에 황제가 두려워하여 이들의 말을 따라 〈당고의 금령을 풀었다.〉 그리고 天下의 정예병을 동원하여 中郎將 盧植을 보내 張角을 토벌하게 하고, 皇甫嵩과 朱儁을 보내 潁川의 黃巾賊을 토벌하게 하였다. 황보숭은 皇甫規의 아들이다.

帝召群臣會議하니 北地太守皇甫嵩이 以爲宜解黨禁하고 益出中藏錢과 西園廐馬하여 以班軍

士[①]니이다 呂(彊)〔强〕曰 黨錮久積하여 人情怨懟하니 若不赦宥면 與角合謀하여 爲變滋大라 請先誅左右貪濁하고 大赦黨人하고 料簡牧守能否하면 則盜無不平矣[②]리이다 帝懼而從之하다 發天下精兵하여 遣中郞將盧植하여 討張角하고 皇甫嵩, 朱儁으로 討潁川黃巾하다 嵩은 規之子也[③]라

① 藏(창고)은 徂浪의 切이니, "中藏錢"은 漢나라의 이른바 禁錢[28)]이라는 것이다. "西園廐馬"는 바로 騄驥廐의 말이다.
藏, 徂浪切. 中藏錢, 漢所謂禁錢也. 西園廐馬, 卽騄驥廐馬.

② 料는 헤아림이요, 簡은 선발함이다.
料, 度(탁)也. 簡, 選也.

③ 〈"規之子"는〉 ≪資治通鑑≫에는 "規之兄子(皇甫規의 형의 아들)"로 되어 있다.
通鑑, 作規之兄子也.

【綱】 中常侍 呂强과 侍中 向栩(상허), 郞中 張鈞을 죽였다.

殺中常侍呂(彊)〔强〕과 侍中向栩와 郞中張鈞[29)]하다

【目】 이때 趙忠과 張讓 등이 신분이 귀하고 황제의 총애를 받으니, 上은 항상 말하기를 "張常侍는 바로 나의 아버지이고, 趙常侍는 바로 나의 어머니이다." 하였다. 이 때문에 환관들이 忌憚하는 바가 없어서 그들의 第宅이 宮室에 비견되었다.

上이 일찍이 永安宮의 候臺에 오르고자 하였는데, 환관들은 자기가 거처하는 호화로

---

28) 禁錢 : 황제가 사용하는 少府의 돈을 가리킨다. 소부의 돈은 주로 황제가 사용하는 데에만 공급되므로 禁錢이라 한다.

29) 殺中常侍呂强……郞中張鈞 : "〈呂强과 向栩, 張鈞〉 세 사람은 모두 환관들이 미워하는 자들이다. 그러므로 죄가 없다고 여겨서 '죽였다.'고 썼다. 그렇다면 中常侍인 여강을 朝士의 앞에 놓는 것이 괜찮은가. 中常侍의 신분으로 능히 간했으면 더욱 어진 자이다. 이 때문에 만일 사사로우면 朝士를 환관의 위에 서열해도 비난이 되고(鄧康), 만일 어질면 朝士를 환관의 아래에 서열해도 치욕이 아닌 것이다. 여강이 비록 자살하였으나 '죽였다.'고 썼으니 ≪資治通鑑綱目≫에서 권하고 경계한 뜻이 깊다.〔三人 皆宦者所疾者也 故以無罪書殺 然則中常侍而先朝士 可乎 以中常侍而能諫 則尤賢者也 是故苟私也 則朝士序宦官之上而爲譏(鄧康) 苟賢也 則朝士序宦官之下而非辱 强雖自殺 書殺 綱目勸戒之意深矣〕" ≪書法≫
"侯覽이 죽었을 때는 '죄가 있다.'라고 쓰고 王甫가 죽었을 때에는 '伏誅되었다.'라고 쓰고 또 모두 환관을 게시하여 썼는데, 呂强에 이르러서는 '죽였다.'고 쓰고 '中常侍'라고 썼으니, 어찌 ≪資治通鑑綱目≫이 유독 여강만 사사로이 두둔하였는가. 혼탁한 涇水와 깨끗한 渭水가 함께 흐름에 淸濁이 저절로 분별되니, 이는 ≪春秋≫의 善을 표창하고 惡을 폄하하는 뜻이다. 만약 똑같이 환관이라 하여 善하고 선하지 않음을 구분하지 않는다면 ≪春秋≫의 뜻을 잃은 것이다.〔侯覽之死 則書有罪 王甫之死 則書伏誅 又皆揭宦者書之 至呂强 則書殺 書中常侍 豈綱目獨私於强哉 蓋涇渭幷流而淸濁自分 此春秋褒善貶惡之意也 若槪以宦者而不分善否 則失春秋之意矣〕" ≪發明≫

운 저택을 황제가 바라볼까 염려하여, 마침내 사람을 시켜 諫하기를 "天子는 높은 곳에 올라가서는 안 되니, 높은 곳에 올라가면 백성들이 흩어집니다." 하였다. 上이 이로부터 감히 다시는 臺榭에 오르지 못하였다.

時에 趙忠, 張讓等이 貴寵하니 上이 常言호되 張常侍는 是我公이요 趙常侍는 是我母①라하니 由是로 宦官이 無所憚하여 第宅이 擬宮室이러라 上이 嘗欲登永安候臺②러니 宦官이 恐望見其居處하여 乃使人諫曰 天子不當登高니 登高則百姓虛散이라한대 上이 自是로 不敢復升臺榭③러라

① 아버지를 公이라 한다.
父曰公.

② ≪續漢志≫를 근거해보면 永安宮은 北宮의 동북쪽에 있는데, 궁 안에 候臺(사방의 구름을 바라보는 대)가 있었다.
據續漢志, 永安宮在北宮東北, 宮中有候臺.

③ ≪春秋潛潭巴≫[30]에 "天子는 臺榭를 높게 함이 없으니, 臺榭를 높게 하면 아래에서 배반한다." 하였으니, 환관들이 이 말을 가지고 황제를 속인 것이다.
春秋潛潭巴曰 "天子無高臺榭, 高臺榭, 則下畔之." 蓋因此以誑帝也.

【目】 封諝와 徐奉이 〈張角의 무리와 內應한〉 일이 발각되자, 上은 여러 常侍들을 힐책하기를 "너희들이 항상 말하기를 '黨人이 不軌를 하고자 한다.' 하여 모두 禁錮를 시켰는데, 지금 黨人은 다시 국가의 쓰임이 되고 너희 무리들은 도리어 장각과 내통하니, 참수해야 하지 않겠는가." 하자, 환관들이 모두 머리를 땅에 두드리고 벼슬자리에서 물러나기를 청하고, 州郡에 있는 종친들을 불러 돌아오게 하였다.

及諝, 奉事發에 上이 詰責諸常侍曰 汝曹常言黨人이 欲爲不軌라하여 皆令禁錮러니 今黨人은 更爲國用하고 汝曹는 反與角通하니 爲可斬未아한대 皆叩頭求退하고 徵還宗親在州郡者①하다

① 〈"徵還宗親在州郡者"는〉 ≪資治通鑑≫에는 "각자 친척과 子弟로서 州郡에 있는 자를 불러 돌아오게 했다." 하였다.
通鑑, 各自徵還宗親・子弟在州郡者.

【目】 얼마 후, 환관들이 다시 함께 呂强을 참소하여 이르기를 "黨人과 함께 朝廷을 비난하고 자주 〈霍光傳〉을 읽습니다." 하니, 황제가 中黃門으로 하여금 병기를 가지고 가서 여강을 불러들이게 하였다. 여강은 노하여 말하기를 "大丈夫가 국가에 충성을 다하고자

---

30) 春秋潛潭巴 : ≪春秋≫의 緯書로 현재 逸失되어 전하지 않는다.

하였으니, 어찌 獄吏를 마주 대하겠는가." 하고는 마침내 자살하였다.
侍中 向栩가 황제 左右의 측근을 비난하니, 張讓은 상허가 張角과 內應을 하였다고 무함하여 그를 살해하였다.

已而요 更共讒呂(彊)〔强〕云 與黨人共議朝廷하고 數(삭)讀霍光傳①이라한대 帝使中黃門으로 持兵召(彊)〔强〕하니 (彊)〔强〕이 怒曰 丈夫欲盡忠國家하니 豈能對獄吏乎아하고 遂自殺하다 侍中向栩 譏刺左右하니 讓이 誣栩與角爲內應이라하여 殺之하다

① 〈"數讀霍光傳"은〉 군주를 폐하고 다른 사람을 황제로 세울 것을 도모하려 한다는 말이다.
言其欲謀廢立也.

【目】 郎中 張鈞이 다음과 같이 上書하였다.

"張角이 군대를 동원하여 난리를 일으킬 수 있고 萬民이 기꺼이 그를 따르는 것은 그 근원이 모두 十常侍의 親戚과 賓客들이 州郡을 관장하여 점거하고서 財利를 독차지하여 백성들을 침탈하고 노략질하는 데에서 연유하였습니다. 백성들이 원통함을 하소연할 곳이 없으므로 모여 도적이 되었습니다. 마땅히 십상시의 머리를 베어 南郊에 머리를 매달아서 백성들에게 사죄하고 使者를 보내 천하에 布告하면, 군대를 굳이 동원하지 않고도 큰 도적이 저절로 사라질 것입니다."

郎中張鈞이 上書曰 張角所以能興兵作亂하고 萬民所以樂附之者는 其源이 皆由十常侍宗親, 賓客이 典據州郡하여 辜榷財利하여 侵掠百姓하니 百姓이 寃無所訴라 故로 聚爲盜賊①이니이다 宜斬十常侍하여 縣頭南郊하여 以謝百姓하고 遣使者하여 布告天下하면 可不須師旅而大寇自消하리이다

① ≪後漢書≫ 〈宦者傳〉을 근거해보면, 이때에 張讓, 趙忠, 夏惲, 郭勝, 孫璋, 畢嵐, 栗嵩, 段珪, 高望, 張恭, 韓悝, 宋典 12사람이 모두 中常侍였는데, 十常侍라고 말한 것은 큰 수만 든 것이다.
據宦者傳, 是時, 張讓・趙忠・夏惲・郭勝・孫璋・畢嵐・栗嵩・段珪・高望・張恭・韓悝・宋典十二人, 皆爲中常侍, 言十常侍, 擧大數也.

【目】 황제가 張鈞의 글을 常侍들에게 보여주니, 모두 관을 벗고 맨발로 머리를 조아리고는 스스로 雒陽의 詔獄에 나아가고 또 모두 家財를 내어 軍費를 도울 것을 청하였다. 이에 詔令을 내려서 모두 관을 쓰고 신을 신게 하고서 예전처럼 일을 보게 하였다.

황제가 노하여 장균에게 말하기를 "이 사람은 참으로 미친 사람이다. 十常侍 중에 진실로 善한 사람이 한 명도 없겠는가." 하였다. 御史가 마침내 장균이 황건적의 道를 배

웠다고 거짓으로 아뢰어서 체포하여 고문하니, 장균이 獄中에서 죽었다.

帝以鈞章으로 示諸常侍하니 皆免冠徒跣頓首하고 乞自致雒陽詔獄하고 幷出家財以助軍費어늘 有詔하여 皆冠履하고 視事如故하다 帝怒鈞曰 此眞狂子也로다 十常侍固當有一人善者不(부)①아 御史遂誣奏鈞이 學黃巾道라하여 收掠하여 死獄中하다

① 不는 否로 읽는다.
不, 讀曰否.

十常侍가 정사를 어지럽히다

【綱】 여름 4월에 太尉 楊賜가 면직되었다.

夏四月에 太尉楊賜免하다

【目】 황제가 楊賜에게 黃巾賊의 일을 묻자, 양사가 간절하고 솔직하게 대답하였다. 이에

황제가 기뻐하지 아니하여 寇賊의 죄에 연루시켜 면직하였다.

帝問賜以黃巾事한대 賜所對切直하니 帝不悅하여 坐寇賊免하다

【綱】 汝南太守 趙謙이 黃巾賊을 토벌하다가 크게 패하였다.

汝南太守趙謙이 討黃巾이라가 敗績하다

【目】 趙謙이 황건적을 토벌하다가 군대가 패하였다. 門下의 袁秘와 功曹 封觀 등 7명이 몸으로 적의 칼날을 막다가 모두 죽었는데, 이 때문에 조겸은 죽음을 면하였다.

謙이 擊黃巾이라가 軍敗하다 門下袁秘, 功曹封觀等七人이 以身扞刃皆死하니 謙以得免하다

【綱】 5월에 皇甫嵩과 朱儁이 騎都尉 曹操와 병력을 합하여 세 郡의 황건적을 토벌하여 평정하였다.

五月에 皇甫嵩, 朱儁이 與騎都尉曹操로 合軍하여 討三郡黃巾하여 破平之하다

【目】 朱儁이 黃巾賊인 波才와 싸워서 패하니, 적이 마침내 皇甫嵩을 長社에서 포위하고 풀을 의지하여 진영을 설치하였는데, 마침 큰 바람이 불었다. 황보숭이 병사들에게 명하여 모두 갈대를 묶어 만든 횃불을 들고 성에 오르게 하고, 정예병으로 하여금 틈을 타 포위망 밖으로 나가서 불을 놓고 크게 함성을 지르게 하였다. 성 위에서는 횃불을 들어 호응하고, 황보숭은 성안에서 북을 치고 함성을 지르며 나가서 적진으로 달려가 공격하니, 적이 놀라 어지러이 달아났다.

마침 騎都尉인 沛國 사람 曹操가 때맞춰 병력을 거느리고 오자, 병력을 합하여 황건적과 싸워 크게 격파하고 수만 명의 수급을 베었다. 마침내 汝南과 陳國의 황건적을 토벌하여 모두 격파하니, 〈潁川과 汝南, 陳國〉 세 郡이 모두 평정되었다.

朱儁이 與賊波才戰하여 敗하니 賊①이 遂圍皇甫嵩於長社하고 依草結營②이러니 會에 大風이라 嵩이 勅軍士하여 皆束苣(거)乘城하고 使銳士로 間出圍外하여 縱火大呼하고 城上이 擧燎應之③하고 嵩이 從城中鼓譟而出하여 犇擊賊陳하니 賊이 驚亂犇走④라 會에 騎都尉沛國曹操 將兵適至어늘 合軍하여 與戰大破之하고 斬首數萬하고 遂討汝南, 陳國黃巾하여 皆破之하니 三郡이 悉平하다

① 波는 姓이다.

波, 姓也.

② 長社縣은 潁川郡에 속하였다.
長社縣, 屬潁川郡.

③ 苣는 音이 巨이니, 《說文解字》에 "갈대를 묶어 불태우는 것이다." 하였다. 今文에는 炬로 되어 있다. 間(틈)은 居莧의 切이니, "間出"은 틈을 타 나감을 이른다.
苣, 音巨. 說文, 束葦燒之. 今文作炬. 間, 居莧切. 間出, 謂乘間而出也.

④ 陳(군대의 隊形)은 陣으로 읽는다.
陳, 讀曰陣.

曹操

【目】 曹操의 아버지 曹嵩(조숭)은 中常侍 曹騰(조등)의 養子로 그 출생의 本末을 자세히 알지 못하는데, 혹자는 말하기를 "夏侯氏의 아들이다." 하였다. 조조는 어려서부터 機警(機智)이 있어 잘 살피며 권모술수가 있었으나 豪俠하고 방탕하여 행실과 학업을 닦지 않으니, 당시 사람들은 기이하게 여기지 않았으나 오직 橋玄과 南陽 사람 何顒(하옹)은 기이하게 여겼다.

교현이 조조에게 이르기를 "천하가 장차 혼란할 것인데, 하늘이 命하여 낸 인재가 아니면 구제하지 못한다. 능히 천하를 편안히 할 자는 아마도 그대일 것이다." 하였고, 하옹은 조조를 보고 감탄하기를 "漢나라가 장차 망하게 되었는데, 천하를 편안히 할 자는 반드시 이 사람일 것이다." 하였다.

操父嵩이 爲中常侍曹騰養子하니 不能審其生出本末이라 或云 夏侯氏子也①라하니라 操少機警하고 有權數而任俠放蕩하여 不治行業②하니 時人이 未之奇也로되 唯橋玄及南陽何顒이 異焉하다 玄이 謂操曰 天下將亂하니 非命世之才면 不能濟也니 能安之者는 其在君乎③인저하고 顒이 見操하고 歎曰 漢家將亡하니 安天下者는 必是人也라하니라

① 吳나라 사람이 지은 ≪曹瞞傳≫[31]과 郭頒의 ≪世語≫[32]에는 모두 "曹嵩은 夏侯氏의 아들이고 夏侯惇의 叔父이니, 조조가 하후돈에게는 從父兄弟(사촌형제)가 된다." 하였다. 조조의 어렸을 때 字가 阿瞞이다.
吳人作曹瞞傳及郭頒世語, 幷云"嵩, 夏侯氏之子, 夏侯惇之叔父. 操於惇, 爲從父兄弟." 操小字阿瞞.

② "機警"은 機關(기지)이 있어서 잘 살펴봄을 이르고, "權數"는 권모술수를 이른다. 行(행실)은 去聲이니, 아래 "飾行"의 行도 같다. 曹操는 어려서부터 매를 날리고 사냥개를 풀어 사냥하기를 좋아하여 방탕하고 법도가 없었다.
機警, 謂有機關而警省也. 權數, 謂權謀術數也. 行, 去聲, 下同. 操少好飛鷹走狗, 游蕩無度.

③ "命世之才"는 하늘이 명하여 이 세상에 탄생시킨 인재를 이른다. 一說에 "命은 이름남이니, 〈命世는〉 세상에 이름난 賢人을 말한다." 하였다.
命世之才, 謂天命之, 生斯世之才也. 一說 "命者, 名也, 言賢人有名於世也."

【目】이때 汝南 사람 許劭(허소)가 從兄 許靖과 함께 높은 명망이 있었는데, 함께 鄕黨의 인물을 평론하기를 좋아하여 매달마다 인물을 품평하는 글을 바꿨다. 그러므로 汝南의 풍속에 月旦評이 있게 되었다. 曹操가 일찍이 郡의 功曹가 되니, 府의 안에서 操行을 고쳐 행실을 닦지 않는 이가 없었다.

조조가 허소에게 찾아가서 묻기를 "나는 어떠한 사람인가?" 하니, 허소가 그를 비루하게 여겨 대답하지 않았다. 조조가 위협하자, 허소가 말하기를 "그대는 治世의 유능한 신하이고 亂世의 姦雄이다." 하니, 조조가 기뻐하며 떠나갔다.

조조는 뒤에 孝廉으로 천거되어 郎官이 되었다가, 이때에 黃巾賊을 평정하고 濟南相으로 승진하고는 長吏 중에 권력에 아부하고 부정하게 재물을 받은 자 8명을 아뢰어 파면하였다.

時에 汝南許劭 與從兄靖으로 有高名하니 好共覈論鄕黨人物하여 每月에 輒更(경)其題品이라 故로 汝南俗이 有月旦評焉①이러라 嘗爲郡功曹하니 府中이 莫不改操飾行이러라 操往造劭而問之曰 我는 何如人고 劭鄙之하여 不答한대 操劫之하니 劭曰 子는 治世之能臣이요 亂世之姦雄②이라하니 操喜而去하다 後擧孝廉爲郎이러니 至是하여 平賊하고 遷濟南相하여 奏免長吏阿附贓汙者八人하다

---

31) 曹瞞傳 : 曹操에 대한 기록으로 ≪舊唐書≫ 〈經籍志 史部雜傳類〉에 보인다. 내용이 대부분 기괴하고 과장되어 신빙성이 떨어지는 것으로 알려져 있으며 完本은 전하지 않고 후대 문헌에 인용한 것이 散見될 뿐이다.

32) 世語 : ≪魏晉世語≫라고도 칭하는바, 晉나라 사람 郭頒이 지은 것으로 魏晉시대 名人들의 軼事를 모은 것인데, 이 역시 完本은 전하지 않고 후대 문헌에 인용한 것이 보일 뿐이다.

① 뒤에 州郡에 中正[33)]을 설치한 것이 이 月旦評에서 근본하였다.
後置州郡中正, 本於此.

② 〈"治世之能臣 亂世之姦雄"은〉 그 재주가 세상에 뛰어남을 말한 것이다. 천하가 다스려지면 재능을 다하여 세상의 쓰임이 되고, 천하가 어지러우면 지혜를 펴서 세상의 영웅이 되는 것이다.
言其才絶世也. 天下治, 則盡其能, 爲世用, 天下亂, 則逞其智, 爲時雄.

【目】 朱儁의 護軍司馬인 傅燮이 다음과 같이 上疏하였다.

"臣이 들으니, 천하의 禍는 밖에서 연유하지 않고 모두 안에서 일어난다 하였습니다. 이 때문에 虞舜이 먼저 四凶[34)]을 제거한 뒤에 16명의 相(보필하는 신하)을 등용하였으니, 악한 사람이 제거되지 않으면 선한 사람이 나올 길이 없음을 밝힌 것입니다. 지금 張角이 趙·魏 지역에서 일어나고 황건적이 6개의 州를 어지럽히니, 이는 모두 禍根이 궁중에서 나와 禍가 四海에까지 뻗친 것입니다.

臣이 황제의 말씀을 받들어 죄인들을 토벌할 적에 싸우면 승리하지 못한 적이 없으니, 황건적이 비록 기세가 치성하나 廟堂(조정)의 근심이 될 수 없습니다. 臣이 두려워하는 바는, 治水를 할 적에 그 근원부터 다스리지 않으면 하류로 갈수록 더욱 넓어질까 하는 것입니다. 설령 장각이 목이 잘려 죽임을 당하고 黃巾賊이 다른 옷으로 바꿔 입는다 하더라도, 臣의 우려는 비로소 더욱 깊어집니다. 어째서이겠습니까.

간사한 사람과 바른 사람이 國事를 함께할 수 없는 것은 바로 얼음과 숯불이 한 그릇에 함께할 수 없는 것과 같습니다. 저 소인들은 바른 사람의 공이 드러나고 자신들이 위태롭고 망할 조짐이 나타남을 알게 되면, 모두 공교하게 말을 꾸며서 함께 虛僞를 조장할 것이니, 만약 陛下께서 자세히 살피지 않으시면 忠臣들에게 장차 다시 杜郵의 죽음[35)]이 있을 것입니다. 陛下께서는 마땅히 四凶을 죄준 堯, 舜의 措處를 생각하시어 남

33) 中正 : 魏晉시대의 관리 임용제도인 九品中正制를 가리킨 것이다. 郡마다 中正을 설치하여 이들이 郡 안의 인재를 조사하여 재능과 덕행에 따라 1품에서 9품으로 나누었는데 이를 鄕品이라 한다. 이 향품에 따라 관리를 등용한 제도이다.

34) 四凶 : 堯임금 때의 네 명의 元兇으로, 共工, 驩兜(환도), 三苗(有苗의 군주), 鯀(곤)을 이른다. 舜임금이 섭정하면서 이들을 처형하였는바, 《書經》 〈虞書 舜典〉에 "共工을 幽洲에 유배하고 驩兜를 崇山에 留置하고 三苗를 三危에 몰아내고 鯀을 羽山에 가두어 네 사람을 죄주시니, 천하가 다 복종하였다.〔流共工于幽洲 放驩兜于崇山 竄三苗于三危 殛鯀于羽山 四罪而天下咸服〕"라고 보인다.

35) 杜郵의 죽음 : 충신이 무고하게 죽임을 당하는 것을 비유하는 말이다. 秦나라의 명장 白起가 昭王에게 불만을 품고 병을 핑계 대며 출전을 거부하다가, 마지못해 咸陽을 떠나 杜郵에 이르렀을 때 왕이 사신에게 보낸 칼을 받고 자결하였다. 이에 사람들이 충신이 억울하게 죽었다고 동정하면서 제사를 지내준 고사가 《史記》 권73 〈白起王翦列傳〉에 전한다.

을 모함하고 아첨하는 자에 대한 주벌을 속히 행하여야 하니, 이렇게 하시면 善人들이 조정에 나올 것을 생각하고 姦凶들이 저절로 사라질 것입니다."

이에 趙忠이 부섭을 미워하여, 부섭의 功이 封爵에 해당하였는데도 그를 참소하였다. 황제는 그래도 부섭의 말을 기억하여 그를 죄주지 않았으나, 또한 끝내 봉작을 내리지도 않았다.

◑ 朱儁의 護軍司馬傅燮이 上疏曰① 臣은 聞天下之禍 不由於外하고 皆興於內라 是故로 虞舜이 先除四凶然後에 用十六相하니 明惡人不去면 則善人無由進也②니이다 今張角이 起趙, 魏하고 黃巾이 亂六州하니 此皆釁(흔)發蕭墻하여 而禍延四海者也③라 臣이 奉辭伐罪하여 戰無不克하니 黃巾이 雖盛이나 不足爲廟堂憂也라 臣之所懼는 在於治水를 不自其源이면 末流彌增其廣이니이다 誠使張角梟夷하고 黃巾變服이라도 臣之所憂는 甫益深耳④니이다 何者오 夫邪正不宜共國은 亦猶冰炭不可同器니 彼知正人之功顯而危亡之兆見하면 皆將巧辭飾說하여 共長虛僞⑤하리니 若不詳察이면 忠臣이 將復有杜郵之戮⑥矣리이다 陛下宜思四罪之擧하사 速行讒佞之誅니 則善人思進하고 姦凶自息하리이다 趙忠이 惡(오)之하여 燮功當封이러니 忠이 讒之한대 帝猶識(지)燮言하여 不之罪라 然이나 亦竟不封也⑦하니라

① 護軍司馬는 司馬라는 관직이 되어 한 군대를 監護하게 한 것이다.
 護軍司馬, 官爲司馬而使監護一軍.
② 16명의 相은 禹, 稷, 契(설), 皐陶(고요), 伯益, 伯夷, 垂, 殳(수), 斨(장), 伯與, 夔, 龍, 朱, 虎, 熊, 羆(비)이다.[36)]
 十六相, 禹・稷・契・皐陶・伯益・伯夷・垂・殳・斨・伯與・夔・龍・朱・虎・熊・羆.
③ 위에서는 靑州・徐州・幽州・冀州・荊州・揚州・兗州・豫州로부터 다 호응하지 않는 이가 없다고 하였는데, 여기에서 6개 州라고 말한 것은 황건적이 처음 일어났을 때를 말한 것이다.
 上云自靑・徐・幽・冀・荊・揚・兗・豫莫不畢應. 此云六州, 蓋初起時也.
④ "梟夷"는 목을 베어 죽임을 이른다. "黃巾變服"은 황건적의 徒黨이 귀순하여 黃巾을 벗고 다시 세상 사람들이 입는 옷을 입음을 말한 것이다. 甫는 비로소이다.
 梟夷, 謂梟斬而誅夷之. 黃巾變服, 謂其黨歸順, 去其黃巾, 而復服時人之服也. 甫, 始也.
⑤ 彼는 환관을 이른다. 長(조장하다)은 知兩의 切이다.

36) 16명의……羆(비)이다 : 위의 16명은 ≪書經≫ 〈虞書 舜典〉에 보인다. 그러나 ≪資治通鑑≫ 註에는 ≪春秋左氏傳≫의 八元과 八凱를 들어 열여섯 명의 相이라고 하였다. 팔원은 高辛氏의 8명의 才子인 伯奮, 仲堪, 叔獻, 季仲, 伯虎, 仲熊, 叔豹, 季狸(계리)를 말하고, 팔개는 高陽氏의 8명의 재자인 蒼舒, 隤凱(퇴개), 檮戭(도연), 大臨, 尨降(방강), 庭堅, 仲容, 叔達을 말하는데, 舜임금이 정사를 맡았을 적에 이들을 堯임금에게 천거하여, 팔원에게는 교화를 맡기고 팔개에게는 토지를 주관하게 하였다.

彼, 指閹豎. 長, 知兩切.

⑥ 杜郵는 地名이니, 秦나라 白起가 이 두우에서 賜死되었다.
杜郵, 地名. 秦白起賜死於此.

⑦ 識는 音이 志이니, 기억함이다.
識, 音志, 記也.

【綱】 交阯의 관리와 백성들이 난을 일으키므로 賈琮을 刺史로 삼아서 평정하였다.

交阯吏民이 作亂이어늘 以賈琮爲刺史하여 平之하다

【目】 交阯에 진귀한 보화가 많이 생산되었는데, 前後의 刺史들이 대부분 깨끗한 행실이 없었다. 그러므로 관리와 백성들이 원망하다가 배반하여 刺史와 合浦太守를 포박하니, 三公府에서 賈琮을 선발하여 刺史로 삼았다.

가종이 部에 이르러 글을 돌려 백성들에게 告示해서 각각 그 재산과 생업을 편안하게 하고 흩어져 도망한 자들을 불러 어루만지며, 徭役을 면제하고 渠帥를 참수하고 훌륭한 관리를 선발하여 등용하니, 1년 사이에 난이 평정되어 백성들이 편안하였다.

이에 백성들이 노래 부르기를 "賈父가 늦게 와서 우리들로 하여금 먼저 배반하게 하였는데, 이제 깨끗하고 공평한 정사를 보니 아전들이 감히 백성의 집에서 밥을 먹지 못하네." 하였다.

交阯에 多珍貨하니 前後刺史 多無淸行이라 故로 吏民이 怨叛하여 執刺史及合浦太守하다 三府選賈琮爲刺史하니 琮이 到部하여 遺書告示하여 各使安其資業하고 招撫荒散하며 蠲復(견복)徭役하고 誅斬渠帥하며 簡選良吏하니 歲間에 蕩定하여 百姓이 以安이라 爲之歌曰 賈父來晩하여 使我先反이러니 今見淸平하니 吏不敢飯①이라하더라

① 飯(먹다)은 扶晩의 切이니, 〈"吏不敢飯"은〉 관리가 감히 백성의 집에 방문하여 밥 먹지 못함을 말한 것이다.
飯, 扶晩切. 言吏不敢過民家而飯也.

【綱】 盧植이 廣宗에서 張角을 포위하였는데 檻車로 소환하고 中郎將 董卓을 보내 대신하게 하였다.

盧植이 圍張角於廣宗이러니 檻車徵還하고 遣中郎將董卓하여 代之[37]하다

【目】盧植이 연달아 張角을 격파하여 10,000여 명을 참수하고 사로잡으니, 장각이 廣宗으로 도망하였다. 노식은 성을 쌓아 포위하고 참호를 깊게 파서 거의 광종을 함락시키게 되었는데, 황제가 小黃門 左豐을 보내 군대를 시찰하게 하였다.

좌풍이 노식에게 뇌물을 요구하였으나 얻지 못하고 돌아와서 황제에게 말하기를 "광종의 賊은 격파하기 쉽습니다. 그런데도 盧中郎(노식)은 보루를 굳게 지키고 군대를 쉬게 하면서 하늘이 토벌해주기만을 기다립니다." 하였다. 황제가 노하여 檻車로 노식을 불러 사형에서 한 등급을 낮춰 죄를 주고, 董卓을 보내 대신하게 하였다.

植이 連破張角하여 斬獲萬餘하니 角이 走廣宗①이어늘 植이 築圍鑿塹하여 垂當拔之②러니 帝遣小黃門左豐하여 視軍한대 求賂不得하고 還言於帝曰 廣宗賊이 易(이)破耳로되 盧中郎이 固壘息軍하여 以待天誅러이다 帝怒하여 檻車徵植하여 減死一等하고 遣卓代之하다

① 廣宗縣은 鉅鹿郡에 속하였다.
廣宗縣, 屬鉅鹿郡.
② 垂는 거의이다.
垂, 幾也.

【綱】가을 7월에 巴郡의 張脩가 배반하였다.

秋七月에 巴郡張脩反하다

【目】張脩는 요망한 방법으로 사람들을 위하여 병을 치료해주었는데, 그 방법이 거의 張角과 똑같았다. 또 병자의 집안으로 하여금 다섯 말의 쌀을 내게 하여 자신을 五斗米師라 이름하고 무리를 모아 郡縣을 도둑질하니, 당시 사람들이 그들을 일러 米賊이라고 하였다.

脩以妖術로 爲人療病①하니 其法이 略與張角同이라 令病家로 出五斗米하여 號五斗米師라하고 聚衆寇郡縣하니 時人이 謂之米賊이라하니라

① 爲(위하다)는 去聲이다.

---

37) 盧植……代之 : "적을 포위하였는데 '소환하였다.'라고 쓴 것은 漢나라를 나쁘게 여긴 것이요, '檻車'를 쓴 것은 매우 나쁘게 여긴 것이다.〔圍 書徵還 病漢也 書檻車 甚病之〕" ≪書法≫

爲, 去聲.

【綱】 8월에 皇甫嵩을 보내 張角을 토벌하게 하였는데, 장각은 이미 죽은 뒤였다. 겨울 10월에 황보숭이 장각의 아우 張梁, 張寶와 싸워서 모두 격파하여 참수하니, 황보숭을 車騎將軍으로 삼아 冀州牧을 겸하게 하였다.

八月에 **遣皇甫嵩**하여 **討張角**이러니 **角**이 **死**하다 **冬十月**에 **與角弟梁, 寶戰**하여 **皆破斬之**하니 **以嵩爲車騎將軍**하여 **領冀州牧**하다

【目】 董卓이 功을 세우지 못하여 죄를 받게 되니, 마침내 詔令을 내려 皇甫嵩을 보냈다. 이때 張角이 이미 병들어 죽었으므로, 황보숭은 그의 아우 張梁과 싸웠는데, 장량의 군대가 정예롭고 용맹하여 이기지 못하였다. 황보숭은 營門을 닫고 병사들을 휴식시키고는 적이 조금 해이해지기를 엿보아 밤을 틈타 몰래 군대를 무장하고서 첫닭이 울 무렵 적진으로 달려가서 저녁때까지 싸워 적을 크게 격파하여 장량을 참수하고 30,000명의 수급을 얻었으며 溺死한 자가 50,000명이었다.

장각의 棺을 쪼개 그의 수급을 파발마로 京師에 보내고, 또 下曲陽에서 장량의 아우 張寶를 공격하여 그를 참수하고 10여만 명을 참수하거나 포획하였다. 황보숭은 士卒들을 따뜻이 대하고 구휼하여, 매번 군대가 출동하여 유숙할 적에 모름지기 진영과 천막이 세워진 뒤에야 자기 막사로 나아가고, 병사들이 모두 밥을 먹어야(이와 같아야) 비로소 밥을 먹었다. 그러므로 향하는 곳마다 功이 있었다.

董卓이 以無功抵罪하니 乃詔遣嵩하다 時에 角이 已病死라 嵩이 與其弟梁戰하니 梁衆이 精勇하여 嵩이 不能克이라 乃閉營休士하고 伺賊小懈하여 潛夜勒兵하여 鷄鳴에 馳赴其陳하여 戰至晡時하여 大破之하여 斬梁하고 獲首三萬하고 溺死五萬人이러라 剖角棺하여 傳首京師하고 復攻梁弟寶於下曲陽하여 斬之하고 斬獲十餘萬人①하다 嵩이 能溫卹士卒②하여 每軍行頓止에 須營幔修立然後에 就舍하고 軍士皆食에 爾乃嘗飯이라 故로 所嚮有功③이러라

① 下曲陽縣은 鉅鹿郡에 속하니, 常山郡에 上曲陽이 있기 때문에 여기서는 下曲陽이라고 칭한 것이다.
下曲陽縣, 屬鉅鹿郡, 以常山有上曲陽, 故此稱下.

② "溫卹"은 따뜻이 위로하고 우대하여 구휼한 것이다.
溫卹, 溫存優卹也.

③ 爾는 이와 같음이다.
爾, 如此也.

【綱】 先零羌과 涼州의 도적 떼인 北宮伯玉 등이 배반하였다.

先零羌及涼州群盜北宮伯玉等이 反하다

【目】 北地의 先零羌과 枹罕과 河關의 도적 떼가 배반하여 함께 湟中의 義從胡(漢나라에 귀의한 오랑캐)인 北宮伯玉을 세워 將軍으로 삼았다. 金城 사람 邊章과 韓遂가 평소 西州에서 명성이 있었는데, 도적 떼가 이들을 유인하고 위협해서 軍政을 전담하게 하고는, 太守를 죽이고 州郡에 불을 질렀다.

北地先零羌及枹罕, 河關群盜反①하여 共立湟中義從胡北宮伯玉爲將軍②하다 金城人邊章, 韓遂 素著名西州러니 群盜誘而劫之하여 使專任軍政하고 殺太守하고 燒州郡하다

① 枹罕과 河關 두 縣은 모두 隴西郡에 속하였다.
枹罕·河關二縣, 皆屬隴西郡.
② 北宮은 複姓이다.
北宮, 複姓.

【目】 처음에 武威太守가 權臣과 貴戚들의 권세를 믿고 탐욕스럽고 포악한 짓을 자행하자, 涼州從事 蘇正和가 그의 죄를 조사하여 아뢰니, 刺史 梁鵠이 두려워하여 소정화를 죽여 자기의 책임을 벗어나고자 해서 漢陽長史 蓋勳(갑훈)에게 물었다.

갑훈은 평소 소정화와 원한이 있었다. 혹자가 갑훈에게 이 일로 원한을 갚으라고 권하자, 갑훈이 말하기를 "일을 도모하면서 선량한 사람을 죽이는 것은 忠이 아니요, 남의 위태로움을 틈타는 것은 仁이 아니다." 하고는, 마침내 양곡에게 간하기를 "매와 새매에게 끈을 매달아 먹이를 먹이는 것은 새들을 잡기를 바라서이니, 새들을 잡는다고 해서 매를 삶아 죽인다면, 장차 어디에 쓰겠습니까." 하니, 양곡이 마침내 중지하였다.

소정화가 갑훈에게 사례하러 찾아가자, 갑훈은 만나주지 않고 말하기를 "나는 使君(양곡)을 위하여 도모한 것이요, 소정화를 위한 것이 아니다." 하고는 여전히 소정화에 대한 원한을 풀지 않았다.

初에 武威太守 倚恃權貴하여 恣行貪暴①어늘 涼州從事蘇正和 案致其罪하니 刺史梁鵠이 懼하여

欲殺正和以自解하여 訪於漢陽長史蓋勳②하다 勳이 素與正和有仇라 或勸勳因此報之한대 勳曰 謀事殺良은 非忠也요 乘人之危는 非仁也③라하고 乃諫鵠曰 夫紲食(설사)鷹隼은 欲其鷙(지)也니 鷙而亨(팽)之면 將何用哉리오 鵠이 乃止④하다 正和詣勳求謝한대 勳이 不見曰 吾爲使君謀요 非爲正和也라하고 怨之如初⑤러라

① 武威太守는 史書에 그 姓名이 遺失되었다.
武威太守, 史失其姓名.

② ≪續漢書≫에 "郡의 太守는 丞 한 명을 두니, 변경에 戍자리할 곳에서는 丞을 長史라 칭한다." 하였다.
續漢書 "郡太守置丞一人, 當邊戍者, 丞爲長史."

③ "殺良"은 忠良한 선비를 살해함을 이른다.
殺良, 爲殺害忠良之士.

④ 紲은 맴이다. 食(먹이다)는 飤로 읽는다. 鷙는 잡음이니, 여러 새를 복종시켜 잡음을 취한 것이다. 亨(삶다)은 烹으로 읽는다.
紲, 繫也. 食, 讀曰(飮)〔飤(사)〕.[38] 鷙, 執也, 取其能服執衆鳥. 亨, 讀作烹.

⑤ 爲(위하다)는 去聲이다.
爲, 去聲.

【目】 뒤에 刺史 左昌이 군량 수십만 石을 도둑질하자, 蓋勳이 이를 諫하였다. 좌창이 노하여 갑훈으로 하여금 從事(辛曾)와 함께 따로 河陽(阿陽)에 주둔하여 적을 막게 하고는 군대의 일로 갑훈을 처벌하고자 하였으나, 갑훈이 싸울 때마다 功이 있었다.

이때에 도적 떼가 좌창을 冀縣에서 포위하니, 좌창이 갑훈 등을 불러 자기를 구원하게 하였으나, 從事가 주저하며 달려가려 하지 않았다. 갑훈이 노하여 말하기를 "옛날에 莊賈가 약속 시간보다 뒤늦게 오자 司馬穰苴가 칼을 뽑아 죽였으니, 지금의 從事가 어찌 옛날의 監軍보다 중하겠는가." 하니, 從事가 두려워하여 따랐다.

後에 刺史左昌이 盜軍穀數十萬①이어늘 勳이 諫之하니 昌이 怒하여 使與從事로 別屯河陽以拒賊하고 欲以軍事罪之로되 而勳이 戰輒有功②이러라 至是하여 群盜圍昌於冀③하니 昌이 召勳等自救한대 從事疑不肯赴라 勳怒曰 昔에 莊賈後期에 穰苴奮劍④하니 今之從事 豈重於古之監軍哉아하니 從事懼而從之하다

① 〈"數十萬"은〉 ≪後漢書≫ 〈蓋勳傳〉에 "數千萬"으로 되어 있다.
勳傳, 作數千萬.

38) (飮)〔飤(사)〕: 저본에는 '飮'으로 되어 있으나, ≪資治通鑑≫ 註에 의거하여 '飤'로 바로잡았다.

② 河陽은 ≪資治通鑑≫에 阿陽으로 되어 있으니, 阿陽縣은 漢陽郡에 속하였다.
河陽, 通鑑, 作阿陽. 阿陽縣, 屬漢陽郡.

③ ≪漢書≫ 〈地理志〉에 "天水郡에 冀縣이 있으니, 明帝가 天水郡을 고쳐 漢陽郡이라 하였다." 하였다.
漢書地理志 "天水郡, 有冀縣, 明帝改天水爲漢陽."

④ 齊 景公 때에 燕나라와 晉나라가 연합하여 齊나라를 침략하자, 景公이 司馬穰苴를 장수로 삼아 이들을 막게 하고, 인하여 총애하는 신하인 莊賈로 하여금 監軍(군대를 감독하는 일)하게 하였다. 장가는 사마양저와 아침에 모이기로 약속하였는데, 평소 교만하고 귀하게 굴던 장가는 저녁때가 되어서야 왔다. 사마양저가 군법을 맡은 軍正을 불러 묻기를 "軍法에 약속보다 뒤늦게 온 자는 어떻게 처벌하라고 되어 있는가?" 하자, 대답하기를 "마땅히 참형에 처해야 한다 하였습니다." 하니, 마침내 장가를 목 베어 三軍에 조리돌렸다.
齊景公時, 燕·晉侵齊, 景公以司馬穰苴爲將, 禦之, 仍令寵臣莊賈監軍. 與穰苴期旦日會, 賈素驕貴, 夕時乃至. 穰苴召軍正, 問曰 "軍法, 期而後者, 云何." 對曰 "當斬." 遂斬賈以徇三軍.

【目】 蓋勳이 冀縣에 도착하여 도적 떼를 꾸짖자, 도적들이 마침내 포위를 풀고 떠나갔다. 갑훈이 또 畜官(휵관)에서 校尉 夏育을 구하려고 하다가 羌族들에게 패하였다. 갑훈은 남은 무리가 100명이 채 못 되고 몸에 세 군데의 상처를 입었으나 꼿꼿이 앉아 동요하지 않으니, 羌族의 추장인 滇吾(전오)가 몸으로 여러 사람들을 막으며 말하기를 "蓋長史는 어진 사람이다. 너희들이 그를 죽이면 하늘을 저버리는 것이다." 하였다.

갑훈이 하늘을 우러러 오랑캐들을 꾸짖고, 전오가 말에서 내려 말을 갑훈에게 주었으나 갑훈이 말에 오르려 하지 않으니, 여러 羌族들은 그의 의리와 용기에 감복하여 그를 漢陽으로 송환하였다.

勳이 至하여 誚讓群盜한대 乃解圍去어늘 勳이 遂救校尉夏育於畜官이라가 爲羌所敗[①]하다 勳餘衆이 不及百人이요 身被三創이로되 堅坐不動하니 羌滇吾以身扞衆曰[②] 蓋長史는 賢人이라 汝曹殺之면 爲負天이니라 勳이 仰罵之하고 滇吾下馬與勳이로되 勳이 不肯上하니 群羌이 服其義勇하여 送還漢陽하다

① 畜(사육하다)은 許救의 切이다. ≪漢書≫의 音義에 "右扶風은 가축을 먹이는 목장이 있는 곳이니, 가축을 기르는 苑師의 등속이 있으므로 畜官이라 한다." 하였다.
畜, 許救切. 前書音義曰 "右扶風, 畜牧所在, 有苑師之屬, 故曰畜官."

② 滇은 音이 顚이다. 滇吾는 羌族의 추장 이름이니, 평소 蓋勳에게서 厚待를 받았다.
滇, 音顚. 滇吾, 羌酋名, 素爲勳所厚.

【綱】朱儁이 南陽의 黃巾賊을 공격하여 연달아 격파하였다.

朱儁이 擊南陽黃巾하여 連破之하다

【目】南陽에 있는 황건적의 잔당들이 다시 趙弘을 장수로 삼아서 군대 수십만 명이 宛城을 점거하였다. 朱儁이 이들을 포위하였으나 함락하지 못하니, 有司가 주준을 소환할 것을 아뢰었다. 司空 張溫이 말하기를 "적군을 대하여 전쟁을 하는 도중에 장군을 바꾸는 것은 兵家에서 꺼리는 바입니다. 마땅히 시간을 더 주어서 그가 功을 이룰 수 있도록 책임 지워야 합니다." 하니, 황제가 이에 중지하였다.

南陽黃巾餘黨이 更以趙弘爲帥하여 衆十餘萬이 據宛城이어늘 朱儁이 圍之不拔하니 有司奏徵儁한대 司空張溫曰 臨軍易將은 兵家所忌라 宜假日月하여 責其成功이니이다 帝乃止하다

【目】朱儁이 趙弘을 공격하여 참수하니, 적장인 韓忠이 다시 宛城을 점거하고 주준에게 항거하였다. 주준이 북을 울리고 완성의 서남쪽을 공격하자, 적들이 모든 병력을 동원하여 그곳으로 달려왔다. 주준이 직접 정예병을 거느리고 동북쪽을 공격하여 성을 타고 올라가 入城하니, 한충이 마침내 작은 성으로 후퇴하여 지키면서 항복을 청하였다.

여러 장수들이 항복을 받아주고자 하였는데, 주준이 다음과 같이 말하였다.

"전쟁에는 진실로 形象은 똑같으나 情勢는 다른 것이 있다. 옛날 秦나라와 項羽의 때에는 백성들이 정해진 군주가 없었으므로 자신을 따르는 자에게 상을 주어 항복해오는 자들을 권면하였다. 그러나 지금은 통일된 천하에 오직 황건적이 반역을 하니, 항복을 받아들이면 善한 사람을 권면할 수 없고 다시 반역하는 뜻을 열어주게 된다. 그리하여 적들이 이로우면 나와 싸우고 불리하면 항복을 청할 것이니, 적을 풀어주고 도둑을 자라게 하는 것은 좋은 계책이 아니다."

주준은 인하여 급히 공격하였으나, 이기지 못하였다.

儁이 擊弘斬之하니 賊帥韓忠이 復據宛拒儁이어늘 儁이 鳴鼓攻其西南한대 賊이 悉衆赴之라 儁이 自將精卒하여 掩其東北하여 乘城而入하니 忠이 乃退保小城하여 乞降하다 諸將이 欲聽之러니 儁曰 兵固有形同而勢異者라 昔秦, 項之際에 民無定主라 故로 賞附以勸來耳①어니와 今海內一統에 唯黃(中)〔巾〕[39]造逆하니 納降이면 無以勸善이요 而更開逆意하여 使賊으로 利則進戰하고 鈍則乞降하니 縱敵長寇는 非良計也②라하고 因急攻不克하다

39) (中)〔巾〕: 저본에는 '中'으로 되어 있으나, ≪資治通鑑≫에 의거하여 '巾'으로 바로잡았다.

① 〈"賞附以勸來耳"는〉 자신을 따르는 자에게 賞을 주어서 항복해오는 자들을 권면함을 이른다.
謂附者賞之, 來者勸之也.
② 長(조장하다)은 知兩의 切이다.
長, 知兩切.

【目】朱儁이 土山에 올라가 적의 형세를 바라보고 司馬인 張超를 돌아보며 다음과 같이 말하였다.

"내 〈적을 이기지 못하는 이유를〉 알았다. 적은 지금 밖으로는 포위망이 매우 견고하고 안으로는 진영이 위태롭다. 그런데 항복을 청하여도 우리가 받아주지 않고 나가고자 하여도 나갈 수가 없다. 이 때문에 결사적으로 싸우는 것이니, 10,000명이 한마음이 되어도 오히려 당해낼 수가 없는데 하물며 10만 명임에랴. 우리가 포위망을 풀고 군대를 모아 성안으로 들어가는 것만 못하니, 韓忠은 포위망이 풀린 것을 보면 형편상 반드시 스스로 나올 것이다. 스스로 나오면 뜻이 흩어질 것이니, 이것이 쉽게 격파하는 방법이다."

이윽고 주준이 포위를 풀자 한충이 과연 나와 싸우니, 주준이 이 틈을 타 공격하여 대파하고 참수하였다.

登土山望之하고 顧謂司馬張超曰 吾知之矣로라 賊今外圍周固하고 內營逼急하니 乞降不受하고 欲出不得하여 所以死戰也니 萬人一心에도 猶不可當이어든 況十萬乎아 不如徹圍하고 幷兵入城①이니 忠見圍解하면 勢必自出이라 自出則意散이니 易(이)破之道也라하니라 旣而요 解圍한대 忠이 果出戰이어늘 儁이 因擊하여 大破斬之하다

① "徹圍"는 營寨(주둔하고 있던 軍營)를 철거하는 것이다.
徹圍, 徹去營寨.

【目】적의 남은 무리가 또다시 孫夏를 장수로 받들어서 다시 宛城에 주둔하였다. 朱儁이 급히 공격할 적에 司馬인 孫堅이 병력을 이끌고 먼저 올라가서 성을 함락하니, 손하가 패주하였다. 주준이 추격하여 격파하니, 이에 황건적이 격파되어 흩어졌고, 그 나머지 州郡에서 죽인 황건적이 郡마다 수천 명이었다.

餘衆이 復奉孫夏爲帥하여 還屯宛이어늘 儁이 急攻之할새 司馬孫堅이 率衆先登하여 拔城하니 夏走라 儁이 追破之하니 於是에 黃巾破散하고 其餘州郡所誅가 一郡數千人이러라

【綱】 豫州刺史 王允이 황건적을 토벌하여 격파하였는데, 불러들여 下獄하였다가 사형을 減하는 것으로 논죄하였다.

豫州刺史王允이 **討黃巾**하여 **破之**러니 **徵下獄**이라가 **減死論**[40]하다

【目】 王允이 황건적을 격파하고 張讓의 賓客이 황건적과 내통한 글을 올렸다. 황제가 노하여 장양을 책망하였으나 끝내 죄를 주지 못하니, 장양이 이로 말미암아 다른 일로 왕윤을 中傷해서 下獄시켰다. 마침 왕윤이 사면을 받아 옛 관직으로 돌아갔다가 열흘 사이에 다시 다른 죄로 체포되었다. 楊賜가 그로 하여금 다시 고문을 받아 모욕을 당하게 하고 싶지 않아서 客을 보내 말하기를 "장양이 흉악하여 측량하기 어려우니, 부디 깊이 계책하라." 하였다.

從事들 중에 기개와 결단을 좋아하는 자들이 함께 눈물을 흘리며 독약을 받들어 올리자, 왕윤이 큰 소리로 말하기를 "내 신하가 되어서 군주에게 죄를 얻었으니, 마땅히 大辟(사형)을 받아 天下에 사죄해야 한다. 어찌 독약을 먹고 죽기를 구한단 말인가." 하고는 약 그릇을 던지고 일어나서 檻車로 나아갔다. 廷尉에게 이르자, 大將軍 何進이 楊賜, 袁隗와 함께 청하여 사형을 감하는 것으로 논죄하였다.

允이 **破黃巾**하고 **得張讓賓客書與黃巾交通**하여 **上之**한대 **帝責怒讓**호되 **竟不能罪也**하니 **讓**이 **由是**로 **以事中允**하여 **下獄**①하다 **會**에 **赦**하여 **還故官**이러니 **旬日間**에 **復以他罪捕**하니 **楊賜不欲使更**(경)**楚辱**②하여 **遣客謝之曰 張讓**이 **凶悪難量**하니 **幸爲深計**③하라 **諸從事好氣決者 共流涕奉藥而進之**④한대 **允**이 **厲聲曰 吾爲人臣**하여 **獲罪於君**하니 **當伏大辟**하여 **以謝天下**라 **豈有乳**[41]**藥求死乎**⑤아하고 **投杯而起**하여 **出就檻車**러니 **既至廷尉**에 **大將軍進**이 **與楊賜, 袁隗共請之**하여 **得減死論**하다

① 中은 竹仲의 切이니, 中傷함이다.
中, 竹仲切, 中傷也.

---

40) 豫州刺史王允……減死論 : "建武 18년(42)에 州牧을 파하고 刺史를 둠으로부터 이때까지 150여 년이 되었는데, 刺史를 쓴 경우는 張喬, 李固, 尹耀, 朱穆, 夏方, 度尙, 朱儁, 賈琮, 王允 등 몇 사람일 뿐이다. 中平 5년(188)에 州牧을 더 설치한 뒤에 州牧과 刺史가 너무 많아 다 쓸 수가 없을 정도였으나, 관직을 잘 수행했다고 쓴 경우는 드물다.〔自建武十八年罷州牧 置刺史 至是百五十餘年 書刺史者 張喬李固尹耀朱穆夏方度尙朱儁賈琮王允數人而已 五年增置州牧 而後牧與刺史不可勝書 其以稱職書者鮮矣〕" ≪書法≫

41) 乳 : 저본 및 ≪後漢書≫와 ≪資治通鑑≫에는 '乳'로 되어 있으나, 아래 訓義 ⑤에 의거하여 '咀'로 번역하였다.

② 更은 거침이다. "楚辱"은 매질하여 치욕을 줌을 이른다.
更, 經也. 楚辱, 謂箠楚恥辱之.

③ "凶慝難量"은 흉악하고 완악하여 측량할 수가 없음을 이른다. "深計"는 스스로 죽게 함을 이른다.
凶慝難量, 謂凶頑惡慝, 不可測量. 深計, 謂令自死.

④ "好氣決者"는 豪氣가 있어서 과감하게 결단하기를 좋아하는 자이다.
好氣決者, 有豪氣而好果決者.

⑤ 乳는 마땅히 咀가 되어야 하니, 마심이다.
乳, 當作咀, 嚼也.

乙丑年(185)

【綱】 漢나라 孝靈皇帝 中平 2년이다. 봄 정월에 역병이 크게 유행하였다.

二年이라 春正月에 大疫[42]하다

【綱】 2월에 南宮의 雲臺에 화재가 났다.

◑ 二月에 南宮雲臺災하다

【目】 張讓과 趙忠이 황제를 설득하여 천하의 토지에 畝마다 10錢을 거두어서 宮室을 수리하고 銅人(구리로 주조한 人形)을 주조하게 하자, 樂安太守 陸康이 上疏하여 다음과 같이 諫하였다.

"옛날에 魯 宣公이 畝에 課稅를 하자 메뚜기로 인한 재해가 일어났고, 哀公이 세금을 더 올리려 하자 孔子의 문하에서 비난하였으니, 어찌 백성들의 물건을 거두어 빼앗아서 쓸데없는 銅人을 만들고 聖人의 경계를 버려서 멸망한 왕의 법을 스스로 따를 수 있겠습니까."

이에 궁중에서 총애 받는 자들이, 육강이 망한 나라를 끌어다가 인용하여 聖明한 군주에 비유하였으니 大不敬의 죄를 범하였다고 참소하자, 檻車로 불러서 廷尉에게 보냈

42) 大疫 : "≪資治通鑑綱目≫에 역병을 쓴 것이 15번이고 역병이 크게 유행했다고 쓴 것이 11번인데 靈帝 때 다섯 번을 썼으니, 백성들의 고통을 알 수 있다. 그러나 災異를 구제한다는 정사를 듣지 못했으니, 靈帝가 靈帝가 됨이 당연하다.〔綱目 書疫十有五 其書大者十一 靈帝凡五書焉 民可知矣 而未聞救災之政 靈之爲靈 宜哉〕" ≪書法≫

다. 侍御史 劉岱가 아뢰어 석방되었는데 면직되어 田里로 돌아가니, 육강은 陸續의 손자이다.

張讓, 趙忠이 說(세)帝하여 斂天下田에 畝十錢하여 以修宮室하고 鑄銅人한대 樂安太守陸康이 上疏諫曰 昔에 魯宣稅畝에 而蝝(연)災自生[①]하고 哀公增賦에 而孔門非之[②]하니 豈有聚奪民物하여 以營無用之銅人하고 捐捨聖戒하여 自蹈亡王之法哉[③]잇가 內倖이 譖康援引亡國하여 以譬聖明하니 大不敬이라한대 檻車徵詣廷尉러니 侍御史劉岱 奏陳解釋하여 得免歸田里하니 康은 續之孫也라

① ≪春秋≫에 "魯 宣公 15년 가을에 처음 畝에 세를 거두었는데, 겨울에 메뚜기의 재해가 발생하여 기근이 들었다." 하였다. 蝝은 余專의 切이니, 메뚜기의 새끼이다.
春秋"魯宣公十五年秋, 初稅畝, 冬蝝生饑." 蝝, 余專切, 蝨子也.

② ≪春秋左氏傳≫ 哀公 11년에 "季孫氏가 田賦를 더 거두고자 하여 冉有로 하여금 仲尼(孔子)에게 묻게 하였는데, 중니가 염유에게 사사로이 말씀하기를 '그대의 季孫氏가 만약 옛법을 행하고자 한다면 周公의 법전이 남아 있고, 만약 구차히 畝에 課稅를 하고자 한다면 또 어찌 나에게 물을 것이 있겠는가.' 하였다." 하였다.
左傳"季孫欲以田賦, 使冉有訪諸仲尼, 仲尼私於冉有曰 子季孫若欲行而法, 則周公之典在, 若欲苟而行, 又何訪焉."

③ 멸망한 왕은 秦 始皇을 이르니, 秦 始皇은 12개의 銅人을 주조하여 끝내 멸망을 불러왔다.
亡王, 謂秦始皇, 鑄銅人十二, 卒致滅亡也.

【目】 또다시 詔令을 내려서 州郡의 材木과 文石(무늬 있는 돌)을 징발하였는데, 〈宦官인〉 黃門과 常侍가 번번이 규격에 맞지 않는 것을 꾸짖고서 인하여 강제로 값을 깎아 헐값으로 자신들이 사들이니, 州郡에서는 겨우 본래 가격의 10분의 1을 얻고 또다시 구입하여 바쳤다. 규격에 맞는 것도 즉시 받아주지 않으니, 材木이 쌓여 썩어서 宮室이 해가 지나도록 완성되지 못하였다. 刺史와 太守가 또 이를 틈타 사사로이 세금을 더 거두니, 백성들이 슬피 탄식하였다.

또 西園의 騶를 길을 나누어 州郡에 보내 독촉하게 하니 州郡들을 두렵게 하고 동요시켜 뇌물을 많이 받았고, 州牧과 郡守 그리고 茂材와 孝廉을 승진시키거나 선발할 적에도 모두 助軍錢(군대를 돕는 돈)과 修宮錢(궁전을 수리하는 돈)을 요구하였으며, 마땅히 관직에 부임해야 하는 자들도 먼저 西園에 가서 값을 흥정한 뒤에야 부임할 수 있었다.

又詔發州郡材木文石하니 黃門, 常侍 輒令譴呵不中者하여 因强折賤買하니 僅得本賈(가)十一[①]이요 復貨之[②]하고 中者도 亦不卽受하니 材木이 腐積하여 宮室이 連年不成하고 刺史, 太守 復增私調하니 百姓이 呼嗟[③]러라 又令西園騶로 分道督趣(촉)하니 恐動州郡하여 多受賕賂[④]하고 牧守, 茂

材, 孝廉遷除에 皆責助軍, 修宮錢하고 當之官者 皆先至西園諧價然後에 得去[⑤]러라

① 中(맞다)은 去聲이다. 賈는 價로 읽는다. "十一"은 10분의 1을 이른다.
中, 去聲. 賈, 讀曰價. 十一, 謂十分之一.
② 여기에서 句를 뗀다.
句.
③ 調(조발하다)는 徒弔의 切이다.
調, 徒弔切
④ 騶는 말을 기르는 사람이다. 趣(독촉하다)은 促으로 읽는다.
騶, 養馬人也. 趣, 讀曰促.
⑤ 諧는 평가하고 논하여 그 값을 정함을 이른다.
諧, 謂平論定其價也.

【目】鉅鹿太守 司馬直이 청렴하다는 명성이 있다 하여 값을 줄여 300만 錢을 내게 하니, 사마직이 서글퍼하며 말하기를 "백성의 부모가 되어서 도리어 백성들에게 苛斂誅求하여 세상의 요구에 영합하는 것은 내 차마 못하겠다." 하고는 병을 칭탁하고 사직하였으나, 들어주지 않았다.

그는 부임하러 가다가 孟津에 이르러 上書하여 〈賣官하는 잘못을〉 지극히 말하고는, 독약을 마시고 자살하였다. 사마직의 글을 아뢰자, 황제가 이 때문에 잠시 修宮錢의 징수를 중지하였다.

鉅鹿太守司馬直이 以有淸名이라하여 減責三百萬하니 直이 悵然曰 爲民父母而反割剝百姓하여 以稱時求는 吾不忍也라하고 辭疾호되 不聽[①]이라 行至孟津하여 上書極言하고 呑藥自殺하니 書奏에 帝爲暫絶修宮錢[②]하다

① 稱(부합, 영합하다)은 尺證의 切이다.
稱, 尺證切.
② 爲(때문)는 去聲이다.
爲, 去聲.

【綱】黑山賊 褚燕이 항복하였다.

黑山賊褚燕이 降하다

【目】 張角의 난리가 있은 뒤로부터 도처에서 도적이 함께 일어나니, 博陵의 張牛角, 常山의 褚飛燕과 黃龍, 左校, 于氐根, 張白騎, 劉石, 左髭丈八(좌자장팔), 平漢大計, 司隷緣城, 雷公, 浮雲, 白雀, 楊鳳, 于毒, 五鹿, 李大目, 白繞, 眭固(수고), 苦蝤(고추) 등의 무리를 이루 다 셀 수가 없었다.

장우각이 죽을 적에 그 무리로 하여금 저비연을 받들어 우두머리로 삼게 하니, 무리가 점점 많아져서 거의 백만 명이 되었는데, 이들을 黑山賊이라 이름하였다. 河北 지방이 모두 그 폐해를 입었으나 朝廷이 토벌하지 못하였는데, 저비연이 사자를 보내 항복을 청하자, 마침내 저비연을 平難中郞將으로 제수하여 河北의 여러 산골짜기의 일을 관장하게 하였다.

自張角之亂으로 所在에 盜賊幷起하니 博陵張牛角, 常山褚飛燕① 及黃龍, 左校,② 于氐根, 張白騎,③ 劉石, 左髭丈八, 平漢大計, 司隷緣城,④ 雷公, 浮雲, 白雀, 楊鳳, 于毒, 五鹿, 李大目,⑤ 白繞, 眭固, 苦蝤之徒 不可勝數⑥러라 張牛角死에 令其衆으로 奉飛燕爲帥하니 部衆이 寖廣하여 殆至百萬하여 號黑山賊⑦이라하니 河北이 竝被其害로되 朝廷이 不能討러니 燕이 乃遣使乞降이어늘 遂拜燕平難中郞將하여 使領河北諸山谷事하다

① 褚는 姓이고, 燕은 이름이니, 몸이 가볍고 용맹하며 빠르기 때문에 軍中에서 號를 飛燕이라 하였다.
褚, 姓. 燕, 名也. 輕勇趫捷, 故軍中號曰飛燕.

② 〈"黃龍左校"는〉 ≪後漢書≫ 〈朱儁傳〉에 "黑山의 黃龍과 白波의 左校이다." 하였다.
朱儁傳 "黑山黃龍・白波左校."

③ ≪後漢書≫ 〈朱儁傳〉에 "수염이 많은 자를 于氐根이라 하고, 白馬를 타는 자를 張白騎라 한다." 하였는데, 註에 "≪春秋左氏傳≫ 宣公 2년에 '于思于思'라 하였는데, 杜預가 이르기를 '于思는 수염이 많은 모양이다.' 하였다." 하였다.
朱儁傳 "多髭者, 號于氐根. 騎白馬者, 爲張白騎." 註曰 "左傳 '于思于思.' 杜預云 '于思, 多須之貌.'"

④ 劉石은 도적의 호칭이고, 左髭丈八도 도적의 호칭이다. ≪後漢書≫ 〈袁紹傳〉에 "도적 중에 陶升이라는 자가 있었는데, 스스로 平漢將軍이라고 칭하였다." 하였다. 大計는 ≪九州春秋≫[43]에는 大洪으로 되어 있다. 緣城은 ≪後漢書≫ 〈朱儁傳〉에는 掾哉로 되어 있다.
劉石, 賊名號. 左髭丈八, 亦名號. 袁紹傳 "賊有陶升者, 自號平漢將軍." 大計, 九州春秋, 作大洪. 緣城, 朱儁傳, 作掾哉.

⑤ 浮雲, 白雀, 楊鳳은 세 사람의 칭호이다. ≪後漢書≫ 〈袁紹傳〉에는 "黑山賊 于毒"이라고 하

---

43) 九州春秋 : 晉나라의 司馬彪(?~306)가 지은 史書로 後漢 말엽에 할거한 軍閥들의 역사를 기록한 내용인데 完本은 현재 전하지 않고 각종 문헌에 인용된 내용이 散見된다.

였다. ≪後漢書≫ 〈朱儁傳〉에 "목소리가 큰 자를 雷公이라 칭하고, 눈이 큰 자를 大目이라 한다." 하였다.

浮雲・白雀・楊鳳, 三人名號. 袁紹傳"黑山賊于毒." 朱儁傳"大聲者, 稱雷公. 大眼者, 爲大目."

⑥ 白繞는 사람의 姓名이다. 眭는 息隨의 切이니, 姓이다. 蝤는 才由의 切이니, 苦蝤 또한 도적의 이름이다.

白繞, 姓名. 眭, 息隨切, 姓也. 蝤, 才由切. 苦蝤, 亦賊名.

⑦ 杜佑가 말하기를, "衛州의 衛縣은 漢나라의 朝歌縣이니, 紂王이 도읍한 朝歌가 지금의 衛縣 서쪽에 있으며, 縣의 서북쪽에 黑山이 있다." 하였다.

杜佑曰"衛州衛縣, 漢朝歌縣也. 紂都朝歌, 在今縣西. 縣西北, 有黑山."

【綱】 3월에 崔烈을 司徒로 삼았다.

三月에 以崔烈로 爲司徒하다

【目】 이때 三公이 왕왕 常侍와 황제의 阿保를 통하여 西園에 돈을 바치고 관직을 얻으니, 段熲과 張溫 등이 공로와 명예가 있었는데도 먼저 환관들에게 뇌물을 바쳤다. 崔烈은 본래 冀州의 名士였는데, 이때 傅母(保母)를 통하여 500만 錢을 바쳐 司徒가 되니, 명성이 크게 줄어들었다.

時에 三公이 往往因常侍, 阿保하여 入錢西園而得之①하니 段熲, 張溫等이 雖有功勤名譽나 然亦先輸貨財라 烈은 本冀州名士②러니 至是하여 因傅母하여 入錢五百萬이라 故로 得爲司徒하니 而聲譽頓衰하다

① 阿保는 阿母와 保母를 이른다.

阿保, 謂阿母・保母也.

② 崔烈은 崔寔의 從兄이다.

烈, 寔之從兄也.

【綱】 北宮伯玉 등이 三輔 지방을 침략하자, 皇甫嵩을 보내 토벌하였다.

北宮伯玉等이 寇三輔어늘 遣皇甫嵩하여 討之하다

【目】 이때에 涼州의 兵亂이 계속되니, 천하에서 군대를 徵發하여 부역이 끝이 없었다.

崔烈이 涼州를 포기해야 한다고 말하니, 詔令을 내려 公卿과 百官들을 모아 의논하게 하였다. 議郎 傅燮이 큰 소리로 말하기를 "司徒(최열)를 참형에 처해야 天下가 비로소 편안할 것입니다." 하였다. 尙書가 부섭을 탄핵하자, 황제가 부섭을 불러 내용을 물었다. 이에 부섭이 다음과 같이 대답하였다.

"涼州는 天下의 요충지이고 國家의 울타리입니다. 이제 州牧이 백성을 잘 다스리지 못하여 한 州로 하여금 반역하게 하였는데, 최열이 宰相이 되어서 반역을 중지시킬 계책을 생각하지 않고 마침내 한 지방 만 리의 땅을 떼어버리고자 하니, 만약 옷깃을 왼쪽으로 하는 오랑캐가 이 지역에 거주하게 되면, 병사들이 굳세고 갑옷이 견고하여 이를 믿고 亂을 일으킬 것이니, 이는 天下의 지극한 염려가 되고 社稷의 깊은 우려가 될 것입니다."

황제가 그의 말을 따랐다.

時에 涼州兵亂이 不解하니 徵發天下하여 役賦無已라 崔烈이 以爲宜棄涼州라하니 詔會公卿百官議之한대 議郎傅燮이 厲言曰 斬司徒라야 天下乃安하리이다 尙書劾之하니 帝召問狀한대 燮이 對曰 涼州는 天下要衝이요 國家藩衛라 今牧御失和하여 使一州叛逆이어늘 烈이 爲宰相하여 不思所以弭之之策하고 乃欲割棄一方萬里之土하니 若使左衽之虜 得居此地하면 士勁甲堅하여 因以爲亂하리니 此天下之至慮요 社稷之深憂也니이다 帝從之하다

【綱】 여름 4월에 우박이 크게 내렸다.

夏四月에 大雨雹하다

【綱】 6월에 환관 張讓 등 12명을 봉하여 列侯로 삼았다.

◑六月에 封宦者張讓等十二人하여 爲列侯[44]하다

---

44) 封宦者張讓等十二人……爲列侯 : "史臣이 말하기를 '張角을 토벌한 공 때문이다.' 하였다. 黃巾賊을 격파하고 張角을 죽인 자는 盧植과 王允과 皇甫嵩인데, 이들은 혹 檻車로 소환되고 혹은 下獄되고 혹은 印綬를 거두었다. 그러나 張讓 등은 功으로 봉해졌으니, 漢나라의 멸망이 이때 결정되었다.〔史臣曰 以討張角功也 破黃巾殺張角者 盧植王允皇甫嵩也 或檻車 或下獄 或收印綬 而讓等乃以功封 漢之亡 決矣〕" ≪書法≫

"盧植은 張角을 토벌하여 격파하였는데 檻車로 소환되고, 王允은 황건적을 토벌하여 격파하였는데 下獄하여 사형에서 한 등급을 감한 것으로 논죄하였다. 그런데 張讓은 國門을 나가지도 않았으며 또 그의 賓客이 적과 서로 내통하였는데도 도리어 장각을 토벌한 공으로 封爵을 받았다. 그러나 ≪資治通鑑綱目≫에서 이에 대하여 다만 '환관을 봉하였다.'라고만 썼으니, 이는 그 사실을 없애지 않으려는 것이고, 또 쓸 만한 功이 없었기 때문이다. 功이 있는 자가 죄를 얻고 功이 없는 자가 爵

【目】 張角을 토벌한 功 때문이었다.

以討張角功也라

【綱】 가을 7월에 蟲害가 있었다.

秋七月에 螟하다

【綱】 8월에 皇甫嵩을 파면하고 車騎將軍 張溫을 보내 대신하게 하였다.

◑ 八月에 罷皇甫嵩하고 遣車騎將軍張溫하여 代之하다

【目】 皇甫嵩이 張角을 토벌할 적에 鄴城(鄴縣)을 지나면서 환관인 趙忠의 저택이 제도를 크게 넘은 것을 보고는 황제에게 아뢰어 몰수해 들이고, 또 張讓이 사사로이 돈을 요구하였으나 주지 않았다.

조충과 장양 두 사람이 황보숭이 戰功은 없고 軍費만 낭비한다고 아뢰자, 황보숭을 불러 돌아오게 하여 印綬를 거두었다. 司空 張溫을 車騎將軍으로 삼아서 北宮伯玉을 토벌하게 하고, 董卓을 破虜將軍으로 제수하여 장온에게 통솔되게 하였다.

皇甫嵩之討張角也에 過鄴할새 見趙忠舍宅踰制하고 奏沒入之하고 又張讓이 私求錢不與하니 二人이 奏嵩無功費多라한대 徵還하여 收印綬하고 以司空張溫爲車騎將軍하여 討北宮伯玉하고 拜董卓爲破虜將軍하여 統於溫하다

【綱】 겨울 10월에 司空 臨晉侯 楊賜가 卒하였다.

冬十月에 司空臨晉侯楊賜卒[45]하다

【目】 처음에, 楊賜가 면직되고 나서 황제가 故事를 보다가 楊賜와 劉陶가 올린 張角에

位를 하사받았다. 漢나라의 형벌과 상이 이와 같으니, 비록 망하지 않기를 바란들 되겠는가.〔盧植討破張角 檻車召還 王允討破黃巾 下獄減死 張讓不出國門 其賓客又與賊交通 乃反以討張角受封 然綱目於此止以封宦者書之者 所以不沒其實 且無功之可書也 夫有功者獲罪 而無功者錫爵 漢之刑賞如此 雖欲不亡 得乎〕" ≪發明≫

45) 司空臨晉侯楊賜卒 : "官을 쓰고 爵(侯)을 쓰고 姓을 쓴 것이 鄧禹로부터 이래로 있지 않았다. 이때 환관이 더욱 횡포를 부려서 諸賢 중에 楊賜처럼 화를 면한 자가 드무니, 특별히 쓴 것은 다행으로 여긴 것이다.〔書官書爵書姓 自鄧禹以來未有也 於是宦官益橫 諸賢得免如賜者鮮矣 特書 幸之也〕" ≪書法≫

대한 奏章을 발견하고는, 마침내 양사를 臨晉侯로 봉하고 유도를 中陵鄕侯로 봉하였다. 이때에 이르러 다시 양사를 司空으로 삼았는데 薨하니, 시호를 文烈이라 하였다.

初에 賜旣免이러니 帝閱故事라가 得賜與劉陶所上張角奏하고 乃封賜臨晉侯, 陶中陵鄕侯①하다 至是하여 復以賜爲司空이러니 薨커늘 諡曰文烈이라하다

① 臨晉縣은 馮翊에 속하였다.
臨晉縣, 屬馮翊.

【綱】 諫議大夫 劉陶와 前司徒 陳耽을 죽였다.

殺諫議大夫劉陶와 前司徒陳耽[46]하다

【目】 劉陶가 上疏하여 여덟 가지 일을 아뢰어 대략 天下의 큰 혼란이 모두 환관 때문이라고 말하자, 환관들이 함께 유도를 참소하여 체포해서 黃門의 北寺獄에 하옥하여 숨이 막혀 죽게 하였다. 陳耽은 사람됨이 충성스럽고 정직하였는데, 환관들이 원망하여 그 또한 무함해서 獄中에서 죽게 하였다.

陶上疏하여 陳八事하여 大較(각)言天下大亂이 皆由宦官①이라한대 宦官이 共讒陶하여 收下黃門北寺獄하여 閉氣而死하다 耽은 爲人이 忠正이라 宦官이 怨之하여 亦誣陷死獄中하다

① 較(법)은 訖岳의 切이다. 大較은 大略이란 말과 같다.
較, 訖岳切. 大較, 猶言大略也.

【綱】 張溫이 涼州의 賊인 邊章과 韓遂를 공격하여 승리하지 못하였는데, 11월

---

46) 殺諫議大夫劉陶 前司徒陳耽 : "成帝의 세대에는 '諫議大夫 劉輔를 하옥시켜서 鬼薪(秦漢시대에 3년 동안 宗廟의 땔나무를 하게 하던 형벌)으로 논죄하였다.'고 썼으나 죽이지는 않았는데, '諫議大夫 劉陶를 죽였다.'고 썼으니, 이때 漢나라의 멸망이 결정되었다. 예로부터 諫臣을 죽인 자는 망하지 않은 경우가 있지 않았다. ≪資治通鑑綱目≫에 東漢에서 諫議大夫를 쓴 것이 세 번이니(王良, 周擧, 劉陶), 이로부터 쓴 자가 없다. ≪자치통감강목≫이 끝날 때까지 諫官을 죽였다고 쓴 것이 네 번이다.(劉陶, 侯昌業, 孟昭圖, 常濬)〔成帝之世 書下諫大夫劉輔獄 爲鬼薪論 然未殺也 書殺諫議大夫劉陶 而漢之亡 決矣 自古以來殺諫臣者 未有不亡者也 綱目東漢書諫議大夫三(王良周擧劉陶) 自是無書者矣 終綱目 諫官書殺四(劉陶侯昌業孟昭圖常濬)〕" ≪書法≫
"漢나라가 멸망할 징조가 이에 이르러서 말할 수 없을 정도였다. 그러나 劉陶가 죽음에 또 諫議大夫라고 게시하여 쓴 것은 漢 靈帝가 임금 노릇 하지 못한 죄악을 심하게 여긴 것이요, 後世에 諫臣을 죽인 자들의 경계로 삼으려고 해서이다.〔漢室滅亡之徵 至是 無可言者矣 然劉陶之死 且揭諫議大夫書之者 所以甚漢靈不君之惡 而爲後世殺諫臣者之鑑也〕" ≪發明≫

에 將軍 董卓이 격파하여 패주시켰다.

張溫이 **擊涼州賊邊章, 韓遂**하여 **不利**러니 **十一月**에 **將軍董卓**이 **破走之**하다

【目】張溫이 10여만의 병력을 거느리고 美陽에 주둔하여 邊章·韓遂와 싸워 번번이 승리하지 못하였는데, 11월에 董卓 등이 공격하여 격파하니, 변장과 한수가 榆中으로 도망하였다. 장온이 周愼을 보내 추격하게 하니, 參軍事 孫堅이 주신을 다음과 같이 설득하였다.

"적은 성안에 곡식이 없으니, 반드시 밖에서 식량을 수송해올 것입니다. 저는 원컨대 1만 명의 병력을 얻어서 적의 식량 수송로를 차단하고 장군이 큰 병력으로 뒤를 이어주소서. 그렇게 하신다면, 적이 반드시 困乏해서 달아나 羌中으로 들어갈 것이니, 힘을 합쳐 추격하면 涼州를 평정할 수 있을 것입니다."

그러나 주신이 그의 말을 따르지 않았다. 변장과 한수가 도리어 주신의 식량 수송로를 차단하니, 주신이 두려워해서 수레와 輜重을 버리고 후퇴하였다.

張溫이 **將兵十餘萬**하고 **屯美陽**하여 **與邊章, 韓遂戰**하여 **輒不利**①러니 **十一月**에 **董卓等**이 **攻破之**하니 **章, 遂走榆中**②하다 **溫**이 **遣周愼追之**하니 **參軍事孫堅**이 **說**(세)**愼曰**③ **賊**이 **城中無穀**하니 **當外轉糧食**이라 **堅**이 **願得萬人**하여 **斷其運道**하고 **將軍**이 **以大兵繼後**하면 **賊必困乏**하여 **走入羌中**하리니 **幷力追之**면 **則涼州**를 **可定也**리이다 **愼**이 **不從**이러니 **章, 遂反斷愼運道**하니 **愼**이 **懼**하여 **棄車重而退**④하다

① 美陽縣은 扶風에 속하였다.
美陽縣, 屬扶風.
② 榆中縣은 金城郡에 속하였다.
榆中縣, 屬金城郡.
③ 參軍事의 官職이 이때 처음 보인다.
參軍事之官, 始見於此.
④ 重은 輜重이다.
重, 輜重也.

【目】張溫이 또 董卓을 보내 羌族을 토벌하게 하였는데, 동탁의 군대에 식량이 떨어졌다. 이에 건너려는 물 가운데 둑을 세워 거짓으로 물고기를 잡는 체하고는 은밀히 둑 아래로 군대를 통과시켰다. 적이 추격해올 무렵 미리 둑을 터놓았기 때문에 물이 너

무 깊어서 적이 건너오지 못하였다. 이에 동탁의 군대가 마침내 돌아와 扶風에 주둔하였다.

溫이 又使董卓討羌이러니 卓이 糧絶이라 乃於所度水中에 僞立堰以捕魚하고 而潛從堰下過軍①하니 比賊追之에 決水已深이라 不得度하니 遂還屯扶風하다

① 堰은 音이 偃이니, 〈둑을 쌓아〉 물을 막는 것을 堰이라 한다.
堰, 音偃. 壅水, 謂之堰.

【目】 張溫이 詔書로 董卓을 불렀으나, 오랜 뒤에야 도착하였다. 이에 장온이 꾸짖었는데, 동탁이 불손하게 응대하였다. 孫堅이 앞으로 나와서 장온의 귀에 대고 이르기를 "동탁이 죄를 두려워하지 않고 마구 큰소리를 떠벌리니, 마땅히 소환령에 제때 오지 않은 죄로 군법에 따라 참수해야 합니다." 하였다. 장온이 말하기를 "동탁이 평소 河西와 隴右의 사이에서 위엄과 명성을 드러내고 있으니, 지금 그를 죽이면 내가 서쪽으로 정벌하러 갈 적에 의지할 곳이 없어진다." 하였다.

이에 손견이 다음과 같이 말하였다.

"明公이 직접 王師를 거느려서 위엄이 천하에 진동하니, 어찌 동탁에게 의뢰할 것이 있겠습니까. 동탁이 윗사람을 무시하여 무례한 것이 첫 번째 죄요, 군대의 사기를 저상시켜 병사들을 의심하게 한 것이 두 번째 죄요, 임무를 받았으나 功이 없고 召命에 응하기를 지체한 것이 세 번째 죄입니다. 옛날 名將들이 斧鉞을 가지고 군대를 통솔할 적에 참수하여 성공하지 않은 자가 있지 않습니다. 지금 明公께서는 동탁에게 마음을 낮추어서 즉시 주벌을 가하지 않으시니, 위엄과 형벌을 훼손함이 여기에 있을 것입니다."

장온은 차마 동탁을 체포하지 못하였다.

溫이 以詔書召卓한대 良久乃至어늘 溫이 責讓之하니 卓이 應對不順이라 孫堅이 前耳謂溫曰① 卓이 不怖罪而鴟(치)張大語②하니 宜以召不時至로 陳軍法斬之니이다 溫曰 卓이 素著威名於河隴之間하니 今日殺之면 西行無依니라 堅曰 明公이 親率王師하여 威震天下하니 何賴於卓이리오 卓이 輕上無禮 一罪也요 沮軍疑衆이 二罪也③요 受任無功하고 應召稽留 三罪也라 古之名將이 仗鉞臨衆에 未有不斷斬以成功者니이다 今明公이 垂意於卓하여 不卽加誅하니 虧損威刑이 於是在矣라호되 溫이 不忍發④이러라

① 耳는 귀에 대고 말함을 이른다.
耳, 謂附耳而與之語.

② "鴟張"은 망녕되게 큰소리치며 말하는 것이 마치 솔개와 올빼미 등 사나운 새가 나래를 크게 펼치는 것과 같은 것이다.
鴟張, 言語妄大, 如鴟梟惡鳥之張大.

③ 〈"沮軍疑衆"은〉 ≪資治通鑑≫에 "邊章과 韓遂가 여러 해 동안 跋扈하니, 마땅히 제때에 진군하여 토벌해야 하는데, 董卓이 불가하다고 말해서 군대의 사기를 저상시켜 병사들을 의심하게 했다." 하였다.
通鑑 "章・遂跋扈經年, 當以時進討, 而卓云未可, 沮軍疑衆."

④ "垂意"는 降意(마음을 낮추다)라는 말과 같다.
垂意, 猶言降意也.

【綱】 萬金堂을 만들었다.

造萬金堂하다

【目】 황제가 西園에 萬金堂을 만들고, 司農의 金錢과 비단을 가져다가 만금당 가운데에 가득 쌓아두었다. 게다가 小黃門과 常侍의 집에 맡겨 보관한 돈이 각각 수천만 錢이었고, 또 河間에 田地를 사고 집을 지었다.

帝造萬金堂於西園하고 引司農金錢繒帛하여 牣(인)積堂中①하고 復藏寄小黃門, 常侍家錢이 各數千萬이요 又買田起第於河間②하다

① 牣은 가득함이요, 積은 모음이다.
牣, 滿也. 積, 聚也.

② 황제가 예전에 河間의 解瀆亭侯에 봉해졌었다.
帝故封河間解瀆亭侯.

丙寅年(186)

【綱】 漢나라 孝靈皇帝 中平 3년이다. 봄 2월에 江夏의 병사인 趙慈가 반란을 일으켰다.

三年이라 春二月에 江夏兵趙慈反하다

【綱】 使者를 보내 현장에서 張溫을 제수하여 太尉로 삼았다.

◑ 遣使하여 就拜張溫爲太尉하다

【目】 三公이 外地에 있는 것이 張溫으로부터 시작되었다.

三公在外 始於溫하다

【綱】 환관인 趙忠을 車騎將軍으로 삼았다.

以宦者趙忠爲車騎將軍하다

【目】 황제가 趙忠으로 하여금 黃巾賊을 토벌한 공을 논하게 하니, 執金吾 甄擧(견거)가 조충에게 이르기를 "傅南容(傅燮)이 예전에 동쪽으로 정벌하였을 적에 功이 있었으나 侯로 봉하지 않으니, 天下가 실망하였습니다. 지금 장군이 친히 중한 임무를 담당하였으니, 마땅히 현자를 등용하고 억울한 일을 해결해서 여러 사람의 마음에 부응해야 합니다." 하였다.

조충이 아우 趙延을 보내 부섭에게 간곡한 뜻을 전달하기를 "南容이 조금만 우리 常侍(조충)의 뜻에 보답하면, 萬戶侯를 군이 얻으려 할 것이 없다." 하였다. 부섭이 정색하고 거절하며 말하기를 "때를 만나고 만나지 못하는 것은 天命이요 功이 있는데 賞을 논하지 않는 것은 時運이니, 내 어찌 사사로이 주는 賞을 구하겠는가." 하였다.

이에 조충이 더욱 부섭을 미워하였으나 그의 명성을 두려워하여 감히 해치지는 못하고 漢陽太守로 내보냈다.

帝使忠으로 論討黃巾之功하니 執金吾甄擧謂曰 傅南容이 前在東軍에 有功不侯하니 天下失望①이라 今將軍이 親當重任하니 宜進賢理屈하여 以副衆心②이니라 忠이 遣弟延하여 致殷勤於傅燮曰 南容이 少答我常侍하면 萬戶侯를 不足得也니라 燮이 正色拒之曰 遇不遇는 命也요 有功不論은 時也니 傅燮이 豈求私賞哉아 忠이 愈恨이라 然이나 憚其名하여 不敢害하고 出爲漢陽太守하다

① 南容은 傅燮의 字이다.
南容, 燮字.

② "進賢理屈"은 賢人을 등용하고 억울한 일을 해결하는 것을 이른다.
進賢理屈, 謂進用賢人, 治理枉屈也.

【綱】 南宮을 수리하고 銅人을 주조하였다.

修南宮하고 **鑄銅人**[47)]하다

【目】 황제가 南宮의 玉堂을 수리하고 네 개의 銅人과 네 개의 鍾을 주조하게 하였으며, 또 天祿과 蝦蟆(잘머구리)를 주조하여 물을 돌려 궁중으로 끌어들이게 하였다. 또 翻車과 渴烏를 만들어서 南郊와 北郊의 길에 물을 뿌리게 하고는, 백성들이 길에 물을 뿌리는 비용을 줄이게 되었다고 하였다.

帝使繕修南宮玉堂①하고 **鑄四銅人, 四鍾**②하고 **又鑄天祿, 蝦蟆**(하마)하여 **轉水入宮**③하고 **又作翻車, 渴烏**하여 **灑南北郊路**하고 **以爲可省**(생)**百姓灑道之費**④라하다

① 南宮에 玉堂殿이 있었다.
南宮, 有玉堂殿.

② 銅人은 蒼龍과 玄武의 闕 밖에 나열하고, 鍾은 雲臺와 玉堂殿 앞에 매달았다.
銅人列於蒼龍·玄武闕外, 鍾懸於雲臺及(王)〔玉〕[48)]堂殿前.

③ 天祿은 짐승의 이름이다. ≪資治通鑑≫에는 "또 天祿과 蝦蟆를 주조해서 平門 밖 다리 동쪽에 두어서 물을 뿜어내면 그 물을 돌려 궁중으로 들여보냈다."고 하였다.
天祿, 獸名. 通鑑 "又鑄天祿·蝦蟆, 吐水於平門外橋東, 轉水入宮."

④ "翻車"는 기계가 달린 수레를 만들어 물을 끌어오게 한 것이고, "渴烏"는 굽은 桶을 만들어 공기로 물을 끌어 올린 것이다.
翻車, 設機車以引水. 渴烏, 爲曲桶, 以氣引水上也.

【綱】 여름 5월 그믐에 일식이 있었다.

夏五月晦에 **日食**하다

【綱】 6월에 荊州刺史가 趙慈를 토벌하여 참수하였다.

◑**六月**에 **荊州刺史討趙慈**하여 **斬之**하다

---

47) 鑄銅人 : "秦나라에서 金人을 주조하였으나 이를 쓰지 않았는데 여기서는 어째서 썼는가. 마땅히 힘써야 할 바를 알지 못함을 비난한 것이다. 秦나라는 한창 富强하였으니 심하게 사치한 것을 굳이 책망할 것이 없지만, 〈漢나라는 이때〉 황건적의 화가 거의 온 천하를 뒤덮고 있었는데 秦나라가 한 짓을 뒤따랐으니, 힘써야 할 바를 알지 못했다고 여겨서 여기에 써서 비난한 것이다. ≪資治通鑑綱目≫이 끝날 때까지 주조했다고 쓴 것이 여섯 번인데 銅人을 쓴 것이 세 번이니, 모두 비난한 것이다.〔秦鑄金人 不書 此何以書 譏不知務也 秦方富强 奢侈之甚 不足責也 黃巾之禍 殆遍天下 而踵秦所爲 以是爲不知務 故書譏之 終綱目 書鑄六而書銅人者三 皆譏也〕" ≪書法≫

48) (王)〔玉〕 : 저본에는 '王'으로 되어 있으나, ≪資治通鑑≫ 註에 의거하여 '玉'으로 바로잡았다.

【綱】 겨울 10월에 武陵의 蠻族이 배반하자, 郡의 군대가 토벌하여 격파하였다.

◑ **冬十月**에 **武陵蠻**이 **反**이어늘 **郡兵**이 **討破之**하다

【綱】 鮮卑가 幽州와 幷州를 침략하였다.

◑ **鮮卑寇幽, 幷**하다

【綱】 張溫을 불러 돌아오게 하였다.

◑ **徵張溫還**하다

丁卯年(187)

【綱】 漢나라 孝靈皇帝 中平 4년이다. 봄 2월에 滎陽에 도적이 일어나자 河南尹 何苗(하묘)가 토벌하여 격파하니, 하묘를 車騎將軍으로 삼았다.

四年이라 **春二月**에 **滎陽**에 **盜起**어늘 **河南尹何苗 討破之**하니 **以苗爲車騎將軍**하다

【目】 何苗는 何進의 아우이다.

苗는 進之弟也라

【綱】 韓遂가 隴西를 포위하자 涼州에서 刺史를 죽이고 호응하니, 적이 마침내 漢陽을 포위하였다. 漢陽太守 傅燮이 이들과 싸우다가 죽었다.

韓遂圍隴西한대 **涼州殺刺史以應之**하니 **遂圍漢陽**이어늘 **太守傅燮**이 **與戰死之**[49]하다

---

49) 與戰死之 : "殤帝의 篇에 張顯이 戰沒했다고 썼고, 安帝의 篇에 鄭勤이 전사한 것과 蔡諷이 戰沒한 것을 썼으나, 적과 싸우다가 죽었다고 쓴 경우가 있지 않았다. 그런데 傅燮은 적과 싸우다가 죽었다고 썼으니, 劉快 이래로 179년 동안 이런 경우가 일찍이 있지 않았다. 殤帝로부터 이때까지 太守를 쓴 것이 20번인데, 능히 羌族을 격파했다고 쓴 것이 아니면 능히 도둑을 평정했다고 썼고, 그중에 훌륭한 자는 충절에 죽었다고 써서 〈훌륭한 태수가 별로 없으니,〉 世道가 더욱 서글퍼할 만하다.〔殤帝之篇 書張顯戰沒矣 安帝之篇 書鄭勤戰死 蔡諷戰沒矣 未有書與戰死之者 燮書死之 自劉快以來 百七十九年 未之有也 自殤帝至是 書太守二十 非以能破羌書 則以能平盜書 其盛者以死節書 而世道益可悲

【目】 韓遂가 邊章과 北宮伯玉을 살해하고 10여만 명의 병력을 보유하고서 전진하여 隴西를 포위하였다. 涼州刺史 耿鄙가 군대를 거느리고 한수를 토벌할 적에 경비가 治中[50] 程球를 신임하였는데, 정구가 불법으로 이익을 취하는 데 밝으니, 병사와 백성들이 원망하였다.

傅燮이 경비에게 다음과 같이 말하였다.

"使君이 정사를 다스린 지가 얼마 되지 않아서 백성들이 가르침을 알지 못합니다. 賊은 우리의 大軍이 장차 도착할 것이라는 말을 들으면 반드시 만 명이 한마음이 될 것이니, 군대를 휴식시키고 덕을 기르며 상을 분명히 하고 형벌을 반드시 내리는 것만 못합니다. 이렇게 하면 적들은 우리가 겁을 낸다고 생각하여 서로 다투어 형세가 離散될 것입니다. 그런 뒤에 이미 교화된 백성을 거느리고 이산된 적을 토벌하면, 그 공을 앉아서 기다릴 수 있을 것입니다."

경비는 그의 말을 따르지 않았다.

韓遂殺邊章及北宮伯玉하고 擁兵十餘萬하여 進圍隴西하다 涼州刺史耿鄙率兵討遂할새 鄙任治中程球①러니 球通姦利하니 士民이 怨之라 傅燮이 謂鄙曰 使君이 統政日淺하여 民未知敎라 賊聞大軍將至하면 必萬人一心하리니 不若息軍養德하고 明賞必罰이라 賊謂我怯하여 群爭勢離하리니 然後에 率已敎之民하여 討成離之賊이면 其功을 可坐而待也리라 不從하다

① ≪後漢書≫ 〈百官志〉에 "州의 刺史는 從事史를 설치하였으니, 從事史의 정원과 직책이 대략 司隷校尉의 從事史와 같다. 그러나 〈州의 刺史는〉 都官從事는 없고 功曹從事가 治中從事가 되어서 州의 관원의 선임과 여러 일을 주관했다."[51] 하였다.
百官志 "州刺史置從事史, 員職, 略與司隷同, 無都官從事, 其功曹從事爲治中從事, 主州選署及衆事."

【目】 耿鄙가 행군하여 狄道에 이르렀는데, 涼州別駕가 배반하고 적에게 호응하여 程球와

矣〕" ≪書法≫ 劉快는 王莽을 토벌하다가 죽었다. ≪資治通鑑綱目≫ 제8권 상 王莽 始建國 원년(9)에 보인다.

50) 治中 : 前漢 元帝 때 설치되었는데, 治中從事史 또는 治中從事라 한다. 刺史의 주요 보좌이다.

51) 州의……주관했다 : 司隷校尉는 漢 武帝 때 설치되었다. 조정의 백관을 감찰하고 京兆, 左馮翊, 右扶風의 三輔 지역과 京師인 雒陽, 河東尹, 河南郡, 河內郡, 弘農郡을 관장하였다. 그 속관에는 從事와 假佐가 있었다. 특히 從事史는 12명인데, 백관의 범법 행위를 감찰하는 都官從事와 해당 지역의 관원의 선임과 여러 일을 주관하는 功曹從事 등이 있었다. 州刺史 역시 從事를 두는데, 다만 사예교위의 도관종사는 없고 治中從事가 사예교위의 공조종사의 역할을 하였다. 주자사의 경우 別駕從事와 치중종사가 속관들의 우두머리 역할을 하였다.(安作璋・熊鐵基, ≪秦漢官制史稿≫, 齊魯書社, 1984)

耿鄙를 살해하자, 적이 나아가 漢陽을 포위하였다.

한양성 안은 병력이 적고 양식이 다하였는데, 이때 나이 13살인 傅燮의 아들 傅幹이 부섭에게 말하기를 "국가(황제)가 용렬하고 무도하여 마침내 大人(부친)으로 하여금 조정에 용납되지 못하게 하니, 지금의 병력으로는 스스로 지킬 수가 없습니다. 마땅히 鄕里로 돌아가서 서서히 道가 있는 군주를 기다렸다가 보필하여야 합니다." 하였다.

부섭은 그의 말이 끝나기도 전에 서글피 탄식하며 다음과 같이 말하였다.

"너는 내가 반드시 죽으리라는 것을 아는구나. 聖人은 節義에 통달하고 그 다음의 사람은 절의를 지킨다. 殷나라의 紂王이 포악하였으나 伯夷가 〈殷나라에 절의를 지켜〉 周나라의 녹봉을 먹지 않고 죽었다. 내 혼란한 세상을 만나서 능히 浩然之氣를 기르지 못하고 남의 녹봉을 먹었는데, 또다시 그 난을 피하고자 하겠느냐. 내가 가면 어디를 가겠느냐. 내 반드시 여기서 죽겠다. 너는 재주와 지혜가 있으니, 부디 노력하고 노력하라. 主簿 楊會는 나의 程嬰이니, 〈반드시 너를 구원해줄 것이다.〉"

行至狄道에 別駕反應賊하여 殺球及鄙[①]한대 賊이 遂進圍漢陽하니 城中이 兵少糧盡이라 燮子幹이 年十三이러니 言於燮曰 國家昏亂하여 遂令大人不容於朝하니 今兵不足以自守라 宜還鄕里하여 徐俟有道而輔之[②]니이다 言未終에 燮이 慨然歎曰 汝知吾必死邪아 聖은 達節이요 次는 守節[③]이라 殷紂暴虐호되 伯夷不食周粟而死라 吾遭世亂하여 不能養浩然之志하고 食人之祿이어늘 又欲避其難乎[④]아 吾行何之오 必死於此라 汝有才智하니 勉之勉之하라 主簿楊會는 吾之程嬰也[⑤]니라

① 別駕從事는 刺史가 部를 순행하게 되면 앞에서 인도하며 여러 일을 기록하고 별도로 1대의 傳車(驛站의 전용수레)를 탔다. 그러므로 別駕라 하였다.
別駕從事, 刺史行部, 則奉引錄衆事, 別乘一乘傳車, 故謂之別駕.

② 傅燮은 北地의 靈州 사람이다.
燮, 北地靈州人.

③ ≪春秋左氏傳≫에 "曹나라 公子 臧이 말하였다. '성인은 절의에 통달하고, 그 다음은 절의를 지키고, 맨 아래는 절의를 잃는다.'" 하였다.
左傳 "曹公子臧曰 '聖達節, 次守節, 下失節.'"

④ ≪春秋左氏傳≫에 "子路가 말하였다. '녹봉을 먹었으면 그 난을 피하지 않는다.'" 하였다.
左傳 "子路曰 '食焉, 不避其難.'"

⑤ ≪史記≫ 〈趙世家〉에 "趙朔이 晉 成公의 누이를 얻어 夫人으로 삼았는데, 晉 景公 3년에 屠岸賈가 조삭을 죽이고는 그 일족을 멸하였다. 조삭의 아내가 뱃속의 아이를 가진 채 公宮으로 달아나니, 조삭의 문객인 公孫杵臼가 문객인 程嬰에게 이르기를 '어찌 죽지 않는가?'

하자, 정영이 대답하기를 '조삭의 부인에게 뱃속의 아이가 있으니, 만일 다행히 아들을 낳으면 내 그를 받들 것이요, 딸을 낳으면 내 그때 죽어도 늦지 않다.' 하였다. 얼마 되지 않아 조삭의 아내가 아들을 낳으니, 도안가가 이 말을 듣고 公宮을 수색하였다. 조삭의 아내가 아이를 바지 속에 숨기고 축원하기를 '趙氏 집안이 멸망하려면 네가 울 것이요, 만일 멸망하지 않으려면 네가 우는 소리가 없을 것이다.' 하였는데, 아이를 찾을 때 끝내 우는 소리가 없었다. 정영이 말하기를 '지금 한 번에 찾아내지 못했으니 뒤에 반드시 다시 찾으러 올 것이다.' 하니, 공손저구가 다른 어린아이를 데려다가 업고 산중에 숨었는데, 여러 장수들이 공격하여 공손저구와 함께 아이를 죽였다. 그러나 趙氏의 孤兒는 정영의 처소에 남아 있었으니, 이 아이가 바로 趙武이다. 15년 있다가 景公이 마침내 趙武를 세워 卿으로 삼고 전지와 식읍을 회복시켜주었다." 하였다.

史記 "趙朔娶晉成公姊爲夫人, 晉景公三年, 屠岸賈殺趙朔, 滅其族. 朔妻有遺腹, 走公宮, 朔客公孫杵臼謂客程嬰曰 '胡不死.' 嬰曰 '朔之婦有遺腹, 卽幸而生男, 吾奉之, 卽女也, 吾徐死耳.' 居無何, 朔妻生男, 屠岸賈聞之, 乃索於公宮. 朔妻置兒於袴中, 祝曰 '趙宗滅乎, 若啼. 卽不滅, 若無聲.' 及索兒, 竟無聲. 程嬰曰 '今一索不得, 後必復索之.' 杵臼乃取他嬰兒, 負之, 匿山中, 諸將攻殺杵臼幷兒. 然趙孤兒乃在程嬰所, 卽趙武也. 居十五年, 景公乃立趙武爲卿, 而復其田邑."

【目】狄道 사람 王國이 사람을 보내 傅燮을 설득하기를 "天下는 이미 漢나라의 소유가 아닙니다. 府君께서는 혹 우리들의 장수가 되실 의향이 있으십니까?" 하였다. 부섭이 劍을 어루만지며 꾸짖고는, 마침내 左右를 지휘하여 진군해서 적진을 마주하여 싸우다가 죽으니, 시호를 壯節侯라 하였다.

耿鄙의 司馬인 馬騰 또한 병력을 보유하고 배반하여 韓遂와 연합하고 함께 왕국을 군주로 추대하고서 三輔 지방을 침략하였다.

狄道人王國이 使人說(세)燮曰 天下已非漢有라 府君이 寧有意爲吾屬帥乎아 燮이 按劍叱之하고 遂麾左右進兵하여 臨陳戰歿하니 諡曰壯節侯라하다 耿鄙司馬馬騰이 亦擁兵反하여 與韓遂合하고 共推王國爲主하여 寇掠三輔하다

【綱】漁陽의 張擧와 張純이 반란을 일으켰다.

漁陽張擧, 張純이 反하다

【目】옛날 中山國의 相이었던 張純이 예전의 泰山太守인 張擧와 烏桓의 大人인 丘力居

등과 연맹하여 薊中(계중)을 위협하고 공략하여 校尉와 太守를 살해하니, 무리가 10여 만 명에 이르렀다. 肥如에 군대를 주둔하여 장거는 天子, 장순은 彌天將軍이라 칭하고, 州郡에 글을 돌려서 天子는 避位(퇴위)하라고 통고하고 公卿들에게 명하여 장거를 받들어 맞이하게 하였다.

故中山相張純이 與故泰山太守張擧及烏桓大人丘力居等으로 連盟하여 劫略薊中하여 殺校尉, 太守하니 衆至十餘萬이라 屯肥如①하여 擧稱天子하고 純稱彌天將軍하고 移書州郡하여 告天子避位하고 勅公卿奉迎하다

① 薊는 바로 漁陽郡이다. 肥如縣은 遼西郡에 속하였다.
薊, 卽漁陽郡. 肥如縣, 屬遼西郡.

【綱】 겨울 10월에 長沙의 區星이 반란을 일으키자, 孫堅을 太守로 삼아 토벌하여 평정하였다. 손견을 烏程侯로 봉하였다.

冬十月에 長沙區星이 反이어늘 以孫堅爲太守하여 討平之하니 封堅烏程侯①하다

① 區는 烏侯의 切이요, 또 本音대로 읽는다. 區星은 사람의 성명이다. 烏程縣은 吳郡에 속하였다.
區, 烏侯切, 又如字. 區星, 姓名. 烏程縣, 屬吳郡.

【綱】 前 太丘長인 陳寔이 卒하였다.

◑ 前太丘長陳寔이 卒[52)]하다

【目】 陳寔은 시골에 있으면서 마음이 공평하고 남에게 모범이 되었다. 분쟁과 송사가 있을 적에 사람들이 번번이 진식에게 찾아가서 판별하여 바로잡아주기를 구하면, 진식이 잘잘못을 분명하게 일깨워 가르쳐주니, 물러가서 원망하는 자가 없었고 심지어는 탄식하기를 "차라리 형벌을 받을지언정 陳君에게 잘못을 지적받지 않겠다." 하였다.

楊賜와 陳耽은, 公卿에 제수될 때마다 여러 동료들이 모두 축하하면 번번이 탄식하기를 "진식이 아직 큰 지위에 오르지 못해서, 내가 진식보다 먼저 높은 자리에 오르는 것

52) 前太丘長陳寔卒 : "邑長(縣長)에게 '卒'이라고 쓰지 않는데 陳寔에게 '卒'이라고 쓴 것은 그의 어짊을 기록한 것이다. ≪資治通鑑綱目≫이 끝날 때까지 令長에게 '卒'이라고 쓴 것이 두 번이니(王渙과 陳寔) 진식에게 '前長'이라고 쓴 것은 그를 매우 어질게 여긴 것이다.〔邑長不卒 卒陳寔 錄賢也 終綱目 令長書卒二(王渙 陳寔) 寔以前長書 甚賢之也〕" ≪書法≫

이 부끄럽다." 하였다. 진식이 卒하자 海內에서 달려와 조문한 자가 3만여 명이었다.

寔이 在鄕閭하여 平心率物하니 其有爭訟에 輒求判正[①]이어든 曉譬曲直하니 退無怨者하고 至乃歎曰 寧爲刑罰所加언정 不爲陳君所短이라하니라 楊賜, 陳耽이 每拜公卿에 群僚畢賀어든 輒歎寔未登大位하여 愧於先之[②]라하니라 及卒에 海內赴弔者 三萬餘人이러라

① 判은 나눔이요, 분석함이다. 〈"判正"은〉 분석하여 바른 이치를 나타냄을 이른다.
判, 分也, 剖也. 謂剖析而見正理也.

② 先(먼저하다)은 悉薦의 切이다.
先, 悉薦切.

戊辰年(188)

【綱】 漢나라 孝靈皇帝 中平 5년이다. 봄 2월에 孛星이 紫宮(紫微宮)에 나타났다.

五年이라 春二月에 有星孛于紫宮[①]하다

① 紫宮은 바로 太微星이다. 둘레에 있는 12개의 별의 안을 모두 紫宮이라 하니, 天子의 宮이다.
紫宮, 卽太微也. 匡衛十二星之內, 皆曰紫宮, 天子之宮也.

【綱】 黃巾賊의 남은 무리가 太原과 河東을 침략하였다.

◑ 黃巾餘賊이 寇太原, 河東하다

【綱】 屠各胡가 幷州를 침략하여 刺史 張懿를 살해하였다.

◑ 屠各胡寇幷州하여 殺刺史張懿하다

【綱】 劉焉을 益州牧으로 삼고, 劉虞를 幽州牧으로 삼았다.

◑ 以劉焉爲益州牧하고 劉虞爲幽州牧하다

【目】 太常 劉焉이 皇室에 변고가 많은 것을 보고는 건의하기를 "四方에 병란이 나고 도

적이 일어나는 것은 刺史의 위엄이 가볍고 또 적임자를 등용하지 못한 所致이니, 마땅히 〈刺史를〉 牧伯으로 바꾸고[53] 깨끗하고 명망이 있는 重臣을 선발하여 그 직임에 있게 해야 합니다." 하였다.

侍中 董扶가 은밀히 유언에게 이르기를 "京師가 장차 혼란할 것이요, 益州의 分野에는 天子의 기운이 있습니다." 하였다. 마침 益州刺史 郤儉(극검)이 세금을 가혹하게 거두어 백성들을 괴롭혀서 유언비어가 널리 퍼지고, 耿鄙와 張懿도 모두 도적들에게 살해 당하였다.

조정에서는 마침내 유언의 건의를 따라 列卿(九卿)과 尙書에서 뽑아서 州牧을 삼되 각각 본래의 秩石을 가지고 직임에 있게 하여 유언을 益州牧으로 삼고 劉虞를 幽州牧으로 삼으니, 州牧의 직임이 중해진 것이 이로부터 시작되었다.

太常劉焉이 見王室多故하고 建議하여 以爲四方兵寇 由刺史威輕이요 且用非其人所致니 宜改置牧伯하고 選淸名重臣하여 以居其任이니이다 侍中董扶私謂焉曰① 京師將亂하고 益州分野에 有天子氣②라하다 會에 刺史郤儉이 賦斂煩擾하여 謠言이 遠聞③하고 而耿鄙, 張懿 皆爲盜所殺이라 朝廷이 遂從焉議하여 選列卿, 尙書하여 爲州牧호되 各以本秩居任④하여 以焉爲益州하고 虞爲幽州하니 州任之重이 自此始하다

① 董扶는 圖讖說을 배웠는데, 何進이 천거하여 불러다가 侍中을 제수하였다.
扶學圖讖, 何進薦之, 徵拜侍中.

② ≪資治通鑑≫에는 이(有天子氣) 아래에 "劉焉이 마침내 다시 益州牧이 되기를 요구했다." 하였다.

分(분야)은 扶問의 切이다. 28宿(수)가 하늘에 벌려 있을 적에 각각 躔度(星辰이 운행하는 度數)가 있다. 周天이 365와 4分의 1度인데 이것을 나누어 12방위를 만드니, 班固가 三統歷[54]을 취하여 12방위를 12분야에 배속시켜 分野라는 말이 유행하였다. 蔡邕의 ≪月令章句≫[55]에 의하면, 危宿 10度로부터 壁宿 8度까지를 豕韋之次라 하니 衛나라의 분야이고,

53) 마땅히……바꾸고 : 漢 武帝 때에 전국을 13部(州)로 나누고 刺史를 두었다. 이후 州 長官의 명칭이 牧으로 바뀌었다가 다시 刺史로 바뀌는 것이 반복되었는데, 이때 牧으로 바뀐 것이다.

54) 三統歷 : 세 종류의 책력으로 夏나라는 建寅月을 歲首 삼으니 이를 人統이라 하고, 殷나라는 建丑月을 세수로 삼으니 이를 地統이라 하고 周나라는 建子月을 세수로 삼으니 이를 天統이라 하였다. 建寅月은 斗柄(北斗七星 자루)이 초저녁에 寅方을 가리키는 달로 이를 夏正이라 하는데 지금의 음력 정월이며, 建丑月과 建子月 역시 斗柄이 丑方과 子方을 가리키는 달로 建丑月은 지금의 음력 섣달인데 이를 殷正이라 하고, 建子月은 지금의 음력 동짓달인데 이를 周正이라 한다. 三統이란 "하늘은 子會에서 열리고 땅은 丑會에서 열리고 사람은 寅會에서 태어났다.〔天開於子 地闢於丑 人生於寅〕" 하였다는 運會說에 입각한 것이다. 1運은 129,600년인데, 여기에 子・丑・寅・卯의 12會가 있으며 1會는 10,800년으로 한 運會가 끝나면 天地가 다시 開闢한다고 한다.

壁宿 8度로부터 胃宿 1度까지를 降婁之次라 하니 魯나라의 분야이고, 胃宿 1度로부터 畢宿 6度까지를 大梁之次라 하니 趙나라의 분야이고, 畢宿 6度로부터 井宿 10度까지를 實沈之次라 하니 晉나라의 분야이고, 井宿 10度로부터 柳宿 3度까지를 鶉首之次(순수지차)라 하니 秦나라의 분야이고, 柳宿 3度로부터 張宿 12度까지를 鶉火之次라 하니 周나라의 분야이고, 張宿 12度로부터 軫宿 6度까지를 鶉尾之次라 하니 楚나라의 분야이고, 軫宿 6度로부터 亢宿 8度까지를 壽星之次라 하니 鄭나라의 분야이고, 亢宿 8度로부터 尾宿 4度까지를 大火之次라 하니 宋나라의 분야이고, 尾宿 4度로부터 斗宿 6度까지를 析木之次라 하니 燕나라의 분야이고, 斗宿 6度로부터 須女宿 2度까지를 星紀之次라 하니 越나라의 분야이고, 須女宿 2度로부터 危宿 10度까지를 玄枵之次(현효지차)라 하니 齊나라의 분야이다.

≪晉書≫ 〈天文志〉에는 後魏(北魏)의 太史令인 陳卓이 말한 郡國이 들어간 28宿의 度數를 따랐으니 이제 이것도 기재한다. 軫宿 12度로부터 氐宿 4度까지가 壽星이 되니, 12방위의 辰方에 있고 鄭나라의 분야로 兗州에 속한다. 氐宿 5度로부터 尾宿 9度까지가 大火가 되니 12방위의 卯方에 있고 宋나라의 분야로 豫州에 속한다. 尾宿 10度로부터 南斗星 11度까지가 析木이 되니 12방위의 寅方에 있고 燕나라 분야로 幽州에 속한다. 南斗星 12度로부터 須女宿 10度까지가 星紀가 되니 12방위의 丑方에 있고 吳나라와 越나라의 분야로 揚州에 속한다. 須女宿 8度로부터 危宿 15度까지가 玄枵가 되니 12방위의 子方에 있고 齊나라 분야로 青州에 속한다. 危宿 16度로부터 奎宿 4度까지가 諏訾(추자)가 되니 12방위의 亥方에 있고 衛나라 분야로 幷州에 속한다. 奎宿 5度로부터 胃宿 6度까지가 降婁가 되니 12방위의 戌方에 있고 魯나라 분야로 徐州에 속한다. 胃宿 7度로부터 畢宿 11度까지가 大梁이 되니 12방위의 酉方에 있고 趙나라 분야로 冀州에 속한다. 畢宿 12度로부터 東井宿 15度까지가 實沈이 되니 12방위의 申方에 있고 魏나라 분야로 益州에 속한다. 東井宿 16度로부터 柳宿 8度까지가 鶉首가 되니 12방위의 未方에 있고 秦나라 분야로 雍州에 속한다. 柳宿 9度로부터 張宿 16度까지가 鶉火가 되니 12방위의 午方에 있고 周나라 분야로 三河(河內, 河東, 河南으로 洛陽 지역)에 속한다. 張宿 17度로부터 軫宿 11度까지가 鶉尾가 되니 12방위의 巳方에 있고 楚나라 분야로 荊州에 속한다.

通鑑, 此下云"焉乃更求益州." 分, 扶問切. 二十八宿布列於天, 各有躔度. 周天三百六十五度四分度之一, 分爲十二次, 班固取三統歷, 十二次配十二野, 而分野之說行焉. 蔡邕月令章句, 自危十度, 至壁八度, 謂之豕韋之次, 衛之分野, 自壁八度, 至胃一度, 謂之降婁之次, 魯之分野, 自胃一度, 至畢六度, 謂之大梁之次, 趙之分野, 自畢六度, 至井十度, 謂之實沈之次, 晉之分野, 自井十度, 至柳三度, 謂之鶉首之次, 秦之分野, 自柳三度, 至張十二度, 謂之鶉火之次, 周之分野, 自張十二度, 至軫六度, 謂之鶉尾之次, 楚之分野, 自軫六度, 至亢八度, 謂之壽星之次, 鄭之分野, 自亢八度, 至尾四度, 謂之大火之次, 宋之分野, 自尾四度, 至斗六度, 謂之析木之次, 燕之分野, 自斗六度, 至須女二度, 謂之星紀之次, 越之分野, 自須女二度, 至

55) 月令章句 : 蔡邕(133~192)이 지은 것으로 兩漢時代의 思想과 科學技術 등을 서술하였는데 현재 完本은 전하지 않고 輯軼本이 전한다.

危十度, 謂之玄枵之次, 齊之分野. 晉書天文志, 用後魏太史令陳卓所言郡國所入宿度, 今亦載之. 自軫十二度, 至氐四度, 爲壽星, 於辰在辰, 鄭分, 屬兗州. 自氐五度, 至尾九度, 爲大火, 於辰在卯, 宋分, 屬豫州. 自尾十度, 至南斗十一度, 爲析木, 於辰在寅, 燕分, 屬幽州. 自南斗十二度, 至須女十度, 爲星紀, 於辰在丑, 吳越分, 屬揚州. 自須女八度, 至危十五度, 爲玄枵, 於辰在子, 齊分, 屬靑州. 自危十六度, 至奎四度, 爲諏訾, 於辰在亥, 衛分, 屬幷州. 自奎五度, 至胃六度, 爲降婁, 於辰在戌, 魯分, 屬徐州. 自胃七度, 至畢十一度, 爲大梁, 於辰在酉, 趙分, 屬冀州. 自畢十二度, 至東井十五度, 爲實沈, 於辰在申, 魏分, 屬益州. 自東井十六度, 至柳八度, 爲鶉首, 於辰在未, 秦分, 屬雍州. 自柳九度, 至張十六度, 爲鶉火, 於辰在午, 周分, 屬三(何)〔河〕.[56] 自張十七度, 至軫十一度, 爲鶉尾, 於辰在巳, 楚分, 屬荊州.

③ 郤은 音이 隙이니, 姓이다.
郤, 音隙, 姓也.

④ 列卿은 秩이 中二千石이고 尙書는 秩이 六百石이었는데, 東都(동한) 이후로는 尙書의 職任이 列卿보다 중하였다.
列卿, 秩中二千石, 尙書, 秩六百石耳, 東都以後, 尙書職任, 重於列卿.

【目】 劉焉은 魯恭王의 후손이고, 劉虞는 東海恭王의 5세손이다. 유우는 일찍이 幽州刺史를 지냈는데, 백성과 오랑캐들이 그의 은혜와 신의를 그리워하였으므로 그를 幽州牧으로 등용한 것이다.

유언이 蜀 지방에 들어갔는데 마침 도적들이 郤儉을 살해하니, 從事인 賈龍 등이 도적들을 격파하여 패주시키고 관리를 선발하여 유언을 맞이하였다. 유언은 治所를 綿竹으로 옮기고는 너그럽고 은혜로운 정사를 행하여 人心을 수합하는 데 힘썼다.

焉은 魯恭王之後①요 虞는 東海恭王五世孫이라 嘗爲幽州刺史하니 民夷懷其恩信이라 故로 用之②하다 焉이 入蜀하니 會에 賊殺郤儉이어늘 從事賈龍等이 破走之하고 選吏迎焉하니 徙治綿竹하고 務行寬惠하여 以收人心하다

① 魯恭王은 이름이 餘이니, 景帝의 아들이다.
魯恭王, 名餘, 景帝子.

② 東海恭王은 이름이 彊이니, 光武帝의 아들이다.
東海恭王, 名彊, 光武子.

【綱】 南匈奴의 右部가 반란을 일으켜 單于 羌渠를 살해하였다.

56) (何)〔河〕: 저본에는 '何'로 되어 있으나, ≪資治通鑑≫ 註에 의거하여 '河'로 바로잡았다.

南匈奴右部反하여 **殺其單于羌渠**하다

【目】 詔令을 내려서 南匈奴의 병력을 징발하여 劉虞에게 배속시켜서 張純을 토벌하게 하니, 單于 羌渠가 左賢王을 보내어 기병을 거느리고 幽州로 가게 하였다. 흉노의 사람들은 병력을 징발함이 끝이 없을까 염려하였다. 이에 右部인 醢落(혜락)이 반란을 일으켜 屠各胡와 연합하니, 병력이 모두 10여만 명이었다. 이들은 單于 羌渠를 공격하여 살해하였다.

詔發南匈奴兵하여 **配劉虞**하여 **討張純**하니 **單于羌渠 遣左賢王**하여 **將騎詣幽州**한대 **國人**이 **恐發兵無已**라 **於是**에 **右部醢落**이 **反**하여 **與屠各胡合**하니 **凡十餘萬人**이라 **攻殺羌渠**①하다

① 醢는 馨兮의 切이다. 光武帝 建武 연간에 右部 薁鞬日逐王(욱건일축왕) 比가 와서 항복하므로 그를 세워서 醢落尸逐鞮單于로 삼았다. 右部 醢落은 남흉노의 支庶(支孫)들이니, 右部에 나누어 살면서 이로써 종족과 부락의 칭호로 삼았다.
醢, 馨兮切. 光武建武中, 右部薁鞬日逐王比, 來降, 立爲醢落尸逐鞮單于. 右部醢落者, 蓋其支庶, 分居右部, 因以爲種落之號.

【綱】 홍수가 졌다.

大水하다

【綱】 冀州刺史 王芬이 자살하였다.

◑ **冀州刺史王芬**이 **自殺**57)하다

---

57) 冀州刺史王芬自殺 : "王芬이 환관을 주벌하고 인하여 황제를 폐하고 새로운 군주를 세울 것을 도모하였는데, 어찌하여 自殺이라고만 썼는가. 군주에게 경계를 보인 것이다. 鄭衆이 전횡하자 周章의 계책이 일어났고, 趙忠과 張讓이 횡포를 부리자 왕분의 계책이 결정되었으니, ≪資治通鑑綱目≫에 역모를 했다고 쓰지 않은 것은 환관을 높이고 신임하는 군주의 경계로 삼은 것이다. 그렇다면 왕분은 폄하할 것이 없는가. 자살이라고 쓴 것은 그를 폄하한 것이다. 자신의 능력을 헤아리지 않고 비상한 일을 만들려 하였으니, 이로써 다만 자기 몸을 죽였을 뿐이다.〔芬謀誅宦官 因廢立帝 則曷爲止以自殺書 示戒也 鄭衆專而周章之謀起 趙張橫而王芬之計決 綱目不書謀逆 所以爲尊信宦閹者之戒也 然則芬無貶乎 書自殺 所以爲貶也 不量其力 造作非常 祇足以殺其身而已矣〕" ≪書法≫
"王芬이 아랫사람으로서 윗사람(황제)을 도모하였으니, 마땅히 ≪春秋≫의 無將의 주벌(君親에 대해서는 弑害는 물론 시해하려는 마음만 가져도 주벌함)을 받아야 할 터인데 어찌하여 그 모반한 사실을 쓰지 않고, 또 어찌하여 죄가 있어 伏誅했다고 쓰지 않았는가. 이때에 靈帝의 죄악이 桀王보다도 더하였으니, 바로 獨夫일 뿐이다. 더구나 王芬은 다만 환관을 죽여서 어두운 군주를 폐하고 현명한 군주를 세우고자 한 일을 꾀한 것이다. 이 때문에 ≪資治通鑑綱目≫에서 그의 죄를 감해주었으니, 이

【目】 陳蕃의 아들 陳逸이 襄楷와 함께 冀州刺史 王芬의 자리에 모여 있었는데, 양해가 말하기를 "天文이 宦者들에게 이롭지 못하니, 黃門과 常侍가 참으로 멸족될 것이다." 하였다. 진일이 기뻐하자, 왕분이 말하기를 "만약 이렇게만 된다면, 내가 환관을 몰아내기를 원한다." 하고는, 인하여 上書하여 말하기를 "黑山賊이 郡縣을 공격하고 겁탈하므로, 군대를 일으키고자 합니다." 하였다.

마침 황제가 북쪽으로 가서 河間의 옛집에 행차하고자 하였다. 왕분 등은 병력을 거느려 常侍들을 주살하고, 이어서 황제를 폐하고 合肥侯를 세울 것을 도모하였다. 왕분 등이 이 계획을 曹操에게 알리자, 조조가 다음과 같이 말하였다.

"황제를 폐하고 세우는 일은 天下에 지극히 상서롭지 못한 일이다. 옛사람 중에 成敗를 저울질하고 輕重을 계산하여 이를 실행한 자가 있으니, 바로 伊尹과 霍光[58]이다. 그러나 이들은 모두 지극히 충성스러운 마음을 품고 宰輔의 권세를 쥐고 있었으며, 또 정권을 잡고 있는 중한 지위에다가 여러 사람들의 바람이 함께하였다. 그러므로 능히 계책을 따르자 일이 성립된 것이다. 지금 제군들은 한갓 과거의 쉬운 것만 보고 當今의 어려움을 보지 못하여 非常한 일을 만들어서 반드시 성공하기를 바라니, 또한 위태롭지 않겠는가."

陳蕃子逸이 與襄楷로 會於冀州刺史王芬坐①러니 楷曰 天文이 不利宦者하니 黃門, 常侍眞族滅矣리라 逸이 喜어늘 芬曰 若然者면 芬이 願驅除하노라하고 因上書言호되 黑山賊이 攻劫郡縣하니 欲以起兵이니이다 會에 帝欲北巡河間舊宅이라 芬等이 謀以兵誅諸常侍하고 因廢帝而立合肥侯하여 以告曹操②한대 操曰 夫廢立之事는 天下之至不祥也라 古人이 有權成敗하고 計輕重하여 而行之者하니 伊, 霍이 是也라 然이나 皆懷至忠之誠하고 據宰輔之勢하고 因秉政之重하고 同衆人之欲이라 故로 能計從事立이라 今諸君이 徒見曩者之易(이)하고 未覩當今之難하여 而造作非常하여 欲望必克하니 不亦危乎아

는 왕분이 靈帝를 미워한 것을 용서한 것으로, 그 뜻이 은미하다.〔芬以下謀上 宜得春秋無將之誅 胡不書其謀反 又胡不書其有罪伏誅 是時靈帝罪浮于桀 乃獨夫耳 況芬本謀特欲誅宦者 爲廢昏立明之擧 是以綱目末減其罪 蓋恕芬 所以惡靈也 其旨微矣〕" ≪發明≫

58) 伊尹과 霍光 : 伊尹은 이름이 摯로 商나라의 賢相이다. 夏나라의 桀王이 無道한 짓을 자행하자, 商나라의 湯王을 보좌하여 걸왕을 쳐서 夏나라를 멸망시키고 商나라를 통일천하로 만들었다. 또 탕왕의 손자인 太甲이 즉위하여 잘못을 저지르자, 그를 탕왕의 묘소가 있는 桐 땅으로 내쳤다가 태갑이 改過遷善한 뒤에 다시 復位시켰는바, 이 사실이 ≪史記≫ 〈殷本紀〉와 ≪孟子≫ 〈萬章 上〉에 보인다. 霍光은 前漢 武帝 때의 大將軍으로, 무제의 遺詔를 받들어 어린 昭帝를 옹립하고 보필하였으며, 소제가 後嗣 없이 일찍 죽자, 太后의 命으로 昌邑王 劉賀를 迎立하였으나, 유하가 荒淫無道하므로 그를 폐위하고 무제의 증손인 劉詢(宣帝)을 옹립하여 나라를 안정시켰다.

① 坐(자리)는 才臥의 切이다.
坐, 才臥切.

② 秦나라 合肥縣은, 前漢에서는 이곳에 廬江國을 설치하였고, 東漢에서는 合肥侯國으로 삼아서 그대로 九江郡에 소속시켰다.
秦合肥縣, 漢置廬江國, 東漢爲合肥侯國, 仍隷九江郡.

【目】 마침 北方의 밤하늘에 붉은 구름이 있어서 東西로 하늘에 가득하였다. 이에 太史가 말하기를 "北方에 陰謀가 있으니, 북쪽으로 행차해서는 안 됩니다." 하니, 황제가 마침내 행차를 중지하고 王芬에게 명하여 군대를 파하게 하였다. 얼마 후 그를 부르니, 왕분이 두려워하여 자살하였다.

會北方夜半에 有赤氣하여 東西竟天하니 太史言 北方에 有陰謀하니 不宜北行이라한대 帝乃止하고 勅芬罷兵이러니 俄而요 徵之하니 芬이 懼自殺하다

【綱】 가을 8월 西園에 여덟 명의 校尉를 두었다.

秋八月에 置西園八校尉하다

【目】 小黃門 蹇碩을 上軍校尉로 삼고, 袁紹, 鮑鴻, 曹操, 趙融, 馮芳, 夏牟, 淳于瓊 등 일곱 명의 校尉가 모두 건석에게 통솔을 받았다. 황제는 황건적이 일어난 뒤로부터 군대의 일에 유념하였는데, 건석이 건장하고 武略이 있다 하여 황제가 그를 친애하고 신임해서, 비록 大將軍이라도 그에게 예속시켰다.

以小黃門蹇碩으로 爲上軍校尉하고 袁紹, 鮑鴻, 曹操, 趙融, 馮芳, 夏牟, 淳于瓊等七校尉皆統於碩①하다 帝自黃巾之起로 留心戎事하니 碩이 壯健有武略이라 帝親任之하여 雖大將軍이나 亦領屬焉하다

① 蹇은 姓이다. 일곱 명의 校尉는 袁紹가 中軍校尉, 鮑鴻이 下軍校尉, 曹操가 典軍校尉, 趙融이 助軍左校尉, 馮芳이 助軍右校尉, 夏牟가 左校尉, 淳于瓊이 右校尉가 된 것이다.
蹇, 姓也. 七校尉, 紹爲中軍校尉, 鴻爲下軍校尉, 操爲典軍校尉, 融爲助軍左校尉, 芳爲助軍右校尉, 牟爲左校尉, 瓊爲右校尉.

【綱】 겨울 10월에 靑州와 徐州의 황건적이 다시 일어났다.

冬十月에 青, 徐黃巾이 復起하다

【綱】 平樂觀에서 講武(武藝를 강습함)하였다.

◑ 講武平樂觀[59]하다

【目】 구름을 보고 吉凶을 점치는 자가 말하기를 "京師에 마땅히 큰 병란이 있어서 두 宮(황제와 태후)이 피를 흘릴 것이다." 하였다.

황제가 이 기운을 누르고자 하여 마침내 四方의 병력을 징발하여 平樂觀에서 講武하였는데, 큰 단을 세우고 화려한 일산을 세우고는 황제가 몸소 갑옷을 입고 말에게도 갑옷을 입히고서 無上將軍이라 칭하고 陣을 세 차례 순행하고 돌아왔다.

황제가 討虜校尉 蓋勳(갑훈)에게 묻기를 "내가 講武하기를 이와 같이 하였으니, 어떠한가?" 하자, 갑훈이 대답하기를 "臣이 들으니, 先王은 德을 드러내 보였고 군대의 위엄을 보이지 않았다고 하였습니다. 지금 적이 먼 곳에 있는데 가까운 곳에 陣을 설치하였으니, 果毅를 밝히기에 부족하고 다만 武를 함부로 할 뿐입니다." 하였다. 황제가 말하기를 "좋다. 내 君을 늦게 만난 것을 안타깝게 여긴다. 여러 신하들 중에는 애당초 이런 말을 하는 자가 없었다." 하였다.

望氣者以爲京師에 當有大兵하여 兩宮이 流血이라하니 帝欲厭(압)之①하여 乃發四方兵하여 講武於平樂觀한대 起大壇하고 建華蓋②하고 帝躬擐甲介馬하여 稱無上將軍하고 行陳三匝(잡)而還③하다 問討虜校尉蓋勳曰 吾講武如是하니 何如오 對曰 臣聞先王은 昭德이요 不觀兵④이라하니이다 今寇在遠而設近陳하니 不足昭果毅요 祗黷武耳⑤니이다 帝曰 善하다 恨見君晚이로다 群臣이 初無是言也니라

① 厭은 一涉의 切이니, 눌러 이기는 것이다.
厭, 一涉切, 厭勝也.

② ≪水經註≫에 "穀水가 白馬寺로부터 동남쪽으로 平樂觀을 거쳐 흐르니, 〈平樂觀은〉 上西門

---

59) 講武平樂觀 : "'講武'라고 쓴 것은 어째서인가. 비난한 것이다. 도적이 먼 곳에 있는데 京師에서 講武하는 것은 대비하는 방법이 아니라고 여긴 것이다. 그러므로 中平 元年(184) 황건적이 일어났을 때에 뒤이어 군대를 都亭에 주둔했다고 썼고, 中平 5년(188) 황건적이 다시 일어났을 때에도 뒤이어 平樂觀에서 講武하였다고 썼으니, 이는 모두 깊이 비난한 것이다. 講武를 쓴 것이 이때 시작되었으니 ≪資治通鑑綱目≫이 끝날 때까지 '講武'라고 쓴 것이 세 번이고 '大閱(크게 閱兵했다)'이라고 쓴 것이 두 번이다.〔書講武 何 譏也 寇在遠而講武於京師 以爲非禦備也 故元年賊起 繼書屯都亭 五年復起 繼書講武平樂觀 皆深譏之 書講武始此 終綱目 書講武三 書大閱二〕" ≪書法≫

밖에 있다." 하였다.

水經註 "穀水, 自白馬寺東南, 逕平樂觀, 在上西門外."

③ 擐은 꿤이요, 介 또한 갑옷이다. 行은 去聲이니, 按行(巡行)함이다. 陳(軍陣)은 陣으로 읽으니, 아래도 같다. 匝은 두루함이다.

擐, 貫也. 介, 亦甲也. 行, 去聲, 按行也. 陳, 讀曰陣, 下同. 匝, 周也.

④ 〈"昭德 不觀兵"은〉 ≪國語≫에 실려 있는 祭公謀父(채공모보)의 말이다. 昭는 밝힘이다. "觀兵"은 군대의 위엄을 보이는 것이다.

國語, 載祭公謀父之言. 昭, 明也. 觀兵, 觀示兵威也.

⑤ 적을 죽임을 果라 하고, 果를 지극히 함을 毅라 한다. 黷은 함부로 하고, 자주 함과 같다.

殺敵爲果, 致果爲毅. 黷, 猶慢也, 數(삭)也.

【目】 蓋勳이 袁紹에게 말하기를 "上은 매우 총명한데 다만 左右 신하들에게 가려졌을 뿐이다." 하고는, 원소와 함께 총애하는 환관들을 죽일 것을 도모하였다. 蹇碩이 두려워하여 갑훈을 京兆尹으로 내보냈다.

勳이 謂袁紹曰 上甚聰明호되 但蔽於左右耳라하고 與紹로 謀共誅嬖倖하니 蹇碩이 懼하여 出勳爲京兆尹하다

【綱】 11월에 涼州의 賊인 王國이 陳倉을 포위하자, 皇甫嵩을 左將軍으로 삼아서 토벌하게 하였다.

十一月에 涼州賊王國이 圍陳倉이어늘 以皇甫嵩爲左將軍하여 討之하다

【綱】 騎都尉 公孫瓚을 보내 漁陽의 적을 토벌하여 패주시켰다.

◑ 遣騎都尉公孫瓚하여 討漁陽賊하여 走之하다

己巳年(189)

【綱】 漢나라 孝靈皇帝 中平 6년이다. 봄 2월에 皇甫嵩이 王國을 공격하여 大破하였다.

六年이라 春二月에 皇甫嵩이 擊王國하여 大破之하다

【目】 董卓이 皇甫嵩에게 이르기를 "陳倉이 위급하니 속히 구원하기를 청합니다." 하자, 황보숭이 다음과 같이 말하였다.

"그렇지 않다. 백 번 싸워서 백 번 승리하는 것이 싸우지 않고 적의 군대를 굴복시키는 것만 못하다. 이 때문에 먼저 적이 승리하지 못하도록 만들어놓고서 적을 공격하여 이길 틈을 기다리는 것이다. 陳倉이 비록 작으나 성의 수비가 견고하게 갖춰졌으니 쉽게 함락할 수가 없고, 王國이 비록 강하나 陳倉을 공격하여 함락시키지 못하면 그 무리가 반드시 피곤할 것이니, 피곤할 때에 공격하는 것이 완전하게 승리하는 길이다."

董卓이 謂皇甫嵩曰 陳倉이 危急하니 請速救之하노이다 嵩曰 不然하다 百戰百勝이 不如不戰而屈人兵이라 是以로 先爲不可勝하여 以待敵之可勝이라 陳倉이 雖小나 城守固備하니 未易(이)可拔이요 王國이 雖彊이나 攻陳倉不下하면 其衆이 必疲하리니 疲而擊之 全勝之道也니라

【目】 王國이 陳倉을 공격한 지 80여 일이 지났으나 함락시키지 못하고 피폐하여 포위를 풀고 떠나가자, 皇甫嵩이 진군하여 공격하였다. 董卓이 말하기를 "궁지에 몰린 적은 급박하게 몰아붙이지 말고 돌아가는 무리는 추격하지 말아야 합니다."[60] 하니, 황보숭이 다음과 같이 말하였다.

"그렇지 않다. 지난번에 내가 공격하지 않은 것은 그 銳鋒을 피한 것이요, 지금 공격하는 것은 그들의 사기가 쇠퇴함을 기다렸던 것이니, 공격하는 대상은 피폐한 적의 군대요 돌아가는 무리가 아니다. 또 왕국의 군대가 우선 도망하여 싸울 마음이 없으니, 우리의 정돈된 군대로 혼란한 적을 공격하는 것이요 궁지에 몰린 적을 공격하는 것이 아니다."

황보숭이 마침내 홀로 진군하여 연달아 싸워 대파해서 1만여 명의 수급을 베었다. 동탁이 크게 부끄럽고 한스러워 이로 말미암아 황보숭과 틈이 생기게 되었다.

國이 攻陳倉八十餘日이로되 不拔하고 疲敝解去어늘 嵩이 進兵擊之한대 卓曰 窮寇勿迫이요 歸衆勿追①니이다 嵩曰 不然하다 前吾不擊은 避其銳也요 今而擊之는 待其衰也니 所擊疲師요 非歸衆也며 國衆且走하여 莫有鬪志하니 以整擊亂이요 非窮寇也라하고 遂獨進하여 連戰大破之하여 斬首萬餘級하니 卓이 大慙恨하여 由是로 與嵩有隙하다

① 〈"窮寇勿迫 歸衆勿追"는〉 ≪司馬兵法≫[61]의 말이다.

---

60) 궁지에……합니다 : "窮寇勿迫 歸衆勿追"는 현전하는 ≪司馬法≫에 없고, 다만 ≪孫子≫ 〈軍爭〉에 "歸師勿遏 圍師必闕 窮寇勿迫(돌아가는 군대는 막지 말고, 적을 포위할 때는 반드시 한쪽을 비워주고, 궁지에 몰린 적은 급박하게 몰아붙이지 말라.)"이라는 말이 보인다.

司馬兵法之言.

【綱】 3월에 劉虞가 漁陽의 賊을 토벌하여 張純의 목을 베니, 남은 무리가 항복하고 흩어졌다.

三月에 **劉虞討漁陽賊**하여 **斬張純**하니 **餘衆**이 **降散**하다

【目】 劉虞가 部에 도착하여 使者를 鮮卑에게 보내 利害를 말하게 하고 사자에게 張擧와 張純의 수급을 보내라고 요구하고 후하게 현상금을 거니, 丘力居 등은 유우가 왔다는 말을 듣고 기뻐해서 각각 譯官을 보내 스스로 귀순하였다.

유우가 모든 주둔병을 해산하고 公孫瓚만을 남겨 10,000명의 병력을 거느리고 右北平에 주둔하게 하니, 3월에 장순의 門客이 장순을 살해하여 수급을 유우에게 보냈다. 공손찬은 내심 烏桓을 깨끗이 멸망시키고자 하였으나, 유우는 은혜와 신의로써 불러 항복시키고자 하니, 이 때문에 두 사람이 틈이 생겼다.

劉虞到部하여 **遣使至鮮卑中**하여 **告以利害**하고 **責使送張擧, 張純首**하고 **厚加購賞**하니 **丘力居等**이 **聞虞至**하고 **喜**하여 **各遣譯自歸**하다 **虞罷諸屯兵**하고 **但留公孫瓚**하여 **將萬人**하여 **屯右北平**하니 **三月**에 **純客**이 **殺純**하여 **送首於虞**하다 **瓚**은 **志欲掃滅烏桓**이나 **而虞欲以恩信招降**하니 **由是**로 **有隙**하다

【綱】 여름 4월 초하루에 일식이 있었다.

夏四月朔에 **日食**하다

【綱】 현지에 나아가서 劉虞를 제수하여 太尉로 삼았다.

◑ **卽拜劉虞爲太尉**①하다

① "卽拜"는 현지에 나아가서 제수한 것이다.
卽拜者, 就拜之也.

---

61) 司馬兵法 : ≪司馬法≫을 가리킨다. ≪사마법≫은 春秋時代 齊나라의 名將 司馬穰苴가 지은 것으로 알려져 있으나, 周나라 이후 春秋戰國時代를 거치면서 전수되어온 兵書의 集大成이라 할 것이다. 사마양저의 병서까지도 포함되어 원래는 155편의 巨帙이었으나, 지금은 모두 散佚되고 5편 1권만 전하는바, 武經七書에도 들어 있다.

【綱】 大將軍 何進을 보내 韓遂를 토벌하게 하였다.

◑ 遣大將軍進하여 討韓遂하다

【目】 蹇碩이 大將軍 何進을 시기하여 여러 常侍들과 함께 황제를 설득해서 하진을 보내 서쪽으로 韓遂를 공격하게 하자, 황제가 그의 말을 따랐다. 하진은 건석의 계책을 알고는, "袁紹를 보내 徐州와 兗州 두 州의 병력을 수합하게 하고서, 그들이 돌아오기를 기다려 서쪽으로 출정하겠습니다."라고 아뢰어 出行하는 시기를 늦추었다.

蹇碩이 忌大將軍進하여 與諸常侍로 共說(세)帝하여 遣進西擊韓遂한대 帝從之하다 進이 知其謀하고 奏遣袁紹하여 收徐, 兗二州兵하여 須還而西하여 以稽行期하다

【綱】 황제가 崩하니, 皇子 劉辯이 즉위하여 皇后(何太后)를 높여 皇太后라 하였다. 太后가 臨朝하고 皇弟 劉協을 봉하여 陳留王으로 삼았다.

帝崩①하니 皇子辯이 卽位하여 尊皇后曰皇太后라하니 太后臨朝하고 封皇弟協하여 爲陳留王[62]하다

① 향년이 34세였다.
壽, 三十四.

【目】 처음에 황제는 여러 번 皇子를 잃었는데, 何后가 劉辯을 낳으니 道人인 史子眇의 집에서 길러서 史侯라고 불렀고, 王美人이 劉協을 낳으니 董太后가 직접 길러서 董侯라

---

62) 帝崩……爲陳留王 : "賀善의 贊에 말하였다. '靈帝가 환관을 믿고 忠賢을 죽이자, 당시 나타난 變異 중에 《資治通鑑綱目》이 끝날 때까지 일찍이 없었던 것이 네 가지이니, 뱀이 황제가 앉는 자리에 나타나고 검은 구름과 푸른 무지개가 궁전의 뜰에 떨어지고 암탉이 수탉으로 변하였다. 또 큰 역병을 다섯 번 썼는데 《資治通鑑綱目》에서 〈큰 역병을 쓴 것 중에〉 절반을 차지하였으니, 황제는 이를 보고 變故인 줄을 알 수 있었을 것이다. 그런데 또다시 畢圭苑을 만들고 후궁에 여러 가게를 만들고 400尺의 樓觀을 세우고 萬金堂을 만들고 銅人을 주조하고 토목공사를 크게 일으켜 社稷이 장차 전복될 줄을 알지 못하였다. 사람들이 항상 〈용렬한 군주를〉 말하기를 「桓帝와 靈帝이다.」라고 하는데, 靈帝가 桓帝보다 더 심하였다.'〔賀善贊曰 靈帝信宦豎 殺忠賢 當時變異有終綱目所無者四 蛇見御座 黑氣青虹墮殿庭 雌鷄化雄 而又五書大疫 居綱目半 帝亦可以知變矣 方且作畢圭 作列肆 起四百尺觀 造萬金堂 鑄銅人 土木盛興 不知社稷之將覆 人有恒言曰桓靈 靈又甚於桓也〕" 《書法》

○ 劉辯을 어찌하여 太子라고 쓰지 않았는가. 일찍이 太子로 세운 적이 없었기 때문이다. 이때에 蹇碩이 몰래 劉協을 세울 것을 도모하였으니, 일이 조용할 수 없었다. 兩漢을 통틀어 '皇子가 卽位했다.'고 쓴 것이 한 번뿐이다.〔○ 辯何以不書太子 未嘗立爲太子也 於是蹇碩潛謀立協 事有不能從容者矣 兩漢書皇子卽位者 一而已〕" 《書法》

고 불렀다. 여러 신하들이 太子를 세울 것을 청하자, 황제는 유변의 성질이 경박하고 조급하여 威儀가 없다 하여 유협을 세우고자 하였으나, 주저하며 결정하지 못하였다.

마침 황제의 병환이 위독하여 유협을 蹇碩에게 부탁하였는데, 건석은 먼저 何進을 주살하고 유협을 세우고자 하여 사람을 시켜 하진을 맞이해오게 하였다. 하진이 가려고 하였는데, 건석의 司馬인 潘隱이 하진을 맞이하면서 눈짓을 하자, 하진이 놀라서 말을 달려 本營으로 돌아와 병력을 인솔하고 百郡邸에 들어가 주둔하고는, 병을 칭탁하고 宮中에 들어가지 않았다.

유변이 卽位하니, 나이가 14세였다. 太后가 臨朝하고 유협을 봉하여 陳留王으로 삼으니, 나이가 9세였다.

初에 帝數(삭)失皇子러니 何后生辯하니 養於道人史子眇家하여 號曰史侯①라하고 王美人이 生協하니 董太后自養之하여 號曰董侯라하다 群臣이 請立太子한대 帝以辯이 輕佻無威儀라하여 欲立協이로되 猶豫未決②이러라 會에 疾篤하여 屬協於蹇碩하니 欲先誅何進而立協③하여 使人迎進이어늘 進이 往이러니 碩司馬潘隱이 迎而目之한대 進이 驚하여 馳歸營하여 引兵入屯百郡邸하고 稱疾不入④하다 辯이 卽位하니 年十四라 太后臨朝하고 封協爲陳留王하니 年九歲러라

① 道人은 道術이 있는 사람을 이른다.
道人, 謂有道術之人.

② 佻는 田聊의 切이니, 가벼움이다.
佻, 田聊切, 輕也.

③ ≪資治通鑑≫에 "황제가 嘉德殿에서 崩하니, 蹇碩이 이때 궁내에 있으면서 먼저 何進을 주살하고 劉協을 세우고자 했다." 하였다.
通鑑 "帝崩于嘉德殿. 碩時在內, 欲先誅何進而立協."

④ 天下의 100여 개의 郡國이 모두 京師에 저택을 두고 百郡邸라고 칭하였으니, 百郡이 모두 한 저택을 마련한 것이다.
天下郡國百餘, 皆置邸京師, 謂之百郡邸者, 百郡摠爲一邸也.

【綱】袁隗(원외)를 太傅로 삼아서 大將軍 何進과 함께 錄尙書事에 참여하게 하니, 하진이 환관 蹇碩을 체포하여 죽였다.

以袁隗爲太傅하여 **與大將軍進**으로 **參錄尙書事**하니 **進**이 **收宦者蹇碩**하여 **誅之**[63]하다

---

63) 進收宦者蹇碩 誅之 : "蹇碩을 주살했다고 썼는데, 何進이 체포했다고 쓴 것은 어째서인가. 하진이 전횡했기 때문이다.[蹇碩書誅矣 其書進收 何 進專也]" ≪書法≫
"何進이 사사로운 분노 때문에 蹇碩을 죽였으므로 하진이 체포했다고 쓴 것이다. 그러나 건석 또

【目】何進이 정권을 잡고 나서 蹇碩이 자기를 죽이려고 도모한 것에 분노하고 있었는데, 袁紹가 인하여 하진에게 여러 환관들을 모두 주살할 것을 권하였다. 하진은 袁氏가 여러 대에 걸쳐 신분이 귀하고 황제의 총애를 받았으며, 원소와 그의 從弟인 袁術이 모두 豪傑들이 귀의하는 인물이라 하여, 그들을 믿고 등용하였다. 하진은 또 지모가 있는 선비인 何顒(하옹)과 荀攸, 鄭泰 등 20여 명을 널리 불러와서 더불어 함께할 심복으로 삼았다.

이에 건석이 스스로 편안하지 못해서 趙忠 등과 함께 하진을 주살할 것을 모의하였다. 中常侍 郭勝은 하진과 같은 郡 사람이었는데, 이 사실을 하진에게 알리니, 하진이 黃門令으로 하여금 건석을 체포하여 주살하게 하고, 인하여 건석의 屯兵을 모두 통솔하였다.

進이 旣秉政에 忿蹇碩圖己러니 袁紹因勸進하여 悉誅諸宦官하니 進이 以袁氏累世貴寵하고 而紹與從弟術이 皆爲豪傑所歸라하여 因信用之①하고 復博徵智謀之士何顒, 荀攸, 鄭泰等(三)〔二〕[64]十餘人하여 與同腹心②하다 碩이 不自安하여 與趙忠等으로 謀誅進이러니 中常侍郭勝은 進의 同郡人이라 以告進하니 進이 使黃門令으로 收碩誅之하고 因悉領其屯兵하다

① 袁安이 司空과 司徒가 되었고, 아들 袁敞이 司空이 되었고, 손자 袁湯이 司空과 司徒와 太尉가 되었고, 袁湯의 아들 袁逢이 司空이 되었고, 작은아들 袁隗 또한 三公이 되었으니, 이것이 여러 대가 신분이 귀하고 총애를 받은 것이다.
袁安爲司空・司徒, 子敞爲司空, 孫湯爲司空・司徒・太尉, 湯子逢爲司空, 少子隗亦爲三公, 是累世貴寵也.

② 荀攸는 荀爽의 從孫이다.
攸, 爽之從孫也.

【綱】5월에 孝仁皇后(董太后)를 河間으로 옮기니, 驃騎將軍 董重이 자살하였고, 6월에 효인황후가 갑자기 崩하였다.

五月에 遷孝仁皇后於河間하니 驃騎將軍董重이 自殺하고 六月에 后暴崩[65]하다

한 '誅'라고 쓰임을 면치 못한 것은 어째서인가. 이 환관의 무리들은 皇室을 망쳐서 죄악이 가득히 쌓였으니, 바로 하늘의 토벌이 마땅히 가해져야 하고 王法에 용서할 수 없는 자들이다. 그렇다면 어찌 그가 하진의 사사로운 분노 때문에 죽었다는 이유로 마침내 그 죄를 감해줄 수 있겠는가. 書法이 이와 같으니, 애당초 지나친 것이 아니다.〔何進以私忿殺蹇碩 故曰進收 然碩亦不免書誅 何哉 此曹斲喪帝室 罪盈惡積 正天誅所宜加 王法所不赦者 豈得以其死於私忿之故 而遂末減其罪乎 書法若此 初非過也〕" ≪發明≫

64) (三)〔二〕: 저본에는 '三'으로 되어 있으나, ≪資治通鑑≫에 의거하여 '二'로 바로잡았다.

【目】驃騎將軍 董重이 何進과 권세를 다투어 서로 충돌하였는데, 中官들은 동중의 세력을 믿고 그를 도왔다.

董太后가 정사에 참여하려 할 때마다 何太后가 번번이 금하여 막으니, 董太后가 분노하며 꾸짖기를 "네가 지금 네 오라비(하진)를 믿고 행패를 부리느냐. 내 驃騎將軍(동중)에게 명하여 손을 뒤집는 것처럼 쉽게 하진의 머리를 자를 수 있다." 하였다.

何太后가 이 사실을 하진에게 고하자, 하진이 三公과 함께 아뢰기를 "孝仁皇后가 州郡들과 서로 통하여 부정하게 財利를 착취합니다. 故事에 藩后(諸侯王의 后妃)가 京師에 머물지 못하게 하였으니, 孝仁皇后의 宮을 本國으로 옮길 것을 청합니다."[66] 하였다. 하진이 군대를 동원하여 驃騎將軍의 府를 포위해서 동중을 체포하여 관직을 파면하자, 동중은 자살하고 董太后는 근심하고 두려워하여 갑자기 崩하니, 民間에서 이 때문에 何氏를 따르지 않았다.

驃騎將軍董重이 與何進으로 權勢相害하니 中官이 挾重爲助라 董太后每欲參干政事어늘 何太后輒禁塞之하니 董后忿詈(리)曰 汝今輈張하여 怙汝兄耶①아 吾勅驃騎하여 斷何進頭 如反(번)手耳니라 何太后告進한대 進이 與三公으로 共奏孝仁皇后交通州郡하여 辜較(고각)財利②하니이다 故事에 藩后不得留京師하니 請遷宮本國③하노이다 擧兵圍驃騎府하여 收重免官한대 重이 自殺하고 董后憂怖暴崩하니 民間이 由是로 不附何氏러라

① 輈(행패를 부리다)는 音이 舟이니, "輈張(소란을 피우며 행패를 부리다)"은 彊梁이라는 말과 같다. 오라비는 何進을 이른다.
輈, 音舟. 輈張, 猶彊梁也. 兄, 謂進也.

② 較(이익을 독점하다)은 榷으로 읽는다.
較, 讀曰榷.

65) 后暴崩 : "'暴崩'이라고 쓴 것은 어째서인가, 〈孝仁皇后의 궁을〉 옮긴 자(何進)를 허물한 것이다.〔書暴崩 何 咎遷之者也〕" ≪書法≫
"孝仁皇后가 본래 國母는 아니었으나 何皇后의 입장에서 말하면 그래도 시어머니가 되는데, 효인황후의 宮을 옮기고 두렵게 해서 죽게 한 것이 옳은가. 그러므로 효인황후에게 '崩'이라고 쓴 것은 그녀가 母后임을 인정한 것이다. 母后임을 인정하였는데 그녀를 옮겨서 갑자기 죽게 하였으니, 그 죄를 거의 말로 다할 수가 없다. 후일에 賊臣들이 이것을 구실 삼아서 〈何太后를 욕한 것이〉 마땅하다.〔孝仁本非國母 然自何后言之 猶爲其姑云爾 而遷之怖之 使之至於殞滅可乎 故夫后以崩書者 是予其爲母后也 予其爲母后 而遷之 至於暴亡者 其罪殆有不可言者矣 宜乎他日賊臣 得以藉口也〕" ≪發明≫

66) 故事에……청합니다 : 靈帝의 生母인 효인황후를 河間의 解瀆亭으로 보낼 것을 청한 것이다. 靈帝 劉宏은 肅宗(章帝)의 아들인 河間孝王 劉開의 증손으로, 부친인 劉萇과 조부인 劉淑이 대대로 解瀆亭侯에 봉해졌는데, 桓帝가 죽고 後嗣가 없어 迎立되자, 영제는 生父인 유장을 孝仁皇이라 하고 생모인 董氏를 愼園貴人이라 하였다. 이후 동씨가 孝仁皇后가 되었다. 따라서 董太后(孝仁皇后)는 원래로 보면 藩后인 것이다. 이 내용이 본서 175쪽과 180쪽에 각각 보인다.

③ 藩后는 平帝의 어머니 衛姬를 이른다. 王莽이 攝政했을 때에 그녀가 권력을 독점할까 두려워해서, 이 때문에 后가 京師에 머물러 있지 못하였다. 그러므로 이것을 故事라 한 것이다.
藩后, 謂平帝母衛姬. 王莽攝政, 恐其專權, 后不得留在京師, 故以爲故事也.

【綱】 靈帝를 文陵에 장례하였다.

葬文陵[①]하다

① 文陵은 洛陽 서북쪽 20리에 있다.
陵, 在洛陽西北二十里.

【目】 何進은 蹇碩과 같은 음모가 또다시 있을까 두려워하여 병을 칭탁하고서, 宮中에 들어가 喪을 모시지 않고 또 山陵에 장송하지도 않았다.

何進이 懲蹇碩之謀하여 稱疾하여 不入陪喪하고 又不送山陵하다

【綱】 홍수가 졌다.

大水하다

附錄

1. 思政殿訓義 資治通鑑綱目 9 年表

年度	在位年	역문쪽수	주요 사건
142 壬午年	漢 順帝 漢安 1	13	• 南匈奴 吾斯 등이 다시 배반함. • 杜喬 등 8명의 使者를 州郡으로 보내서 어진 자를 표창하고 탐관오리를 살피게 함.
		14	• 李固를 將作大匠으로 삼음.
		15	• 張綱을 廣陵太守로 삼았는데, 장강이 廣陵의 張嬰을 귀순시킴.
		18	• 罕羌이 항복하자 三輔 지방의 張喬의 주둔군을 해산함.
143 癸未年	漢 順帝 漢安 2	18	• 趙沖을 護羌校尉로 삼아 燒何羌을 격파함.
		19	• 使匈奴中郎將 馬寔이 사람을 보내 吾斯를 죽임. • 尙書令 黃瓊의 주청으로 選擧를 4科로 만듦.
144 甲申年	漢 順帝 建康 1	20	• 趙沖이 燒何羌을 토벌하다가 전사하였으나 羌族도 전사한 자가 많아 쇠퇴함. • 馬寔이 南匈奴의 左部(吾斯의 黨)를 격파함. • 劉炳을 太子로 삼음.
		21	• 御史中丞 馮緄이 揚州와 徐州의 도적 范容 등을 토벌함. • 順帝가 사망하자 太子 劉炳이 즉위함.
		22	• 梁后를 皇太后로 높임. 梁太后가 臨朝함. • 李固를 太尉 錄尙書事로 삼음. • 順帝를 憲陵에 장례함. • 지진으로 賢良方正한 선비를 천거하고 對策하게 함.
		24	• 揚州刺史 尹耀가 范容을 토벌하다가 패몰함. • 交阯의 蠻夷가 배반하자 刺史 夏方이 항복시킴. • 九江의 도적 馬勉이 當塗에서 稱帝함. • 도적 떼가 憲陵을 도굴함.
145 乙酉年	漢 沖帝 永嘉 1	25	• 沖帝 사망.
		26	• 大將軍 梁冀의 권유로 梁太后가 渤海孝王의 아들 劉纘을 즉위시킴.

年度	在位年	역문쪽수	주요 사건
145 乙酉年	漢 沖帝 永嘉 1	28 30	• 沖帝를 懷陵에 장례함. • 康陵(殤帝)을 恭陵(安帝)의 위에 있게 함. • 九江都尉 滕撫가 稱帝한 華孟 등을 토벌함.
146 丙戌年	漢 質帝 本初 1	31 36	• 郡國에서 경학에 밝은 자〔明經〕을 천거하게 하여 太學에 진학하게 하고 수업한 자가 해가 차면 시험하여 관직을 제수하게 함. • 大將軍 梁冀가 質帝를 독으로 시해함. 太尉 李固가 다음 후사로 淸河王 劉蒜을 지지하자 梁太后가 이고를 면직시킴. 양태후가 蠡吾侯 劉志를 즉위시키고 臨朝함. • 質帝를 靜陵에 장례함. • 황제의 祖父인 河間孝王 劉開를 孝穆皇, 父인 蠡吾侯 劉翼을 孝崇皇으로 추존하고 황제의 친모인 匽氏를 博園貴人으로 높임.
147 丁亥年	漢 桓帝 建和 1	37 38 40	• 杜喬를 太尉로 삼음. • 황제를 세운 공으로 梁冀에게 1만 3천 호를 봉하고, 그 자제와 환관 劉廣을 列侯로 삼음. • 梁太后의 여동생 梁氏를 황후로 세움. • 太尉 杜喬가 면직됨. • 劉文 등이 淸河王 劉蒜을 옹립하는 모의가 발각되자 유산을 尉氏侯로 강등하고 桂陽으로 옮기니 유산이 자살함. 梁冀가 이로 인해 李固와 杜喬를 하옥시켜 죽임.
148 戊子年	漢 桓帝 建和 2	43 44	• 桓帝가 冠禮를 행함. • 白馬의 羌族이 廣漢을 침략함. • 梁冀가 淸河를 甘陵으로 고침.
149 己丑年	漢 桓帝 建和 3	45	• 荀淑 사망.
150 庚寅年	漢 桓帝 和平 1	50 53	• 梁太后가 桓帝에게 정사에게 돌려주고 얼마 후 사망. • 順烈皇后(梁太后)를 장례함. • 大將軍 梁冀의 아내 孫壽를 襄城君으로 봉함. • 桓帝의 친모 匽貴人을 孝崇后로 높임.
151 辛卯年	漢 桓帝 元嘉 1	53 55	• 尙書 張陵이 大將軍 梁冀의 죄를 탄핵하자 桓帝가 양기에게 속죄하게 함. • 桓帝가 梁冀의 아들 河南尹 梁胤의 府舍로 微行하자, 尙書 楊秉이 상소함.

年度	在位年	역문쪽수	주요 사건
151 辛卯年	漢 桓帝 元嘉 1	57 62	• 北匈奴가 伊吾를 침략함. • 지진으로 獨行이 있는 선비를 천거하게 함. 崔寔이 천거되었으나 나아가지 않고 〈政論〉을 지음. • 大將軍 梁冀에게 殊禮를 가하고 식읍으로 4縣을 봉함.
152 壬辰年	漢 桓帝 元嘉 2	63 65	• 西域長史 王敬이 于窴王 建을 죽이자 于窴이 왕경을 공격하여 죽임. • 桓帝의 친모인 孝崇皇后 匽氏 사망하자 博陵에 장례함.
153 癸巳年	漢 桓帝 永興 1	66	• 황하가 범람하여 백성들이 굶주리자 朱穆을 冀州刺史로 삼았는데, 주목이 宦官 趙忠이 아버지의 장례에 玉匣을 사용한 것을 조사하다가 황제의 노여움을 사서 하옥됨. 이에 太學生 劉陶 등이 상소하자 사면됨.
154 甲午年	漢 桓帝 永興 2	70	• 桓帝의 유모 馬惠의 아들 初를 列侯로 봉함. • 泰山과 琅邪에 도적이 일어남.
155 乙未年	漢 桓帝 永壽 1	71	• 南匈奴 左薁鞬 臺耆 등이 배반하자 屬國都尉 張奐이 격파함.
156 丙申年	漢 桓帝 永壽 2	73 74 75	• 蜀郡屬國의 夷族이 배반함. • 鮮卑 檀石槐가 북방 초원을 장악하고 雲中을 침략하자, 李膺을 度遼將軍으로 삼음. • 公孫擧 등이 靑州, 兗州, 徐州를 침략하자 韓韶를 嬴長으로 삼음. 그는 潁川郡의 縣長인 荀淑, 鍾皓, 陳寔과 명성을 나란히 함.(潁川四長) • 中郎將 段熲을 보내 泰山과 琅邪의 도적인 公孫擧와 東郭竇를 참수하고 평정함.
157 丁酉年	漢 桓帝 永壽 3	76 78	• 九眞의 蠻夷가 배반함. • 大錢을 주조하는 것에 대해 劉陶가 반대하는 상소를 올림. • 長沙의 蠻族이 배반함.
158 戊戌年	漢 桓帝 延熹 1	79 81	• 太尉 黃瓊이 면직됨. • 南匈奴, 烏桓, 鮮卑가 침략하자 陳龜를 度遼將軍으로 삼고 幷州와 涼州의 1년 치의 租稅를 면제함. • 張奐을 北中郎將에 삼음. 그가 烏桓을 유인해서 匈奴를 공격하게 하여 평정함.

年度	在位年	역문쪽수	주요 사건
158 戊戌年	漢 桓帝 延熹 1	82	• 梁冀가 陳龜를 불러 돌아오게 함. 진구가 양기를 주벌할 것을 상소하였으나 桓帝가 받아들이지 않자 진구가 굶어 죽음. • 种暠를 度遼將軍으로 삼음. 충고가 羌族과 胡族을 복종시킴.
159 己亥年	漢 桓帝 延熹 2	83 84 89 90 91 95 98 99 100 101	• 鮮卑가 雁門을 침략함. • 蜀郡의 夷族이 蠶陵을 침략함. • 梁后 사망. • 懿獻皇后(梁后)를 懿陵에 장례함. • 大將軍 梁冀가 伏誅되고 太尉 胡廣과 司徒 韓縯과 司空 孫朗이 면직되어 庶人이 됨. • 鄧貴人를 세워 황후로 삼고 죽은 梁后를 追廢하여 貴人으로 삼음. • 梁冀의 복주에 공을 세운 宦官 單超, 徐璜, 具瑗, 左悺, 唐衡 등을 列侯에 봉함.(五侯) • 黃瓊을 太尉로 삼음. • 尙書令 陳蕃이 徐穉, 姜肱, 袁閎, 韋著, 李曇을 천거하여 불렀지만 모두 오지 않음. • 鄧后의 오라비 鄧康과 환관 侯覽 등을 봉하여 列侯로 삼음. 이에 白馬令 李雲과 弘農掾 杜衆이 上書하자 황제가 이들을 죽임. • 환관 單超를 車騎將軍으로 삼음. • 燒當羌이 배반하자, 校尉 段熲이 격파함. • 陳蕃을 光祿勳으로 삼음. • 單超의 조카 單匡의 뇌물 사건을 조사한 兗州刺史 第五種과 河南尹 楊秉이 論罪를 받음. • 侍中 爰延을 五官中郎將으로 삼음.
160 庚子年	漢 桓帝 延熹 3	104 106 107	• 환관 單超 사망. • 西羌이 張掖을 침략하자, 段熲이 격파함. • 長沙와 零陵의 蠻族이 배반함. • 九眞의 蠻族이 다시 배반하자, 夏方을 交阯刺史로 삼아서 항복시킴. • 泰山의 도적이 都尉를 살해하자, 皇甫規를 太守로 삼아 토벌함.

年度	在位年	역문쪽수	주요 사건
161 辛丑年	漢 桓帝 延熹 4	108 109 110 111	• 劉矩를 太尉로 삼음. • 百官의 봉급을 줄이고 王侯에게서 조세의 절반을 차출하고 關內侯 이하의 관직을 팖. • 劉寵을 司空으로 삼음. • 羌族이 침략하자 段熲이 湟中의 義從을 데리고 토벌하였는데, 涼州刺史 郭閎이 이를 지체시키자 의종이 배반하고 돌아감. 이에 단경에 논죄를 받음. 皇甫規를 中郎將으로 삼아 강족을 격파함.
162 壬寅年	漢 桓帝 延熹 5	113 114 115	• 皇甫規가 沈氐羌을 토벌함. • 零陵의 도적이 桂陽에 침입하고 艾縣의 도적이 長沙를 공격함. • 武陵의 蠻族이 배반함. • 馮緄을 車騎將軍으로 삼아 여러 蠻族을 토벌함. • 楊秉을 太尉로 삼음. • 환관의 모함으로 皇甫規가 논죄를 당함.
163 癸卯年	漢 桓帝 延熹 6	118 119 120 121	• 鮮卑가 遼東을 침략함. • 武陵의 蠻族이 배반하자 환관의 모함하여 馮緄이 면직됨. • 周景을 司空으로 삼음. • 張奐을 度遼將軍으로 삼고 皇甫規를 使匈奴中郎將으로 삼음. • 段熲을 護羌校尉로 삼음. • 尙書 朱穆 사망.
164 甲辰年	漢 桓帝 延熹 7	122 132 135	• 黃瓊 사망. • 荊州刺史 度尙이 桂陽과 艾縣의 도적을 격파함. • 段熲이 當煎羌을 격파함.
165 乙巳年	漢 桓帝 延熹 8	135 136 137 138 139 141 142	• 中常侍 左悺을 苦縣으로 보내 老子에 제사함. • 賢良方正을 천거하게 함. • 中常侍 侯覽이 파면되고 左悺이 자살하고, 具瑗을 都鄕侯로 강등됨. • 鄧后를 폐함. • 환관의 모함으로 李膺과 馮緄, 劉祐가 논죄를 당함. • 太尉 楊秉 사망. 賢良인 劉瑜를 議郎으로 삼음. • 桂陽의 도적이 零陵을 공격하자, 度尙이 토벌함. • 段熲이 西羌을 격파함.

年度	在位年	역문쪽수	주요 사건
165 乙巳年	漢 桓帝 延熹 8	142	• 陳蕃을 太尉로 삼음.
		143	• 田畝의 세금을 거둠(전답의 면적을 계산하여 거둠).
		144	• 竇貴人을 황후로 삼음.
			• 李膺을 司隷校尉로 삼음.
		147	• 劉寬을 尙書令으로 삼음.
166 丙午年	漢 桓帝 延熹 9	148	• 일식으로 인해 孝行이 있는 자를 천거하게 함. 천거된 荀爽이 對策함.
		149	• 司隷와 豫州에 기근이 듦.
			• 皇甫規를 度遼將軍으로 삼음.
		150	• 桓帝가 濯龍宮에서 老子에게 제사함.
		151	• 南匈奴와 烏桓과 鮮卑가 아홉 개의 郡을 침입함.
			• 여러 羌族이 다시 배반함.
			• 張奐을 護匈奴中郎將으로 삼아 幽州와 幷州, 涼州를 감독하게 함.
			• 환관의 모함으로 南陽太守 成瑨과 太原太守 劉瓆을 죽이고 司隷校尉 李膺과 太僕 杜密과 徒黨인 太僕 杜密과 陳寔, 范滂 등 200여 명을 체포하여 하옥하고, 太尉 陳蕃을 면직함.(1차 黨錮의 禍)
		165	• 외척 竇武를 城門校尉로 삼음.
		166	• 護匈奴中郎將 張奐이 부임하자 匈奴와 烏桓이 항복함. 鮮卑의 檀石槐가 변방으로 나가서 자기가 지배하는 지역을 東部, 中部, 西部로 나누어 다스림.
167 丁未年	漢 桓帝 永康 1	167	• 東羌이 다시 배반하므로 段熲이 격파함.
			• 夫餘가 玄菟를 침략함.
			• 羌族이 三輔를 침략함.
		168	• 竇武의 상소로 黨人을 사면하고 改元함. 이들을 田里로 돌아가게 하고 종신토록 禁錮함.
		173	• 羌族이 三輔 지방을 침범하므로 張奐이 司馬 董卓을 보내 격파함.
		174	• 桓帝가 사망하자 竇后가 皇太后가 되고 臨朝함.
		175	• 解瀆亭侯 劉宏을 맞이하여 京師로 오게 함.
168 戊申年	漢 靈帝 建寧 1	176	• 竇武를 大將軍, 陳蕃을 太傅로 삼고 司徒 胡廣과 함께 세 사람을 錄尙書事로 삼음.
			• 解瀆亭侯 劉宏을 즉위시킴.
		177	• 桓帝를 宣陵에 장례함.
			• 段熲이 東羌을 大破하니, 破羌將軍으로 삼음.

年度	在位年	역문쪽수	주요 사건
168 戊申年	漢 靈帝 建寧 1	180 181 182 184 193	• 靈帝의 祖父를 孝元皇, 祖母를 孝元后, 父를 孝仁皇으로 추존하고 母인 董氏를 愼園貴人으로 높임. • 황제를 세운 공으로 竇武를 聞喜侯로 봉하자 盧植이 두무에게 이를 사양할 것을 권함. • 陳蕃을 高陽鄕侯로 봉하자 진번이 사양함. • 段熲이 東羌을 추격하여 격파함. • 太傅 陳蕃과 大將軍 竇武가 竇太后에게 아뢰어 환관 曹節 등을 주살하려 하였는데, 조절 등이 이들을 죽이고 太后를 南宮으로 옮김. • 鮮卑와 濊貊이 幽州와 幷州를 침략함. • 烏桓 大人 難樓, 丘力居, 蘇僕延, 烏延이 각기 왕을 칭함.
169 己酉年	漢 靈帝 建寧 2	194 197 198 200 201 211	• 愼園貴人 董氏를 孝仁皇后로 높이고, 그 조카 董重을 五官中郎將으로 삼음. • 劉囂를 司空으로 삼음. • 段熲이 東羌을 평정하니, 新豐侯로 봉함. • 江夏의 蠻族이 배반하자 州郡이 평정함. • 丹陽의 山越이 배반하자 郡의 군대가 격파함. • 黨人 李膺, 杜密, 范滂 등 100여 명을 죽이고 이와 연관된 자들을 禁錮함.(2차 黨錮의 禍) • 鮮卑가 幷州를 침략함.
170 庚戌年	漢 靈帝 建寧 3	211	• 段熲을 侍中으로 삼음.
171 辛亥年	漢 靈帝 建寧 4	212 213	• 靈帝가 冠禮를 행하고 사면하였으나 黨人은 사면하지 않음. • 宋貴人을 皇后로 삼음. • 靈帝가 竇太后를 朝見함. • 鮮卑가 幷州를 침략함.
172 壬子年	漢 靈帝 熹平 1	214 215 216 217 219	• 靈帝가 光武帝의 原陵에 배알함. • 太傅 胡廣 사망. • 환관 侯覽이 죄로 인해 자살함. • 竇太后 사망. 桓思皇后(竇太后)를 장례함. • 환관 曹節과 王甫를 비방한 자를 놓아준 죄로 司隸校尉 劉猛을 論罪함.

年度	在位年	역문쪽수	주요 사건
172 壬子年	漢 靈帝 熹平 1	220 221	• 환관 王甫가 中常侍 鄭颯 등이 渤海王 劉悝와 내통하였다는 옥사를 일으킴. 유회는 자살하고 100여 명이 죽임을 당함. • 會稽 도적인 許生이 황제를 칭함. • 鮮卑가 幷州를 침략함.
173 癸丑年	漢 靈帝 熹平 2	221	• 中常侍 唐衡의 아우 唐珍을 司空으로 삼음. • 鮮卑가 幽州와 幷州를 침략함.
174 甲寅年	漢 靈帝 熹平 3	222	• 吳郡의 司馬인 孫堅이 許生을 토벌함. • 鮮卑가 北地와 幷州를 침략함.
175 乙卯年	漢 靈帝 熹平 4	222	• 議郎 蔡邕에게 명해서 古文과 篆書, 隷書의 세 書體로 써서 새긴 石經을 太學의 문 밖에 세움.(熹平石刻) • 鮮卑가 幽州를 침략함. 蔡邕이 혼인관계에 있는 사람과 幽州와 冀州의 인사들이 서로 그 지방 관원이 될 수 없게 한 三互法의 폐해에 대해 上書함.
176 丙辰年	漢 靈帝 熹平 5	226 227	• 益州의 夷族이 배반함. • 永昌太守 曹鸞이 黨人의 禁錮에 대해 上書하자 그를 죽이고 州郡의 黨人을 재조사하여 그 문생과 친족을 파면하고 禁錮시키고 五服의 친족에게 禁錮를 확대함. • 鮮卑가 幽州를 침략함.
177 丁巳年	漢 靈帝 熹平 6	228 232 234	• 鮮卑가 동쪽·서쪽·북쪽의 변경을 침략함. • 상인 중에 宣陵孝子라 불리는 이들에게 太子舍人을 제수함. 靈帝가 문장을 잘하는 자와 글씨를 잘 쓰는 자를 鴻都門에 모이게 함. 이에 蔡邕이 封事를 올림. • 校尉 夏育 등을 보내 鮮卑를 공격하였는데, 선비의 檀石槐에게 대패함. • 鮮卑가 遼西를 침략하였으나 太守 趙苞가 격파함.
178 戊午年	漢 靈帝 光和 1	236 237 238 241 244	• 合浦와 交阯의 烏滸蠻이 배반함. • 鴻都門學을 설치하고 州郡에서 文賦, 尺牘, 글을 잘 쓰는 자를 生徒로 천거하게 하였으며 이들을 발탁함. • 中常侍 張奉의 아우 張顥를 太尉로 삼음. • 災異로 인해 蔡邕이 환관들을 비판하는 上書를 올리자 탄핵되어 귀양을 감. • 宋后가 환관 王甫의 참소로 유폐되어 죽음.

年度	在位年	역문쪽수	주요 사건
178 戊午年	漢 靈帝 光和 1	244 245	• 尙書 盧植이 黨人의 禁錮에 대해 上言함. • 鮮卑가 酒泉을 침략함. • 西邸를 설치하여 賣官함.
179 己未年	漢 靈帝 光和 2	248 249 251 253 254 255	• 太尉 橋玄이 면직됨. • 京兆尹 楊彪와 司隷校尉 陽球가 환관 王甫와 太尉 段熲의 죄상을 밝히자 왕보는 복주되고 단경은 자살함. 환관 曹節 등의 참소로 양구를 衛尉로 삼음. • 中常侍 呂强을 都鄕侯으로 봉하였으나 사양함. • 上祿縣長 和海의 上言으로 從祖 이하의 黨錮를 풀어줌. • 中郎將 張修가 匈奴의 單于를 죽였으나 조정에 청하지 않은 죄로 하옥되어 죽음. • 司徒 劉郃, 少府 陳球, 尙書 劉納, 衛尉 陽球 등이 환관을 주살할 것을 모의하다가 발각되어 죽임을 당함. • 巴郡의 板楯蠻이 배반함. • 鮮卑가 幽州와 幷州를 침략함.
180 庚申年	漢 靈帝 光和 3	255 256 258	• 江夏의 蠻族이 배반함. • 鮮卑가 幽州와 幷州를 침략함. • 何貴人을 皇后로 삼음. • 畢圭苑과 靈昆苑을 조성함. • 蒼梧와 桂陽의 賊이 零陵을 공격하자, 太守 楊琁이 격파함.
181 辛酉年	漢 靈帝 光和 4	259 260	• 郡國의 말을 징발하고 騄驥廐丞을 설치하여 이를 주관하게 함. • 交阯의 梁龍이 배반하자, 朱儁을 刺史로 삼아서 토벌함. • 鮮卑의 檀石槐 사망하고 鮮卑가 분열됨. • 後宮에 가게를 만들고 采女들에게 물건을 팔게 함. 또한 황제가 郡國에서 바치는 貢物을 먼저 中署로 수송하게 하고는 이를 빌미로 '導行費'를 징수함.
182 壬戌年	漢 靈帝 光和 5	263 264	• 太尉 許馘과 司空 張濟가 환관의 뜻에 영합하여 뇌물을 받았는데 오히려 郡에 품행이 뛰어난 관원이 고발당하자, 司徒 陳耽이 上言으로 이들 관원들에게 議郎을 제수함. • 板楯蠻이 巴郡을 침략하자 曹謙을 太守로 삼아서 항복시킴.

年度	在位年	역문쪽수	주요 사건
182 壬戌年	漢 靈帝 光和 5	266 267	• 400尺의 樓觀을 조성함. • 桓典을 侍御史로 삼음.
183 癸亥年	漢 靈帝 光和 6		
184 甲子年	漢 靈帝 中平 1	268 270 271 274 275 280 281 282 283 286 288	• 黃巾賊 張角 등이 봉기함.(黃巾의 난) • 何進을 大將軍으로 삼아 都亭에 주둔함. 皇甫嵩과 呂强의 주청으로 黨人의 禁錮를 사면하고 中郎將 盧植을 보내 張角을 토벌하게 하고, 皇甫嵩과 朱儁을 보내 潁川의 황건적을 토벌하게 함. • 환관들이 中常侍 呂强과 侍中 向栩, 郎中 張鈞을 참소하여 죽임. • 太尉 楊賜가 면직됨. • 汝南太守 趙謙이 황건적으로 토벌하다가 크게 패함. • 皇甫嵩과 朱儁, 騎都尉 曹操가 연합하여 세 郡의 황건적을 토벌함. • 交阯의 관리와 백성들이 난을 일으키자 賈琮을 刺史로 삼아서 평정함. • 盧植이 廣宗에서 張角을 포위하였는데 환관의 모함으로 檻車로 소환됨. 中郎將 董卓을 보내 대신하게 함. • 巴郡 五斗米師 張脩가 배반하니 이를 米賊이라 함. • 董卓이 공을 세우지 못하자 皇甫嵩을 보내 張角을 토벌하게 함. 장각이 병사하자 황보숭은 장각의 아우 張梁, 張寶와 싸워서 모두 격파하여 참수하니, 황보숭을 車騎將軍으로 삼아 冀州牧을 겸하게 함. • 先零羌과 涼州의 도적 떼인 北宮伯玉 등이 배반함. • 朱儁이 南陽의 황건적을 연파함. • 豫州刺史 王允이 황건적을 토벌하였는데 환관 張讓의 중상으로 하옥되었다가 사형을 감하는 것으로 논죄됨.
185 乙丑年	漢 靈帝 中平 2	289 291 293	• 환관 張讓과 趙忠이 천하의 토지에 畝마다 10錢을 거두어서 宮室을 수리하고 銅人을 주조하게 하자, 樂安太守 陸康이 上疏함. 이에 육강이 면직됨. 또 牧守와 茂材와 孝廉을 승진시키거나 선발할 적에도 모두 助軍錢과 修宮錢을 요구함. • 黑山賊 褚燕이 항복하자 平難中郎將으로 삼음. • 崔烈이 保母를 통하여 500만 錢을 바치고 司徒가 됨.

年度	在位年	역문쪽수	주요 사건
185 乙丑年	漢 靈帝 中平 2	293 294 295 296 299	• 北宮伯玉 등이 三輔를 침략하자, 皇甫嵩을 보내 토벌함. • 黃巾賊으로 토벌한 공으로 환관 張讓 등 12명을 列侯에 봉함. • 환관 趙忠과 張讓의 참소로 皇甫嵩을 파면하고 車騎將軍 張溫으로 北宮伯玉을 토벌하게 함. 董卓을 破虜將軍으로 삼아 장온에게 소속시킴. • 司空 楊賜 사망. • 환관의 참소로 諫議大夫 劉陶와 前司徒 陳耽를 하옥시켜 죽임. • 張溫이 涼州의 도적인 邊章과 韓遂를 공격하여 승리하지 못하였는데, 董卓이 격파함. • 西園에 萬金堂을 만들고, 司農의 金錢을 보관하게 함.
186 丙寅年	漢 靈帝 中平 3	299 300 301 302	• 江夏의 병사 趙慈가 반란을 일으킴. • 使者를 보내 張溫을 太尉로 삼음. 이로부터 三公이 外地에 있게 됨. • 황건적을 토벌한 공으로 환관 趙忠을 車騎將軍으로 삼음. • 南宮을 수리하고 銅人을 주조함. • 荊州刺史가 趙慈를 토벌하여 참수함. • 武陵의 蠻族이 배반하자, 郡의 군대가 토벌함. • 鮮卑가 幽州와 幷州를 침략함.
187 丁卯年	漢 靈帝 中平 4	302 305 306	• 滎陽에 도적이 일어나자 何進의 아우 河南尹 何苗가 토벌하니, 하묘를 車騎將軍으로 삼음. • 韓遂가 邊章과 北宮伯玉을 죽이고 그들의 세력을 아우르고 隴西를 포위하자 涼州에서 刺史를 죽이고 호응함. 적이 漢陽을 포위하자 漢陽太守 傅燮이 전사함. 涼州司馬 馬騰이 배반하고 한수와 연합하고 王國을 군주로 추대하고 三輔를 침략함. • 漁陽의 張擧와 張純이 烏桓의 大人인 丘力居 등과 연맹하여 반란을 일으키고 칭제함. • 長沙의 區星이 반란을 일으키자, 孫堅을 太守로 삼아 토벌하여 평정하자 손견을 烏程侯로 봉함. • 陳寔 사망.
188 戊辰年	漢 靈帝 中平 5	307	• 황건적의 무리가 太原과 河東을 침략함. • 屠各胡가 幷州를 침략하여 刺史 張懿를 살해함.

年度	在位年	역문쪽수	주요 사건
188 戊辰年	漢 靈帝 中平 5	307 310 311 313 314 315	• 劉焉의 건의로 列卿과 尙書에서 선임하여 州牧을 삼되 각각 본래의 秩石으로 직임에 있게 하고 劉焉을 益州牧, 劉虞를 幽州牧으로 삼음. 이로부터 州牧의 직임이 중해짐. • 南匈奴의 병력을 징발하여 劉虞에게 배속하고 張純을 토벌하게 하니 單于 羌渠가 右賢王을 幽州로 보냈는데, 右部인 醢落이 반란을 일으켜 屠各胡와 연합하고 선우 강거를 공격하여 죽임. • 冀州刺史 王芬이 黑山賊의 토벌을 명분으로 군대를 일으켜 황제를 시해하고 환관을 죽일 것을 꾀하였는데, 황제가 군대를 파하니 왕분이 자살함. • 西園八校尉를 설치하니, 小黃門 蹇碩을 上軍校尉로 삼고 袁紹, 鮑鴻, 曹操, 趙融, 馮芳, 夏牟, 淳于瓊 등을 교위로 삼음. • 靑州와 徐州에서 황건적이 다시 일어남. • 황제가 平樂觀에서 閱兵式을 행함. • 涼州의 賊인 王國이 陳倉을 포위하자, 皇甫嵩을 左將軍으로 삼아서 토벌하게 함. • 騎都尉 公孫瓚을 보내 漁陽의 적을 토벌함.
189 己巳年	漢 靈帝 中平 6	315 317 318 319 320 322	• 皇甫嵩이 王國을 공격하여 大破함. • 劉虞가 漁陽의 賊을 토벌하여 張純을 참수함. 公孫瓚이 右北平에 주둔함. • 劉虞를 太尉로 삼음. • 大將軍 何進을 보내 韓遂를 토벌하게 하였는데, 하진이 출정 시기를 늦춤. • 靈帝 사망하자 皇子 劉辯이 즉위하여 何后를 높여 皇太后라 함. 何太后가 臨朝하여 皇弟 劉協을 陳留王으로 봉함. • 袁隗를 太傅로 삼아서 大將軍 何進과 함께 錄尙書事로 삼음. 하진이 환관 蹇碩을 죽이고 西園八校尉의 군대를 장악함. • 驃騎將軍 董重이 何進과 다투자 하진이 孝仁皇后(董太后)를 河間으로 옮기고 동중을 참살하자 동태후가 사망함. • 靈帝를 文陵에 장례함.

2. 思政殿訓義 資治通鑑綱目 9 地圖

1) 鮮卑 三部

2) 段熲의 東羌 평정

3) 汝南의 黃巾賊의 난

4) 後漢 末 民亂

5) 後漢 13州

※ 이 지도는 ≪柏楊白話版 資治通鑑≫(北岳文藝出版社, 2006)을 참조하여 本書를 이해하는 데 도움이 되도록 수정 편집하였다.

1) 鮮卑 三部(166쪽)

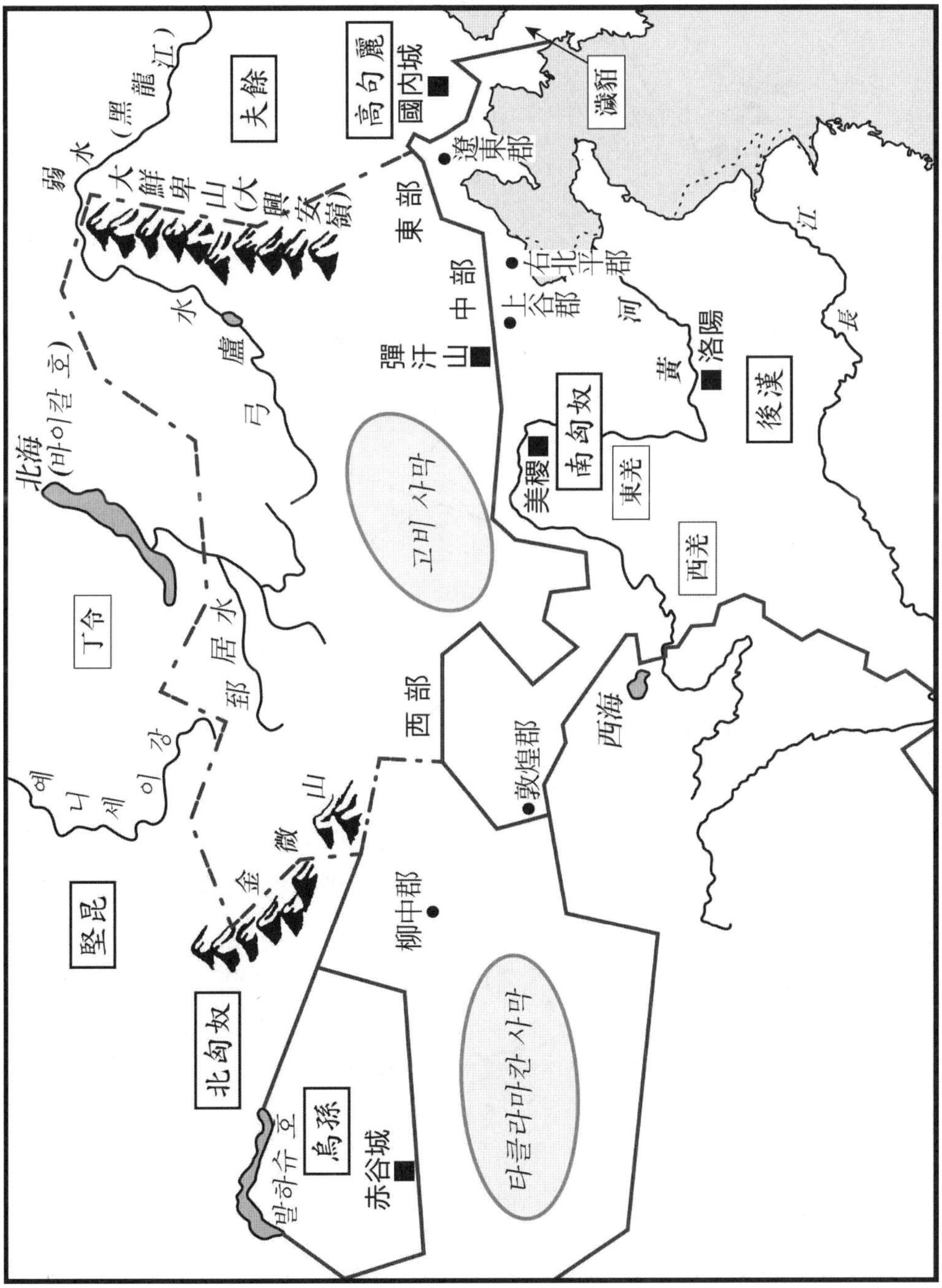

高句麗
國內城
夫餘
濊貊
黑龍江
弱水
大鮮卑山(大興安嶺)
遼東郡
右北平郡
上谷郡
東部
中部
西部
彈汗山
洛陽
後漢
南匈奴
美稷
東羌
西羌
고비 사막
北海(바이칼 호)
丁令
郅居水
예니세이 강
金微山
堅昆
敦煌郡
西海
柳中郡
타클라마칸 사막
北匈奴
烏孫
赤谷城
발하슈 호

2) 段熲의 東羌 평정(177, 182, 198쪽)

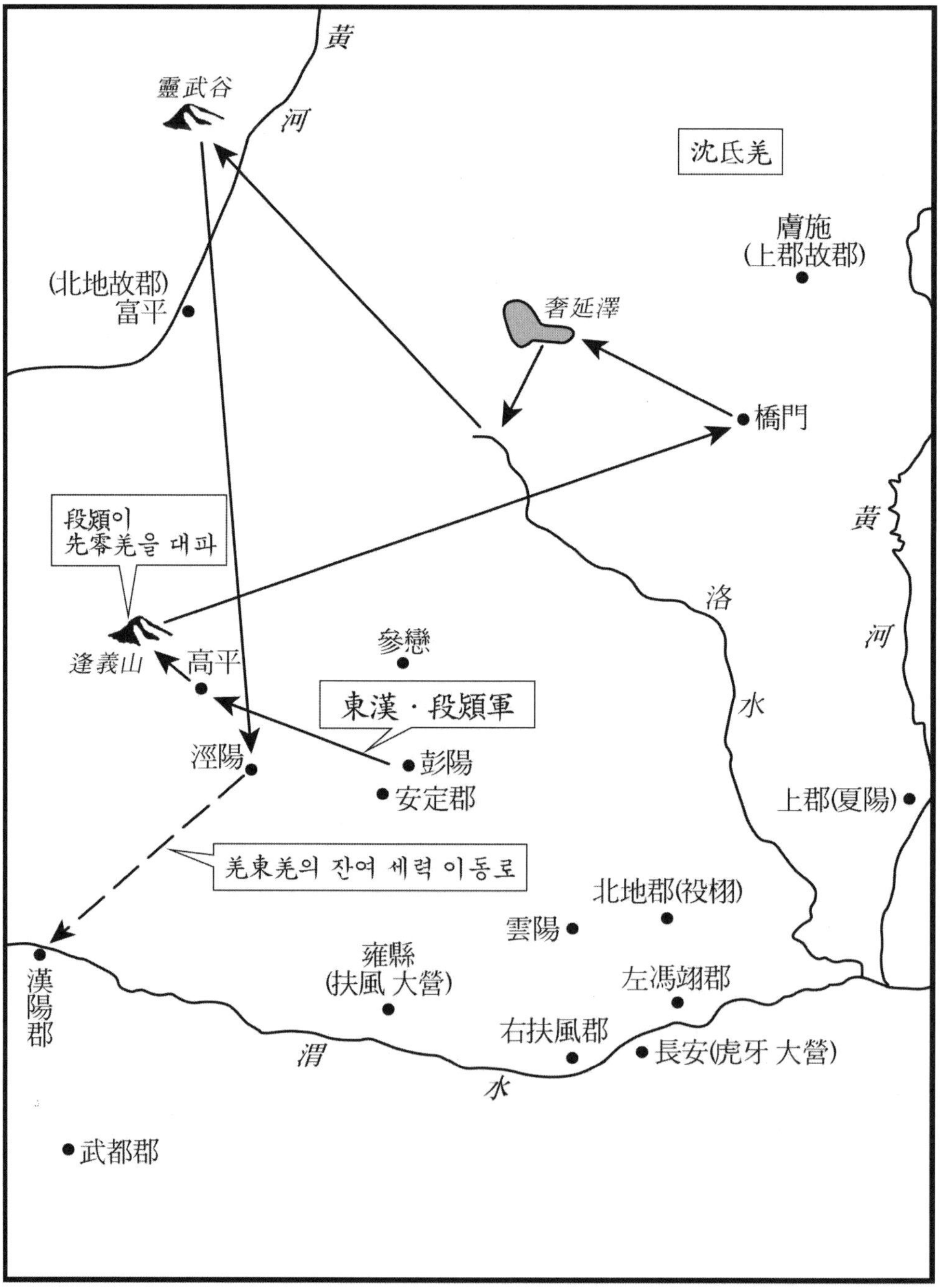

3) 汝南의 黃巾賊의 난(275쪽)

4) 後漢 末 民亂(292쪽)

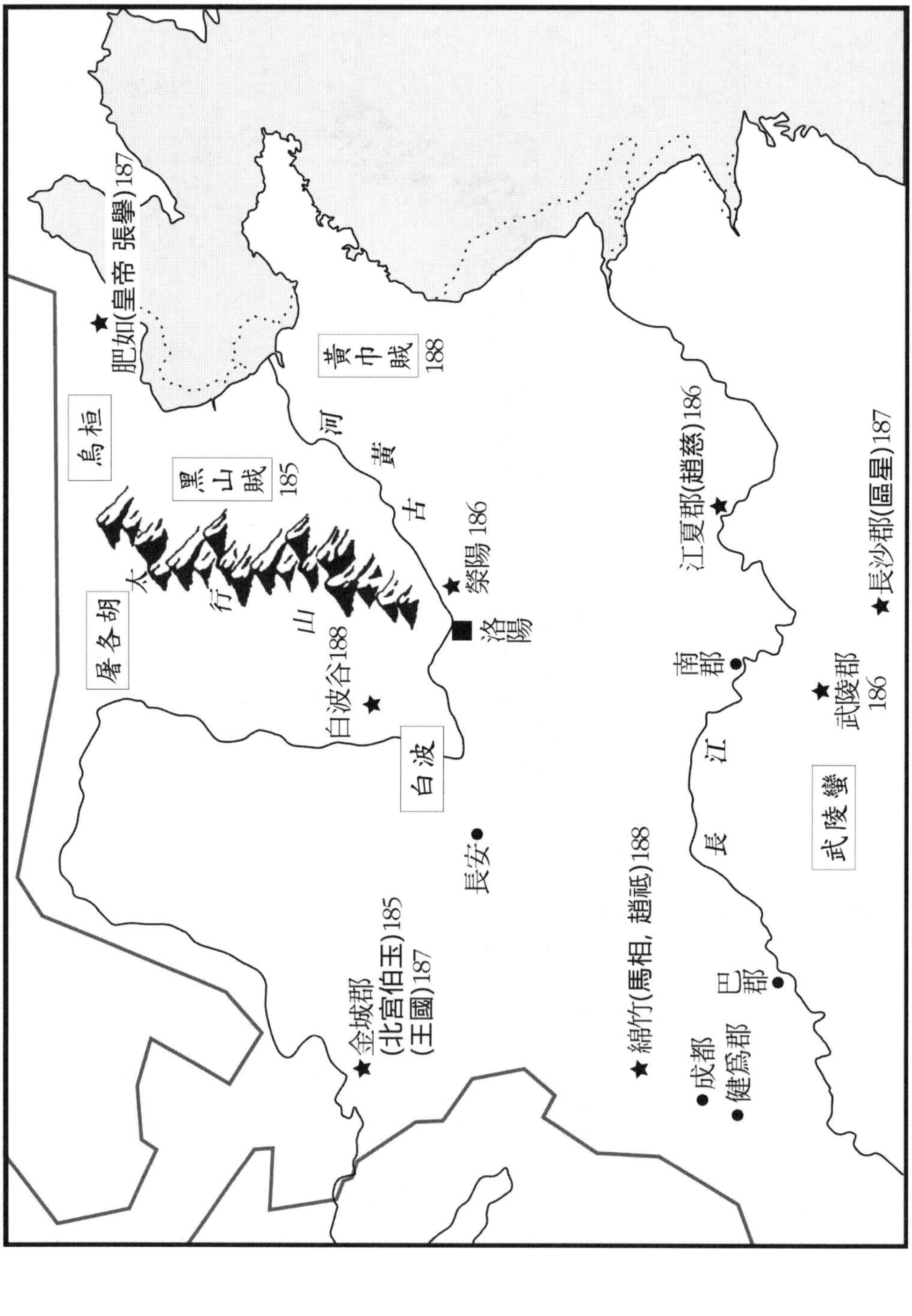
肥如(皇帝 張擧)187
烏桓
黃巾賊 188
黑山賊 185
古黃河
太行山
屠各胡
滎陽 186
洛陽
白波谷188
白波
長安
江夏郡(趙慈)186
長沙郡(區星)187
南郡
武陵郡 186
武陵蠻
長江
綿竹(馬相, 趙祗)188
巴郡
成都
犍爲郡
金城郡
(北宮伯玉)185
(王國)187

5) 後漢 13州(308쪽)

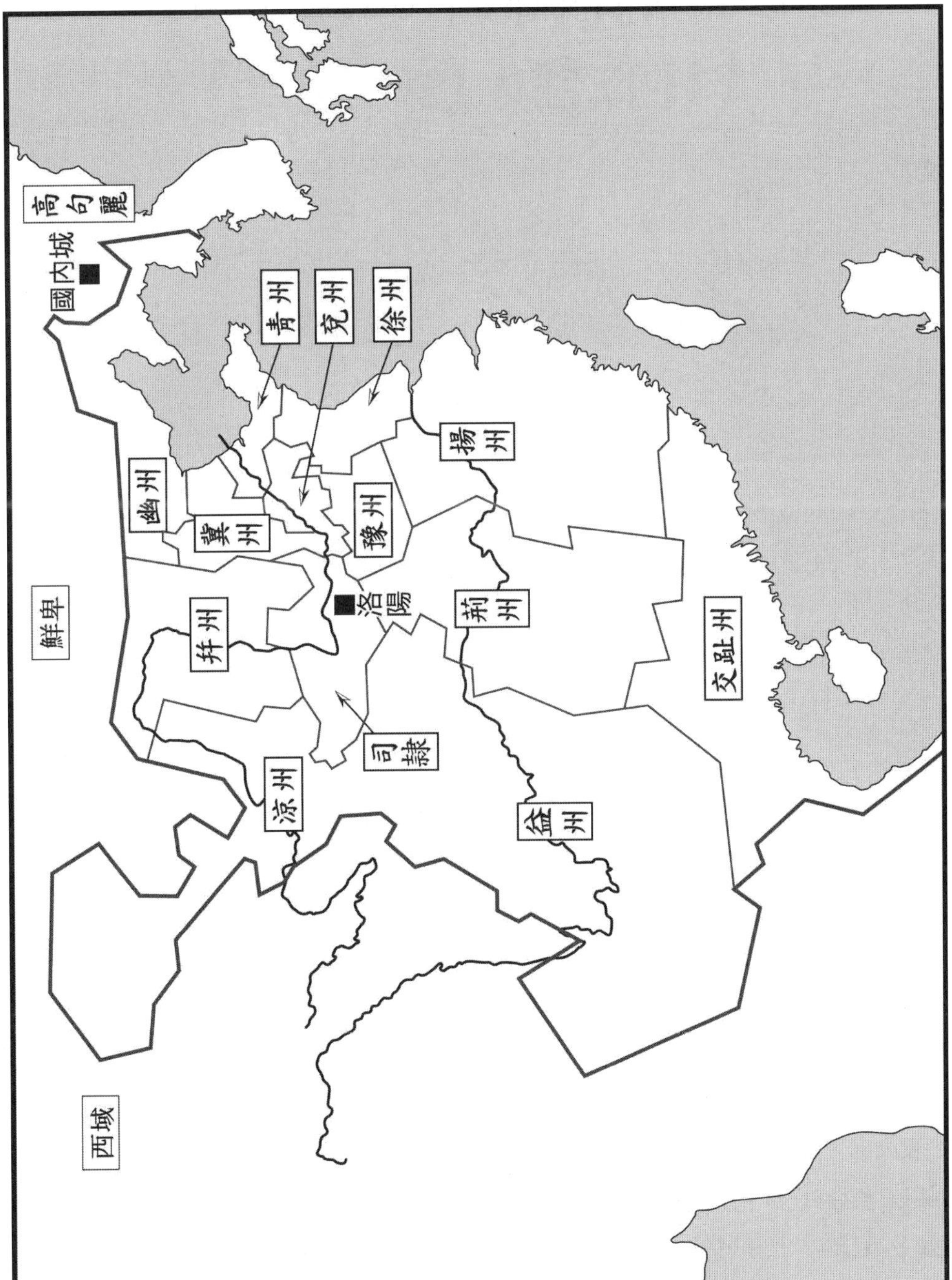

3. 思政殿訓義 資治通鑑綱目 9 袁家 世系表

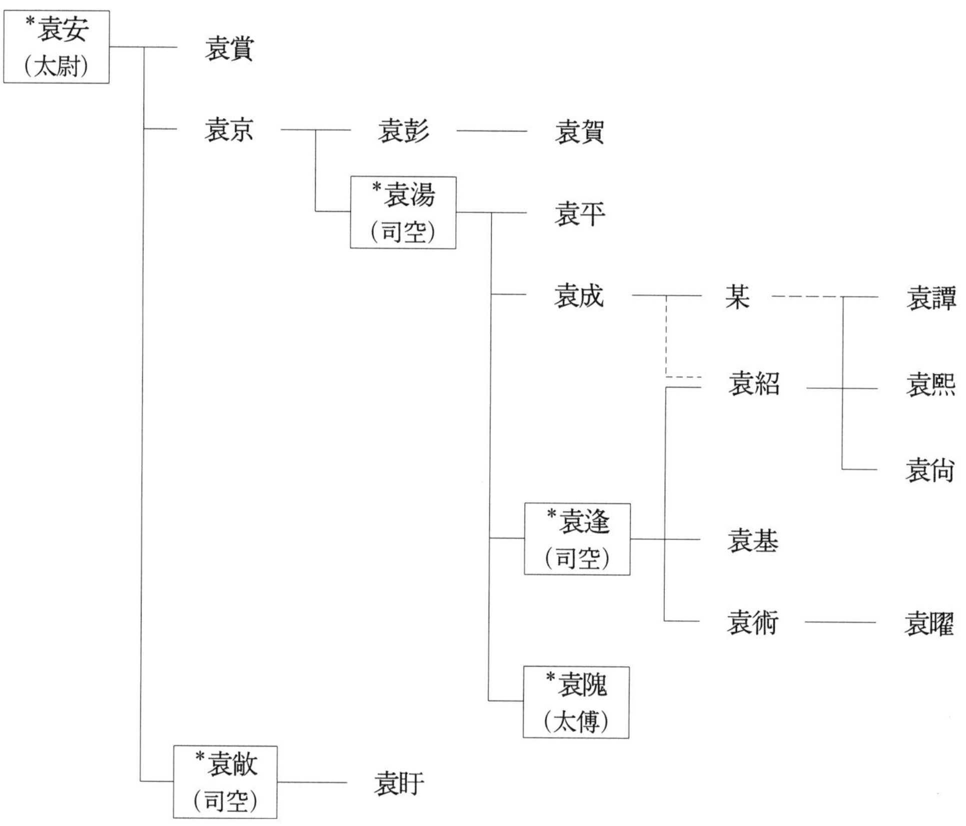

* 四世五公(4대 동안 5명의 三公)

—— 親子關係

------ 養子關係

某 袁成의 아들, 이름 未詳

袁紹는 袁逢의 庶子, 袁成의 養子로 入籍

袁譚은 袁紹의 長子이나 袁成의 맏아들(某)의 養子로 入籍

4. 思政殿訓義 資治通鑑綱目 9 後漢 世系表

	皇帝	父	母	皇后 및 後宮
1	世祖 光武帝 劉秀	劉欽		郭皇后, 陰皇后(光烈皇后)
2	顯宗 明帝 劉莊	光武帝	陰皇后(光烈皇后)	馬皇后(明德皇后), 陰貴人, 賈貴人
3	肅宗 章帝 劉炟	明帝	賈貴人	竇皇后(章德皇后), 梁貴人, 申貴人
4	穆宗 和帝 劉肇	章帝	梁貴人	鄧皇后(和熹皇后), 陰皇后
5	殤帝 劉隆	和帝	鄧皇后(和熹皇后)	
6	恭宗 安帝 劉祜	淸河王 劉慶 (章帝의 아들)	耿姬(嫡母, 甘陵大貴人), 左姬(親母)	閻皇后(安思皇后), 李氏(恭愍皇后)
7	少帝 劉懿	濟北惠王 劉壽 (章帝의 아들)		
8	敬宗 順帝 劉保	安帝	李氏(恭愍皇后)	梁貴人(順列皇后), 虞貴人
9	沖帝 劉炳	順帝	虞貴人	
10	質帝 劉纘	渤海孝王 劉弘 (章帝의 曾孫)	陳夫人	
11	桓帝 劉志	蠡吾侯 劉翼 (孝崇皇, 章帝의 孫)	匽氏(博園貴人, 孝崇皇后)	梁皇后(懿獻皇后), 鄧貴人 竇貴人 (桓思皇后)
12	靈帝 劉宏	解瀆亭侯 劉萇 (孝仁皇, 章帝의 曾孫)	董氏(愼園貴人, 孝仁皇后)	宋皇后(孝靈皇后), 河貴人(靈思皇后), 王美人
13	少帝 劉辯	靈帝	河貴人(靈思皇后)	
14	獻帝 劉協	靈帝	王美人	伏皇后, 曹皇后(獻穆皇后)

5. 思政殿訓義 資治通鑑綱目 9 圖版目錄

6. 思政殿訓義 資治通鑑綱目 總目次

※ 總目次는 QR코드를 통해 스마트 기기로만 이용 가능

總目次

7. 思政殿訓義 資治通鑑綱目 解題

※ 解題는 QR코드를 통해 스마트 기기로만 이용 가능

解題

譯註者 略歷

成百曉

忠南 禮山 出生
家庭에서 父親 月山公으로부터 漢文 修學
月谷 黃璟淵, 瑞巖 金熙鎭 先生 師事
民族文化推進會 國譯硏修院 修了
高麗大學校 教育大學院 漢文教育科 修了
한국고전번역원 부설 고전번역교육원 名譽漢學教授(現)
傳統文化硏究會 副會長(現) 해동경사연구소 소장(現)
古典國譯賞 受賞

論文 및 譯書

〈艮齋의 性理說小考〉〈燕岩의 學問思想硏究〉
四書集註 ≪詩經集傳≫ ≪書經集傳≫ ≪周易傳義≫
≪古文眞寶≫ ≪牛溪集≫ 등 數十種 國譯
≪宣祖實錄≫ ≪宋子大全≫ ≪茶山集≫ ≪退溪集≫ 등 共譯

尹銀淑

德成女子大學校 經營學科 졸업
放送通信大學校 中文學科 졸업
仁川永化女子高等學校 教師
民族文化推進會(現 古典飜譯院) 硏修部 및 一般硏究部 卒業
海東經史硏究所 硏究委員(現)

譯書

≪思政殿訓義 資治通鑑綱目4~8≫ 등 共譯

譯註 思政殿訓義 資治通鑑綱目 9 정가 26,000원

2017년 12월 30일 초판 발행
2018년 03월 15일 초판 2쇄

編　著 朱 熹
責任飜譯 成百曉
共同飜譯 尹銀淑
潤文校訂 李孝宰 郭成龍
編　輯 東洋古典飜譯編輯委員會
發 行 人 李啓晃
發 行 處 社團法人 傳統文化硏究會
서울시 종로구 삼일대로 428 낙원빌딩 411호
전화 : (02)762-8401 전송 : (02)747-0083
전자우편 : juntong@juntong.or.kr
홈페이지 : juntong.or.kr
사이버書堂 : cyberseodang.or.kr
온라인서점 : book.cyberseodang.or.kr
등록 : 1989. 7. 3. 제1-936호

인쇄처 : 한국법령정보주식회사(02-462-3860)
총　판 : 한국출판협동조합(070-7119-1750)

ISBN 979-11-5794-157-5 94910
979-11-5794-061-5(세트)

※ 이 책은 2017년도 교육부 고전문헌 국역지원사업 지원비에 의해 초판(비매품) 간행.

전통문화연구회 도서목록

基礎漢文教材 - 懸吐完譯 成百曉 譯

四字小學 / 習字教本 7,000원/4,000원
推句·啓蒙篇 / 習字教本 6,000원/4,000원
明心寶鑑 8,000원
童蒙先習·擊蒙要訣 14,000원
註解千字文 11,000원

東洋古典國譯叢書

論語集註 - 개정증보판 成百曉 譯註 25,000원
孟子集註 - 개정증보판 成百曉 譯註 28,000원
大學·中庸集註 - 개정증보판 成百曉 譯註 10,000원
詩經集傳 上·下 成百曉 譯註 28,000원
書經集傳 上·下 成百曉 譯註 28,000원
周易傳義 上·下 成百曉 譯註 38,000원
小學集註 成百曉 譯註 28,000원
古文眞寶 後集 成百曉 譯註 28,000원

東洋古典譯註叢書

春秋左氏傳1~8 鄭太鉉 譯註 18,000원~35,000원
莊子1~4 安炳周·田好根 共譯 25,000원~29,000원
古文眞寶 前集 成百曉 譯註 28,000원
禮記集說大全1 辛承云 譯註 25,000원
心經附註 成百曉 譯註 35,000원
近思錄集解1~3 成百曉 譯註 25,000원/30,000원
通鑑節要1~9 成百曉 譯註 18,000원~30,000원
唐詩三百首1~3 宋載卲 外 譯註 28,000원/30,000원/25,000원
東萊博議1~2 鄭太鉉·金炳愛 譯註 25,000원
說苑1~2 許鎬九 譯註 25,000원
顔氏家訓1~2 鄭在書·盧暻熙 譯註 22,000원/25,000원
大學衍義1~5 辛承云 外 譯註 22,000원~30,000원
貞觀政要集論1~4 李忠九 外 譯註 25,000원~32,000원
荀子集解1~5 宋基采 譯註 25,000원~30,000원
老子道德經注 金是天 譯註 30,000원
墨子閒詁1 李相夏 外 譯註 32,000원
韓非子集解1~2 許鎬九 外 譯註 32,000원
唐宋八大家文抄 韓愈1~2 鄭太鉉 譯註 22,000원/28,000원
〃 歐陽脩1~4 李相夏 譯註 25,000원~30,000원
〃 王安石1~2 申用浩·許鎬九 共譯 25,000원
〃 蘇洵 李章佑 外 譯註 25,000원
〃 蘇軾1~5 成百曉 譯註 22,000원
〃 蘇轍1~3 金東柱 譯註 20,000원/22,000원
〃 曾鞏 宋基采 譯註 25,000원
〃 柳宗元1~2 宋基采 譯註 22,000원

十三經注疏
論語注疏1~3 鄭太鉉·李聖敏 譯註 25,000원/30,000원
孟子注疏1 辛承云 外 譯註 30,000원
尙書正義1~4 金東柱 譯註 25,000원/30,000원
周易正義1~3 成百曉·申相厚 譯註 32,000원
毛詩正義1~2 朴小東 譯註 32,000원/35,000원
禮記正義 中庸·大學 李光虎·田炳秀 譯註 20,000원
孝經注疏 鄭太鉉·姜珉廷 譯註 35,000원

武經七書直解
孫武子直解·吳子直解 成百曉·李蘭洙 譯註 35,000원
六韜直解·三略直解 成百曉·李鍾德 譯註 26,000원
尉繚子直解·李衛公問對直解 成百曉·李蘭洙 譯註 26,000원
司馬法直解 成百曉·李蘭洙 譯註 26,000원
思政殿訓義 資治通鑑綱目1~10 辛承云 外 譯註 18,000원~35,000원

漢字漢文教育叢書

형성자 중심 한자교육시험백과 金鍾赫 著 35,000원
漢字部首 解說 李忠九 編著 15,000원
◆ 教授用 指導書 四字小學 咸賢贊 著 10,000원
〃 推句·啓蒙篇 咸賢贊 著 10,000원
◆ 袖珍本 懸吐 기초한문교재 10,000원
〃 論語·大學·中庸 10,000원
〃 孟子 10,000원
〃 詩經·周易 12,000원
〃 小學·孝經 13,000원
〃 古文眞寶 後集 13,000원

東洋古典新譯

당시선 송재소·최경렬·김영죽 편역 22,000원
손자병법 성백효 역주 14,000원
장자 안병주·전호근·김형석 역주 13,000원

동양문화총서

동양사상 해설과 원전 정규훈 外 저 22,000원
화합의 길 - ≪중용≫ 읽기 금장태 저 20,000원

문화문고

논어·대학·중용/맹자 조수익·박승주 공역 10,000원
100자에 담긴 한자문화 이야기 김경수 저 9,000원
한자한문전통교재 조수익·이성민 공역 10,000원
소학 박승주·조수익 공역 10,000원
목민심서 이계황 엮음 10,000원
고문진보散文選 신용호·조수익 공역 10,000원
士小節 선비 집안의 작은 예절 이동희 편역 10,000원
名說과 字說 신용호 편역 10,000원
儒學이란 무엇인가 이동희 저 10,000원
대한민국 국무총리 이재원 저 10,000원
경전으로 본 세계종교 이슬람 김영경 편역 10,000원
한문문법 이상진 저 10,000원
우리 설화1~2 김동주 편역 10,000원
경전으로 본 세계종교 그리스도교 이정배 편저 10,000원
경전으로 본 세계종교 도교 이강수 편역 10,000원
당시선 송재소·최경렬·김영죽 편역 10,000원
현대인, 동양고전에서 길을 찾다 이동희 저 10,000원
경전으로 본 세계종교 천도교 윤석산·홍성엽 편저 10,000원
무경칠서 손자병법·오자병법 성백효 역 10,000원
무경칠서 육도·삼략 성백효 역 10,000원
무경칠서 사마법·울료자·이위공문대 성백효 역 10,000원
경전으로 본 세계종교 힌두교 길희성 편역 10,000원
경전으로 본 세계종교 유교 이기동 편저 10,000원
경전으로 본 세계종교 불교 김용표 편저 10,000원